ETUDE DES MODES DANS LE SYSTEME CONCESSIF
EN FRANÇAIS DU 16ᵉ AU 20ᵉ SIECLE
ET EN ESPAGNOL MODERNE

EVOLUTION, ASSERTION ET GRAMMATICALISATION

 *Etudes Romanes 61*

Collection dirigée par
Anita Berit Hansen
Hanne Jansen

Rédaction du volume 61 :
Anita Berit Hansen

INSTITUT D'ETUDES ANGLAISES, GERMANIQUES ET ROMANES
UNIVERSITE DE COPENHAGUE

Jan Lindschouw

Etude des modes dans le système concessif en français du 16ᵉ au 20ᵉ siècle et en espagnol moderne

Evolution, assertion et grammaticalisation

MUSEUM TUSCULANUM PRESS
UNIVERSITY OF COPENHAGEN
2011

Etude des modes dans le système concessif en français du 16ᵉ au 20ᵉ siècle et en espagnol moderne. Evolution, assertion et grammaticalisation

© Museum Tusculanum Press et Jan Lindschouw 2011

Etudes Romanes vol. 61
Mise en pages : Museum Tusculanum Press
Imprimé au Danemark par Special-Trykkeriet Viborg a-s

ISBN : 978 87 635 3132 0
ISSN : 1395 9670

Publié avec le soutien financier de :

Birthe og Knud Togebys Fond
Landsdommer V. Gieses Legat
Lektor Knud Henders Legatfond
Professor Ludvig Wimmer og Hustrus Legat
Viggo Brøndal og Hustrus Legat

Museum Tusculanum Press
Université de Copenhague
Njalsgade 126
DK-2300 København S
Danemark
www.mtp.dk

Table des matières

Remerciements 13

1.	**Introduction**	15
1.1	Hypothèses de la présente étude	16
1.2	Délimitation du sujet	18
1.3	Approche fonctionnelle	19
1.4	Corpus et méthodologie	20
1.5	Plan de l'ouvrage	21
I	**THEORIE**	
2.	**Etat de la question : théories des modes**	25
2.1	Introduction	25
2.2	Etudes synchroniques	26
2.2.1	Approches syntaxiques	26
2.2.1.1	Le subjonctif : survivance historique	26
2.2.1.2	Le subjonctif : mode de la subordination	28
2.2.1.2.1	Version extrême	31
2.2.1.2.2	Version atténuée	32
2.2.1.3	Conclusion : approches syntaxiques	32
2.2.2	Le mode défini en termes de modalité	33
2.2.2.1	Le subjonctif : mode de la subjectivité	33
2.2.2.2	Le subjonctif : mode du doute ou de l'irréalité	33
2.2.2.3	Conclusion : approches fondées sur la modalité	35
2.2.3	Le mode défini en termes fonctionnels abstraits	35
2.2.3.1	Approche vériconditionnelle	35
2.2.3.2	La théorie chronogénétique	37
2.2.3.3	Le subjonctif : mode de ce qui est seulement envisagé par l'esprit	40
2.2.3.4	Conclusion : le mode défini en termes fonctionnels abstraits	41
2.3	Etudes diachroniques	42
2.3.1	Approches syntaxiques	42
2.3.1.1	Conclusion : approches syntaxiques	44
2.3.2	Approches sémantico-fonctionnelles	44
2.3.2.1	Changements dans le système modal	45
2.3.2.1.1	Changement de la valeur prototypique du subjonctif	45
2.3.2.1.2	Evolution du subjonctif en phases	46
2.3.2.2	Changement des éléments cotextuels	48
2.3.2.3	Conclusion : approches sémantico-fonctionnelles	49
2.3.3	Etudes diachroniques sur le mode et la concession	49
2.4	La théorie de l'assertion	50
2.4.1	Fondement théorique	50

2.4.2	Catégories analytiques	55
2.4.2.1	Assertion	56
2.4.2.2	Présupposé	57
2.4.2.3	Irrealis	58
2.4.3	Avantages	59
2.4.4	Limites	60
2.4.5	Pourquoi étudier la théorie de l'assertion dans les propositions concessives dans une approche diachronique ?	63
2.5	Conclusions du chapitre	64
3.	**Changement linguistique et grammaticalisation**	**67**
3.1	Introduction	67
3.2	Grammaticalisation	67
3.2.1	Bref aperçu historique	68
3.2.2	Définition classique de la grammaticalisation	69
3.2.3	Définition élargie de la grammaticalisation	72
3.3	Réanalyse	75
3.3.1	Induction, déduction, abduction	78
3.4	Réduction paradigmatique	80
3.5	Actualisation et marquage	83
3.6	Grammaticalisation et comparaison de langues	87
3.6.1	Evolution des langues romanes à différentes vitesses	88
3.6.2	Avantages et critiques de la comparaison de langues	90
3.7	Conclusions du chapitre	91
4.	**La concession**	**93**
4.1	Introduction	93
4.2	Histoire des locutions concessives	93
4.2.1	Origines de la notion de *concession*	93
4.2.2	Sept sources différentes des connecteurs concessifs	94
4.2.2.1	Les conditionnelles comme source des concessives	98
4.3	Caractéristiques de la concession	100
4.3.1	Différents rapports concessifs et choix des connecteurs examinés	103
4.3.2	Concession et adversativité	106
4.4	Approches théoriques de la concession	108
4.4.1	La concession définie en termes formels	108
4.4.2	La concession définie en termes fonctionnels	110
4.4.3	La concession comme mécanisme discursif	113
4.5	Conclusions du chapitre	116
II	**METHODE**	
5.	**Méthodologie**	**119**
5.1	Introduction	119

5.2	Les linguistiques de corpus : avantages et inconvénients	119
5.2.1	Considérations générales	119
5.2.1.1	Avantages	120
5.2.1.2	Inconvénients	120
5.2.1.2.1	Inconvénients dus au logiciel	120
5.2.1.2.2	Inconvénients dus à la composition du corpus	121
5.2.1.3	Analyses quantitatives et qualitatives	122
5.3	Constitution d'un corpus représentatif	123
5.3.1	La représentativité : notion utopique	123
5.3.2	Langage parlé et langage écrit	124
5.3.3	Diasystèmes	126
5.3.4	Genres textuels	127
5.3.4.1	Textes plus proches du pôle de la distance	128
5.3.4.2	Textes intermédiaires entre l'immédiat et la distance	128
5.3.4.3	Textes plus proches du pôle de l'immédiat	129
5.3.4.4	Problèmes liés à la représentation de genres textuels dans la base de données	129
5.4	Corpus électroniques consultés	130
5.4.1	Frantext	131
5.4.2	Dictionnaire du Moyen Français (DMF)	132
5.4.3	Base de Français Médiéval (BFM)	132
5.4.4	Corpus de Referencia del Español Actual (CREA)	133
5.5	Principes de sélection des données	133
5.5.1	Constitution des bases de données	134
5.5.2	Critères de sélection et nombre d'occurrences	136
5.5.3	Formes écartées	138
5.5.4	Formes (ambiguës) retenues	139
5.5.5	Subordonnées coordonnées par *que*	141
5.5.6	Contextes de bruit	142
5.6	Conclusions du chapitre	144
6.	**Paramètres d'analyse**	147
6.1	Introduction	147
6.2	Paramètres cotextuels militant en faveur de l'analyse modale	148
6.2.1	Présupposé	148
6.2.1.1	Présupposé *vs* irrealis/assertion	148
6.2.1.2	Présupposé *vs* irrealis	150
6.2.1.3	Présupposé *vs* assertion	151
6.2.2	Irrealis	152
6.2.3	Assertion	155
6.3	Croisement et concurrence des paramètres cotextuels	157
6.3.1	Les marqueurs de présupposé l'emportent	158

6.3.1.1	Marqueurs forts	158
6.3.1.2	Marqueurs de force moyenne	159
6.3.1.3	Marqueurs faibles	161
6.3.2	Les marqueurs d'irréel l'emportent	162
6.3.2.1	Marqueurs forts	162
6.3.2.2	Marqueurs de force moyenne	164
6.3.2.3	Marqueurs faibles	165
6.3.3	Les marqueurs d'assertion l'emportent	166
6.3.3.1	Marqueurs forts	166
6.3.3.2	Marqueurs faibles	168
6.4	Analyse modale dépourvue de marqueurs linguistiques	168
6.5	Conclusions du chapitre	170
III	**ANALYSE**	
7.	**Introduction à l'analyse empirique**	173
7.1	Introduction	173
7.2	Organisation des chapitres empiriques	173
7.3	Conjonctions concessives écartées de l'étude	174
8.	***Bien que***	177
8.1	Introduction	177
8.2	Formation de *bien que*	177
8.3	Sémantisme de *bien que*	179
8.4	Evolution diachronique de *bien que*	180
8.4.1	14e au 16e siècle	180
8.4.2	17e siècle	185
8.4.3	18e siècle	188
8.4.4	19e siècle	191
8.4.5	20e siècle	193
8.5	Genres textuels	195
8.6	Conclusions du chapitre	196
9.	***Encore que***	199
9.1	Introduction	199
9.2	Formation de *encore que*	199
9.3	Sémantisme de *encore que* et rectification	200
9.3.1	Problèmes de l'analyse de Morel	201
9.3.2	Problèmes de la notion de *rectification*	201
9.4	Evolution diachronique de *encore que*	203
9.4.1	14e et 15e siècles	203
9.4.2	16e siècle	206
9.4.3	17e siècle	210
9.4.4	18e siècle	211
9.4.5	19e siècle	214

Table des matières 9

9.4.6	20ᵉ siècle	215
9.4.6.1	Pourquoi l'indicatif connaît-il un essor à la fin du 20ᵉ siècle ?	217
9.5	Genres textuels	221
9.6	Conclusions du chapitre	222
10.	***Même si***	**225**
10.1	Introduction	225
10.2	Formation de *même si*	225
10.3	Sémantisme de *même si*	226
10.3.1	Pourquoi *même si* est-il suivi de l'indicatif ?	228
10.4	Evolution diachronique de *même si*	230
10.4.1	17ᵉ et 18ᵉ siècles	230
10.4.2	19ᵉ siècle	233
10.4.3	20ᵉ siècle	235
10.5	Genres textuels	237
10.6	Conclusions du chapitre	237
11.	***Aunque* et *a pesar de que***	**239**
11.1	Introduction	239
11.2	*Aunque*	239
11.2.1	Formation de *aunque*	239
11.2.2	Sémantisme de *aunque*	241
11.2.3	Distribution des modes verbaux et leur interprétation fonctionnelle en espagnol moderne	242
11.2.4	Genres textuels	246
11.2.5	*Aunque* en ancien et en moyen espagnol	247
11.3	*A pesar de que*	247
11.3.1	Formation de *a pesar de que*	247
11.3.2	Sémantisme de *a pesar de que*	248
11.3.3	Distribution des modes verbaux et leur interprétation fonctionnelle en espagnol moderne	249
11.3.4	Genres textuels	255
11.4	Conclusions du chapitre	257
IV	**SYNTHESE**	
12.	**Réorganisation du système modal et re-grammaticalisation du subjonctif**	**261**
12.1	Introduction	261
12.2	Evolution des modes verbaux dans les concessives françaises	261
12.2.1	Le subjonctif a-t-il subi un processus de re-grammaticalisation dans les concessives françaises ?	263
12.2.1.1	Réduction paradigmatique	263

12.2.1.1.1	Une forme/un contenu	264
12.2.1.2	Désémantisation et transfert de la valeur d'irréel	265
12.2.1.3	Réorganisation du système grammatical accompagnée d'une re-grammaticalisation du subjonctif	267
12.2.2	Opposition de marquage des modes verbaux	270
12.2.3	Changement des subordonnants concessifs ou du système modal ?	271
12.2.4	Rapports entre les connecteurs concessifs du français	272
12.2.4.1	Genre textuel	273
12.2.4.2	Mode verbal	273
12.2.4.3	Valeur modale	274
12.2.4.4	Fréquence des conjonctions	274
12.2.4.5	Quel est le connecteur concessif non marqué en français ?	275
12.2.5	Changement linguistique *par en haut* et *par en bas*	275
12.3	L'espagnol moderne est-il le reflet d'un stade observé à un état plus ancien du français ?	276
12.4	Potentiel explicatif et prédictif de la théorie de l'assertion en synchronie et en diachronie	281
12.5	Conclusions du chapitre	282
13.	**Conclusion**	283
13.1	Pistes pour des études ultérieures	285
Bibliographie		287

CD-rom : bases de données avec les exemples de l'analyse :
– Version FileMaker Pro
– Version Access

A mon fils, Gustav Loïc

Remerciements

Je tiens à adresser mes remerciements les plus sincères à tous ceux qui m'ont aidé dans ce travail.

Cet ouvrage est une version légèrement modifiée de ma thèse de doctorat, soutenue à l'Université de Copenhague le 26 novembre 2007, grâce à laquelle j'ai obtenu le grade de docteur (Ph.D.). Je tiens à remercier profondément les trois membres du jury pour l'intérêt qu'ils ont apporté à mon travail et leurs précieuses suggestions de modification : Christiane Marchello-Nizia, professeur émérite à l'E.N.S.-Lettres et Sciences Humaines de Lyon, Hanne Korzen, professeur à l'Ecole des Hautes Etudes Commerciales de Copenhague et Anita Berit Hansen, maître de conférences à l'Université de Copenhague. Je tiens à adresser un merci tout particulier à Anita Berit Hansen en tant que rédactrice de la série *Etudes Romanes* pour sa lecture minutieuse et attentive de mon texte.

Ensuite, je tiens à adresser mes remerciements aux fondations *Birthe og Knud Togebys Fond*, *Landsdommer V. Gieses Legat*, *Lektor Knud Henders Legatfond*, *Professor Ludvig Wimmer og Hustrus Legat* et *Viggo Brøndal og Hustrus Legat* pour le soutien financier de cette publication.

Je voudrais également remercier la Faculté des Lettres et Sciences Humaines de l'Université de Copenhague pour m'avoir accordé une bourse qui a rendu possible la réalisation du présent travail.

Ensuite, je voudrais exprimer ma gratitude envers mes collègues de l'Institut d'Etudes anglaises, germaniques et romanes, notamment les docteurs Pilar Palomino, Kirsten Kragh, Alexandra Holsting, Xavier Lepetit et Jens Runge, pour leur amitié et soutien permanent. Je tiens à adresser un merci particulier à Jens Runge pour son obligeance en général et son assistance en matière technique et à Xavier Lepetit pour avoir vérifié la traduction française des exemples espagnols. Merci aussi à Pilar Palomino et à Angel Alzaga, qui se sont volontiers prêtés à donner leur jugement sur plusieurs exemples espagnols.

Une partie de cette étude a été réalisée au laboratoire UMR-ICAR, Ecole Normale Supérieure de Lettres et Sciences Humaines de Lyon, de janvier à août 2005. Je tiens tout d'abord à exprimer mes remerciements sincères à Christiane Marchello-Nizia pour son encadrement au sein du laboratoire et pour les dialogues et séminaires stimulants auxquels j'ai participé lors de mon séjour. Je voudrais également remercier tous mes collègues et amis rencontrés à Lyon, qui ont rendu mon séjour très agréable et fructueux. Je suis particulièrement reconnaissant à Céline Guillot, à Mélanie Morinière et à Bruno Courbon pour avoir assumé la tâche exigeante de relire mon texte.

Je voudrais également remercier le docteur Alexander Loengarov, Katholieke Universiteit Leuven pour nos discussions enrichissantes sur la grammaticalisation, le subjonctif et la comparaison des langues romanes lors de nos rencontres au Danemark et en Belgique.

Mais avant tout je tiens à remercier ma directrice de recherches, Lene Schøsler, professeur de l'Université de Copenhague, qui, grâce à ses compétences professionnelles, ses exigences, ses encouragements et son caractère humain agréable, a su guider ce travail ; elle a senti les moments convenables pour me lancer des défis et m'a inspiré de la confiance dans le monde académique.

Un immense merci enfin à ma famille et surtout à ma compagne, Anette, qui a fait preuve d'affection, d'intérêt, de patience et de disponibilité tout au long du processus de ma recherche. Qu'elle en soit chaleureusement remerciée.

Si tous m'ont apporté beaucoup, il va de soi que les erreurs et mésinterprétations restent de mon fait.

Jan Lindschouw
juin 2010

1. Introduction

Au cours des dernières décennies du 20ᵉ siècle, plusieurs linguistes ont affirmé que l'alternance entre les deux modes, indicatif et subjonctif, peut être expliquée en termes d'assertion et de non-assertion (Hooper 1975, Confais 1995 [1990], García 1999, Herslund & Korzen 1999, Korzen 1999, 2003, Saldanya 1999, Haverkate 2002, Lindschouw 2002, 2006, 2008, à paraître a, à paraître b). Cette approche théorique semble généralement pertinente pour expliquer l'alternance modale en espagnol, comme les exemples (1) à (3) le montrent. En (1), l'indicatif traduit une valeur d'assertion (une information nouvelle) dans la proposition concessive, et en (2) et (3) le subjonctif présente l'information comme non assertée, *i.e.* comme irréelle en (2) (voir le futur dans la proposition principale) et comme présupposée en (3) :

(1) Manolo compra la finca aunque su padre se *opone* (i)[1]. 'Emmanuel achète la propriété bien que son père s'y oppose.'
(2) Manolo **comprará** la finca aunque su padre se *oponga* (s). 'Emmanuel achètera la propriété même si son père s'y oppose.'
(3) Aunque Carlos *tenga* (s) 80 años le encanta bailar. 'Bien que Charles soit âgé de 80 ans, il aime danser.'

En français, cependant, cette théorie fonctionnelle semble moins convaincante. En (4), le subjonctif de la subordonnée traduit une valeur de présupposé, conformément à la théorie, alors qu'en (5), l'indicatif n'exprime pas un sens assertif, mais une valeur résolument irréelle, dans la mesure où la pluie mentionnée porte sur l'avenir par rapport au moment de l'énonciation :

(4) Paul est parti bien que/quoique/malgré que Mireille *soit* (s) revenue.
(5) Nous **ferons** une partie de campagne même s'il *pleut* (i).

---

[1] Dans les exemples de cet ouvrage, nous utilisons les sigles suivants pour les deux modes : (i) = indicatif ; (s) = subjonctif. Il convient également de souligner que nous avons traduit en français moderne tous les exemples provenant de l'ancien et du moyen français ainsi que de l'espagnol moderne. Le numérotage des exemples n'est pas continu tout au long du texte, mais recommence à (1) au début de chaque chapitre.

Comme nous l'avons suggéré (Lindschouw 2002, 2006, à paraître a), la différence entre le français et l'espagnol pourrait résulter de l'évolution diachronique qu'a subie le français. A titre d'exemple, en français de la Renaissance (16ᵉ siècle), la distribution des modes verbaux et de leurs valeurs fonctionnelles semble correspondre à celle de l'espagnol moderne. En (6), l'indicatif de la subordonnée introduit une information nouvelle dans le discours (analyse corroborée par la présence de *respondit* dans la principale, verbe assertif par excellence), et en (7) le subjonctif exprime une valeur d'irréel (voir le futur *sera*) et en (8) une valeur de présupposé, puisque le locuteur présente une information que l'interlocuteur est supposé connaître :

(6) On luy demanda si jamais elle avoit eu affaire à homme ; **respondit** que non jamais, bien que les hommes quelques foys *avoient* (i) eu affaire à elle. (Rabelais : Tiers livre : 156, Id 381, 1546, cité par BFM)

(7) Je suis seur qu'elle ne **sera** point si farouche qu'elle ne permette bien qu'on la baise et qu'on luy face quelque autre chose, bien qu'au commencement elle *face* (s) semblant d'y resister. (de Turnèbe : Les Contens: 79, Id 547, 1584, cité par Frantext)

(8) Encore que **ton** aage ne *soit* (s) pas achevé, **ta** vie l'est. (Montaigne : Essais : t. 1 : 96, Id 359, 1592, cité par Frantext)

Ce scénario invite à penser que l'espagnol moderne serait le reflet d'un état de langue plus ancien du français et que les problèmes posés par le français moderne pour la théorie de l'assertion pourraient être liés à l'évolution de cette langue.

1.1 Hypothèses de la présente étude

Le présent travail a pour but premier de rendre compte de l'évolution qui a conduit à la distribution des modes verbaux et des valeurs fonctionnelles en français moderne. Nous partirons de l'hypothèse que cette évolution peut être décrite dans le cadre de la théorie de la grammaticalisation, plus précisément, comme un cas de *re-grammaticalisation* (Andersen 2006a). Par ce terme, nous entendons une réorganisation du système grammatical au moyen de laquelle les éléments ayant déjà une valeur grammaticale se voient conférer une nouvelle valeur grammaticale. On ne peut parler de grammaticalisation pour rendre compte de l'évolution du subjonctif qu'en adoptant cette définition élargie du terme, puisque le subjonctif, déjà en latin, a acquis une fonction grammaticale, comme le montre son emploi quasi-systématique dans les propositions subordonnées (Harris 1974). L'hypothèse que se propose de poursuivre la présente étude est donc que le système modal dans les propositions concessives connaît une réorganisation fonctionnelle, définie en termes d'assertivité, depuis la période qui va du français de la Renaissance jusqu'au français moderne. A l'intérieur de cette période, le subjonctif subit une re-grammaticalisation, car il restreint son domaine d'emploi. Nous examinerons cette hypothèse en nous basant sur les paramètres dits *paradigmatiques* de la théorie de Lehmann (1985, 1995 [1982]), puisque nous supposons que la re-grammaticalisation du subjonctif peut être considérée comme une réduction paradigmatique. Cette hypothèse sera développée en 3.4.

Au départ, la théorie de la grammaticalisation n'a pas été appliquée aux réorganisations de systèmes grammaticaux, mais plusieurs chercheurs, en particulier Heltoft *et al.* (2005), ont souligné l'importance d'une définition élargie pour décrire ce genre de changements (voir 3.2.3). Si l'hypothèse selon laquelle le subjonctif a subi un processus de re-grammaticalisation se confirme, la présente étude contribue au développement de la théorie de la grammaticalisation. La fonction de ce travail est double : d'une part, il a pour fonction de décrire un type de changement linguistique particulier ; d'autre part, il a pour but de proposer certaines pistes qui permettent d'expliquer pourquoi ce type de changement se produit. Nous supposons que les facteurs suivants motivent le changement linguistique : la réanalyse (voir 3.3), la motivation interne ou externe des éléments linguistiques (distinction proposée par Andersen 2001a, voir ci-dessous et 3.5) ainsi que l'influence des genres textuels. Il importe cependant de souligner que l'objectif premier de ce travail est de décrire un type de changement particulier. Notre ambition n'est pas de présenter une théorie globale qui puisse expliquer le changement linguistique. Il existe plusieurs tentatives pour ce faire, par exemple la théorie de la main invisible de Keller (1994). Nous renonçons à un tel projet, dans la mesure où il nous semble extrêmement difficile de révéler et de prouver les mécanismes majeurs qui motivent les changements linguistiques. Ainsi seuls les facteurs qui puissent expliquer la motivation de certains changements seront-ils pris en considération.

Le deuxième but de cette étude est de tester la théorie de l'assertion comme cadre théorique pour rendre compte de l'alternance des modes verbaux en synchronie et en diachronie et l'hypothèse selon laquelle la réduction paradigmatique du subjonctif peut être mise en rapport avec une réduction du potentiel non asserté de ce mode.

Le troisième objectif de ce travail est de vérifier l'hypothèse selon laquelle l'espagnol moderne peut être considéré comme le reflet d'un état plus ancien du français et dans quelle mesure il est permis de considérer que les langues typologiquement apparentées subissent des changements similaires, mais temporellement décalés par rapport à leur source commune. On pourrait par exemple se demander comment un tel schéma évolutif se rapporte à la distribution interne des catégories grammaticales de ces langues et à leur relation entre la forme et le contenu (voir notamment 3.6 et 12.3).

Enfin, le dernier objectif de cette étude est de vérifier si la théorie de l'actualisation et du marquage proposée par Andersen (2001a, 2001b) peut être mise en rapport avec le changement du système des modes et avec l'introduction et la propagation dans la langue des connecteurs concessifs que nous étudierons. Si cette théorie se corrobore, elle confirmera que le changement linguistique est un phénomène se mettant en place de façon organisée et systématique, et elle nous fournira un outil descriptif permettant de prévoir et d'expliquer les changements ultérieurs d'une langue. Cette hypothèse sera développée en 3.5.

1.2 Délimitation du sujet

L'alternance indicatif/subjonctif s'observe dans une série de contextes linguistiques dans les langues romanes, à savoir les propositions principales, nominales, relatives et circonstancielles. *A priori* il aurait été intéressant de vérifier les hypothèses que nous venons d'évoquer sur toutes ces propositions afin de savoir si nous avons affaire à une tendance évolutive générale, mais le temps et la place nous ont incité à délimiter le sujet à un seul type de proposition, les propositions concessives. Il y a deux raisons de ce choix. Premièrement, nous considérons que pour éviter des analyses trop superficielles il faut examiner de façon exhaustive le mode dans les propositions, en faisant des coupes synchroniques systématiques. Un tel procédé permet d'étudier le rapport entre la forme et le contenu des signes linguistiques dans les siècles pris en compte et l'évolution entre eux. Deuxièmement, les propositions concessives permettent de tester les hypothèses présentées ci-dessus, comme nous allons le montrer dans ce qui suit.

Comme le suggèrent les exemples (1) à (8), l'espagnol moderne et le français de la Renaissance recourent largement à l'alternance des modes dans les propositions concessives, alors que le français moderne fait appel à la spécialisation locutionnelle. Ainsi peut-on vérifier si l'évolution qui a affecté le subjonctif en français peut être considérée comme un cas de regrammaticalisation. On peut aussi tester dans quelle mesure le choix des modes est motivé par une opposition entre les valeurs d'assertion et de non-assertion, tel que les exemples le suggèrent. Ensuite, les propositions concessives permettent de vérifier l'hypothèse que l'espagnol moderne serait le reflet d'un état révolu du français. Enfin, comme nous l'expliquerons ci-dessous, la présente étude est fondée sur des données empiriques extraites des corpus électroniques. Comme il ressortira du chapitre 5, lorsqu'on réalise un travail sur corpus électroniques, on est obligé de formuler des critères de sélection univoques et explicites ; sinon la machine ne peut pas les comprendre. Les connecteurs concessifs relèvent d'un type de structure qui est aisément délimitable à partir de critères formels.

Introduction 19

A l'intérieur du système concessif, nous n'examinerons que trois connecteurs français (*bien que*, *encore que* et *même si*) et deux espagnols (*aunque* 'bien que', 'même si' et *a pesar de que* 'bien que'). Ces connecteurs traduisent des cas de figure différents et sont supposés témoigner que les changements des modes verbaux survenus dans le système concessif n'ont pas évolués dans une direction unique, quoique certaines tendances générales puissent être dégagées (voir 4.3.1).

Pour ce qui est de la délimitation de la période diachronique, nous tiendrons compte de celle qui va du français de la Renaissance (16e siècle) au français moderne. Nous partirons du 16e siècle, puisque les connecteurs modernes se sont introduits dans la langue à partir de cette date. Pour l'espagnol moderne, nous étudierons des données extraites de la période entre 1975 et 2004. La délimitation temporelle assez large des données françaises présente au moins deux avantages. Premièrement, elle permet de considérer l'évolution des modes dans le système concessif de façon globale, de sorte que l'on peut vérifier si les changements produits font partie d'une évolution diachronique générale ou s'ils constituent des variations synchroniques. Deuxièmement, comme il ressortira des chapitres 8 à 10, les changements ayant affecté le système modal des propositions concessives se sont produits petit à petit au cours de plusieurs siècles et non abruptement d'un siècle à l'autre. Seule une perspective diachronique large permet d'éclaircir une telle évolution. Cette délimitation présente cependant l'inconvénient que l'examen des résultats empiriques peut de temps à autre avoir une portée généralisatrice, mais la place ne permet pas un examen très détaillé et minutieux des données provenant de cinq siècles et de plusieurs propositions concessives. Nous avons jugé plus important de prendre en considération une période diachronique large pour les raisons que nous venons d'énumérer que de nous restreindre à une période courte.

1.3 Approche fonctionnelle

La présente étude s'inscrit dans une perspective fonctionnelle et pragmatique puisqu'elle considère que la fonction première de la langue est d'assurer la communication entre locuteur et interlocuteur. Les théories choisies pour décrire l'évolution du système modal sont compatibles avec une telle approche. La théorie des modes, dont la présente étude est issue, est fondée sur un principe sémantico-fonctionnel, et comme il ressortira du chapitre 2, seule une théorie modale qui part d'un tel principe nous semble capable de fournir une explication adéquate de l'emploi des modes verbaux dans les langues romanes, en synchronie aussi bien qu'en diachronie. Ensuite, comme il ressortira du chapitre 3, la théorie de la grammaticalisation a globalement pris une orientation fonctionnaliste, notamment au cours des dernières décennies. Il en est de même pour la version sur laquelle ce travail est fondé (Heltoft *et al.* 2005, Andersen 2006a). Selon Heltoft *et al.* (2005 : 28), qui s'orientent dans le paradigme fonctionnel de la tradition danoise, en utilisant Hjelmslev comme point de référence méthodologique, la grammaticalisation concerne le changement de la relation entre la forme et le contenu, et ils affirment que souvent seul le contenu est affecté.

Bien que nous mettions l'accent sur la langue comme un moyen de communication, le présent travail part du signe (sème) linguistique (*i.e.* les formes de l'indicatif et du subjonctif) pour en déterminer ensuite la valeur fonctionnelle. En d'autres termes, nous adoptons un procédé sémasiologique (forme → fonction). Cette démarche, qui est en accord avec le procédé adopté par Korzen (1999, 2003) et Heltoft *et al.* (2005), est adéquate pour notre propos, parce que les modes constituent une catégorie grammaticale que l'on peut identifier au moyen des désinences verbales. En outre, les modes sont dans l'ensemble restés stables formellement au cours des siècles examinés (en dépit des changements orthographiques mineurs, à titre d'exemple le remplacement de *s* en ˆ à l'imparfait et au plus-que-parfait du subjonctif : *fust* > *fût* et l'évolution qui consiste dans le remplacement de *y* par *i* dans certains contextes : *ay(e)* > *ai(e)*). Le procédé sémasiologique s'oppose à la démarche onomasiologique qui, elle, part d'une série de catégories sémantico-fonctionnelles à partir desquelles sont définies les formes linguistiques (fonction → forme). Ce point de départ sous-tend l'étude de Bybee *et al.* (1994) sur l'évolution de la grammaire. Ces auteurs examinent par exemple les manifestations modales qui existent dans un nombre de langues à partir du sens modal, mais ils ne désirent pas établir un système formel qui exprime les distinctions de contenu. Un tel procédé risque d'être aléatoire et ne garantit aucunement l'exhaustivité.

1.4 Corpus et méthodologie

Bien que ce travail fasse appel à deux conceptions théoriques (la théorie de l'assertion et la théorie de la grammaticalisation), il est guidé par les données (« data driven »), puisque nous avons affaire à une étude sur corpus. Il est vrai cependant que lorsqu'on applique une théorie sur les données, il existe toujours le danger que le linguiste soit trop guidé par celle-ci dans la collecte des données (« theory driven »). Afin de minimiser ce danger, nous proposerons dans le chapitre 6 des paramètres aidant à fonder l'analyse fonctionnelle de l'indicatif et du subjonctif.

Les exemples empiriques sont organisés dans deux bases de données : la première, la plus vaste, concerne le français (du 16e au 20e siècle), la seconde porte sur l'espagnol (1975-2004). Ces deux bases de données sont accessibles sur le cd-rom joint à ce texte. Dans le but d'établir un corpus aussi représentatif de la réalité langagière que possible, nous tiendrons compte d'un vaste éventail de genres textuels toutes périodes diachroniques confondues. Pour ce faire, nous nous référerons à la théorie de Koch & Oesterreicher (1990, 2001). Ces chercheurs ont proposé un continuum entre deux paramètres communicatifs (ceux de la distance et de l'immédiat) qui déclenchent typiquement une production écrite et une production orale (voir 5.3.2 et 5.3.4). Toutes les données proviennent de sources écrites des siècles en question pour des raisons de comparaison, puisque nous n'avons pas recours aux données orales pour le français prémoderne. Les études empiriques seront fondées dans une large mesure sur des considérations quantitatives, raison pour laquelle nous nous intéressons de prime abord à l'étendue du changement du système modal. Toutefois, nous ferons de temps à autre appel à des analyses qualitatives pour expliquer des cas déviants. Pour les critères de sélection et d'autres questions de méthode, voir chapitre 5.

1.5 Plan de l'ouvrage
La présente étude se compose de quatre parties. La première, qui comprend les chapitres 2 à 4, constitue le cadre théorique ; la deuxième, qui renferme les chapitres 5 et 6, est consacrée à des questions de méthode ; la troisième, qui se compose des chapitres 7 à 11, est destinée à l'analyse des résultats empiriques ; la quatrième, enfin, qui comprend les chapitres 12 et 13, établit une synthèse entre théorie et analyses empiriques. Dans ce qui suit, nous présenterons de façon globale la fonction de chaque chapitre par rapport au sujet de ce travail. Chaque chapitre commencera par une introduction plus détaillée sur son organisation interne.

La première partie est construite de façon cumulative, de sorte que les chapitres sont interdépendants et établissent les conditions du travail empirique. Le chapitre 2 est consacré aux études les plus importantes réalisées sur les modes verbaux, en particulier sur le subjonctif, au cours du 20e siècle. Cette présentation sera divisée en études synchroniques et diachroniques et mène à une explicitation de la théorie de l'assertion comme fondement théorique du présent travail. Le chapitre 3 est destiné à la question du changement linguistique, plus précisément à une présentation de la théorie de la grammaticalisation. Dans ce chapitre, nous préciserons les hypothèses concernant la re-grammaticalisation du subjonctif et expliquerons dans quelle mesure l'aspect assertif est impliqué dans cette évolution. Nous présenterons également d'autres conceptions théoriques importantes pour l'étude, telles que la réanalyse et l'actualisation. Nous développerons enfin la thèse selon laquelle l'espagnol moderne serait le reflet d'un état plus ancien du français. Le chapitre 4 mettra l'accent sur le domaine linguistique spécifique dans lequel est ancré le présent travail, à savoir la concession. Ce chapitre a pour fonction de cerner les caractéristiques les plus importantes de cette notion pour pouvoir étudier l'évolution du système des modes et expliquer le choix des connecteurs concessifs.

La deuxième partie commence par un chapitre méthodologique (le chapitre 5) qui discutera des questions de méthode pertinentes pour la collecte des données et la constitution d'un corpus aussi représentatif que possible pour rendre compte de l'évolution modale dans le système concessif. Dans ce chapitre, les critères de sélection des données seront également présentés. Le chapitre 6 est consacré à une discussion sur les paramètres qui fondent l'analyse fonctionnelle de l'indicatif et du subjonctif afin d'éviter le danger de circularité lié intrinsèquement à une étude d'ordre sémantico-pragmatique et de tester si les niveaux d'analyse de la théorie de l'assertion sont bien fondés.

La troisième partie s'ouvrira par une introduction générale à l'analyse empirique (le chapitre 7). Dans les chapitres suivants seront présentées l'évolution des modes verbaux et la répartition des valeurs modales dans les propositions concessives françaises choisies. Le chapitre 8 traitera de *bien que*, le chapitre 9 de *encore que* et le chapitre 10 de *même si*. Le chapitre 11 est destiné à la présentation des données correspondantes des concessives espagnoles modernes introduites par *aunque* et *a pesar de que*.

La quatrième partie (les chapitres 12 et 13) synthétisera les résultats empiriques et les approches théoriques. Il récapitulera l'évolution qu'a subie le système concessif français depuis les premières attestations jusqu'au français moderne afin de voir si le changement du subjonctif est un cas de re-grammaticalisation. Cette partie discutera également dans quelle mesure l'espagnol moderne peut être considéré comme le reflet d'un état de langue plus ancien du français et vérifiera le potentiel explicatif de la théorie de l'assertion.

I
THEORIE

2. Etat de la question : théories des modes

2.1 Introduction
Le subjonctif est un sujet largement abordé depuis près d'un siècle. La grande majorité des ouvrages consacrés à ce sujet fournissent un examen ou des listes d'études qui ont été faites sur le subjonctif au cours du 20e siècle, par exemple Imbs (1953 : 53-60), Moignet (1959 : 15-74), Nordahl (1969 : 15-17), Korzen (1999 : 186-193). Il va de ce fait sans dire que nous ne saurions aucunement rendre compte de manière satisfaisante de tous ces travaux dans le présent chapitre. Aussi nous sommes-nous borné à présenter des études représentatives parmi les différentes lignes d'interprétation du subjonctif, en les positionnant par rapport à la théorie choisie pour la présente étude, à savoir la théorie de l'assertion.

Le présent chapitre se compose de trois volets. Dans le premier, nous présenterons des études synchroniques du subjonctif (2.2) ; le deuxième traitera la question du mode sous un angle diachronique, en terminant par une présentation d'études diachroniques sur le mode et la concession (2.3). Ces deux volets aboutissent logiquement au troisième consacré à la théorie de l'assertion et à une discussion de ses avantages et limites (2.4) : nous tenons à montrer que les théories passées en revue dans les deux premiers volets contiennent tous des points faibles que la théorie de l'assertion semble capable de résoudre. Comme notre étude combine la diachronie et la synchronie, il nous paraît important d'inclure les études qui traitent ces aspects. La majorité des études diachroniques du subjonctif en français ne donnent pas un aperçu d'autres études diachroniques réalisées sur le subjonctif (Sneyders de Vogel 1927 [1919], Harris 1974, Bailard 1980, Winters 1989) ou bien ne distinguent pas clairement études synchroniques et études diachroniques (Moignet 1959)[2].

L'accent sera mis dans ce chapitre sur les théories du subjonctif en français, alors que les théories portant sur l'espagnol ne seront mention-

---

[2] Moignet (1959 : 15-74) fait un examen détaillé des théories du subjonctif en français de la fin du 19e siècle au milieu du 20e selon une classification en ouvrages dualistes et unitaires. Les premiers visent à cerner deux valeurs du subjonctif, alors que les deuxièmes cherchent à définir une seule valeur de ce mode. Cette division, très pertinente, estompe pourtant la distinction entre ouvrages synchroniques et diachroniques, qui nous paraît primordiale.

nées que subsidiairement. Il y a deux raisons de ce choix. Premièrement, l'espagnol n'occupe ici qu'un rôle secondaire par rapport au français, puisque nous ne prendrons en compte que l'état actuel de l'espagnol afin de vérifier si cet état de langue peut être rapproché d'un stade plus ancien du français (voir 3.6). Deuxièmement, comme le français et l'espagnol ont une source historique commune, à savoir le latin, nous supposons qu'ils possèdent certains points communs.

2.2 Etudes synchroniques

Dans ce volet du chapitre, nous rendrons compte des théories du subjonctif qui ne portent que sur l'état actuel de la langue. Nous commencerons par des approches purement syntaxiques (2.2.1). Nous présenterons d'abord les théories qui considèrent le subjonctif comme une survivance historique (2.2.1.1), puis celles qui y voient le mode de la subordination (2.2.1.2). Ensuite, nous passerons en revue les théories qui définissent les modes en termes de modalité (2.2.2) pour passer ensuite à celles qui décrivent le subjonctif selon une notion fonctionnelle abstraite et qui intègrent de temps à autre des considérations de nature pragmatique (2.2.3). Comme nous considérons qu'une approche sémantico-fonctionnelle est importante pour comprendre l'alternance modale, les deux dernières approches sont les plus plausibles pour expliquer le choix modal. Cela dit, nous ne nions aucunement que les approches syntaxiques contiennent des aspects importants pour l'analyse des modes ; voilà pourquoi nous en ferons mention dans ce chapitre.

2.2.1 Approches syntaxiques

2.2.1.1 Le subjonctif : survivance historique

Cette approche « extrémiste » du subjonctif n'hésite pas à conclure à la mort du subjonctif, qui est considéré comme un fossile linguistique, une pure survivance historique. Les partisans de cette thèse sont entre autres Bally (1944 [1932]), Foulet (1968 [1919]) et Prebensen (2002).

D'après Bally (1944 [1932] : 46), le subjonctif est dépourvu de valeur modale autonome. C'est une pure survivance historique issue « de la syntaxe morte » (*op.cit.* : 158). Ce mode aurait été porteur d'un sens à l'époque où l'énonciation explicite avait la forme de deux coordonnées. Sous cette optique, (1) serait dérivée historiquement de (2) où le subjonctif exprimait le désir dans une phrase autonome :

(1) Je crains qu'il ne *soit* (s) coupable. (Bally 1944 [1932] : 48)
(2) J'ai peur ! Oh ! Qu'il ne *soit* (s) (pas) coupable ! (*loc.cit.*)

Selon Bally (*op.cit.* : 48), ce n'est qu'après la soudure des deux énoncés en (2) que le subjonctif est devenu inutile. Le subjonctif serait donc devenu le symbole d'une transposition d'une phrase indépendante à une proposition dépendant du verbe de la principale (1), transposition tout à fait arbitraire et comparable à celle qui préside à la formation des substantifs. D'après cet auteur, rien ne prévoit que *valide* formera *validité* et non *validitude* et que *je crois* sera suivi de l'indicatif et *je ne crois pas* du subjonctif (*op.cit.* : 158).

Il convient cependant de se demander si la transposition du subjonctif des propositions principales aux propositions subordonnées est aussi arbitraire que l'affirme Bally. Si l'on s'appuie sur le raisonnement de Bybee *et al.* (1994 : 222 ss), cette transposition est généralement logique. D'après ces auteurs, le subjonctif présent dans les subordonnées latines est dans une large mesure *en harmonie* avec ses emplois dans les principales. Aussi s'emploie-t-il en subordonnée après des verbes désignant un ordre, une obligation ou un doute, valeurs qui ont leurs correspondances dans les propositions principales. Ce n'est que dans l'évolution ultérieure des langues romanes que des emplois *non-harmoniques* se sont instaurés, par exemple l'emploi du subjonctif après les verbes de sentiment et d'évaluation.

De plus, il semble y avoir une contradiction dans l'analyse de Bally (1944 [1932] : 313), lorsqu'il affirme que de temps à autre c'est la présence de l'indicatif et du subjonctif dans la subordonnée qui fixe le sens du verbe principal (*cf.* les paires d'exemple (3)-(4) et (5)-(6)) :

(3) Je suppose (= je crois) que Paul *a* (i) réussi. (*op.cit.* : 313)
(4) Supposons (= imaginons) qu'il *ait* (s) échoué. (*loc.cit.*)
(5) Je comprends (= je devine) que vous *êtes* (i) offensé. (*loc.cit.*)
(6) Je comprends (= j'admets, trouve juste) que vous le *soyez* (s). (*loc.cit.*)

Si c'est le verbe de la subordonnée qui détermine l'interprétation de celui de la principale, cela ne signifie-t-il pas que le subjonctif est porteur d'un sens et qu'il n'est nullement dirigé par une « syntaxe morte » ?

D'après Foulet (1968 [1919] : 203-206), qui présente une analyse semblable à celle de Bally (1944 [1932]), le subjonctif en français moderne n'a plus de sens propre, contrairement à ce qui se passait en ancien français. D'après cet auteur, le subjonctif tend de plus en plus à être absorbé par l'indicatif. Dans la langue de la conversation, cette évolution serait très avancée et serait notamment observable dans les propositions subordonnées. Par conséquent, Foulet (*op.cit.* : 205) va jusqu'à affirmer que l'indicatif dans les propositions subordonnées a aujourd'hui une double série de formes dont l'emploi serait régi par des règles traditionnelles et obscures. Ainsi dans (7) aurions-nous la première forme et dans (8) la deuxième :

(7) Je ne crois pas qu'il *viendra* (i). (Foulet 1968 [1919] : 205)
(8) Je ne crois pas qu'il *vienne* (s). (*loc.cit.*)

Dans la langue littéraire, il existerait pourtant des cas où l'on peut choisir entre l'indicatif et le subjonctif, mais dans la majorité des cas, il serait question d'un simple procédé de style invoqué par les puristes (*loc.cit.*).

Prebensen (2002) présente également une théorie, qui considère que le subjonctif en français moderne est amodal et qu'il n'a ni sens ni fonction, dans la mesure où les différents modes verbaux ne traduisent pas de différences sémantiques dans un modèle de mondes possibles. Il étaye cette thèse sur le fait que le subjonctif en français moderne n'est jamais – ou peu s'en faut – traduit par des marqueurs modaux dans d'autres langues, par exemple en anglais ou en danois, et qu'il n'exprime pas de nuances modales que d'autres langues ne possèdent pas (*op.cit.* : 104). D'après lui, le subjonctif est une survivance historique, un phénomène purement ornemental. Les cas d'alternance, que les grammairiens ont voulu entourer d'explications plus ou moins subtiles, seraient plutôt des calques du latin.

Quoiqu'il ne soit pas exclu que certains emplois modaux en français moderne puissent être des calques d'un état de langue ancien, il nous paraît extrême de postuler que le subjonctif est amodal. Comment donc expliquer les cas nombreux d'alternance entre l'indicatif et le subjonctif (notamment dans les propositions relatives et dans les complétives précédées par des verbes de communication tels que *dire, écrire, comprendre,* etc.) ? Si le subjonctif était purement ornemental, on devrait s'attendre à ce que la langue ait remplacé l'alternance par le figement modal.

En outre, nous ne voyons pas pourquoi le fait que d'autres langues ne traduisent pas le subjonctif français par des marqueurs modaux serait un argument valide pour conclure à l'amodalité du subjonctif. Les langues ne sont pas organisées de façon identique et une catégorie telle que la modalité peut être distribuée de multiples façons dans les langues individuelles, de sorte que ce qui est « modal » dans une langue x n'a pas nécessairement un correspondant « modal » dans une langue y. De plus, il nous semble que la notion de *modalité* de Prebensen est trop limitée. Si l'on restreint la modalité à la notion de *mondes possibles*, on peut se demander si tous les emplois du subjonctif sont en réalité modaux. Mais, si l'on adopte une définition de la modalité abstraite, qui comprend également des composantes pragmatiques, comme le fait la théorie de l'assertion (voir 2.4), il semble que le subjonctif puisse être modal en français moderne.

2.2.1.2 Le subjonctif : mode de la subordination

Passons maintenant à une autre ligne d'interprétation – moins extrême que celle que nous venons d'examiner – des études syntaxiques du mode. Il s'agit de celle qui considère le subjonctif comme le mode de la subordination. Bien que la subordination soit une valeur abstraite, le point de départ de ce courant théorique est essentiellement syntactico-grammatical, car le mode est défini à partir de la syntaxe[3]. Nous nous référons à l'étude du linguiste hollandais de Boer (1947) comme représentant de ce courant, parce qu'il fournit l'une des analyses les plus systématiques et les plus poussées du subjonctif en tant que mode de la subordination.

Cet auteur distingue deux emplois du subjonctif en français moderne : un emploi où il exprime une valeur volitive et un autre où il fonctionne comme mode de la subordination, ou mode du second plan (*op.cit.* : 245). Le premier emploi, assez restreint en français moderne, se trouve notamment dans les propositions principales (à part quelques tournures figées), dans la proposition relative explicative et dans un type de subordonnée conditionnelle-hypothétique à forme et à syntaxe de principale (type *Qu'on nous laisse tous deux, et le reste est passé*) (*op.cit.* : 260-266). Le deuxième emploi, le plus fréquent, se trouve – bien entendu – dans les propositions subordonnées. Le subjonctif peut traduire des valeurs telles que la volition, l'affectivité, l'irréalité, le doute, etc., mais ce sont des effets secondaires qui dérivent tous du sens primaire, à savoir la subordination (*op.cit.* : 270).

Si le subjonctif était le mode de la subordination, comment expliquer alors les cas où il alterne avec l'indicatif ? De Boer parle d'un jeu de bascule qui entre en vigueur et qui peut faire alterner l'indicatif et le subjonctif selon le degré de cohésion syntaxique entre la principale et la subordonnée. Plus la dépendance est forte, plus il y aura de chances de voir le subjonctif (*op.cit.* : 253 ss). A titre d'exemple :

(9) Peut on prétendre avec Descartes que les animaux *sont* (i) / *soient* (s) de pures machines ? (de Boer 1947 : 269)

Dans la version avec le subjonctif (*soient*) en subordonnée, la principale est fortement subordonnante, alors que la subordonnée est psychologiquement faible. En d'autres termes, l'information essentielle se trouve dans la principale. Lorsque la subordonnée est à l'indicatif (*sont*) la principale a moins de poids, la dépendance est plus « lâche », de sorte que l'accent est mis sur l'information véhiculée par la subordonnée (*op.cit.* : 269-270).

L'étude de de Boer (1947) nous paraît largement convaincante, car l'auteur propose une analyse détaillée de tous les emplois du subjonctif en français moderne et ne nie pas que le subjonctif est porteur d'un sens, bien que celui-ci soit secondaire par rapport à la valeur principale. Cepen-

---

[3] Il existe des approches syntaxiques (notamment Boysen 1971) qui reconnaissent que le subjonctif véhicule une valeur sémantique, mais qui postulent que ces interprétations doivent être faites indépendamment d'une analyse syntaxique.

dant, son analyse contient certains points faibles que nous examinerons dans ce qui suit.

Un premier problème posé par l'analyse de de Boer réside dans le fait qu'il ne propose pas de tests qui puissent démontrer qu'une complétive au subjonctif est davantage subordonnée qu'une complétive à l'indicatif. On pourrait néanmoins se baser sur Hooper (1975 : 94) qui a proposé une série de tests, dont l'antéposition : si la subordonnée accepte l'antéposition c'est qu'elle contient l'information principale de l'énoncé, et entretient par conséquent une relation syntaxique plus « lâche » avec la principale. Dans ce cas, les langues romanes ont souvent recours à l'indicatif, voir (10)-(11). Si en revanche la subordonnée n'accepte pas l'antéposition, c'est qu'elle contient l'information secondaire par rapport à la principale ; par conséquent la cohésion syntaxique est forte. Dans ce cas, les langues romanes font souvent usage du subjonctif dans la complétive, voir (12)-(13) :

(10) Je crois que Pierre *a* (i) tort.
(11) Pierre *a* (i) tort, je crois[4].
(12) Je regrette que Pierre *ait* (s) tort.
(13) *Pierre *ait* (s) tort, je regrette.

Le test de l'antéposition corrobore l'analyse de de Boer, du moins en ce qui concerne l'emploi des modes dans les propositions complétives. Pourtant, pour ce qui est des propositions relatives restrictives et circonstancielles, la thèse proposée semble moins convaincante, quoique de Boer (1947 : 293 ss) l'admette sans conteste, notamment parce qu'il est impossible de prouver qu'une subordonnée au subjonctif est plus dépendante qu'une subordonnée à l'indicatif. A titre d'exemple, une relative restrictive, qu'elle soit au subjonctif ou à l'indicatif, n'accepte jamais l'antéposition, probablement parce que le pronom relatif réfère toujours anaphoriquement à l'antécédent :

(14) Je cherche une maison qui *a* (i) / *ait* (s) dix chambres.
(15) *(Qui) *a* (i) / *ait* (s) dix chambres je cherche une maison.

Que dire des propositions temporelles ? On ne peut affirmer qu'une subordonnée ouverte par *quand* serait moins dépendante par rapport à la principale parce qu'elle est suivie de l'indicatif qu'une temporelle ouverte

---

[4] En général, quand on emploie le terme d'*antéposition* en français, le *que* complétif est compris dans celle-ci (*i.e. Que Pierre ait tort est vrai*). Ce test est d'une nature différente que celui proposé ici, qui tend à montrer que la subordonnée antéposée (sans *que* !) entretient un rapport syntaxique plus faible avec la principale. L'antéposition avec *que* fait par ailleurs normalement apparaître le subjonctif, ce qui n'est pas le cas en (11).

par *avant que*, qui est toujours suivie du subjonctif. Les deux propositions acceptent parfaitement l'antéposition :

(16) Quand Paul *sera* (i) de retour, nous partirons.
(17) Avant que tu *puisses* (s) regarder la télé, il faut que tu aies fini tes devoirs.

En outre, les propositions consécutives n'acceptent jamais l'antéposition quoiqu'elles soient normalement suivies de l'indicatif, probablement parce qu'elles présentent une conséquence du contenu de la principale :

(18) Paul a travaillé toute la journée, si bien qu'il *est* (i) complètement crevé.
(19) *Si bien qu'il *est* (i) complètement crevé, Paul a travaillé toute la journée.

Un deuxième problème de l'analyse de de Boer concerne la circularité de certains raisonnements. Pour le verbe *comprendre*, l'auteur affirme (*op.cit.* : 285) qu'étant suivi de l'indicatif celui-ci s'interprète comme un verbe intellectuel. En revanche, il aurait une valeur affective quand il est suivi du *mode de la dépendance*. Mais l'auteur ne précise pas si c'est la sémantique du verbe de la principale qui détermine le choix du mode dans la subordonnée ou bien si c'est le choix modal qui détermine l'interprétation du verbe de la principale.

La thèse du subjonctif comme mode de la subordination existe également dans une version plus extrême et dans une version plus atténuée que nous mentionnerons dans ce qui suit.

2.2.1.2.1 Version extrême
Harris (1974) est l'un des partisans de la version extrême du subjonctif comme mode de la subordination. D'après lui, le subjonctif dans les langues romanes, et notamment en français, traduit toujours la subordination, même quand il s'emploie dans les principales (*op.cit.* : 171 ss). Le subjonctif traduit déjà en latin la subordination, ce qu'atteste l'emploi systématique de ce mode dans les propositions ouvertes par *ut*. Le subjonctif en latin serait également dépourvu de sens sémantique dans certaines propositions principales, notamment dans celles où le subjonctif exprime l'optatif et le jussif (*op.cit.* : 173). Dans ces cas, le verbe de la principale serait régi par un verbe abstrait (*i.e.* sous-entendu) de commande ou de volition. Cette dépendance se traduit notamment par le fait qu'en proposition négative le subjonctif est nié par *ne* (qui apparaît uniquement dans les subordonnées) et non par *non* (qui apparaît dans les principales) et par le fait que dans les langues romanes modernes ce subjonctif est, à quelques exceptions près, introduit par un *que* (*loc.cit.*). En latin, le subjonctif ne serait porteur d'un sens, d'après Harris, que dans les cas où il traduit la potentialité, analyse étayée par le fait qu'en proposition

négative ce subjonctif est accompagné de *non* et non de *ne*. Cet emploi du subjonctif serait cependant remplacé par le conditionnel dans les langues romanes, et de façon systématique en français (*op.cit.* : 174), ce qui permet à Harris de conclure au statut subordonné du subjonctif.

Bien que nous acceptions l'analyse proposée pour le latin, nous sommes plus réservé en ce qui concerne le français. Le premier contre-argument avancé contre l'analyse de de Boer (1947) semble également valable pour celle de Harris. Comment peut-il montrer, par exemple, qu'une relative au subjonctif est davantage subordonnée qu'une relative à l'indicatif, voir (14) et (15) ? L'analyse de Harris a une portée trop généralisatrice et propose des conclusions beaucoup plus vastes que les données ne le permettent. Etant donné que la théorie de Harris est d'ordre diachronique, nous reviendrons là-dessus dans la section 2.3.1.

2.2.1.2.2 Version atténuée
Touratier (1996 : 163 ss) défend la version atténuée du subjonctif en tant que mode de la subordination. D'après lui, le subjonctif est uniquement soumis à la *servitude grammaticale* dans les cas où il ne commute pas avec l'indicatif (*op.cit.* : 171), notamment dans certaines propositions complétives et circonstancielles. C'est cette différence qui oppose le plus cette version à l'approche de de Boer (1947). En revanche, dans les cas où le subjonctif commute avec l'indicatif il est porteur d'un sens sémantique. Touratier distingue dans ce contexte deux emplois, celui où le subjonctif est un *morphème de volonté* et celui où il est *un morphème de possibilité*. Le premier s'observe notamment dans les propositions principales (Touratier 1996 : 167-169) et le second dans les subordonnées relatives et certaines propositions circonstancielles et principales (*op.cit.* : 169-171).

Quoiqu'on puisse opposer la même critique à l'approche de Touratier qu'à celle de de Boer, elle semble être l'une des plus sérieuses, dans la mesure où elle n'insiste pas sur l'idée que le subjonctif traduit la subordination partout, mais seulement dans les cas où il n'alterne pas avec l'indicatif.

2.2.1.3 Conclusion : approches syntaxiques
Comme il ressort de la présentation et de la discussion précédente, l'approche purement syntaxique, que ce soit celle qui considère le subjonctif comme un fossile linguistique ou comme une marque de la subordination, présente plusieurs problèmes parce qu'elle contient bon nombre d'inconsistances par rapport au point de départ théorique (notamment des raisonnements circulaires et des contradictions de nature théorique). En général, les approches discutées montrent qu'un point de départ formel n'est pas suffisant pour comprendre en profondeur le problème posé par le mode (pensons par exemple aux cas d'alternance entre l'indicatif et le subjonctif). Pour ce faire, il faut adopter une dimension sémantico-

fonctionnelle. Nous passerons en revue les théories de ce type dans les sections suivantes.

2.2.2 Le mode défini en termes de modalité

A l'opposé des approches syntaxiques, certaines théories interprètent l'alternance indicatif/subjonctif en termes de modalité, même les cas où le mode est obligatoire. Nous nous inspirons largement des études de Moignet (1959 : 33-47) et de Korzen (1999 : 189-191, 2003 : 122-123) pour la présentation et la critique qui suivent.

2.2.2.1 Le subjonctif : mode de la subjectivité

D'après Moignet (1959 : 33-38), la thèse selon laquelle le subjonctif serait le mode de la subjectivité est défendue entre autres par van der Molen (1923) et Le Bidois & Le Bidois (1935). Korzen (1999 : 191), en se basant sur Nordahl (1969 : 16-17), considère également Marouzeau (1951), Dauzat (1954) et Tesnière (1959) comme adhérents à cette thèse.

Pour van der Molen (1923 : 36-37, cité par Moignet 1959 : 34) par exemple, le subjonctif traduit la subjectivité et l'indicatif l'objectivité. Cette valeur subjective véhiculerait toute une série d'attitudes psychiques du sujet parlant, telles que l'ordre, la prière, la réserve, l'hésitation, la bienveillance, la concession, le désir et la crainte (*loc.cit.*).

D'après Korzen (1999 : 191), la notion de *subjectivité* est si vague qu'on peut la faire correspondre à presque tous les emplois du subjonctif. Moignet (1959 : 36-38) s'oppose également – à juste titre – à cette approche théorique. Il objecte d'une part que l'expression du sentiment n'est pas réservé au subjonctif, mais peut également se faire au moyen de l'indicatif (20) et de l'impératif (21), et d'autre part que le subjonctif n'exprime pas toujours la subjectivité, comme en (22) où il traduit l'hypothèse, et en (23) où la complétive est antéposée :

(20)   Ah ! que cela *est* (i) beau ! (Moignet 1959 : 36)
(21)   *Venge*-moi, *venge*-toi / *Montre*-toi digne fils d'un père tel que moi (…). (*loc.cit.*)
(22)   *Soit* (s) A égal à B. (*op.cit.* : 37)
(23)   Que cela *soit* (s) vrai, j'en conviens. (*loc.cit.*)

Cette approche ne réussit donc pas à rendre compte de bon nombre d'emplois du subjonctif en français moderne.

2.2.2.2 Le subjonctif : mode du doute ou de l'irréalité

D'après Moignet (*op.cit.* : 38-45), il existe de nombreux défenseurs de la théorie selon laquelle le subjonctif serait le mode du doute ou de l'irréalité et l'indicatif le mode de la réalité[5]. Il mentionne entre autres Clédat (1896), Soltmann (1914) et Brunot (1922) comme les principaux représentants de ce courant. Selon Korzen (1999 : 189-191), qui se réfère à Nordahl (1969 : 16), Kalepky (1928) et Bloomfield (1962) sont également partisans de cette thèse, ainsi que Grevisse (1986 [1936] : 1304) et Martin (1992 [1983])[6]. Nous considérons pour notre part que l'étude de Martin, bien qu'elle se fonde sur un principe vériconditionnel, appartient plutôt aux théories abstraites du subjonctif (voir 2.2.3.1).

D'après Clédat (1896, cité par Moignet 1959 : 40), le subjonctif est à la fois le mode de la subordination et le mode du doute, cette dernière valeur étant cependant la plus importante. Ainsi le verbe de la subordonnée se met-il au subjonctif lorsque le verbe principal exprime une volonté ou un désir ; ces notions sont liées à une action dont la réalisation est douteuse. Il en est de même pour les propositions finales, puisqu'on n'est jamais sûr que le but soit atteint.

Quoiqu'il défende la thèse du subjonctif comme mode du doute, Brunot (1922) admet que l'indicatif peut également exprimer le doute et que le subjonctif ne le traduit pas toujours, mais l'auteur souligne que « [a]ucun mode n'est d'un usage tel que son emploi ne soit parfois en désaccord avec sa valeur essentielle » (Brunot 1922 : 522, cité par Moignet 1959 : 42).

Moignet (*op.cit.* : 40-42) et Korzen (1999 : 190) s'opposent avec raison à cette conception théorique, vis-à-vis de laquelle les contre-arguments abondent. La citation précédente témoigne de la circularité du raisonnement de Brunot, et on peut à juste titre se demander en quoi consiste l'élément de doute dans les cas où le subjonctif traduit un fait réel (voir (12) et (23)) et comment il faut expliquer les cas où l'indicatif exprime le doute (24) :

(24) Il prétend / il se figure qu'il *est* (i) capable de se débrouiller. (Korzen 1999 : 190)

Que cette approche ne soit pas sans poser problème est confirmé par le fait que Clédat et Brunot y renoncent dans des études ultérieures (Clédat 1923, Brunot & Bruneau 1933), où ils considèrent le subjonctif comme le mode de ce qui est seulement envisagé par l'esprit. Nous examinerons ces études dans la section 2.2.3.3.

---

[5] Moignet (1959 : 45-47) distingue une troisième catégorie, à savoir le subjonctif comme mode de l'éventualité. Comme celle-ci est très proche des notions de *doute* et d'*irréalité*, nous préférons la rapprocher de ces dernières.

[6] Korzen (1999 : 189) emploie le terme de *non-réalité* au lieu de *doute* ou d'*irréalité*, mais il nous semble qu'il s'agit de la même conception.

Etat de la question : théorie des modes 35

2.2.2.3 Conclusion : approches fondées sur la modalité
Comme les thèses passées en revue dans cette section définissent le subjonctif en termes de modalité, on aurait pu penser qu'elles fourniraient une explication plus adéquate que les théories syntaxiques, mais cela n'est guère le cas, puisque ces théories ont pour objectif de définir une valeur modale unique pour le subjonctif. Si l'on veut discerner la valeur sémantico-fonctionnelle de ce mode, il faut trouver un dénominateur fonctionnel commun abstrait. Dans la section suivante, nous passerons en revue certaines théories qui sont orientées dans cette perspective.

2.2.3 Le mode défini en termes fonctionnels abstraits
Nous exposerons trois approches qui considèrent toutes la question du mode d'un point de vue modal abstrait. Nous commencerons par l'approche vériconditionnelle de Martin (1992 [1983]) (2.2.3.1) et poursuivrons par la théorie chronogénétique de Moignet (1959) (2.2.3.2). Ces études sont largement fondées sur des notions sémantiques. Ensuite, nous présenterons une théorie qui intègre une composante pragmatique dans la description des modes, à savoir la thèse selon laquelle le subjonctif marquerait *ce qui est seulement envisagé par l'esprit* (Clédat 1923, Brunot & Bruneau 1933) (2.2.3.3).

2.2.3.1 Approche vériconditionnelle
La théorie des modes proposée par Martin (1992 [1983]) est fondée sur un principe vériconditionnel ou logique. Pour comprendre la question du mode, il propose une distinction entre trois mondes, à savoir *le monde de ce qui est*, *le monde possible* et *le monde contrefactuel*. L'indicatif appartient au premier *monde* et le subjonctif aux deux derniers (*op.cit.* : 117 ss). Ces notions ne sont pas seulement conçues pour rendre compte de la question des modes, mais de toute une série de phénomènes syntactico-sémantiques en français. Korzen (1999 : 190) a tort de dire que Martin (1992 [1983]) considère le subjonctif comme le mode de l'irréalité, ce qui la mène à associer sa théorie à celles qui définissent le mode en termes de modalité (voir 2.2.2.2). D'une part, Martin n'emploie pas les notions d'*irréalité* ou de *doute* ; d'autre part, la notion de *mondes* paraît beaucoup plus abstraite que ces dernières, ce qui justifie à notre avis de ranger la théorie de Martin parmi celles qui définissent le subjonctif en termes abstraits.

Relève du *monde possible* selon Martin (*op.cit.* : 122 ss) toute une série d'emplois du subjonctif en proposition conjonctionnelle (*i.e.* les complétives et les circonstancielles) après les expressions désignant la modalité aléthique (ou épistémique) ou la modalité déontique. Pour ce qui est de la première catégorie, le subjonctif se rencontre après les expressions désignant la possibilité (*il est possible que, pour empêcher/éviter que*), l'hypothèse (*à condition que/à supposer que*, reprise de *si* par *que*, l'hypothèse alternative, etc.) et l'apparence (*il semble que*). En ce qui concerne la deuxième catégorie, le subjonctif s'emploie après les expressions de volonté ou de souhait ainsi que dans les propositions finales (*op.cit.* : 123-124). En proposition relative, le subjonctif du monde possible se rencontre pour désigner l'affirmation d'intentionnalité (*je cherche quelqu'un qui soit capable de (…)*), ainsi que l'existence supposée (*connaissez-vous un homme qui puisse le faire ?*) (*op.cit.* : 125).

Pour ce qui est du *monde contrefactuel*, Martin distingue quatre catégories majeures dans lesquelles le subjonctif apparaît : 1) après les prédicats de sentiment (*je regrette que, il est agréable que*) ; 2) dans les propositions concessives (*bien que, quoique*) ; 3) pour marquer l'irréel (*pour peu que*), l'inexistence (*sans que, non que, non pas que, s'opposer à ce que, il est exclu que*) et l'antécédence (*avant que, jusqu'à ce que*) ; sous 3) Martin range également certains emplois du subjonctif en proposition relative, notamment après le superlatif ; 4) les complétives antéposées introduites par *(le fait) que* (*op.cit.* : 126-133).

Comme il ressort de ce qui précède, Martin renonce à la distinction traditionnelle entre propositions complétives, relatives et circonstancielles pour mieux faire ressortir son concept théorique. Toutefois, son analyse alternative ne parvient pas à fournir une explication suffisante à l'emploi des modes, comme nous le verrons dans ce qui suit.

Tout d'abord, Martin ne semble pas prendre suffisamment en considération le contexte, ce qui est surprenant puisqu'il considère le subjonctif comme étant régi par des tendances plus que par des règles (*op.cit.* : 117). Ainsi les propositions conditionnelles où *que* reprend *si* appartiennent-elles au monde possible. Cette analyse est acceptable pour l'exemple (25) :

(25) Si Pierre vient et qu'il n'*ait* (s) pas mon argent, je piquerai une crise.

Mais en (26), le plus-que-parfait de la proposition ouverte par *si* et le conditionnel passé de la proposition principale indiquent clairement qu'il s'agit d'une hypothèse contrefactuelle et non d'une possibilité comme l'affirme Martin :

(26) Si vous l'aviez fait et qu'il se *soit* (s) ensuivi un accident, nous aurions été tous morts.

Par ailleurs, la théorie de Martin pose problème dans les cas où le subjonctif traduit un fait réel (voir aussi la critique de Korzen 1999 : 190-191). Cela concerne notamment l'emploi du subjonctif dans les complétives suivant un prédicat de sentiment, les complétives antéposées et les propositions concessives, qui relèveraient toutes du monde contrefactuel (Martin 1992 [1983] : 126 ss). Dans le cas des prédicats de sentiment par exemple, Martin soutient que le subjonctif, bien qu'il marque la vérité du contenu propositionnel (*p*), indique en même temps sa fausseté possible. Pour un exemple tel que (12) reproduit sous (27), Martin considère que l'expression d'un regret suppose que les choses pourraient être autrement qu'elles ne le sont en réalité, ce qui nous paraît être une explication *ad hoc* :

(27) Je regrette que Pierre *ait* (s) tort.

En règle générale, les cas problématiques relevés montrent à quel point il est difficile de se servir uniquement de principes vériconditionnels – aussi abstraits soient-ils – pour pleinement rendre compte du choix de mode. Comme l'affirme Korzen (1999 : 191) avec raison, il faut ajouter une composante pragmatique à l'approche de Martin pour expliquer les cas où le subjonctif traduit un contenu factuel, mais à notre avis, cela est nécessaire aussi dans les autres cas. Qu'il soit souvent difficile de regrouper tous les emplois du subjonctif dans l'une ou l'autre catégorie, en fonction des différents éléments qui déclenchent son apparition, montre que le contexte joue un rôle déterminant pour la description du mode et doit être intégré dans l'approche vériconditionnelle, pour qu'elle soit plus convaincante (voir également la critique de Confais 1995 [1990] : 285-286).

2.2.3.2 La théorie chronogénétique
La deuxième approche abstraite que nous examinons ici est la théorie chronogénétique proposée par Guillaume (1929) et élaborée ultérieurement par son élève Moignet (1959)[7]. Nous présenterons le travail de Moignet pour deux raisons : d'une part, ce travail est plus vaste et plus élaboré que celui de son maître ; d'autre part, Moignet se sert de cette théorie pour expliquer l'alternance modale en ancien français aussi bien qu'en français moderne, contrairement à Guillaume qui se borne à une étude essentiellement synchronique[8]. Dans cette section, nous examinerons la partie synchronique de la théorie de Moignet, et nous mentionnerons la partie diachronique dans la section 2.3.2.2.

La théorie de Moignet s'appuie sur une tradition strictement structuraliste, puisqu'il considère que les modes sont de prime abord une série de formes morphologiques auxquelles il faut définir un effet de sens (*op.cit.* : 85 ss). Mais il y a chez lui davantage qu'un simple manifeste structuraliste. La langue se compose de représentations mentales, dont le sujet parlant a

---

[7] La théorie guillaumienne a aussi été appliquée à l'espagnol moderne par un certain nombre de linguistes, parmi lesquels Molho (1975).
[8] Cependant, Guillaume (1929 : 77 ss) montre dans les grandes lignes comment sa théorie fonctionne en latin et en grec ancien, mais l'aspect diachronique est beaucoup plus poussé chez Moignet, puisqu'il examine la période qui va du latin postclassique à l'ancien français (13e siècle).

la possession permanente, et l'expression n'a lieu que secondairement, à partir de représentations acquises (*op.cit.* : 86). Cette affirmation est cruciale, dans la mesure où la théorie considère que le système verbal en français est fondé sur un système chronogénétique, dans lequel l'opération de la pensée joue un rôle capital. Dans ce système, il faut distinguer deux notions, à savoir la *chronogénèse* [sic !] et les *chronothèses*. La chronogénèse constitue l'opération de la pensée visant à la création de l'image-temps, à savoir la notion temporelle, et les chronothèses représentent les diverses étapes opérées sur la chronogénèse (*op.cit.* : 87-88). Il existe trois chronothèses en français (*op.cit.* : 89 ss) : dans la première, l'image-temps est rudimentaire, la chronogénèse n'ayant pas encore opéré. Les modes nominaux appartiennent à ce stade, parce qu'ils sont incapables d'exprimer de dimension temporelle. Dans la seconde chronothèse, le verbe a acquis la personnalisation et la représentation temporelle commence à se manifester, mais l'image-temps n'est toujours pas accomplie. A ce stade appartient le subjonctif, qui peut seulement distinguer le présent de l'imparfait (si l'on ignore les temps composés). Enfin, dans la troisième chronothèse, la notion temporelle est achevée, et l'indicatif s'instaure. Ce mode présente cinq formes (si l'on tient uniquement compte des formes non composées), à savoir un présent, deux passés et deux futurs.

Comme le subjonctif présente un état moins actualisé temporellement que l'indicatif sur l'axe chronogénétique, Moignet (*op.cit.* : 99-100) considère que l'indicatif exprime l'actualisation, alors que le subjonctif traduit une action non actualisée ou virtuelle. Pour comprendre comment ces deux valeurs entrent en vigueur dans la pratique, il faut distinguer deux notions, selon Moignet (*loc.cit.*), *l'idée regardante* et *l'idée regardée*. L'idée regardante est l'idée à travers laquelle on regarde le verbe en question, et l'idée regardée est l'action verbale que l'on regarde. Dans les subordonnées, l'idée regardante correspond à la proposition principale ou à la conjonction de subordination et l'idée regardée au verbe de la subordonnée, mais l'idée regardante peut être sous-entendue comme dans le cas des propositions principales. Si l'idée regardante est telle qu'elle permet l'actualisation du verbe regardé, celui-ci se met à l'indicatif ; en revanche, si l'idée regardante est telle qu'elle ne permet pas l'actualisation du verbe regardé, ce dernier se met au subjonctif.

A partir de cet appareil théorique assez compliqué Moignet décrit le jeu entre l'indicatif et le subjonctif en français moderne. Dans ce qui suit, nous ne ferons mention que de certains emplois à titre illustratif. Par exemple, pour les verbes de volition (*vouloir, exiger, insister*, etc.), l'idée regardante est située dans le virtuel, entraînant le subjonctif dans la complétive (*op.cit.* : 100-101). Pour les verbes de croyance (*croire, penser*, etc.), à l'affirmative, l'idée regardante est en revanche actualisante, de sorte que le verbe regardé se met toujours à l'indicatif. Pourtant, à la forme négative, interrogative ou conditionnelle, l'indicatif et le subjonctif peuvent alterner selon que l'esprit situe l'idée regardante dans l'actuel ou dans le virtuel (*loc.cit.*).

Dans les propositions relatives déterminatives, le sentiment de présence de l'antécédent dans l'actualité entraîne l'emploi de l'indicatif, tandis que l'absence de l'antécédent dans l'actualité entraîne l'emploi du subjonctif (*op.cit.* : 112). Pour les propositions circonstancielles, le choix du mode dépend du caractère actualisant ou virtualisant de l'idée traduite par la conjonction (*op.cit.* : 113-119). Ainsi les conjonctions simples (par exemple *quand*, *comme* et *si*) seraient-elles toutes actualisantes, ce qui entraînerait l'utilisation de l'indicatif, alors que les locutions conjonctionnelles qui comprennent *que* conjonctif seraient suivies de l'indicatif ou du subjonctif selon qu'elles sont actualisantes ou non.

En dépit d'un cadre théorique extrêmement détaillé et d'analyses subtiles, l'approche de Moignet ne semble pas entièrement convaincante. Son analyse comporte deux problèmes majeurs.

Premièrement, l'affirmation que toute expression verbale est soumise à une idée regardante, même sous-entendue (*op.cit.* : 105), semble difficile à admettre. Considérons par exemple (28) à (30) :

(28) Que votre volonté *soit* (s) faite ! (Moignet 1959 : 106)
(29) *Soit* (s) A égal à B. (*loc.cit.*)
(30) Je ne *sache* (s) pas de plus belle histoire. (*op.cit.* : 107)

Sous (28), on pourrait dire que l'idée regardante implicite est une expression de volition (*je veux que*), mais elle pourrait aussi bien être une expression de souhait (*je souhaite que*) ou une expression toute différente. Et que penser de (29) et (30), qui semblent des expressions plus ou moins figées ? L'exemple (29) indique une hypothèse scientifique et (30) une variante stylistique de *je ne sais pas*, qui appartient au registre soutenu et n'existe qu'à la première personne du singulier et qu'à la forme négative. Il nous paraît problématique de tirer des conclusions à partir d'expressions sous-jacentes, parce que ces expressions sont difficiles à saisir en pratique et peuvent varier selon l'interprétation du linguiste.

Deuxièmement, l'analyse de Moignet semble comporter un certain nombre de raisonnements circulaires et d'explications *ad hoc*. C'est notamment le cas des expressions dans lesquelles le subjonctif présente un contenu factuel. Moignet insiste sur le fait que dans ces contextes le subjonctif exprime la virtualité. Pour les concessives par exemple (que Moignet *op.cit.* : 115 appelle *adversatives*), la présence du subjonctif s'expliquerait par l'écart qui s'établit entre le procès de la principale et celui de la concessive, cet écart indiquant une cause stérile ou une attente niée (voir 4.3). Celui-ci atteindrait sa force optimale dans une époque antérieure à la réalité, c'est-à-dire dans le domaine du non actualisé. Cette explication semble néanmoins douteuse. Nous ne comprenons pas pourquoi cet écart opérerait dans une époque antérieure à la réalité et non dans la réalité elle-même, puisque le contenu de la concessive réfère à la réalité. De plus, si les concessives au subjonctif se rapportent à la réalité, comment expliquer que les propositions en *même si* qui traduisent *a priori* la concession dite *hypothétique* (voir chapitre 10) sont suivies de l'indicatif, *mode de l'actualisation* ?

Pour conclure, la théorie chronogénétique ne peut expliquer qu'une partie des emplois du subjonctif en français moderne, notamment ceux dans lesquels le locuteur met en doute le contenu propositionnel ou exprime une volonté ou un souhait, mais dès que le subjonctif traduit un contenu factuel, la théorie est prise en défaut. De même, il existe un certain nombre d'emplois où l'indicatif n'actualise pas l'action verbale, mais la met en doute. Comme nous l'avons conclu à propos de la théorie vériconditionnelle, il faut intégrer une dimension pragmatique pour élaborer une explication adéquate des emplois modaux. Dans la section suivante, nous examinerons une approche de nature pragmatique.

2.2.3.3 Le subjonctif : mode de ce qui est seulement envisagé par l'esprit
La dernière approche examinée dans cette section est celle qui considère le subjonctif comme le mode de ce qui est seulement envisagé par l'esprit. Clédat (1923) est le premier à formuler cette thèse, qui se retrouve entre autres dans Brunot & Bruneau (1933). Comme nous l'avons dit en 2.2.2.2, Clédat et Brunot avaient affirmé dans des études antérieures (Clédat 1896, Brunot 1922) que le subjonctif était le mode du doute, puis ont renoncé à cette explication par la suite.

L'article de Clédat (1923) peut être considéré, dans les grandes lignes, comme une discussion avec Brunot sur les points principaux de son livre *La Pensée et la langue* (1922). Il est intéressant de noter qu'ont été retenus dans la grammaire historique de Brunot & Bruneau (1933) certains des points qui avaient été proposés par Clédat, et notamment la description du mode. Selon Clédat, la valeur fondamentale du subjonctif en français moderne est d'exprimer une action simplement envisagée ou considérée par l'esprit, alors que l'indicatif est utilisé afin d'affirmer le contenu propositionnel (Clédat 1923 : 88 ss). Cette opposition de nature abstraite englobe tout le système des modes, et elle parvient à rendre compte des emplois factuels du subjonctif là où la majorité des approches examinées échouent. Pour ce qui est des complétives antéposées par exemple (voir (23)), le subjonctif marque que l'action exprimée dans la complétive reste dans la conception du sujet parlant avant que sa certitude soit exprimée dans la principale postposée (*op.cit.* : 92). En ce qui concerne le subjonctif qu'on rencontre après les verbes de sentiment (voir (27)), il désigne un fait acquis, mais qui n'est pas affirmé comme tel parce qu'il est déjà connu ou censé être connu de l'interlocuteur (*op.cit.* : 106).

Quoique Clédat ne passe pas en revue tous les contextes modaux qui semblent les plus importants selon son optique théorique, sa thèse paraît convaincante, dans la mesure où elle propose une notion abstraite qui englobe les emplois les plus divers du subjonctif. Le point essentiel est que l'auteur n'essaie pas de réduire le subjonctif à une seule valeur modale fondée sur la sémantique (comme dans son étude de 1896). Il se base sur des considérations de nature pragmatique, car il tient compte de la situation communicative. Il est donc en avance sur son temps (il a publié son article en 1923 !), parce que les approches intégrant des dimensions pragmatiques dans la description des modes ne commencent à apparaître qu'à partir des années 1970.

La thèse de Clédat trouve un écho dans le travail de Brunot & Bruneau (1933 : 523), mais elle n'est pas élaborée de façon aussi systématique par ces auteurs. D'une part, on a l'impression que pour ces derniers le terme de *ce qui est seulement envisagé* correspond plutôt à la *non-réalité*, ce qui ne correspond pas à la pensée exacte de Clédat. Les verbes de sentiment, par exemple, ne pourraient pas traduire selon eux un fait réel, ce qui expliquerait qu'ils soient suivis du subjonctif (*op.cit.* : 538-539). D'autre part, on trouve à côté du terme *ce qui est seulement envisagé* d'autres définitions du subjonctif telles que la *subjectivité* (*op.cit.* : 536) et la *subordination* (*op.cit.* : 537) sans que n'apparaisse clairement comment ces valeurs sont associées à la valeur de base. Comme le travail de Brunot & Bruneau contient également des indications diachroniques concernant les modes, nous y reviendrons en 2.3.2.2.

2.2.3.4 Conclusion : le mode défini en termes fonctionnels abstraits
Dans cette section, nous avons examiné des théories qui définissent le subjonctif d'un point de vue fonctionnel abstrait. Ce haut degré d'abstraction permet généralement de trouver un dénominateur commun à la majorité des emplois des modes. Cependant, ces théories ne sont pas toutes entièrement convaincantes. Les deux premières se révèlent problématiques puisqu'elles évoquent une explication sémantique abstraite qui peut seulement rendre compte de certains des emplois modaux et qu'elles ne tiennent pas suffisamment compte du rôle joué par le contexte. C'est donc l'approche de Clédat (1923) qui semble la plus convaincante, car elle intègre une composante pragmatique dans la description des modes, et comme il ressortira de la section 2.4, sa théorie peut se rapprocher de la théorie de l'assertion. Avant de présenter cette théorie, nous exposerons les théories diachroniques.

2.3 Etudes diachroniques

Cette section suivra dans une large mesure la structure adoptée à propos des études synchroniques. Dans la section 2.3.1, nous examinerons les études qui décrivent les modes d'un point de vue syntaxique, puis la section 2.3.2 rendra compte de celles qui abordent la question des modes d'un point de vue sémantico-fonctionnel. Cette section se terminera par une présentation d'études diachroniques portant sur le mode et la concession (2.3.3).

Si la littérature consacrée à la question des modes en français moderne est abondante, celle de la diachronie du système modal est en revanche beaucoup plus restreinte. Il est vrai que dans les grammaires et syntaxes historiques (par exemple Jensen 1974, Togeby 1974, Moignet 1976 [1973], Martin & Wilmet 1980, Buridant 2000, Marchello-Nizia 2005 [1997]) on trouve toujours un chapitre consacré à l'emploi des modes en ancien ou en moyen français, mais ces études sont largement synchroniques puisqu'elles ne rendent pas compte de l'évolution modale et se bornent à une description de l'emploi des modes en ancien ou en moyen français. Les études réellement diachroniques sur la question des modes sont donc peu nombreuses.

2.3.1 Approches syntaxiques

La question de l'évolution des modes définie en termes syntaxiques se rencontre notamment dans une série de grammaires ou syntaxes historiques, par exemple celles de Nyrop (1899-1930), de Sneyders de Vogel (1927 [1919]) de Brunot (1966-1979 [1905-1953]) et de Foulet (1968 [1919]), mais aussi dans des articles, comme par exemple Harris (1974). Ces auteurs ont de temps à autre recours à des critères sémantiques, mais l'aspect syntaxique l'emporte toujours. Ils sont tous d'accord pour admettre que le subjonctif était plus vivant et donc sémantiquement plus motivé pendant les états révolus du français et qu'il a été remplacé par l'indicatif dans un certain nombre de contextes ou bien qu'il a perdu sa possibilité d'alternance avec ce mode.

Dans les 13 tomes de l'histoire de la langue française de Brunot (1966-1979 [1905-1953]), on trouve des renseignements dispersés sur les modes verbaux, parmi lesquels par exemple, dans le deuxième tome consacré au 16e siècle, une définition du subjonctif comme mode du doute et de l'indicatif comme mode marquant les faits positifs (*op.cit.* II : 444). Mais la description qui suit est d'ordre purement syntaxique. Le travail de Brunot est extrêmement riche et détaillé, mais il ne présente pas une analyse synthétique de l'évolution des modes, bien qu'il rende compte du français des origines jusqu'à son état actuel.

La grammaire historique de Nyrop (1899-1930) est moins vaste que celle de Brunot et ne comprend que six tomes. Bien qu'elle concerne surtout l'ancien français, elle fournit des renseignements diachroniques sur les modes et compare la langue ancienne avec le français moderne. Dans ses remarques générales, l'auteur définit les modes en termes sémantiques. D'après lui, l'indicatif est le mode de la réalité ou de la certitude, alors que le subjonctif est le mode de l'irréel, de la possibilité et de l'incertitude (*op.cit.* VI : 276). Pourtant, il n'affirme pas si ces valeurs sont restées les mêmes au cours de l'histoire ou si les modes ont connu certains changements, et, comme Brunot, il ne se sert pas directement de ces valeurs, mais se borne à un exposé essentiellement syntaxique (*op.cit.* VI : 309 ss).

Avec Sneyders de Vogel (1927 [1919]), qui remonte jusqu'au latin classique, on a également affaire à une approche fondée pour une large part sur des considérations d'ordre syntaxique, sans pour autant que la sémantique soit ignorée. Celle-ci joue un rôle dans les propositions principales exclusivement, dans lesquelles le subjonctif serait le mode de l'éventualité et comporterait deux sous-catégories, l'éventualité en dehors de la personnalité humaine (*i.e.* le *conjunctivus hortativus*, le *conjunctivus optativus* et le *conjunctivus concessivus*) et l'éventualité en contact avec la personnalité humaine (*i.e.* le *conjunctivus potentialis*, le *conjunctivus dubitativus* et le *conjunctivus modestiae*) (*op.cit.* : 154-159). La première catégorie existe encore en français moderne, à l'exception du *conjunctivus concessivus* qui est exprimé de nos jours par une phrase subordonnée, alors que la deuxième catégorie a été entièrement remplacée par le conditionnel. Hormis ces quelques cas, l'évolution des modes est définie chez Sneyders de Vogel en termes purement syntaxiques, notamment dans les subordonnées, où il semble que le subjonctif soit dépourvu de valeur sémantique ; du moins Sneyders de Vogel ne se prononce-t-il pas sur cette question. Par ailleurs, pour ce qui est du changement syntaxique opéré dans les propositions interrogatives, où le subjonctif a été remplacé par l'indicatif, il affirme que le sens du subjonctif a changé (*op.cit.* : 168), mais ne développe pas ce point dans son exposé.

Comme nous l'avons vu en 2.2.1.1, Foulet (1968 [1919] : 204 ss) ne considère pas que le subjonctif en français moderne soit porteur d'un sens, car ce serait un phénomène purement syntaxique. Le subjonctif serait aujourd'hui employé en vertu d'une convention ou selon un simple procédé de style. En ancien français, cependant, le subjonctif aurait été doté d'un sens, tel que la suggestion ou le doute (*op.cit.* : 206), par opposition à l'indicatif qui aurait exprimé la certitude (*op.cit.* : 208). En dépit de cette affirmation, l'exposé de Foulet souligne les points principaux de la syntaxe sur lesquels l'ancien français et le français moderne diffèrent, et il relève des cas où l'on peut déjà voir dans le subjonctif « [...] un mode stéréotypé, un mauvais choix fait par la langue » (*op.cit.* : 210). Cette affirmation évoque une image d'Epinal de la langue ancienne en sous-tendant qu'elle était harmonieuse et parfaite au départ et que l'évolution a dégradé la langue en la rendant imparfaite.

Harris (1974) quant à lui est explicite à l'égard de la valeur du subjonctif dans les états révolus de la langue. Comme nous l'avons dit en 2.2.1.2.1, le subjonctif serait dès le latin dépourvu d'un sens dans les subordonnées et dans les principales, hormis dans l'emploi dit *potentiel* (*op.cit.* : 173-174). Le potentiel n'est plus exprimé par le subjonctif dans les langues romanes modernes, car il a été à peu près entièrement remplacé par le conditionnel. Comme nous l'avons déjà vu, Harris se sert d'une série d'arguments syntaxiques pour justifier sa thèse en latin, mais bien que nous acceptions son raisonnement pour le cas spécifique qu'il examine (le remplacement du subjonctif par le conditionnel dans les principales), son analyse diachronique ne semble pas entièrement convaincante ; elle aboutit à des conclusions trop généralisatrices et ne fait pas de coupes synchroniques systématiques pour étudier l'évolution.

2.3.1.1 Conclusion : approches syntaxiques
En guise de conclusion, nous dirons qu'une perspective syntaxique ne semble pas pouvoir expliquer en profondeur un changement linguistique tel que celui du mode. Les théories élaborées dans ce cadre peuvent certes nous donner des renseignements pertinents sur des changements formels, mais présentent plusieurs problèmes. Globalement, ces études ne fournissent que des listes énumérant, de façon assez dispersée, les divers emplois des modes verbaux d'une certaine époque sans présenter une analyse synthétique de l'évolution des modes qui puisse expliquer pourquoi le système modal en tant que tel a changé. Par ailleurs, certaines d'entre elles sont imprégnées par un ton puriste, décrivant certains emplois du subjonctif dans la langue ancienne comme horribles, laissant entendre que l'évolution linguistique mène à la dégradation (Foulet 1968 [1919]), et d'autres proposent des conclusions d'une portée trop généralisatrice sans avoir fait des coupes synchroniques systématiques (Sneyders de Vogel 1927 [1919], Harris 1974). Bien que ces études aient recours, de temps à autre, à des considérations de nature sémantique, l'aspect syntaxique l'emporte. En général nous ne considérons pas qu'une approche purement syntaxique suffise pour expliquer l'évolution du système modal. Si par exemple le subjonctif serait devenu amodal en français moderne, comment peut-on le montrer sans avoir recours à la sémantique ? Comme nous allons le démontrer plus loin, il est indispensable d'envisager la fonctionnalité des catégories syntaxiques pour pouvoir expliquer les changements linguistiques.

2.3.2 Approches sémantico-fonctionnelles
Si les études syntaxiques n'arrivent pas à expliquer le changement linguistique, il s'avère nécessaire d'étudier celles qui définissent le change-

ment des modes en termes sémantico-fonctionnels. Ces études se divisent en deux groupes : celles qui considèrent que c'est le système modal qui a changé (2.3.2.1), et celles qui affirment que ce sont plutôt les éléments cotextuels déclencheurs du mode (*i.e.* prédicats ou conjonctions) qui ont subi des changements (2.3.2.2).

2.3.2.1 Changements dans le système modal
Parmi les études qui affirment que le système des modes a subi un changement sémantico-fonctionnel au cours de l'histoire, nous présenterons l'étude de Winters (1989) sur le changement de la valeur prototypique du subjonctif (2.3.2.1.1) et celle de Tanase (1943) sur l'évolution du subjonctif en ses différentes étapes (2.3.2.1.2).

2.3.2.1.1 Changement de la valeur prototypique du subjonctif
Winters (1989) décrit l'évolution du subjonctif de l'ancien et du moyen français jusqu'au français moderne dans le cadre de la théorie du prototype, issue de la grammaire cognitive. Selon cette théorie, un prototype est une instance typique d'une catégorie ; les autres éléments sont assimilés à ce prototype en réseaux, en fonction de leur degré de ressemblance avec lui. A titre d'exemple, on dira qu'une hirondelle est plus proche du prototype *oiseau* qu'un manchot. Winters applique ce principe à l'étude du subjonctif, dont les divers emplois seraient regroupés autour d'un prototype. A partir de cette théorie, Winters poursuit l'hypothèse selon laquelle la valeur prototypique du subjonctif a changé au cours des siècles. En ancien français, le subjonctif serait de manière prototypique une expression d'*indétermination* (« lack of referential definiteness »), valeur à laquelle tous ses emplois seraient associés de façon plus ou moins directe. Mais au cours de l'histoire, sa valeur prototypique aurait changé, de sorte qu'en français moderne il serait devenu un marqueur de *subjectivité* (« subjectivity ») (*op.cit.* : 703). L'argument majeur de ce changement réside dans le fait qu'un certain nombre d'emplois dans lesquels ce mode exprimait dans l'ancienne langue le doute ou l'indétermination (par exemple dans certaines propositions conditionnelles ouvertes par *si*, les interrogatives indirectes et les complétives précédées d'un verbe de croyance à la forme positive *cuidier*, *croire*) ont disparu de la langue moderne. En revanche, de nouveaux emplois du subjonctif sont apparus dans lesquels l'élément subjectif est déterminant pour expliquer le subjonctif (par exemple dans les complétives après un verbe de sentiment) (*op.cit.* : 718-724).

L'analyse de Winters – aussi plausible qu'elle puisse être dans un premier temps – présente pourtant deux problèmes majeurs. Le premier concerne sa thèse générale ; le second relève de la hiérarchisation des catégories orientées autour du prototype.

Il ne fait pas de doute que le subjonctif a perdu au cours de l'histoire une partie de sa valeur originelle d'*indétermination* et qu'il commence à être employé dans des contextes où cette valeur n'est pas impliquée. Comme nous le verrons dans le présent travail (voir chapitres 8-12), cette évolution est confirmée par l'évolution du système concessif. Cependant, Winters propose des conclusions beaucoup plus vastes que les données ne le permettent en affirmant qu'il s'est produit un véritable changement de la valeur prototypique du subjonctif au cours de l'histoire. Il est surtout étonnant de constater que la catégorie intitulée *incertitude du résultat de l'énoncé* (« uncertainty of outcome »), qui caractérise entres autres l'emploi du subjonctif dans les propositions finales, temporelles et relatives, serait devenue plus subjective au cours du temps (*op.cit.* : 710-712, 718-723). Le changement sémantique postulé ne semble attesté que par un nombre restreint de données (parmi lesquelles l'apparition du subjonctif dans la complétive après les verbes de sentiment est la plus décisive), mais l'extension de ce changement à d'autres contextes ne semble guère acceptable. En revanche, il nous semble beaucoup plus justifié de parler d'une extension sémantique du subjonctif.

Le deuxième problème majeur de l'analyse de Winters réside dans la hiérarchisation en réseaux des membres de chaque groupe par rapport au prototype. On observe par exemple que le subjonctif dans les propositions conditionnelles en *si* (« hypotheticals ») serait dérivé de celui des conditionnelles ouvertes par une conjonction complexe (*pourvu que, pour peu que*) (« restrictives ») (*op.cit.* : 710-711). Nous acceptons sans conteste le rapport sémantique entre ces deux propositions, mais on peut se demander si la hiérarchie ne doit pas être inversée (voir Grevisse 1986 [1936] : 1684 qui affirme que *si* est la conjonction de condition neutre en français). Winters (1989 : 724) se sert probablement de la position périphérique des conditionnelles en *si* pour expliquer pourquoi le subjonctif disparaît de ce type de propositions (un membre périphérique peut plus facilement disparaître d'une catégorie qu'un membre nucléaire). Cette question pose de surcroît un autre problème : on se demande pourquoi le subjonctif n'a pas disparu d'autres éléments périphériques tels que les verbes de volition (« commands ») (*op.cit.* : 710, 718) et les propositions concessives (*op.cit.* : 715, 722). Dans ces contextes, la position du subjonctif se renforce en fait au cours de l'histoire.

En raison des objections soulevées à propos de l'étude de Winters ses conclusions doivent être considérées avec certaines réserves.

2.3.2.1.2 Evolution du subjonctif en phases
L'étude diachronique de Tanase (1943) propose que l'évolution du subjonctif s'est mise en place en cinq étapes différentes, à partir d'une valeur de base, la *non-existence* (*op.cit.* : 321 ss) :

1) Cette valeur de base apparaît déjà en indoeuropéen. L'indicatif exprimerait l'action existante et le subjonctif l'action non-existante (*op.cit.* : 321).
2) De cette valeur de base serait dérivée en français une valeur nouvelle appelée la *non-encore-existence*, qui situe la réalisation du procès dans l'avenir. Cet emploi s'observe après les verbes de volition (*vouloir, attendre, promettre*) (*loc.cit.*).
3) A partir de cette valeur se serait développé un nouvel emploi, la *non-existence-par-rapport-à-la-connaissance-du-sujet-parlant*. Cet emploi se rencontre en particulier après les prédicats de possibilité (*il est possible que*), après les verbes de croyance modifiée par le contexte (*je ne crois pas que*) ainsi qu'après le superlatif négatif (*je ne connais personne qui*). L'action désignée par le subjonctif serait le plus souvent éventuelle, car le sujet parlant ne sait pas si l'action qu'il envisage existe dans la réalité ou non (*op.cit.* : 321-322).
4) A ce stade, le subjonctif présenterait une action existante, mais son emploi serait toujours associé à sa valeur fondamentale. Ce type d'emploi s'observerait notamment dans les propositions relatives à valeur concessive (*où que vous soyez*) ou précédées par un superlatif non-négatif (*le plus grand fourbe qui ait jamais existé*) (*op.cit.* : 323).
5) Enfin, le subjonctif en serait venu à exprimer l'existence même (*je comprends qu'il soit parti*), et serait devenu un simple opposé stylistique de l'indicatif (*loc.cit.*).

Tanase (*op.cit.* : 324) souligne ensuite deux faits importants à retenir : d'une part, quel que soit l'emploi du subjonctif, sa valeur de base serait toujours la non-existence ; d'autre part, bien que le subjonctif évolue par étapes, tous ses emplois ne parviennent pas à la destination finale, mais peuvent s'arrêter en cours de route.

L'évolution du subjonctif telle qu'elle est postulée par Tanase ne semble absolument pas convaincante. Nous acceptons la position de Moignet (1959 : 44), qui discerne deux défauts majeurs : d'une part, l'évolution n'est pas démontrée par l'histoire de la langue, parce que la succession des valeurs ne correspond nullement à l'ordre d'apparition des divers emplois du subjonctif. Par exemple, le subjonctif du quatrième stade se rencontre déjà dans les tout premiers documents. D'autre part, l'étude de Tanase présente un problème méthodologique, dans la mesure où il a borné son enquête sur l'ancienne langue à un seul ouvrage, *Le Roman de la Rose*. Nous ajoutons trois points supplémentaires à la critique de Moignet. Tout d'abord, l'idée que les divers emplois du subjonctif seraient dérivés les uns des autres semble difficile à admettre. Comment est-il possible que le subjonctif du cinquième stade soit passé d'abord par les verbes volitifs et ensuite par les prédicats de possibilité ? Ensuite, les étapes évolutives ne concernent que le subjonctif présent dans les propositions complétives et relatives, mais il est légitime de se demander comment cette hiérarchie expliquerait les changements survenus dans les propositions circonstancielles et principales. Enfin, Tanase n'indique pas à quelle époque temporelle les divers emplois seraient apparus ; tous les exemples fournis proviennent du français moderne ! Sans une datation au moins approximative de l'apparition des divers emplois, la hiérarchie établie est purement gratuite et empêche toute vérification de l'évolution affirmée.

2.3.2.2 Changement des éléments cotextuels
Dans la section précédente, le changement modal a été défini en termes dynamiques, puisque ce sont les formes modales qui sont présumées avoir changé de sens. Il existe pourtant des théories qui adoptent une vision statique des modes. D'après ces théories, ce sont plutôt les éléments cotextuels (prédicats, conjonctions) qui ont changé de valeur sémantique au cours de l'histoire. Brunot & Bruneau (1933) et Moignet (1959), dont nous avons déjà exposé les idées fondamentales dans la partie synchronique, représentent ce courant. C'est chez Brunot & Bruneau (1933) que cette thèse est formulée de la façon la plus explicite : « Ce n'est pas que la valeur des modes ait changé ; ce qui a changé, c'est la nuance de sens exprimée par les verbes […] » (*op.cit.* : 537). Si donc le verbe *résoudre* était suivi au 17e siècle du subjonctif, c'est qu'il signifiait *vouloir*, et si *s'étonner* était suivi de l'indicatif c'est qu'il signifiait *constater avec étonnement* (*loc.cit.*).

Dans la vaste étude de Moignet (1959)[9] sur le subjonctif en latin postclassique et en ancien français, on retrouve la même idée, quoique formulée de façon plus indirecte. Moignet considère que le système verbal du français aux origines est déjà dans les grandes lignes celui du français moderne : le subjonctif marquerait dès l'ancien français une action virtuelle et l'indicatif une action actuelle (*op.cit.* : 281). A titre d'exemple, considérons son analyse du passage du subjonctif à l'indicatif dans les propositions hypothétiques en *se/si*. En ancien français, le mouvement de pensée signifié par *se* aboutit à l'actualisation, ce qui entraîne l'emploi de l'indicatif si l'hypothèse est prospective. En revanche, si l'hypothèse concerne le passé, *se* perd son pouvoir actualisant et se fait suivre du subjonc-

---

[9] Comme nous l'avons dit en 2.2.3.2, la théorie de Moignet (1959) est un développement de celle de Guillaume (1929). La théorie guillaumienne sous-tend la description des modes qui est faite dans certaines grammaires historiques (Martin & Wilmet 1980 : 48 ss, Buridant 2000 : 333 ss) ou différentes études sur le mode et la concession (Soutet 1990, 1992a). Luquet (1988) s'inspire de cette théorie dans sa systématique historique sur le subjonctif espagnol, quoiqu'elle ne le convainque pas entièrement.

Etat de la question : théorie des modes 49

tif (*op.cit.* : 471). En français moderne, *si* hypothétique peut seulement être suivi de l'indicatif. Cela tiendrait au fait que *se/si* a subi un changement, de sorte qu'aujourd'hui il actualiserait l'hypothèse, c'est-à-dire la présente comme réelle, même lorsqu'elle concerne le passé (*loc.cit.*). En d'autres termes, *si* aurait consolidé son sens et sa fonction au cours de l'histoire, ce qui « [...] a fait disparaître l'apparente anomalie de la syntaxe de l'ancien français *se* » (*loc.cit.*).

Cette explication ne semble nullement convaincante. Pour l'infirmer, il suffit de penser aux hypothèses contrefactuelles du français moderne (31), contexte dans lequel nous avons affaire à une hypothèse manifestement irréelle :

(31) Si vous l'*aviez* (i) fait, nous aurions été tous morts.

L'explication que le remplacement du subjonctif par l'indicatif a fait disparaître l'anomalie des propositions en *si* semble non fondée et contre-intuitive. Il semble que ce soit plutôt l'indicatif en français moderne qui constitue l'anomalie ! Il convient de souligner à ce propos que les propositions en *se/si* en italien et en espagnol modernes se font suivre du subjonctif, lorsque l'hypothèse concerne le passé. Si le subjonctif était une anomalie, il aurait fallu s'attendre à ce que la même évolution se soit produite dans ces langues aussi.

2.3.2.3 Conclusion : approches sémantico-fonctionnelles
Les approches sémantico-fonctionnelles se divisent en deux courants opposés, mais aucune des théories examinées ne semble entièrement convaincante. Les théories de la première catégorie, qui adoptent une vision dynamique du mode, proposent des conclusions beaucoup plus vastes que les données ne le permettent ou bien elles présentent une évolution du subjonctif qui n'est pas corroborée par l'histoire de la langue. Celles de la deuxième catégorie considèrent le mode comme une catégorie stable. Ce qui a changé ce sont les éléments cotextuels. On ne peut pas nier que ces éléments ont subi des changements sémantiques, mais dire que le système modal n'a pas subi le moindre changement sémantique depuis l'ancien français semble invraisemblable. Cette discussion sera reprise en 12.2.3.

2.3.3 Etudes diachroniques sur le mode et la concession
Comme notre travail est centré sur l'évolution des modes dans les propositions concessives, il importe de mentionner les études qui relient les modes et la concession.

A notre connaissance, il n'existe pas d'études qui traitent uniquement la question de l'évolution des modes dans les propositions concessives en français. Néanmoins, la question des modes est abordée de façon indirecte dans les travaux sur la concession de Klare (1958) et de Soutet (1990, 1992a, 1992b) pour le français, et dans celui de Rivarola (1976) pour l'espagnol. Ces recherches portent sur des périodes différentes : celui de Klare concerne la période qui va du 12ᵉ siècle au français moderne, ceux de Soutet vont des origines au 16ᵉ siècle. L'étude de Rivarola concerne l'espagnol médiéval et classique (des origines à la fin du 17ᵉ siècle). On peut également ajouter les études de König (1985a, 1985b, 1988), de Harris (1988) et de König & Siemund (2000) sur la formation des connecteurs concessifs dans les langues du monde, y compris les langues romanes (voir 4.2.2). Tous ces travaux s'intéressent avant tout à l'évolution des structures concessives en mettant l'accent sur l'apparition, la disparition et l'évolution des connecteurs concessifs, et la question des modes n'y joue qu'un rôle mineur. Les observations diachroniques modales (s'il y en a) sont essentiellement d'ordre syntaxique ; il n'y a pas de théorie (sémantico-fonctionnelle) qui sous-tende ces observations, et on n'y retrouve pas non plus de synthèse sur l'évolution des modes dans les propositions concessives. Notre étude semble donc être la première à traiter systématiquement la question de l'évolution modale dans le système concessif dans une perspective diachronique. Dans le chapitre 4, nous reviendrons sur la question de la concession, en présentant des informations d'ordre diachronique et synchronique pertinentes pour l'étude des modes verbaux.

2.4 La théorie de l'assertion

Comme nous l'avons vu dans les sections précédentes, les théories des modes examinées, synchroniques aussi bien que diachroniques, présentent différents aspects problématiques, et cela pour des raisons diverses que nous avons exposées dans ce qui précède. Ces différentes théories paraissent par conséquent incapables de rendre compte de l'évolution du système modal. Il nous semble en revanche que la théorie de l'assertion fournit une explication synchronique relativement convaincante des emplois modaux dans les langues romanes. C'est ce que nous souhaitons montrer dans ce volet du chapitre. Nous passerons donc en revue le fondement de la théorie de l'assertion, ainsi que ses avantages et limites, avant de présenter les arguments pour lesquels nous nous en servirons dans une perspective diachronique.

2.4.1 Fondement théorique

La théorie connue sous le nom de *théorie de l'assertion* a été conçue dans la seconde moitié du 20ᵉ siècle. Cette théorie, fondée sur un principe sémantico-fonctionnel, vise à décrire le mode indicatif comme celui de l'assertion (*i.e.* fournissant une information nouvelle (32) ou un rappel d'information (33) dont le locuteur prend en charge la vérité), alors que le mode subjonctif est considéré comme celui de la non-assertion (à savoir un présupposé (34) ou un irréel[10] (35)) :

(32) Pierre a dit que la France *avait* (i) gagné 3 à 0 contre le Danemark.
(33) Pierre a rappelé à Marie qu'il *fallait* (i) inviter sa mère à dîner.
(34) Je suis content que Pierre *aille* (s) mieux.
(35) Je veux que tu *apprennes* (s) tes leçons.

A notre connaissance, la théorie de l'assertion est formulée pour la première fois par Hooper & Terrell (1974) et Hooper (1975). Cependant, comme nous l'avons vu en 2.2.3.3, l'idée se trouve déjà chez Clédat (1923), qui présente le subjonctif comme le mode de ce qui est seulement envisagé par l'esprit, mais cette conception n'est pas menée à terme dans son étude.

S'inspirant de l'étude de Karttunen (1971) et de celle de Kiparsky & Kiparsky (1971) sur les prédicats factifs en anglais, Hooper suggère une classification des prédicats qui régissent une proposition complétive en anglais.

Non-factif	Factif
Assertif	**Assertif (semifactif)**
Assertif faible Think Believe	Find out Know
Assertif fort Say Be sure	
Non-assertif	**Non-assertif (vrai factif)**
Non-négatif Be likely Be possible	Regret Be strange
Négatif Be unlikely Be impossible	
Négatif + assertif fort Do not say	

Figure 2.1
La classification des prédicats suivis d'une complétive en anglais selon les dichotomies non-factif/factif et assertif/non-assertif
(Hooper 1975 : 92)

---

[10] Nous employons le terme d'*irréel* dans un sens large (voir 2.4.2.3).

Selon cette classification, Hooper (1975 : 92-93) propose une dichotomie entre les prédicats dits *factifs* et *non-factifs*, puis répartit ces types de prédicats en deux sous-catégories, à savoir celle des prédicats assertifs et celle des prédicats non-assertifs. A partir de ces oppositions, Hooper propose les groupes qui sont présentés dans la figure 2.1[11].

Les prédicats assertifs et non-assertifs se distinguent les uns des autres par un certain nombre de propriétés syntaxiques et par la nature du prédicat régissant : si par exemple le complément peut être antéposé, le prédicat est employé parenthétiquement, et il est par conséquent assertif (36). En revanche, si le complément n'accepte pas l'antéposition, le prédicat est de caractère non-assertif et empêche de ce fait l'interprétation parenthétique (37) :

(36) He wants to hire a woman, he says. (Hooper 1975 : 94)
(37) *He wants to hire a woman, it's possible. (*loc.cit.*)

Le test de l'antéposition a pour fonction de montrer où se trouve l'information centrale (ou le premier plan) de l'énoncé. Sous (36), celle-ci est contenue dans la complétive, qui peut être antéposée, alors que l'information de la principale est secondaire et constitue l'arrière-plan de l'énoncé. Ce cas de figure est le plus fréquent. Pourtant, dans un contexte approprié, l'accent peut être mis sur la principale. En (38), le locuteur pose la question de savoir qui a proposé d'embaucher une femme, et l'interlocuteur donne la réponse. Dans ce cas, le verbe assertif représente l'information centrale et la complétive l'information secondaire, d'où l'agrammaticalité de (39) :

(38) Who said anything about hiring a woman? The boss says we have to hire a woman. (*op.cit.* : 96)
(39) *We have to hire a woman, the boss says. (*loc.cit.*)

La complétive qui suit les prédicats non-assertifs présente toujours l'information secondaire (l'arrière-plan) de l'énoncé et le prédicat régisseur l'information centrale (le premier plan), d'où l'impossibilité de l'antéposition de la complétive en (37). Pour une présentation et discussion approfondie des types de prédicats proposés par Hooper, voir Lindschouw (2002 : 4-9).

---

[11] Toutes les représentations graphiques (figures, schémas, tableaux) sont dans le présent travail nommées *figures*. La numération de ces figures suit les numéros des chapitres. Ainsi le titre *figure 2.1* signifie-t-il qu'il s'agit de la première figure au deuxième chapitre, le titre *figure 8.3* qu'il s'agit de la troisième figure au huitième chapitre, et ainsi de suite.

La pertinence de l'étude de Hooper pour l'approche romaniste repose sur la corrélation observée entre les prédicats assertifs et non-assertifs et le mode en espagnol ; en espagnol, le premier type de prédicats entraîne l'emploi de l'indicatif dans la proposition complétive (40), alors que le second est suivi du subjonctif (41) :

(40) Pedro dice que su mujer *está* (i) embarazada. 'Pierre dit que sa femme est enceinte.'
(41) Me sorprende que Pedro todavía no *haya* (s) llegado. 'Je suis surpris que Pierre ne soit pas encore arrivé.'

La théorie de l'assertion a également été appliquée au français moderne, notamment par Herslund & Korzen (1999 : 141 ss) et Korzen (1999, 2003). Ces auteurs s'inspirent largement de l'étude de Hooper en classant les prédicats suivis d'une proposition complétive en français comme assertifs ou non-assertifs, et ils arrivent dans une large mesure aux mêmes conclusions. Selon eux, les prédicats assertifs peuvent tous être réduits à la notion de *prédicats informatifs*, parce qu'ils ont en commun la fonction de transmettre une information nouvelle à l'interlocuteur. Comme il ressort de la figure 2.2, ces prédicats comprennent des subdivisions en assertifs faibles, forts et semifactifs (Herslund & Korzen 1999 : 141), subdivisions que l'on retrouve *grosso modo* chez Hooper.

Les prédicats non-assertifs sont répartis en trois catégories, à savoir en modalité épistémique, modalité déontique factive et modalité déontique non-factive. Les prédicats qui expriment la modalité épistémique tirent leur caractère non asserté du fait qu'ils contiennent une composante négative, la négation supprimant la valeur d'assertion (Hooper 1975 : 95). Les *déontiques factifs* présentent la complétive comme présupposée, et les *déontiques non-factifs* relèvent d'un monde alternatif (Herslund & Korzen 1999 : 143-144)[12] :

---

[12] Cette division s'inspire de celle qui avait été proposée par Confais (1995 [1990] : 326 ss). Il est vrai que le terme *déontique factif* présente une contradiction dans les termes, dans la mesure où le déontique s'emploie pour désigner un monde possible, alors que le factif se réfère à un monde réel, *i.e.* présupposé.

Assertifs	Non-assertifs
Faibles (épistémiques) Croire Il me semble	**Epistémiques** Etre possible Douter
Forts *Déclaratifs* Dire *Epistémiques* Etre sûr *Résultatifs* En résulter	**Déontiques** *Factifs (sentiment)* Se réjouir Etre dommage *Non-factifs (volonté)* Vouloir Falloir
Semifactifs (perception) *Positifs* Apprendre Voir Savoir *Négatifs* Oublier Ignorer	

Figure 2.2
La classification des prédicats suivis d'une complétive en français selon la dichotomie assertif/non-assertif (Korzen 1999 : 200, 2003 : 126)

Korzen (1999 : 185-187) se sert comme Hooper du test de l'antéposition pour distinguer les prédicats assertifs des non-assertifs. Les premiers permettent que leur complétive soit antéposée (42)-(43), ce que les seconds ne font pas (44)-(46) :

(42) Je crois bien que *c'était* (i) signalé dans le journal. (Blanche-Benveniste 1989 : 60, cité par Korzen 1999 : 185)

(43) *C'était* (i) signalé dans le journal, je crois bien. (*loc.cit.*)

(44) Je souhaite qu'il *vienne* (s). (*op.cit.* : 187)

(45) *Il *vient* (i), je souhaite. (*loc.cit.*)

(46) *Il *vienne* (s), je souhaite. (*loc.cit.*)

Le test de l'antéposition montre ainsi que dans le cas des verbes assertifs, l'information centrale (le premier plan de l'énoncé) se trouve *a priori* dans la complétive, alors que la proposition principale occupe l'arrière-plan et peut se réduire à un adverbe d'opinion tel que *probablement, à mon avis*, etc. (*op.cit.* : 185). En se basant sur la distinction du premier plan et de l'arrière-plan, Korzen (*op.cit.* : 184, 2003 : 115-116) établit un lien entre l'aspect et le mode. Sur l'axe aspectuel, le passé simple appartient au premier plan de l'énoncé et l'imparfait à l'arrière-plan (Togeby 1982 : 296, Weinrich 1989 :

129-133, Rasmussen & Stage 1993 [1981] : 131, Pedersen *et al.* 1994 [1980] : 347-348), tout comme sur l'axe modal, l'indicatif relève du premier plan (celui de l'assertion) et le subjonctif de l'arrière-plan (celui de la non-assertion). Il importe cependant de souligner que le rapprochement des deux systèmes n'est pas symétrique, ce qui ne paraît pas clair dans l'exposé de Korzen. Le subjonctif marque toujours l'arrière-plan, puisqu'il n'apparaît à quelques exceptions près que dans les propositions subordonnées (voir son étymologie *subjonctif* < *subiungo* (latin) 'je subordonne'). En revanche, l'indicatif occupe le premier plan aussi bien que l'arrière-plan, dans la mesure où il s'emploie dans les propositions principales et subordonnées, de même qu'au passé simple et à l'imparfait. Pour une discussion approfondie des groupes de prédicats proposés par Herslund & Korzen (1999) et Korzen (1999, 2003), voir Lindschouw (2002 : 10-14).

Comme il ressort des figures 2.1 et 2.2, Hooper (1975) et Korzen (1999, 2003) ne traitent que les propositions complétives. Cependant, d'autres chercheurs utilisent la théorie de l'assertion pour rendre compte de l'alternance modale dans les diverses propositions où s'observe le jeu entre l'indicatif et le subjonctif dans les langues romanes. Confais (1995 [1990]) s'en sert pour le français et García (1999), Saldanya (1999) et Haverkate (2002) y font référence pour l'espagnol. Nous avons nous-même appliqué cette théorie aux propositions circonstancielles en français et en espagnol modernes (Lindschouw 2002). Les conclusions de toutes ces études sont largement convaincantes, mais on peut généralement leur reprocher un certain éclectisme. A titre d'exemple, dans l'étude de Haverkate (2002), l'auteur se sert tantôt de la théorie de l'assertion, tantôt d'autres théories pragmatiques, comme la théorie des actes de parole (Searle 1969), la théorie de la politesse (Brown & Levinson 1987) et la théorie de la pertinence (Sperber & Wilson 1986), mais l'opposition entre assertion et non-assertion aurait pu à notre avis fournir une explication tout aussi adéquate (Lindschouw 2004).

2.4.2 Catégories analytiques
Comme nous l'avons vu dans la section précédente, l'indicatif est le mode de l'assertion (32)-(33) et le subjonctif celui de la non-assertion (34)-(35). La distinction entre l'assertif et le non-assertif est binaire, puisque ces deux catégories s'excluent mutuellement. Une proposition ne peut donc être assertée et non assertée à la fois, ni contenir des traits plus ou moins assertés et plus ou moins non assertés. Les différents tests syntaxiques nous en donnent la preuve, comme il ressortira des sections suivantes, où nous donnerons une définition plus précise des concepts assertifs et non-assertifs.

2.4.2.1 Assertion
Une assertion peut être définie comme une information nouvelle que l'on transmet à l'interlocuteur. En (32), l'idée que la France a gagné contre le Danemark est présentée à l'interlocuteur comme une information nouvelle, ou du moins censément nouvelle, et le locuteur se présente comme prenant en charge la vérité du contenu propositionnel. Korzen (1999 : 182) définit l'information assertée comme une information dont l'interlocuteur n'est censé être au courant qu'après que l'énoncé a été produit. Nous avons dit dans ce qui précède qu'on identifie l'assertion par le test de l'antéposition, mais on peut aussi la reconnaître au moyen du test de la négation ou de l'interrogation (Levinson 1983 : 178, Ducrot 1991 [1972] : 23), c'est-à-dire que si l'on nie un énoncé ou le transforme en une question, l'assertion sera affectée par la portée de la négation ou de l'interrogation, contrairement au présupposé qui y survit toujours (voir 2.4.2.2). En (47), la négation, située dans la principale, peut affecter dans le contexte approprié le contenu propositionnel (47') :

(47)   Pierre **ne** croit **pas** que Marie lui *rendra* (i) visite demain.

Il est vrai que (47) permet deux interprétations. La portée de la négation peut se limiter au verbe régisseur seul (interprétation non-parenthétique, Hooper 1975 : 94), c'est-à-dire sur le dire de Pierre, mais peut aussi porter sur le contenu de la complétive (interprétation parenthétique, Hooper *loc.cit.*). Dans ce dernier cas, la complétive contient l'information (l'assertion) centrale, la principale pouvant être réduite à un adverbe d'opinion (*selon Pierre*) comme en (47') :

(47')   **Selon Pierre**, Marie ne lui *rendra* (i) pas visite demain.

Il existe pourtant des cas, où l'assertion ne constitue pas une information nouvelle, mais fonctionne plutôt comme un rappel d'information comme en (33) (Confais 1995 [1990] : 295). Bien qu'un rappel d'information ressemble à un présupposé, dans la mesure où le contenu est une répétition d'une information précédente, on doit le considérer sur le plan formel comme une assertion, étant donné que le contenu de la subordonnée peut être supprimé par la négation ou l'interrogation. En outre, la répétition d'information et le présupposé sont deux stratégies lexicales différentes, directement dérivées du sens lexical du prédicat de la principale. Si le présupposé est déclenché par des prédicats du type *se réjouir, être (mé)content*, le rappel est *a priori* entraîné par une expression lexicale comme *rappeler, se souvenir, avoir le souvenir que*, etc. Enfin, ces derniers peuvent tous être paraphrasés par *dire*, verbe assertif par excellence, contrairement aux premiers.

Cela dit, dans les propositions concessives, la notion de *rappel* n'est pas sans poser problème. Non seulement il n'y existe pas d'expression lexicale indiquant qu'il s'agit d'un rappel, mais le test de l'antéposition, de la négation ou de l'interrogation s'avère également inopérant pour distinguer le rappel du présupposé ; les concessives à l'indicatif peuvent être antéposées et postposées, du moins en français de la Renaissance et en espagnol moderne, et la négation ou l'interrogation ne peuvent jamais affecter les subordonnées concessives parce que ces propositions relèvent d'une structure présupposée (König 1988 : 146). Si l'on rencontre par exemple un indicatif traduisant une information manifestement connue, il faudrait – faute de mieux – traiter cette information comme un présupposé, afin d'éviter le danger de circularité.

2.4.2.2 Présupposé
Si l'assertion présente l'information comme nouvelle, un présupposé la présente, en revanche, comme connue, ou censément connue, et représente ainsi le fonds de connaissances commun aux interlocuteurs. Les prédicats *déontiques factifs* de la théorie de Herslund & Korzen (1999) et de Korzen (1999, 2003) (*se réjouir, être dommage*) présentent le contenu propositionnel comme un présupposé.

Comme il ressort de ce qui précède, une complétive présupposée ne peut être antéposée, puisqu'elle constitue l'arrière-plan de l'énoncé. Par ailleurs, un présupposé échappe généralement à la portée de la négation ou de l'interrogation, contrairement à une assertion (Levinson 1983 : 178, Ducrot 1991 [1972] : 23). Si l'on nie l'exemple (34), l'énonciateur ne conteste pas que le référent de Pierre a été malade ni le fait qu'actuellement il va mieux, mais uniquement le contentement (34'). Si, dans le cas des verbes assertifs, la négation porte aussi bien sur le verbe régisseur que sur le contenu de la complétive, selon le contexte interprétatif, elle ne peut modifier que le verbe régisseur dans le cas des verbes présupposés :

(34')   Je **ne** suis **pas** content que Pierre aille mieux => Je suis mécontent que Pierre aille mieux.

Cependant, il apparaît qu'un présupposé peut véhiculer indirectement une information nouvelle. Dans ce cas, le présupposé sera *accommodé, i.e.* accepté comme tel, par l'interlocuteur (Lewis, 1991 [1979] : 420) : il se peut par exemple que la subordonnée en (34) représente une information nouvelle pour l'interlocuteur ; si tel est le cas, celui-ci doit accepter sans la contester l'information de l'amélioration de l'état de santé de Pierre et faire porter son attention sur l'information centrale de l'énoncé exprimée dans la principale.

De même, un présupposé peut être annulé dans le contexte approprié (Levinson 1983 : 186 ss, Stalnaker 1991 [1974] : 475). A titre d'exemple, les propositions temporelles présupposent normalement le contenu propositionnel. En (48), il est présupposé que Mireille est revenue :

(48)   Pierre a mangé avant que Mireille ne soit de retour.

En (49) en revanche, du fait du contexte et de l'inférence pragmatique, la temporelle ne traduit pas un présupposé, car la locution verbale *se faire prendre* annule le présupposé [atteindre la frontière] :

(49)   Le prisonnier s'est fait prendre avant qu'il n'ait atteint la frontière.

Il y a unanimité générale sur le fait que le présupposé relève du niveau pragmatique (Levinson 1983 : 167, Stalnaker 1991 [1974]), mais il convient toutefois de distinguer deux types de présupposé. Dans un cas tel que (34), le présupposé est directement dérivé du sens du prédicat *être content*. Levinson (1983 : 181 ss) parle de ce fait de *déclencheurs de présupposition* (« presupposition-triggers ») ; dans ce cas, le présupposé peut être identifié par les tests syntaxiques mentionnés. Il existe aussi une notion plus « lâche » de la présupposition, qui n'est pas déclenchée par la structure syntaxique, mais relève plutôt des connaissances communes des interlocuteurs. Cette conception correspond à la notion de *givenness* de Chafe (1976 : 30-33). D'après lui, le locuteur considère une information comme connue s'il suppose qu'elle est déjà dans la conscience de l'interlocuteur au moment de l'énonciation. Pour Chafe, l'information (connue) est plutôt définie en termes extralinguistiques et concerne notamment les croyances et suppositions du locuteur à propos du savoir des interlocuteurs.

La première définition est trop restreinte pour notre travail parce qu'elle ne peut expliquer l'alternance entre l'indicatif et le subjonctif si celle-ci doit refléter une opposition entre assertion et non-assertion. A titre d'exemple, considérons (51) et (53) présentés dans la section 2.4.5 ci-dessous. L'exemple (51) est suivi de l'indicatif et traduit une valeur assertive, tandis que (53) est suivi du subjonctif et exprime un sens présupposé. Si l'on nie la principale, la négation portera uniquement sur celle-ci et non sur la concessive. Par conséquent, il faut recourir à la deuxième définition, selon laquelle le présupposé correspond à l'information censée être connue de l'interlocuteur pour pouvoir expliquer ces alternances. Il est vrai qu'il faut conserver une certaine réserve, puisqu'il est extrêmement difficile d'avoir recours à la connaissance des interlocuteurs. A cette problématique s'ajoute le fait que notre langue maternelle n'est ni le français ni l'espagnol et que nous travaillons sur des périodes antérieures au français moderne où la manière de penser a pu différer de celle d'aujourd'hui. Pour répondre à ces objections, nous prendrons en considération des éléments cotextuels pour déterminer la valeur des modes (voir chapitre 6).

2.4.2.3 Irrealis
Comme il ressort de la figure 2.2, le subjonctif apparaît également dans la complétive précédée par un prédicat exprimant la modalité épistémique (*être possible, douter*) ou la non-factivité déontique (*vouloir, falloir*). Le premier type de prédicat tire son sens non asserté de ce qu'il contient une

valeur négative, et le deuxième relève d'un monde alternatif (Herslund & Korzen 1999 : 143-144). Il nous semble que ces prédicats ont en commun le fait qu'ils ne se prononcent pas sur la réalisation effective du contenu de la complétive, ce qui nous permet de considérer ces valeurs comme deux instances du terme d'*irrealis*. Il est vrai que ce terme est traditionnellement utilisé dans un sens restreint pour désigner des hypothèses de l'esprit ou la contrefactualité (voir (31) ci-dessus), mais nous adoptons une définition plus large (Givón 1994). D'après lui, le subjonctif dans les langues romanes traduit deux instances d'irrealis : une valeur de *certitude faible* (« lower certainty »), qui est liée à la modalité épistémique, et une valeur de *manipulation faible* (« weaker manipulation »), qui est liée à la modalité déontique (*op.cit.* : 277). Nous irons plus loin, en considérant comme des instances d'irrealis tous les emplois où le subjonctif traduit une action qui n'est pas réalisée au moment de l'énonciation, est mise en doute pour une raison ou pour une autre ou dont la valeur de vérité peut être graduée, ce qui implique que le contenu propositionnel n'est pas « vrai » en termes absolus. Cette définition équivaut dans l'ensemble à ce que Hansen (1970 : 34-36) appelle *non-realis* pour des expressions similaires en danois. Cependant, nous préférons suivre la terminologie de Givón dans cette étude.

On peut faire l'objection que cette définition est trop générale et ne tient pas compte des particularités sémantiques du subjonctif quand il est régi par différentes classes de verbes et de conjonctions. Par conséquent, on pourrait suivre l'exemple de Haverkate (2002), qui distingue entre le potentiel et l'irréel pour rendre compte des emplois non-factuels du subjonctif en espagnol, ou Martin (1992 [1983]), pour qui le subjonctif appartient au monde possible ou contrefactuel (voir 2.2.3.1). Cependant, chez les deux auteurs, il est parfois difficile de décider si le subjonctif traduit l'une ou l'autre valeur, et les deux notions relèvent en fin de compte du même concept notionnel. Il nous semble donc plus pertinent de trouver un dénominateur commun et suffisamment large pour capter ces différents emplois.

2.4.3 Avantages
Il nous semble que la théorie de l'assertion présente trois mérites majeurs et résout ainsi les principaux problèmes qui avaient été signalés dans les autres théories présentées jusqu'ici.

Son premier atout réside dans le fait qu'elle présente un dénominateur commun abstrait qui rend compte des emplois les plus divers des modes tout en intégrant une dimension pragmatique et communicative dans la description des modes. Ce dénominateur est si large qu'il embrasse à la fois les emplois où le subjonctif exprime un contenu irréel et ceux où il traduit le contraire, une valeur de présupposé. Mais, en même temps, il n'est pas trop large pour que tous les emplois modaux puissent être englobés par les définitions, en dehors de la catégorie d'assertion *rappel d'information* (voir 2.4.2.1) et des formes dites *futurales* (*i.e.* le futur et le conditionnel) (voir Togeby 1982 : 381 et la section 2.4.4).

Une deuxième force de la théorie est son point de départ fonctionnel, ce qui cadre bien avec la perspective fonctionnelle adoptée par le présent travail (voir 1.3). Pour arriver à la description en synchronie des modes verbaux, la théorie considère comme primordiale la communication entre les interlocuteurs. En raison du rôle capital accordé à l'aspect communicatif, la théorie doit opérer également sur l'axe diachronique, dans la mesure où nous considérons que les locuteurs et les interlocuteurs sont à l'origine du changement linguistique (voir 3.2 et 3.3).

Enfin, le troisième avantage de cette théorie est qu'elle peut dans une large mesure être appliquée à tout le système modal. Il est vrai, néanmoins, que les approches de Hooper (1975) et de Korzen (1999, 2003) ne s'intéressent au mode que dans les propositions complétives, mais celles de Confais (1995 [1990]), de García (1999), de Saldanya (1999) et de Haverkate (2002) concernent les autres propositions subordonnées. Nous avons nous-même montré (Lindschouw 2002) que les catégories analytiques proposées permettent dans une large mesure d'expliquer les modes dans les propositions circonstancielles en français et en espagnol modernes, quoique certains cas déviants existent (voir 2.4.5).

2.4.4 Limites
Pourtant, la théorie présente également des limites. Poplack (1990) et Prebensen (2002), notamment, ne considèrent pas qu'il existe une corrélation entre l'assertion et le choix du mode en français moderne. Selon Poplack (1990 : 7-8), les classes assertives et non-assertives proposées par Hooper (1975) contiennent toutes des prédicats qui se font suivre exclusivement du subjonctif, d'autres qui n'acceptent jamais ce mode et d'autres encore où les deux modes alternent plus ou moins librement. Nous pensons cependant que ses objections sont dans une certaine mesure infondées. Premièrement, elle ne s'intéresse qu'à un medium particulier, à savoir le français oral spontané, et qu'à une variété, le français québécois, qui se distinguent très souvent du français écrit (hexagonal). Elle note par exemple que le verbe assertif *espérer* est suivi du subjonctif dans 21 % des cas dans son échantillon et que le verbe non-assertif *souhaiter* est suivi de l'indicatif dans 60 % des cas (Poplack 1990 : 8). Cependant, il n'est pas exclu que les chiffres aient été tout différents dans un échantillon d'un corpus de français hexagonal écrit. Deuxièmement, nous mettons en doute sa classification de certains verbes par rapport au critère de l'assertion. On se demande par exemple pourquoi le prédicat *avoir hâte* serait assertif (*loc.cit.*) et nous ne trouvons pas son correspondant anglais dans la classification proposée par Hooper (1975 : 92). Pour nous, ce prédicat est plutôt

non-assertif (prédicat de volition), ce qui explique bien pourquoi il est suivi du subjonctif dans 100 % des cas dans l'échantillon de Poplack (1990 : 8). Enfin, elle ne nous renseigne pas sur le nombre d'occurrences qui est à l'origine de ses pourcentages. Elle affirme par exemple que le verbe non-assertif *prier* est suivi du subjonctif dans 0 % des cas enregistrés (*loc.cit.*), sans nous renseigner sur le nombre total d'occurrences où ce verbe est suivi d'une complétive dans son corpus. Cette construction est en fait très rare en français, dans la mesure où *prier* est plutôt suivi d'un complément infinitif (*Je te prie de venir*) qu'une complétive en français (*Je prie que tu viennes*).

Prebensen (2002) s'oppose lui aussi à la théorie de l'assertion et considère, pour les raisons énumérées en 2.2.1.1, que le subjonctif en français moderne est amodal. Nous avons cependant conclu que ses arguments ne sont pas convaincants.

Toutefois, bien que nous ne suivions pas la critique de Poplack et de Prebensen, il nous semble que la théorie de l'assertion contient un certain nombre de points problématiques que nous discuterons dans ce qui suit.

Le problème majeur de cette théorie réside dans le fait que généralement les chercheurs ne proposent pas de paramètres permettant de déterminer la valeur des modes verbaux, ce qui risque de conduire à des raisonnements circulaires. Dans le cas des complétives, le test de l'antéposition et le sens lexical du verbe régisseur contribuent, il est vrai, à l'interprétation du mode, mais dans les cas d'alternance plus ou moins libre, notamment dans les propositions relatives et circonstancielles, il est quasiment impossible de déterminer la valeur des deux modes sans s'exposer au danger de circularité. Pour remédier à ce problème, nous proposerons une série de paramètres cotextuels qui contribuent à déterminer la valeur modale dans les propositions concessives (voir chapitre 6).

Un deuxième problème réside dans le traitement des formes dites *futurales* (*i.e.* le futur et le conditionnel). Korzen (1999 : 197, 2003 : 121) n'hésite pas à les considérer comme traduisant une valeur assertive en raison de leur appartenance au paradigme de l'indicatif (50) (Togeby 1982 : 59, Pedersen *et al.* 1994 [1980] : 364, Soutet 2000 : 3)[13]. Cette affirmation n'est

---

[13]   En espagnol, la question reste assez délicate. On accepte généralement de classer le futur parmi le paradigme de l'indicatif, mais certains linguistes hésitent pour le classement du conditionnel, qui est tantôt considéré comme un indicatif, tantôt comme un mode à part appelé *le potentiel* (« el potencial ») qui se situe entre l'indicatif et le subjonctif (Butt & Benjamin 1994 [1988] : 207, Llorach 1999 [1994] : 152-153). Seco (1954 : 61, 69), quoiqu'il emploie le terme de *potentiel* plutôt que de *conditionnel* (« el condicional »), se refuse à y voir un mode verbal autonome, mais l'intègre dans le paradigme de l'indicatif.

pourtant pas sans poser problème, puisque ces formes relèvent par définition de l'irréel, étant de nature prospective ou imaginaire par rapport à un point de référence situé dans le présent ou le passé (Fleischman 1982 : 20), ce qui rapproche ces formes de l'emploi du subjonctif après les verbes de volition (voir (35)), contexte dans lequel nous avons également affaire à un événement prospectif :

(50) Mais cela avait l'air de ne pas être certain qu'elle *reviendrait* (i). (Proust, cité par Korzen 2003 : 121)

Si l'on considère, comme le fait Korzen, un groupe conceptuel qui tient une place aussi particulière au sein de l'ensemble des formes de l'indicatif comme véhiculant la même valeur que les autres formes (l'assertion), on a recours à un raisonnement circulaire, puisque l'on donne la même définition fonctionnelle à un groupe de nature hétérogène. Suivant Fleischman (1982), nous considérons par conséquent que ces formes traduisent un sens irréel, quoiqu'elles appartiennent au paradigme de l'indicatif (voir aussi Harris 1974 : 174 ss qui a montré que certains emplois du subjonctif dans les propositions principales en latin ont été remplacés par le conditionnel dans les langues romanes modernes, ce qui invite à penser qu'il existe un lien sémantique entre ces modes).

Une troisième reproche que l'on pourrait faire à la théorie de l'assertion est son manque d'exhaustivité et le fait qu'elle ignore la diversité sémantique, qui repose en français comme en espagnol, sur une classe lexicale très large de prédicats (non-)assertifs. Dans Lindschouw (2002 : 11 ss), nous avons signalé à ce propos certaines imprécisions présentes de la théorie de Herslund & Korzen (1999) et de Korzen (1999, 2003), notamment en ce qui concerne l'appartenance de certains verbes aux catégories proposées. A cela s'ajoutent certains cas problématiques à expliquer selon le critère de l'assertion, où la théorie de l'assertion ne présente pas une meilleure explication que les autres théories. Prenons par exemple (31) évoqué ci-dessus, dans lequel l'indicatif s'emploie dans les propositions conditionnelles en *si* à valeur résolument irréelle. Nous considérons pourtant ces imprécisions et cas problématiques comme mineurs pour le sujet étudié ici et renvoyons le lecteur à Lindschouw (2002) pour un exposé plus détaillé. Voir aussi 2.4.5.

Enfin, la théorie de Korzen et de Herslund & Korzen est moins convaincante pour ce qui est du caractère marqué ou non de l'indicatif et du subjonctif. Ces auteurs considèrent que le subjonctif est le mode non marqué en français moderne, alors que l'indicatif est le mode marqué. Nous développerons ce point et notre critique dans 3.5, où nous exposerons une théorie du marquage.

En dépit des objections faites, il nous semble que la théorie de l'assertion constitue un fondement descriptif assez solide pour rendre compte de

Etat de la question : théorie des modes 63

l'emploi modal en synchronie. Dans la section suivante, nous discuterons si elle peut fonctionner également comme cadre descriptif dans une perspective diachronique.

2.4.5 Pourquoi étudier la théorie de l'assertion dans les propositions concessives dans une approche diachronique ?

Dans Lindschouw (2002), nous avons examiné le potentiel explicatif de la théorie de l'assertion dans les propositions circonstancielles en français et en espagnol modernes et avons conclu qu'elle fonctionnait en français moderne de façon explicative plutôt que prédictive, parce qu'elle peut expliquer un certain nombre d'emplois, mais n'arrive pas à prédire que l'indicatif correspondra au mode asserté et le subjonctif au mode non asserté dans tous les cas observés. Nous avons relevé un certain nombre de contextes en français, pour lesquels la théorie de l'assertion ne semble pas tout à fait plausible. Toutefois, en espagnol moderne, la théorie de l'assertion convenait parfaitement dans ces mêmes propositions, ce qui invitait à penser que les cas problématiques en français pouvaient résulter de l'évolution diachronique et que cette évolution avait été plus lente en espagnol. Voilà la raison qui nous a incité à examiner la théorie de l'assertion sur un corpus diachronique.

Pourquoi donc tenir compte de l'évolution modale dans les propositions concessives selon le critère de l'assertion et de comparer cette évolution à l'espagnol moderne ? Il y a trois raisons de ce choix :

La première raison est que l'opposition entre assertion et non-assertion est particulièrement intéressante dans les énoncés concessifs. On pourrait même aller jusqu'à dire que la théorie de l'assertion est préconstruite pour expliquer l'alternance modale dans ces subordonnées. En espagnol moderne surtout, l'indicatif semble traduire une valeur d'assertion (51), alors que le subjonctif véhicule une valeur de non-assertion (*i.e.* d'irréel (52), voir le futur dans la principale, ou de présupposé (53)) :

(51) Manolo compra la finca aunque su padre se *opone* (i). 'Emmanuel achète la propriété bien que son père s'y oppose.'
(52) Manolo **comprará** la finca aunque su padre se *oponga* (s). 'Emmanuel achètera la propriété même si son père s'y oppose.'
(53) Aunque Carlos *tenga* (s) 80 años le encanta bailar. 'Bien que Charles soit âgé de 80 ans, il aime danser.'

En français moderne, la situation est bien différente, ce qui nous donne une deuxième raison pour choisir les subordonnées concessives comme objet d'étude. Nous pensons qu'elles fournissent un bel exemple d'évolution linguistique que l'on pourrait analyser dans le cadre de la théorie de la grammaticalisation (voir 3.2). A des stades antérieurs du français, par exemple au 16ᵉ siècle, l'indicatif traduisait, à peu d'exceptions près, une valeur d'assertion (54), alors que le subjonctif exprimait une valeur de non-assertion (*i.e.* l'irréel (55) et le présupposé (56)). Pour les marqueurs cotextuels fondant ces analyses, voir chapitre 1 :

(54) On luy demanda si jamais elle avoit eu affaire à homme ; **respondit** que non jamais, bien que les hommes quelques foys *avoient* (i) eu affaire à elle. (Rabelais : Tiers livre : 156, Id 381, 1546, cité par BFM)

(55) Je suis seur qu'elle ne **sera** point si farouche qu'elle ne permette bien qu'on la baise et qu'on luy face quelque autre chose, bien qu'au commencement elle *face* (s) semblant d'y resister. (de Turnèbe : Les Contens : 79, Id 547, 1584, cité par Frantext)

(56) Encore que **ton** aage ne *soit* (s) pas achevé, **ta** vie l'est. (Montaigne : Essais : t. 1 : 96, Id 359, 1592, cité par Frantext)

Cette opposition a disparu en français moderne, où une spécialisation sémantique des locutions conjonctives s'est instaurée. *Bien que, quoique* et *malgré que*, toutes suivies du subjonctif, traduisent désormais le présupposé (57), et *même si* véhicule un contenu irréel quoique suivi de l'indicatif (58)[14] :

(57) Paul est parti bien que/quoique/malgré que Mireille *soit* (s) revenue.
(58) Nous ferons une partie de campagne même s'il *pleut* (i).

Enfin, l'étude des concessives permet de vérifier l'hypothèse que l'espagnol moderne serait le reflet d'un stade plus ancien du français, comme le suggèrent les exemples (51) à (58).

Nous approfondirons notre thèse sur l'évolution des modes dans une perspective de grammaticalisation et sur l'idée que l'espagnol moderne présente le reflet d'un stade antérieur du français dans le chapitre suivant.

2.5 Conclusions du chapitre

Dans ce chapitre, nous avons passé en revue une série d'études sur les modes élaborées au cours du 20e siècle et les avons regroupées selon qu'elles concernent la langue moderne ou l'évolution diachronique. Ces travaux ont été répartis en théories syntaxiques et sémantico-fonctionnelles. Nous avons conclu que toutes ces études comportent des points plus ou moins problématiques, ce qui nous a permis de les écarter de la présente recherche.

La critique de ces théories nous a conduit à une présentation de la théorie choisie comme cadre pour la présente étude, à savoir la théorie de l'assertion. Il est vrai que cette dernière rencontre dans une certaine mesure les mêmes obstacles que ceux qui ont été soulevés par les théories modales à laquelle elle est associée, à savoir les théories définissant le mode en

---

[14] *Encore que* constitue pourtant une exception à cette tendance (voir chapitre 9).

termes fonctionnels abstraits. Il s'agit notamment de l'approche véri-conditionnelle de Martin (1992 [1983]) et de la théorie chronogénétique de Moignet (1959) (voir 2.2.3). Il suffit de penser à la conjonction conditionnelle *si* ou à la conjonction concessive *même si*, qui sont toutes deux suivies de l'indicatif à valeur irréelle en français moderne. Toutefois, il nous semble que la théorie de l'assertion reste le meilleur choix pour étudier l'emploi des modes en français et en espagnol, car les théories de la même nature font défaut à plusieurs niveaux : d'une part elles ne tiennent pas suffisamment compte du contexte et se basent uniquement sur des considérations de nature sémantique, ce qui pose notamment des problèmes pour expliquer les cas où le subjonctif exprime un contenu factuel, d'autre part ces théories présentent des raisonnements circulaires et des explications *ad hoc*. La théorie de l'assertion, en revanche, tient compte de la situation communicative et propose un dénominateur synthétique abstrait qui permet d'expliquer les emplois les plus divers des modes en synchronie. La plupart des cas déviants sont supposés provenir de l'évolution de la langue, ce que nous allons montrer dans cette étude.

3. Changement linguistique et grammaticalisation

3.1 Introduction
Dans le chapitre précédent, nous avons conclu que les problèmes de la théorie de l'assertion posés par le français moderne pourraient être dus au changement linguistique. Comme nous supposons que ce changement peut être décrit dans le cadre de la théorie de la grammaticalisation, il convient dans le présent chapitre de mettre l'accent sur cette approche théorique.

Nous commencerons par présenter la théorie de la grammaticalisation, en précisant la version que nous utilisons, à savoir la définition élargie (3.2). Ensuite, nous exposerons une notion intimement liée à la grammaticalisation, la réanalyse (3.3), après quoi suivra une présentation de la théorie de la grammaticalisation de Lehmann (1995 [1982]) définie selon l'axe paradigmatique et syntagmatique (3.4). Nous mettrons l'accent sur l'aspect paradigmatique, dans la mesure où il semble capable d'expliquer le changement qu'a subi le subjonctif. La grammaticalisation et la réanalyse permettent d'expliquer l'apparition de formes nouvelles, mais pas leur propagation (l'actualisation) dans la langue. Cet aspect semble important pour comprendre pleinement le changement linguistique. La section 3.5 traitera de cette question, en mettant l'accent sur l'actualisation des formes nouvelles selon une hiérarchie de marquage.

La théorie de la grammaticalisation n'est pas restreinte aux études diachroniques, mais peut aussi être appliquée aux études synchroniques, servant ainsi de point de départ pour les analyses typologiques entre des langues apparentées (Lamiroy 2003). Ainsi, pour ce qui est des langues romanes, la théorie peut-elle montrer, selon Lamiroy, qu'une langue telle que le français est plus grammaticalisée que l'espagnol par rapport à leur source commune, le latin, et que l'espagnol moderne peut être considéré comme le reflet d'un stade révolu du français. Dans la dernière section (3.6), nous préciserons cette hypothèse en l'élargissant à la question des modes.

3.2 Grammaticalisation
Cette section se compose de trois parties. Dans la première (3.2.1), nous donnerons un bref aperçu historique des théories de la grammaticalisation. Ensuite, nous rendrons compte de la définition traditionnelle, en

présentant les principaux paramètres qui permettent de mesurer le degré de grammaticalisation d'une entité linguistique (3.2.2). Enfin, nous présenterons la définition élargie de la grammaticalisation en précisant sa pertinence pour l'hypothèse proposée dans la présente étude (3.2.3).

3.2.1 Bref aperçu historique
Nous n'avons pas l'intention de résumer ici des théories de la grammaticalisation, ce qui a déjà été fait de façon plus ou moins exhaustive par Heine *et al.* (1991 : 5-23), Lehmann (1995 [1982] : 1-8), Heine (2003 : 575-578), Hopper & Traugott (2003 [1993] : 19-38) et Marchello-Nizia (2006 : 17-19) pour ne mentionner que certains ouvrages. Le présent aperçu s'inspire largement de Hopper & Traugott (2003 [1993] : 19-38).

La notion même de *grammaticalisation* remonte à Meillet (1948 [1912]), qui la définit comme « […] l'attribution du caractère grammatical à un mot jadis autonome […] » (*op.cit.* : 131). Il distingue parmi les mécanismes fondamentaux pour la constitution des formes grammaticales nouvelles l'analogie et la grammaticalisation. L'analogie est secondaire à la grammaticalisation, puisque cette dernière peut changer le système linguistique en créant des formes neuves et en introduisant des catégories qui n'avaient pas d'expression linguistique auparavant. L'analogie, en revanche, ne peut que renouveler les détails des formes sans changer le plan d'ensemble du système existant (*op.cit.* : 133). D'après Meillet, la grammaticalisation affecte non seulement des mots individuels (*cf.* les différents emplois du verbe *être* en français moderne passant d'un verbe plein ontologique (*je suis celui qui suis*) par un sens locatif (*je suis chez moi*) à un sens plutôt grammatical (*je suis malade*) et entièrement grammatical dans son emploi d'auxiliaire (*je suis parti*)), mais aussi des constructions, des phrases, voire l'ordre des mots.

Les idées exposées par Meillet sont largement empruntées au néo-grammairien von der Gabelentz (1891), qui s'inspire lui-même du philosophe et humaniste von Humboldt (1825). Von der Gabelentz s'orientait dans une tradition semblable à celle de la grammaticalisation sans employer ce terme. D'après lui, la grammaticalisation commencerait par une prononciation relâchée de certains sons, qui entraînerait la disparition de distinctions entre certains mots. Des formes nouvelles seraient alors créées pour remplacer les formes anciennes. C'est aussi von der Gabelentz qui renonce à l'idée de considérer l'évolution des formes linguistiques comme un processus linéaire aboutissant à une fin, conception largement répandue à l'époque de von Humboldt. En revanche, les langues suivraient selon von der Gabelentz une sorte de développement en spirale par lequel les mots s'affaiblissent, se dégradent et deviennent de simples outils grammaticaux, auxquels s'ajoutent de nouveaux mots plus expressifs, qui se dégradent eux aussi, et ainsi de suite. Cette image est reprise non seulement par Meillet (1948 [1912] : 140), mais aussi par de nombreux auteurs récents travaillant dans le cadre de la grammaticalisation.

Après l'étude de Meillet, la grammaticalisation comme objet d'étude passe inaperçue pendant plusieurs décennies, notamment en raison de l'intérêt exclusif des structuralistes pour la synchronie. Ce n'est que dans les années 1970 que renaît l'intérêt pour cette théorie, à la suite de l'intérêt accru pour la pragmatique et la typologie, dont les universaux linguistiques. On considérait la grammaticalisation comme une théorie qui pouvait prédire des changements linguistiques dans différents types de langues.

Cependant, malgré l'intérêt croissant pour la grammaticalisation dans les années 1970, ce n'est que dans les années 1980, et surtout dans les années 1990, que ce concept se voit conférer le statut d'approche théorique autonome à l'intérieur de la linguistique. L'ouvrage de Heine & Reh (1984) sur la grammaticalisation dans les langues africaines, de même que le travail de Lehmann (1995 [1982]) témoigne du statut privilégié qu'a obtenu la grammaticalisation (voir 3.4 pour un examen plus détaillé). D'après Hopper & Traugott (2003 [1993] : 32), ces deux ouvrages mettent l'accent sur la morphosyntaxe au détriment du sens. Dans la même période, d'autres travaux, en revanche, définissent la grammaticalisation en termes sémantiques et pragmatiques, parmi lesquels Fleischman (1982), Traugott (1982, 2003), Sweetser (1990), Heine *et al.* (1991), Bybee *et al.* (1994), Detges & Waltereit (2002) et Hopper & Traugott (2003 [1993]). Notre étude, ancrée dans le paradigme fonctionnel (voir 1.3), se base sur cet aspect de la grammaticalisation sans pour autant ignorer l'aspect syntaxique. Avec la multiplication des travaux sur la grammaticalisation, il est apparu un besoin de préciser le terme, de restreindre son emploi. Cette restriction concerne surtout l'hypothèse de l'unidirectionnalité, selon laquelle la grammaticalisation se fait toujours selon l'échelle [unité lexicale > unité grammaticale > unité clitique > affixe flexionnel] (Hopper & Traugott 2003 [1993] : 7). Cette hypothèse est pourtant mise en cause par des exemples dits de *dégrammaticalisation*, montrant que les unités, une fois devenues grammaticales, peuvent « revenir en arrière » pour se retransformer en lexèmes ou en unités moins grammaticales (pour des exemples voir Heltoft *et al.* 2005 : 16-18).

3.2.2 Définition classique de la grammaticalisation
Selon la définition traditionnelle, proposée entre autres par Lehmann (1985 : 303, 1995 [1982] : 11), Traugott & König (1991 : 189), Detges & Waltereit (2002) et Hopper & Traugott (2003 [1993] : 1, 16), la grammaticalisation se met en place en deux étapes : du lexical au grammatical d'abord, du grammatical au plus grammatical ensuite.

L'évolution en anglais de *be going to* d'une construction finale-directionnelle à un auxiliaire de futur immédiat (Bybee 2003 : 147, Hopper & Traugott 2003 [1993] : 2-3) fournit un exemple clair du passage du lexical au grammatical. Au départ *be going to* était utilisé afin de marquer un but (*I am going to marry Bill, i.e. I am walking to the church in order to marry Bill*). Le changement est rendu possible par une inférence de futur dérivé du sens de but (si l'on part pour épouser quelqu'un, le mariage est supposé avoir lieu dans l'avenir). Le changement de *be going to* d'une construction finale à un auxiliaire est déterminé par plusieurs réanalyses (voir 3.3), c'est-à-dire par un changement sémantique de *be going to*, passant du verbe de mouvement à l'aspect progressif, à l'auxiliaire de futur immédiat, suivi d'une *restructuration* (« rebracketing ») de la frontière entre les mots constitutifs de la construction : [I am going [to marry Bill]] > [I [am going] to marry Bill]. La réanalyse est révélée par le fait que *be going to* peut être utilisé dans des contextes où le sens de finalité est absent (*I am going to like Bill*). Une fois que la réanalyse s'est produite, *be going to* peut subir des changements propres aux auxiliaires, par exemple une réduction phonétique [going to > gonna]. Parmi d'autres exemples classiques du passage du lexical au grammatical on peut citer l'évolution du substantif latin *casa* (maison) à la préposition française *chez* ou l'apparition du futur synthétique dans les langues romanes (Heltoft *et al.* 2005 : 9-10).

Un exemple illustrant le passage du grammatical au plus grammatical (grammaticalisation secondaire) est fourni par le développement du pronom personnel *il* en français vers un marqueur d'accord (« agreement marker ») (Hopper & Traugott 2003 [1993] : 15). En latin, le radical *ill-* (marqué en cas, nombre et genre) était un déictique distal référant à une localisation située auprès d'une troisième personne. Ce pronom a évolué dans deux sens en français. La forme accentuée est devenue le pronom personnel *il* et la forme non accentuée l'article *le* (évolution du lexical au grammatical). En tant que pronom, *il* marque le nombre (singulier) et le genre (masculin), s'opposant ainsi à *elle* comme en français standard (1) et (2) :

(1) Le garçon est venu hier soir. Il est danseur. (Hopper & Traugott 2003 [1993] : 15)

(2) La jeune fille est venue hier soir. Elle est danseuse. (*loc.cit.*)

En français non-standard, *il* est devenu un marqueur d'accord, qui n'indique plus la fonction nominale, parce qu'il est devenu clitique et ne marque plus le genre (3) (grammaticalisation secondaire) :

(3) Ma femme il est venu. (*loc.cit.*)

On peut définir certains paramètres qui permettent de mesurer le degré de grammaticalité d'une catégorie linguistique. Lehmann (1985 : 306, 1995 [1982] : 121 ss) en propose six, répartis sur l'axe paradigmatique ou syntagmatique. Comme certains d'entre eux se révèlent d'une importance considérable pour la problématique de cette étude, nous y apporterons une attention particulière dans la section 3.4. Dans la plupart des ouvrages consacrés à la grammaticalisation, on trouvera des listes de paramètres révélant le processus de grammaticalisation. Nous présenterons ici celle de Heine (2003 : 578-579). Au cours du processus de grammaticalisation, les unités lexicales subissent idéalement les changements suivants :

1) Désémantisation (appelée aussi *décoloration* (« bleaching ») Givón 1975 ou *attrition sémantique* (« semantic attrition ») Lehmann 1985 : 307) : perte de contenu sémantique.

2) Extension (ou généralisation contextuelle) : emploi du terme grammaticalisé dans un contexte nouveau, plus général, accompagné d'une augmentation en fréquence.

3) Décatégorialisation (Hopper 1991, Hopper & Traugott 2003 [1993] : 106-109) : perte des propriétés morphosyntaxiques propres à la forme source, y compris la perte de son statut de mot indépendant.

4) Erosion (ou réduction phonétique) : perte de substance phonétique.

Comme Heine (2003 : 579) le fait observer, ces paramètres réfèrent à différents niveaux d'analyse. Le premier est d'ordre sémantique, le deuxième d'ordre pragmatique, le troisième se rapporte à la morphosyntaxe et le quatrième à la phonétique. Pendant les dernières décennies, ces paramètres ont fait l'objet de critiques sévères, notamment celui de la désémantisation. Selon Eckardt (2003 : 29 ss), il n'existe pas de critères clairs pour distinguer le sens concret du sens abstrait, et le paramètre de désémantisation ne décrit pas le mécanisme directeur du processus qui conduit à la réduction sémantique. D'autre part, ce n'est aucunement une tendance générale que le sens devienne moins spécifique et plus abstrait au cours de la grammaticalisation. Il existe en fait de nombreux exemples de la tendance inverse. En dépit de ces objections, il nous semble que la métaphore de la désémantisation rend parfaitement compte d'une partie des changements que subit le subjonctif dans la période qui nous intéresse (voir 3.4).

Bien que ces quatre paramètres réfèrent à différents niveaux d'analyse, la définition classique de la grammaticalisation se rapporte essentiellement à la (morpho-)syntaxe. Mais il existe une ligne d'interprétation qui définit plutôt la grammaticalisation en termes pragmatiques, notamment Traugott (1982, 2003) et Detges & Waltereit (2002). Selon Detges & Waltereit (*op.cit.* : 188-190), la grammaticalisation est une stratégie discursive adoptée par le locuteur afin de porter son attention sur des besoins communicatifs fondamentaux conformément aux maximes de Grice, tels que *dire la vérité* et *être pertinent*. A la suite d'une routinisation, ces techniques perdent leur expressivité et l'expression finit par faire partie de la grammaire. Les travaux de Traugott (1982, 2003) sur la *subjectification* et l'*intersubjectification*, c'est-à-dire les processus par lesquels une unité linguistique cesse de référer à un objet du monde, mais acquiert un sens lié à l'univers de croyance du locuteur (subjectification) ou de l'interlocuteur (intersubjectification), témoignent également du rôle dominant de la pragmatique dans la grammaticalisation de certains éléments linguistiques. Il nous semble également que la pragmatique joue un rôle déterminant dans l'évolution du subjonctif, mais seulement dans une définition élargie de la grammaticalisation comme il ressortira de la section suivante.

3.2.3 Définition élargie de la grammaticalisation

La définition classique de la grammaticalisation se révèle à la fois étroite et peu précise. Dès le départ, il existe un besoin de précision et d'élargissement. Meillet (1948 [1912]) reconnaît par exemple que les changements de l'ordre des mots et de la prosodie peuvent être considérés comme des processus de grammaticalisation. En outre, on peut dire que la définition classique est issue d'une certaine conception de la grammaticalisation, puisqu'elle considère qu'un processus idéal passe d'un élément lexical libre à un élément clitique et flexionnel. Cependant, toutes les langues ne sont pas flexionnelles, mais cela ne veut pas dire qu'ils ne subissent pas de processus de grammaticalisation.

Un certain nombre de linguistes ont par conséquent opté pour une définition élargie de cette conception théorique, notamment Bybee *et al.* (1994 : 4-9). D'après eux, la grammaticalisation ne doit pas être restreinte au passage du lexical au grammatical, mais s'applique à toute une série de changements diachroniques. Ils considèrent par exemple que certains morphèmes lexicaux subissent de nouveaux changements d'ordre sémantico-fonctionnel, grammatical et phonologique après avoir obtenu un statut grammatical. Pour Marchello-Nizia (2001 : 33-34) la grammaticalisation concerne non seulement la création de formes nouvelles dans des paradigmes existants, mais aussi la création de paradigmes nouveaux (Meillet 1948 [1912] : 133), par exemple celle des déterminants dans les langues romanes, qui participe à la réorganisation du système grammatical. L'auteur propose un troisième type de changements se situant à un niveau plus abstrait, à savoir la création d'une opposition entre unités de premier niveau (noms, pronoms, verbes) et unités de second niveau (adjectifs, déterminants, adverbes), opposition absente en latin, qui s'est instaurée en français entre les 12e et 16e siècles.

L'un des problèmes majeurs de la définition classique concerne le passage du grammatical au plus grammatical. Reprenons l'évolution de *il* qui passe de pronom personnel à marqueur d'accord (voir 3.2.2). Si le passage de *ill-* en latin à *il* français peut être décrit comme une évolution du lexical au grammatical, comment concevoir que *il* en tant que marqueur d'accord soit plus grammatical que dans sa fonction de pronom personnel ? Ces deux emplois appartenant à la grammaire, nous voyons difficilement comment l'un peut être plus grammaticalisé que l'autre. Conscients de ce problème, Heltoft *et al.* (2005 : 11) proposent une définition élargie selon laquelle la grammaticalisation est un processus qui accorde un statut grammatical à des éléments ou à des systèmes qui ne l'avaient pas autrefois ou qui changent les systèmes grammaticaux existants. Cette dernière définition rejoint le troisième type de changements proposé par Marchello-Nizia (2001 : 33-34) que nous venons de mentionner. Un critère essentiel de cette définition réside, selon eux, dans le fait que toute grammaticalisation concerne le changement de la relation entre la forme et le contenu. Ainsi les auteurs s'inscrivent-ils dans le paradigme fonctionnel de la tradition danoise, utilisant Hjelmslev comme point de référence méthodologique (Heltoft *et al.* 2005 : 28).

Selon ces auteurs, l'un des avantages de la définition élargie de la grammaticalisation c'est qu'elle comprend des changements linguistiques qui ne peuvent être compris par la définition traditionnelle, à condition qu'ils aient lieu dans des paradigmes clos. A titre d'exemple, Heltoft (1996 : 471 ss, 2005 : 145-166) applique la définition élargie à la topologie, faisant référence à Meillet (1948 [1912]), qui avait aussi affirmé, comme nous l'avons déjà dit, que les changements de l'ordre des mots peuvent également être considérés comme des phénomènes de grammaticalisation. Heltoft considère l'évolution de l'ordre des mots dans les langues germaniques comme une grammaticalisation, dans la mesure où elles ont subi une évolution d'un système flexionnel à l'ordre plutôt libre à un système de position, où l'ordre des mots est strictement régularisé et donc grammaticalisé.

Andersen (2006a) est également partisan de la définition élargie de la grammaticalisation. Il distingue entre les termes *grammation* et *régrammation*. Une grammation est un changement de contenu, au moyen duquel une catégorie qui n'a pas un contenu grammatical l'obtient, alors qu'une régrammation concerne l'attribution d'un nouveau statut grammatical à une catégorie ayant déjà un contenu grammatical. Ce terme réfère donc à la réorganisation du système grammatical[15]. Il oppose ces notions à la *grammaticalisation*, qui comprend une chaîne de changements impliquant des processus de grammation et de régrammation. Dans son article, Andersen montre que la réduction du système temporel russe passant de huit à trois temps au cours de la période qui va du vieux russe au russe

---

[15] Andersen (2006a) introduit également le terme de *dégrammation* référant à la perte du statut grammatical d'une catégorie, ce qui est notamment le cas pour une classe grammaticale en voie de disparition de la langue.

moderne peut être considérée comme une évolution impliquant une série de grammations, de régrammations et de dégrammations à différents niveaux. Quoique nous acceptions le raisonnement d'Andersen, nous n'avons pas besoin de faire cette distinction, de sorte que nous emploierons les termes de *grammaticalisation* pour désigner le passage du lexical au grammatical (correspondant à la grammation d'Andersen) et de *re-grammaticalisation* pour référer à la réorganisation de systèmes grammaticaux (correspondant à la régrammation d'Andersen).

On peut cependant reprocher à la définition élargie qu'elle est si générale que presque tout changement diachronique peut être décrit comme un cas de grammaticalisation. Pour répondre à cette objection, il nous semble nécessaire de définir un seuil qui permette de distinguer entre les changements qui peuvent *a priori* être qualifiés de re-grammaticalisations et ceux qui ne le peuvent pas. Suivant la tradition fonctionnaliste danoise, qui utilise Hjelmslev comme point de référence (Heltoft *et al.* 2005), nous considérons qu'une re-grammaticalisation est une réorganisation à l'intérieur d'un paradigme clos qui présuppose un changement de la relation entre la forme et le contenu accompagné d'une réduction paradigmatique (Lehmann 1995 [1982]). Si cette condition n'est pas satisfaite, nous avons affaire à un autre type de changement.

On ne peut parler de grammaticalisation pour décrire l'évolution du subjonctif qu'en adoptant la définition élargie, puisque le subjonctif, déjà en latin, a acquis une fonction grammaticale, comme le montre son emploi quasi-systématique dans les propositions subordonnées (Harris 1974). L'hypothèse que se propose de poursuivre la présente étude est donc que le système des modes dans les propositions concessives a subi une réorganisation fonctionnelle, définie en termes d'assertivité (voir 2.4), de la période qui va du français de la Renaissance (16e siècle) au français moderne. Au cours de cette période, le subjonctif restreint son domaine d'emploi non-assertif d'origine, alors que l'indicatif ouvre le sien parce qu'il est supposé se répandre au domaine notionnel du subjonctif. L'évolution du subjonctif peut être décrite en termes de re-grammaticalisation, puisque sa perte des valeurs fonctionnelles est organisée dans un paradigme clos (c'est-à-dire à l'intérieur du système modal) affectant un changement de la relation entre la forme et le contenu (Heltoft *et al.* 2005). Nous développerons cet aspect dans la section 3.4 au cours de la présentation de l'approche théorique de Lehmann (1995 [1982]). En outre, dans l'évolution du subjonctif, on reconnaîtra certains processus que l'on rencontre également dans un processus classique, tels que la réanalyse, l'obligatorification et la désémantisation, et nous supposons que le changement du subjonctif peut être situé sur une échelle où l'on passe d'un système plutôt libre à un système plutôt figé et grammaticalisé. Ces points seront développés en 3.3 et 3.4.

Pour clore cette section, il convient de souligner l'utilité générale de la définition élargie de la grammaticalisation. Comme nous l'avons déjà dit, elle permet de considérer certains changements comme des phénomènes de grammaticalisation, contrairement à la définition classique. Il s'agit notamment des changements de l'ordre des mots, des démonstratifs et, comme nous le présumons, du système modal. De plus, grâce à la définition élargie, on peut s'imaginer qu'il est possible d'établir des liens entre différents types de changements à l'intérieur d'une même langue ou à travers des langues typologiquement apparentées, changements qu'on n'a pas l'habitude de relier. A titre d'exemple, si l'hypothèse de la re-grammaticalisation du subjonctif se confirme, on peut supposer qu'on peut la relier à des changements parallèles survenus dans le système verbal, à savoir dans le système temporel et aspectuel. C'est ce qu'on pourrait nommer « la grammaticalisation reliée » (Nørgård-Sørensen *et al.* à paraître).

Avant d'approfondir notre hypothèse de la re-grammaticalisation du subjonctif dans la section 3.4, il convient de présenter une notion intimement liée à la grammaticalisation, à savoir la réanalyse.

3.3 Réanalyse

Il y a généralement unanimité parmi les linguistes pour admettre l'importance de la réanalyse dans le processus de grammaticalisation, mais ils diffèrent pour ce qui est du rapport entre ces deux concepts : est-ce que l'un est subordonné à l'autre ou est-ce qu'ils appartiennent au même niveau ? Pour Heine *et al.* (1991 : 219) les deux sont des jumeaux inséparables, mais de nature différente, parce que la grammaticalisation est un processus unidirectionnel, contrairement à la réanalyse, et que toutes les grammaticalisations ne sont pas nécessairement accompagnées d'une réanalyse. Cette conception a été contestée par un certain nombre de chercheurs, dont Detges & Waltereit (2002 : 190), Hopper & Traugott (2003 [1993] : 59), Heltoft *et al.* (2005) et en partie Marchello-Nizia (2006 : 45-46), qui concluent à l'asymétrie des deux concepts, où la réanalyse occupe une position nettement supérieure à la grammaticalisation. Selon ces auteurs, toute grammaticalisation est précédée par une réanalyse, mais toute réanalyse ne mène pas nécessairement à une grammaticalisation.

Une autre question divise les chercheurs : la réanalyse doit-elle être définie en termes essentiellement syntaxiques ou essentiellement sémantiques ? Les formalistes, par exemple Timberlake (1977) et Harris & Campbell (1995), ont tendance à considérer la réanalyse comme un mécanisme affectant au premier abord la structure syntaxique. La restructuration (« rebracketing ») de la frontière entre les mots constitutifs de la construction en cours de grammaticalisation (voir 3.2.2) joue un rôle primordial dans la réanalyse, et le changement sémantique, s'il y en a un, est secondaire.

Au contraire, les fonctionnalistes, notamment Detges & Waltereit (2002 : 154), Hopper & Traugott (2003 [1993] : 39 ss), Heltoft *et al.* (2005 : 11-13) et Marchello-Nizia (2006 : 46), soutiennent que la réanalyse, étant une stratégie de compréhension de la part de l'interlocuteur, concerne au premier abord le contenu et en second lieu la structure (morpho-)syntaxique. Selon Heltoft *et al.* (2005 : 26), la réanalyse ne touche pas nécessairement la structure syntaxique ; elle peut affecter le côté sémantique seul.

L'étude de Detges & Waltereit (2002) montre que la réanalyse affecte au premier abord le côté sémantico-fonctionnel de l'expression. Les auteurs inscrivent la grammaticalisation et la réanalyse dans un cadre pragmatique : la grammaticalisation est attribuée au locuteur, qui invente des stratégies discursives expressives afin de remplir des besoins communicatifs fondamentaux, et la réanalyse à l'interlocuteur qui, grâce à des stratégies de compréhension, essaie de décoder le contenu sémantique de l'énoncé produit (*op.cit.* : 151). La réanalyse est issue, d'après les auteurs, de deux principes cognitifs, à savoir le principe de référence et le principe de transparence. La réanalyse est causée par le principe de référence quand l'interlocuteur essaie de créer un lien entre ce qu'il entend et ce qu'il voit. L'évolution de *le chien* (français) à *lisyen* (créole des Seychelles) en est un exemple. Faute de connaissances sur la morphosyntaxe française, l'interlocuteur créole entend *le chien* comme un mot entier, *lisyen*, en le faisant correspondre à ce qu'il voit dans la situation, un chien. Ce principe, qui est le plus important dans la réanalyse, est surtout productif dans une situation de contact linguistique, mais il peut aussi intervenir à l'intérieur d'une même langue (*op.cit.* : 155-158). La réanalyse par principe de transparence est l'adaptation par le locuteur d'une chaîne phonétique à une chaîne connue dans une langue dont il possède des connaissances. Ce principe peut expliquer l'évolution de l'italien *l'alicorno* au français *la licorne*. L'interlocuteur réinterprète la chaîne *l'alicorno* (comprenant un article déterminé élidé *lo* et un substantif masculin) comme un article défini suivi d'un substantif féminin *la licorne* suivant le modèle de substantifs féminins analogues en français (*la liaison*, *la liesse*, *la ligne*, etc.), d'où le déplacement de la frontière entre la forme source et la forme cible. Ce principe, néanmoins moins important que le principe de référence et subordonné à celui-ci, est plus productif dans les emprunts (*op.cit.* : 159-161).

Etant donné que le point de départ de Detges & Waltereit est fonctionnel, ils proposent une interprétation sémantique de ces deux principes. Il existe trois relations sémantiques entre des unités : 1) une relation métaphorique : *souris* (petit mammifère rongeur/boîtier connecté à un terminal ou à un micro-ordinateur). 2) une relation métonymique : lat. *locus* (foyer/feu). 3) une relation taxonomique : l'hyponymie, l'hyperonymie, l'antonymie, etc. (*op.cit.* : 164-165). Les auteurs considèrent que la réanalyse est dans la majorité des cas un changement selon un lien métonymique et dans une moindre mesure selon un lien taxonomique, mais jamais métaphorique (*loc.cit.*), car dans une réanalyse le sens-source et le sens-cible doivent référer à la même situation. Considérons une réanalyse métonymique, où le principe de référence est impliqué, en prenant l'exemple de l'évolution du pronom anaphorique *il* à la particule interrogative *ti* en français québécois. Dans l'inversion complexe, le pronom personnel *il* a une double valeur. *Il* est anaphorique (et peut par conséquent alterner avec le pronom féminin *elle*) et marque l'interrogation (Pierre vient-il ?, Marie vient-elle ?). Ces deux valeurs sont présentes dans la même situation discursive, dont l'anaphore constitue le premier plan (la figure) et la fonction interrogative le second plan (le fond) (*op.cit.* : 166). Suivant le principe de référence, l'interlocuteur établit un lien entre le *il* postverbal et ce qui est désigné par la situation (l'interrogation), de sorte que *il*, souvent prononcé [i], se soude avec le *-t* du verbe pour donner *ti* (Pierre vient-ti ?, Marie vient-ti ?). La fonction interrogative de *-t-il* > *ti* en vient à constituer la figure et l'anaphore le fond (*loc.cit.*).

On formulera deux critiques à cette analyse. Premièrement, Detges & Waltereit affirment que les deux valeurs se renversent et par conséquent se maintiennent après la réanalyse. Nous irons plus loin : dans la forme source, la valeur interrogative constitue la figure et l'anaphore le fond, et c'est précisément pour cette raison que la réanalyse du pronom anaphorique au marqueur d'interrogation peut avoir lieu. Les auteurs, eux, affirment que la valeur anaphorique de la forme source est faible, dans la mesure où le pronom ne peut reprendre n'importe quel syntagme nominal, mais uniquement celui qui précède (Pierre, Marie) (*op.cit.* : 158). Il n'y a donc pas de renversement des valeurs. Deuxièmement, le fait que *ti* puisse être employé dans un cas où le sujet est au féminin montre qu'il a entièrement perdu sa valeur anaphorique[16]. Dans le cas du subjonctif, il semble également que dans la forme cible il y ait perte de l'une des valeurs présente dans la forme source plutôt que renversement des deux valeurs. Comme il ressortira de la partie empirique (chapitres 7 à 11), ainsi que de la synthèse (chapitre 12), au départ le subjonctif traduit un contenu présupposé ou irréel, catégories mutuellement exclusives (voir 2.4.2), mais au cours des siècles, la valeur d'irréel tend à se perdre.

Il faut également se demander si l'on peut faire une distinction aussi nette entre la grammaticalisation et la réanalyse que celle que proposent

---

[16] Dans l'exemple (3), le pronom *il* est anaphorique quoique l'opposition masculin-féminin se soit effacée. Nous considérons pourtant que cet emploi diffère de *ti*, dans le mesure où *il* en tant que marqueur d'accord est réduit en français non-standard, alors que *ti* est largement répandu comme particule interrogative en français québécois.

Detges & Waltereit. Comme la communication est un échange de message permanent entre au moins deux personnes, nous sommes tous locuteurs et interlocuteurs à la fois. Aussi est-il trop simplificateur de dire que la réanalyse est liée à l'interlocuteur et la grammaticalisation au locuteur. De plus, par cette affirmation, les auteurs donnent l'impression, contrairement à ce qu'ils affirment dans l'article (*op.cit.* : 190) et comme nous l'avons déjà dit plus haut, que la grammaticalisation précède la réanalyse, en l'attribuant au locuteur, puisque c'est de lui qu'émanent les énoncés que l'interlocuteur interprète par la suite.

En dépit de ces objections, l'approche de Detges & Waltereit est largement convaincante et cadre bien avec notre approche fonctionnelle : dans le cas du subjonctif, la réanalyse est uniquement sémantico-fonctionnel (Heltoft *et al.* 2005 : 26), parce que seule la distribution de ses valeurs est affectée, pas sa structure morphosyntaxique. Nous adhérons également à l'idée que la réanalyse précède toujours la grammaticalisation : pour que le subjonctif puisse subir un processus de re-grammaticalisation, il est nécessaire que les interlocuteurs aient d'abord réinterprété son contenu sémantique, qui présente une ambiguïté (voir 12.2.1.3).

3.3.1 Induction, déduction, abduction
En plus des principes de référence et de transparence, Detges & Waltereit (2002) reconnaissent l'importance dans le processus de réanalyse du raisonnement abductif (*op.cit.* : 169), comme cela a été suggéré par Andersen (1973).

Selon cette théorie, dont les principes fondamentaux sont illustrés dans la figure 3.1 empruntée à Andersen (*op.cit.* : 778) et modifiée légèrement par Hopper & Traugott (2003 [1993] : 41), la réanalyse se met en place *a priori* dans l'acquisition de la langue maternelle du locuteur. Celui-ci entend des énoncés (output 1) émis par des adultes, énoncés ancrés dans leurs grammaires individuelles (grammar 1). L'enfant entend output 1, qui prête à l'ambiguïté. Se servant des capacités linguistiques universelles, il induit par abduction (*i.e.* par des stratégies de conjecture) une nouvelle grammaire (grammar 2), qui peut différer de celle de l'adulte. A partir de cette grammaire, le locuteur crée ses propres énoncés (output 2), qui se distinguent ou ne se distinguent pas de ceux de l'adulte. C'est l'origine de la réanalyse :

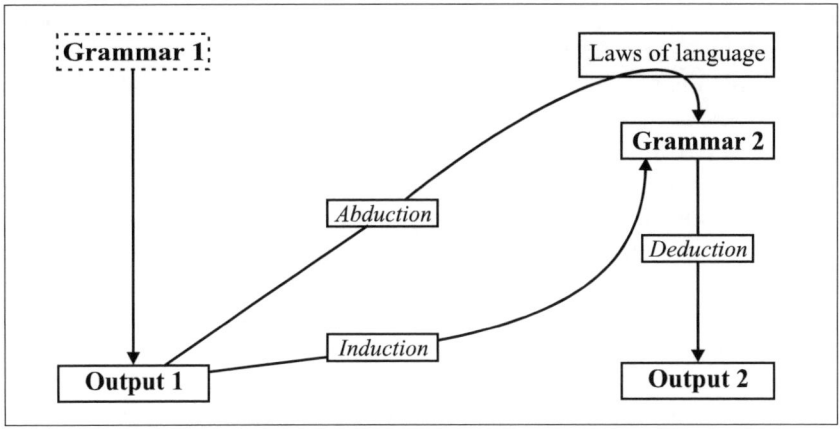

Figure 3.1
Réanalyse par raisonnement abductif

Comme il ressort de la figure 3.1, les processus d'induction et de déduction jouent aussi un rôle dans la construction de la grammaire de l'enfant. Le raisonnement par induction part des faits observés à partir desquels on établit une loi (nous avons enregistré 500 cygnes > tous ces cygnes étaient blancs (cas) > tous les cygnes sont blancs (loi)). Le raisonnement par déduction, en revanche, part d'une loi, qu'il applique à un cas afin de prédire un résultat (tous les hommes sont mortels (loi) > Socrate est un homme (cas) > Socrate est mortel (résultat)). Les raisonnements par induction et par abduction se ressemblent jusqu'à un certain point, puisqu'ils partent des faits observés, mais contrairement au raisonnement par abduction, la conclusion du raisonnement par induction n'asserte rien qui ne soit pas donné dans les prémisses[17]. L'enfant se sert des raisonnements par induction et par déduction afin de tester la validité de la grammaire qu'il a construite (Andersen 1973 : 776-778). Par induction, il soumet à des tests les énoncés produits par les parents par rapport aux parties pertinentes de sa grammaire. Il peut ainsi vérifier si les résultats sont conformes aux structures formulées à partir de sa grammaire individuelle. S'il y a une discordance, sa grammaire doit être corrigée. L'enfant est donc obligé de proposer de nouvelles abductions pour faire correspondre sa grammaire aux données observées. Il peut aussi tester sa grammaire par un raisonnement déductif en produisant lui-même des énoncés conformément aux lois de la langue. Si son analyse est défective, ses énoncés

---

[17] Ce qui vaut aussi pour le raisonnement par déduction.

peuvent prêter à des malentendus, requérant des corrections de la part des adultes ; l'enfant est donc amené à réviser sa grammaire.

Comme nous l'avons dit plus haut, Detges & Waltereit (2002 : 169-170) n'acceptent que partiellement le modèle proposé par Andersen (1973). Se référant à Croft (2000 : 44-49), ils affirment qu'il est improbable que les erreurs survenues dans l'acquisition de la langue maternelle puissent conduire au changement linguistique. D'une part, les erreurs des enfants disparaissent à des stades ultérieurs dans le processus d'acquisition. D'autre part, les enfants ne possèdent pas le statut social permettant la propagation de leurs innovations linguistiques. Ces objections fort pertinentes résultent néanmoins d'une lecture erronée de la théorie d'Andersen. Sa théorie est en fait à considérer comme un modèle communicatif général qui ne se borne pas aux premières phases de la vie du locuteur.

Le désaccord entre Detges & Waltereit et Andersen résulte probablement du fait qu'ils s'intéressent à deux aspects différents du changement linguistique. Les premiers mettent l'accent sur les mécanismes précédant l'entrée des changements linguistiques dans la langue, tels que la réanalyse et la grammaticalisation, alors que le dernier, comme il ressortira surtout de la section 3.5, s'intéresse notamment à la question de l'actualisation des changements linguistiques, c'est-à-dire leur introduction et leur propagation dans la langue. Il nous semble donc que l'affirmation de Kragh (2010 : 45), selon laquelle leurs points de vue seraient inconciliables, est trop forte. Nous dirions plutôt qu'ils se complètent.

Nous avons consacré cette section à la réanalyse, notion intimement liée à la grammaticalisation, en soulignant qu'elle doit avant tout être comprise en termes sémantico-fonctionnels et qu'il s'agit d'une stratégie de compréhension de l'interlocuteur, qui est un résultat d'un processus d'abduction.

3.4 Réduction paradigmatique

Dans la section 3.2.3, nous avons présenté l'hypothèse que l'évolution du subjonctif peut être considérée comme un cas de re-grammaticalisation organisé à l'intérieur d'un paradigme clos. Comme nous considérons que le symptôme de cette re-grammaticalisation est une réduction du paradigme du subjonctif, nous supposons que la théorie de Lehmann (1985, 1995 [1982]) peut servir de cadre explicatif pour décrire cette réduction. Dans la présente section, nous développerons cette hypothèse, en nous basant sur les paramètres dits *paradigmatiques* de sa théorie.

Dans cette théorie, la notion d'*autonomie* joue un rôle important pour le caractère grammatical d'un signe. Plus un signe est autonome, moins il est grammaticalisé ; et inversement moins un signe est autonome, plus il est grammaticalisé. On peut mesurer le degré d'autonomie d'un signe selon trois paramètres, à savoir son poids, sa cohésion et sa variabilité. Le poids réfère à la taille du signe. Pour être autonome, il faut qu'il possède un certain poids pour pouvoir être distingué d'autres signes de sa classe. La cohésion concerne l'attachement du signe à d'autres signes. Plus l'attachement augmente, plus la grammaticalité se renforce. Enfin, la variabilité se rapporte à l'aptitude du signe d'alterner avec d'autres signes. Si la variabilité se rétrécit, la grammaticalité augmente (*op.cit.* : 122-123).

Ces trois paramètres s'appliquent aux deux axes paradigmatique et syntagmatique. Seul l'axe paradigmatique nous intéresse pour l'étude du subjonctif, dans la mesure où les modes verbaux constituent des formes individuelles qui entrent dans une relation paradigmatique. Nous nous bornerons à une présentation des paramètres paradigmatiques, en montrant que le subjonctif subit en diachronie une réduction paradigmatique.

Le poids du signe considéré sur l'axe paradigmatique est désigné par le terme *intégrité* (« integrity »). Elle réfère à sa substance, à savoir son identité propre et sa distinction par rapport aux autres signes de la construction. Son intégrité concerne la forme (la phonologie) et le contenu (la sémantique) (*op.cit.* : 126-127). La réduction de la substance phonétique est appelée *attrition phonologique* (« phonological attrition ») ou *érosion* (« erosion »), la réduction du contenu, du concret à l'abstrait, *désémantisation* (« desemanticization »), *décoloration* (« bleaching ») (Givón 1975) ou *attrition sémantique* (« semantic attrition ») (Lehmann 1985 : 307) (voir la critique de cette notion en 3.2.2).

La cohésion du signe linguistique sur l'axe paradigmatique s'appelle *paradigmaticité* (« paradigmaticity ») se référant à son intégration formelle et sémantique dans le paradigme. La paradigmaticité concerne notamment l'effacement des oppositions dont les membres du paradigme étaient pourvus au départ, ce qui conduit à la réduction du paradigme, car comme l'affirme Lehmann (1995 [1982] : 136) : « [a]t the right end of a grammaticalization scale, paradigms are not formed, but reduced. »

Enfin, la variabilité considérée sur l'axe paradigmatique (*variabilité paradigmatique* « paradigmatic variability ») réfère à la liberté du locuteur dans le choix d'un signe et à la possibilité de le remplacer par un autre signe (*op.cit.* : 137 ss). A mesure que la possibilité d'alternance entre les membres du paradigme diminue puis disparaît, la catégorie subit un processus d'*obligatorification* (« obligatorification ») (*op.cit.* : 139) ou de *spécialisation* (« specialization ») (Hopper & Traugott 2003 [1993] : 116-118). La variabilité paradigmatique est intimement liée à la paradigmaticité, car une variabilité décroissante est symptôme de la réduction d'un paradigme.

Avant de relier ces paramètres à notre hypothèse, il faut faire part de deux cas problématiques de la théorie de Lehmann. Un premier problème réside dans la définition de la taille du paradigme. Pour ce qui est de la variabilité paradigmatique, l'auteur propose certes une distinction entre *variabilité intraparadigmatique* («intraparadigmatic variability», *i.e.* à l'intérieur d'un paradigme) et *variabilité transparadigmatique* («transparadigmatic variability», *i.e.* à travers les sous-catégories d'un paradigme) (Lehmann 1995 [1982] : 138-139), mais cette opposition semble peu précise et difficile à maîtriser en pratique, dans la mesure où l'auteur ne se prononce ni sur le nombre de membres constitutifs d'un paradigme ni sur celui de sous-paradigmes ni sur la relation entre les sous-paradigmes et le paradigme en tant que tel. Par conséquent, nous ne nous servirons pas de cette distinction dans le présent travail. L'autre problème concerne le rapport entre la forme et le contenu. Lehmann (*op.cit.* : 122) affirme que les trois paramètres généraux peuvent être rapportés à la forme aussi bien qu'au contenu, mais comme Detges & Waltereit (2002 : 172) le notent, il donne la priorité à la forme. Le contenu est soit juxtaposé à la forme soit subordonné à celle-ci.

En dépit de ces objections, il nous semble que les trois paramètres paradigmatiques fournissent un cadre explicatif qui permet de considérer le subjonctif comme un cas de re-grammaticalisation, puisque, nous allons le montrer, au cours de la réorganisation du subjonctif à l'intérieur du système modal, son paradigme se réduit pendant la période qui va du français de la Renaissance au français moderne. La théorie de Lehmann réfère essentiellement à la définition classique de la grammaticalisation (voir 3.2.2), mais il nous semble que ses principes paradigmatiques peuvent être appliqués à la réorganisation de systèmes grammaticaux, si certaines modifications y sont apportées. Par exemple, les notions d'*érosion* et de *désémantisation* du signe linguistique ne permettent pas de rendre compte de réorganisations, puisqu'elles réfèrent principalement au passage du lexical au grammatical. Mais si l'on adopte une définition élargie, en considérant la désémantisation comme un changement de valeur grammatico-fonctionnelle, cette notion nous paraît plausible comme outil descriptif.

Il faudrait également définir la taille du paradigme en question pour que la théorie puisse être adaptée à l'étude des modes. Nous postulons donc l'existence de deux types de paradigmes interdépendants au 16e siècle. Le premier réfère au système des formes modales : le subjonctif et l'indicatif entrent dans une relation paradigmatique (Lehmann 1995 [1982] : 136), s'opposant par leurs formes et leur contenu, assertion pour l'indicatif et non-assertion pour le subjonctif (voir 2.4). Le côté fonctionnel de la première relation paradigmatique peut également être considéré comme une relation paradigmatique définie en termes purement fonctionnels. Dans le cas du subjonctif au 16e siècle, le présupposé et l'irréel entrent dans une opposition paradigmatique binaire, mutuellement exclusive. L'indicatif au 16e siècle n'a que la valeur d'assertion, mais au 20e siècle, comme une conséquence de l'effacement du paradigme du subjonctif, ce mode est constitué d'une véritable opposition paradigmatique entre assertion, présupposé et irréel (voir chapitre 12).

A partir de ces paramètres, la re-grammaticalisation du subjonctif peut être analysée comme une réduction paradigmatique. En ce qui concerne la désémantisation, définie comme une perte de valeur grammatico-fonctionnelle, nous partons de l'hypothèse que le subjonctif subit une évolution par laquelle son champ sémantico-fonctionnel est réduit de deux valeurs (présupposé et irréel) à une valeur (présupposé).

Pour ce qui est de la paradigmaticité et de la variabilité paradigmatique, on a affaire à un effacement progressif du paradigme du subjonctif. D'une part, le subjonctif perd la distinction entre le présupposé et l'irréel, tel que le montre aussi le paramètre de la désémantisation[18], d'autre part, l'alternance entre l'indicatif et le subjonctif tend à s'effacer, de sorte que le subjonctif se spécialise dans certaines propositions et l'indicatif dans d'autres. En d'autres termes, le subjonctif subit un processus d'obligatorification au niveau formel aussi bien que fonctionnel. Bien qu'il paraisse que l'indicatif subit également un tel processus, se spécialisant dans certaines propositions concessives comme mode obligatoire, notre hypothèse est qu'il ne se grammaticalise pas, parce qu'il élargit son domaine d'emploi au cours des siècles examinés.

Il convient plus précisément de se prononcer sur le lien entre la re-grammaticalisation et la réduction paradigmatique. Ces deux concepts vont de pair, mais la re-grammaticalisation est une notion plus générale qui concerne la réorganisation du subjonctif dans le système modal en tant que tel, alors que la réduction paradigmatique précise à quel type de réorganisation nous avons affaire. En d'autres termes, la réduction paradigmatique du subjonctif est un symptôme de sa re-grammaticalisation.

3.5 Actualisation et marquage

Les sections précédentes ont été consacrées aux phénomènes qui précèdent l'introduction du changement linguistique dans la langue. La présente section traite de la question de l'*actualisation*, à savoir la propagation des innovations linguistiques. Cette question n'est pas abordée dans les travaux classiques sur la grammaticalisation, par exemple dans Heine *et al.* (1991), Lehmann (1995 [1982]), Hopper & Traugott (2003 [1993]), et comme il ressort de la section 3.3.1, Detges & Walterelt (2002) ne s'y intéressent pas non plus. Parmi les travaux consacrés à la question, nous

---

[18] Il est vrai que la désémantisation et ce type de réduction de la variabilité paradigmatique donnent le même résultat pour notre propos, parce qu'ils se rapportent tous deux au contenu du subjonctif, mais nous les maintiendrons séparés pour respecter les paramètres de Lehmann.

ne ferons référence qu'aux études d'Andersen (2001a, 2001b), puisqu'elles se montrent particulièrement pertinentes pour le présent travail.

Selon Andersen (2001b : 225), l'*actualisation* peut être définie comme la manifestation observable dans le langage des changements survenus dans la grammaire du locuteur. Elle est toujours précédée par une réanalyse (voir 3.3), qui est en revanche un niveau non-observable dans le changement linguistique (*op.cit.* : 233). Une innovation linguistique est un processus successif comprenant plusieurs changements partiels (« sub-changes »). S'inspirant de la théorie dite des *changements évolutifs* (« evolutive changes »), proposée par Timberlake (1977), Andersen décrit le processus d'actualisation de la façon suivante : d'abord, le locuteur fait une interprétation d'un mot ou d'une chaîne de mots qui diffère de celle des groupes de locuteurs d'autres générations à condition que l'expression soit ambiguë. Ensuite, le locuteur actualise cette réanalyse dans l'usage de la langue, après quoi l'innovation peut être adoptée par d'autres locuteurs, qui peuvent l'actualiser par la suite. L'innovation est ainsi généralisée progressivement dans la communauté linguistique (Andersen 2001b : 234).

Les innovations linguistiques, étant de nature progressives, se propagent selon une hiérarchie de marquage, où une unité linguistique nouvelle remplace progressivement la forme « ancienne », mais de manière différente selon que l'unité est motivée de façon externe ou interne (Andersen 2001a : 33-34). Les changements qui sont motivés de façon externe résultent *a priori* du contact linguistique ou des besoins communicatifs ou pragmatiques particuliers, pouvant par exemple être favorisés par des groupes dominants dans la société. Les formes nouvelles apparaissent dans ce cas comme des variantes marquées dans des contextes marqués et se répandent aux contextes non marqués s'ils sont acceptés et adoptés par les membres de la communauté linguistique. La nature marquée (m) ou non marquée (nm) des contextes peut être définie selon une série de paramètres : style (soutenu (m), standard (nm)), genre (poésie (m), prose narrative (nm)), médium (écrit (m), parlé (nm)), morphologie (pluriel (m), singulier (nm)), syntaxe (proposition subordonnée (m), proposition principale (nm)), etc. (*op.cit.* : 32). Les changements motivés de façon interne, c'est-à-dire venant de l'intérieur de la langue, apparaissent en revanche comme des entités non marquées dans des contextes non marqués et se propagent ultérieurement aux contextes marqués[19]. La notion de *changement interne* est, cependant, définie de façon négative dans les tra-

---

[19] Il existe cependant des cas déviants. A titre d'exemple, l'évolution d'une forme linguistique peut être interrompue subitement ou sauter des stades prévus par la théorie. Voir notamment Schøsler (2005) pour l'apparition, la propagation et la disparition de la périphrase verbale *il va chantant* en ancien et en moyen français.

vaux d'Andersen. Il la définit comme tout ce qui n'est pas un changement externe, c'est-à-dire ce qui n'est pas provoqué par des facteurs sociaux. Pour répondre à cette lacune définitoire, nous avançons tentativement la définition suivante : la structure linguistique sur un stade évolutif déterminé peut motiver les usagers de la langue à introduire un changement linguistique pour diverses raisons. En d'autres termes, un changement motivé de façon interne est toujours provoqué par un besoin d'innovation des usagers de la langue en question et non pas par des marqueurs externes à la langue.

On peut définir l'opposition de marquage entre deux entités linguistiques selon différents paramètres. Selon Givón (1990 : 947), il existe trois relations de marquage :

1) Le marquage morphologique : un morphème supplémentaire indique la forme marquée : fille (nm), filles (m).

2) Le marquage sémantique : la forme marquée porte sur un domaine notionnel limité, et la forme non marquée réfère à un domaine notionnel plus vaste, comprenant celui de la forme marquée : chien (nm), chienne (m).

3) Le marquage textuel : la forme non marquée est plus fréquente que la forme marquée : présent (nm), passé (m).

A priori les trois types de marquage doivent aboutir à la même conclusion. Ainsi le substantif *chien* constitue-t-il le domaine non marqué par rapport à *chienne* selon le marquage morphologique (il est structurellement plus simple), le marquage sémantique (il réfère à des mâles aussi bien qu'à des femelles, alors que *chienne* réfère uniquement à des femelles) et le marquage textuel (il est plus fréquent que *chienne*).

Ces trois relations sont évaluées par Andersen (2001a : 47-51). Il considère que seul le marquage sémantique possède un potentiel explicatif pour établir un rapport de marquage fiable entre deux entités linguistiques. Le marquage morphologique est problématique, puisque la forme longue a de temps à autre une extension sémantique plus vaste que la forme courte. Andersen (*op.cit.* : 48) fournit l'exemple des adjectifs de polarité en russe, et il semble également que dans le cas de *fille/filles* ce soit le référent de la forme courte qui soit compris dans le référent de la forme longue. Le marquage défini en termes de fréquence (marquage textuel) n'est pas non plus très fiable comme paramètre selon Andersen (*op.cit.* : 50-51), puisque la fréquence relative d'une unité peut varier considérablement selon le registre et le genre textuel. En outre, si l'on adopte un point de vue diachronique, il faut envisager la possibilité d'un changement de l'opposition de marquage, changement qui ne se manifeste pas dans l'usage immédiatement, mais graduellement. Il est vrai cependant qu'une catégorie sémantiquement non marquée est souvent plus fréquente que celle qui est marquée, mais selon Andersen la fréquence textuelle est un épiphénomène au marquage sémantique, car la fréquence plus élevée d'une catégorie résulte de son potentiel référentiel plus vaste. Andersen ne conserve donc que le marquage sémantique, qui correspond dans sa théorie au principe de concordance de marquage.

Schøsler (2001) a évalué la théorie de l'actualisation d'Andersen, en l'appliquant à des changements (morpho-)syntaxiques qui se sont produits en ancien et en moyen français, parmi lesquels la perte du système de déclinaison bicasuelle. Elle conclut que dans une large mesure la théorie d'Andersen est plausible, mais plus les paramètres sont spécifiques plus il est difficile d'appliquer le principe de concordance de marquage. Pour ce qui est de la perte du système de déclinaison, les noms communs humains et les noms propres humains évoluent dans un sens opposé à celui que prédit la théorie du marquage (*op.cit.* : 174-176, 182-183).

En dépit des objections importantes de Schøsler, nous adopterons la théorie d'Andersen dans le présent travail, puisqu'elle se révèle en général un outil pertinent pour décrire l'évolution diachronique des unités formant une opposition à l'intérieur d'un paradigme clos et de comprendre l'organisation de systèmes grammaticaux synchroniques des langues. La théorie proposée permet également de prédire le résultat des changements en cours. Notre hypothèse est ainsi que le principe de concordance de marquage permet de rendre compte des évolutions de l'indicatif et du subjonctif dans le système concessif au cours de la période du français de la Renaissance au français moderne. Il convient d'examiner si les deux modes maintiennent le même statut de marquage ou si cette relation se renverse pendant cette période. Il nous semble que la théorie peut également aider à comprendre la distribution et l'évolution mutuelle des conjonctions à l'intérieur du système concessif.

Nous partons de l'idée, conforme à la conception générale, qu'en français moderne l'indicatif est le mode non marqué et le subjonctif le mode marqué (Togeby 1982 : 50, Andersen 2001a : 24). Cette définition est conforme au principe de concordance de marquage : les valeurs de l'indicatif, assertion et non-assertion, sont du moins en français moderne plus vastes que celle du subjonctif, qui n'exprime que la valeur de non-assertion (Lindschouw 2002). Nous allons examiner si cette distribution des valeurs a été la même pendant toute la période qui nous intéresse (voir notamment le chapitre 12). Il existe cependant une conception opposée selon laquelle le subjonctif serait le mode non marqué et l'indicatif le mode marqué. Herslund & Korzen (1999 : 135 ss) et Korzen (1999 : 181 ss) sont partisans de cette position (voir 2.4.4). Suivant Martin (1992 [1983] : 119), qui affirme que la particule *que* a pour fonction de suspendre la valeur de vérité de la proposition qu'elle introduit et de la faire dépendre du verbe ou de la conjonction qui précède, ils considèrent que le subjonctif est le mode non marqué en français moderne, puisque celui-ci est spécifique aux propositions subordonnées introduites par *que*, c'est-à-dire aux propositions dépourvues de leur propre valeur de vérité. L'indicatif n'apparaît que dans des conditions spécifiques, quand des éléments syntaxiques, notamment les prédicats régisseurs, font remonter la subordonnée au plan de l'assertion (ou au premier plan) de l'énoncé (voir 2.4.1). L'argument le plus fort de cette hypothèse réside dans le fait qu'une proposition complétive antéposée est presque toujours suivie du subjonctif. En revanche, aucun facteur syntaxique ne peut déclencher l'indicatif :

(4) Il est vrai que Pierre *est* (i) venu.
(5) Que Pierre *soit* (s) venu est vrai.

Les auteurs ne se servent pas de l'argument de la fréquence pour établir le rapport de marquage entre les deux modes. Ils adoptent un point de vue systématique plutôt que quantitatif. Bien que la fréquence de l'indicatif soit généralement plus élevée que celle du subjonctif, ils considèrent que le subjonctif est le mode non marqué. Cependant, leur raisonnement ne paraît pas convaincant, parce que si l'on recourt au principe de concordance de marquage il s'avère que l'indicatif est le mode non marqué et le subjonctif le mode marqué, dans la mesure où le potentiel référentiel du premier est plus étendu que celui du dernier, comme il ressortira du chapitre 12.

Nous avons maintenant passé en revue différents aspects du changement linguistique : d'un côté ceux qui précèdent son introduction dans la langue, tels que la réanalyse et la grammaticalisation ; d'un autre côté, celui qui suit le changement, à savoir le processus d'actualisation. Cependant, les changements linguistiques ne se manifestent pas nécessairement à la même vitesse dans toutes les langues romanes. La section suivante traitera de cette question.

3.6 Grammaticalisation et comparaison de langues

Dans ce travail, nous comparerons l'évolution du subjonctif en français et en espagnol afin de vérifier l'hypothèse selon laquelle les langues typologiquement apparentées (en l'occurrence les langues romanes) subissent des changements similaires, mais temporellement décalés par rapport à leur source commune. Nous poserons la question de savoir si l'espagnol peut être considéré comme le reflet d'un état de langue plus ancien du français. Cette hypothèse sera examinée dans les chapitres 11 et 12. Dans cette section, nous présenterons des études qui ont conclu à l'idée que les langues romanes évoluent à différentes vitesses (3.6.1), puis une discussion des avantages et critiques de cette thèse (3.6.2).

3.6.1 Evolution des langues romanes à différentes vitesses

Il est généralement reconnu que les langues romanes peuvent être considérées comme situées sur un continuum s'étendant des langues plus conservatrices et moins grammaticalisées aux langues plus innovatrices et plus grammaticalisées par rapport à leur source commune, le latin. Ce continuum est illustré par la figure 3.2, où les langues situées vers la gauche sont plutôt conservatrices et celles situées vers la droite plutôt innovatrices (Loengarov 2006 : 23) :

| sarde | portugais | espagnol | catalan | italien | français | rhéto-roman |

Figure 3.2
Evolution des langues romanes

Il ressort de cette figure que le français est une langue plutôt innovatrice et que l'espagnol est plutôt conservatrice, alors que l'italien occupe une position intermédiaire. Cette distribution a été établie à partir d'études portant sur différents niveaux d'analyse. En ce qui concerne la phonologie, Delattre (1966 [1946]) fournit une liste de 31 cas montrant que l'espagnol moderne peut être considéré comme un stade d'évolution similaire à l'ancien français. Il voit par exemple une relation entre l'assimilation de *n* en *m* devant une consonne labiale autre que *m* en ancien français : *en+porter* > *emporter* et la même tendance en espagnol moderne : *con padre* [kompaðre] 'avec papa', *con placer* [komplaθer] 'avec plaisir' (*op.cit.* : 197). De même, la perte de *d* entre une voyelle et un *r* en ancien français [padre] > [perə] s'observe aussi en espagnol moderne, où la prononciation du *d* fricatif [ð] est très peu appuyée voire inexistante : [paðre]/[pare] (*op.cit.* : 191).

Ce continuum a aussi été corroboré par des études (morpho-)syntaxiques, portant sur l'article partitif (Lamiroy 1993), les auxiliaires (Lamiroy 1994, 1999), les prépositions (Lamiroy 2001) et les datifs non-lexicaux (Lamiroy 2003 : 419-422). Toutes ces études concluent également à l'état avancé et plus grammaticalisé du français en comparaison de l'espagnol, comparable à un stade plus ancien du français. Ainsi, pour ce qui est des auxiliaires[20], l'espagnol et l'italien modernes sont-ils moins gram-

---

[20] Il importe de souligner que la notion d'*auxiliarité* telle qu'elle est employée par Lamiroy (1999) est très vaste. Dans son article, elle renvoie à Lamiroy (1994 : 70-72) où elle énumère toute une série de critères morphologiques, syntaxiques et sémantiques propres à un auxiliaire. D'après elle, un auxiliaire a souvent une flexion irrégulière et est souvent un verbe simple (critères morphologiques) ; la négation et les pronoms clitiques s'attachent à l'auxiliaire et non au verbe principal, et l'auxiliaire ne peut être suivi par une proposition

maticalisés que le français en ce sens qu'ils sont généralement moins restrictifs pour la sélection des compléments que le français. Par exemple, en espagnol et en italien les auxiliaires acceptant un infinitif aussi bien qu'un syntagme nominal sont nettement plus fréquents qu'en français (Lamiroy 1999 : 41-42). Les exemples espagnols présentés sous (6) et (7), où *se detuvo* (litt. 's'arrêta') est à considérer comme un auxiliaire selon Lamiroy, n'ont pas de construction auxiliaire correspondante en français, ce que suggèrent les traductions :

(6) Max *se detuvo* mucho **en comentar los hechos**. '*Max s'arrêta beaucoup dans commenter les faits.' 'Max commenta longuement les faits.' (Lamiroy 1999 : 42)

(7) Max *se detuvo* mucho **en comentarios inútiles**. '*Max s'arrêta beaucoup dans des commentaires inutiles.' 'Max fit de longs commentaires inutiles.' (*loc.cit.*)

En ce qui concerne les prépositions, le français semble également plus grammaticalisé que l'espagnol. Selon Lamiroy (2001 : 97 ss), l'usage de la préposition dans la complémentation verbale, notamment devant l'infinitif et la proposition complétive, est plus restreint en français qu'en espagnol. En outre, les prépositions *à* et *de* se sont spécialisées dans la complémentation verbale en français aux dépens de tous les autres, tandis que l'espagnol, tout en favorisant également *a* et *de*, continue à recourir à un éventail de prépositions plus varié, comme en ancien français.

Ce continuum est également confirmé par l'examen des systèmes verbaux. Loengarov (1999) et Squartini & Bertinetto (2000) y font référence pour l'alternance passé simple/passé composé. Selon ces derniers, la tendance à utiliser le passé composé avec une valeur aoriste (c'est-à-dire comme un passé détaché du présent) est plus poussée dans les langues innovatrices que dans les langues conservatrices. Boysen (1966), Harris (1974) et Loengarov (2006) ont évoqué ce continuum pour l'alternance indicatif/subjonctif dans les langues romanes. Selon Harris (1974 : 174), le subjonctif dit *potentiel*, qui existait uniquement dans les propositions principales en latin pour indiquer l'atténuation ou l'incertitude, s'est vu remplacer entièrement – ou peu s'en faut – par le conditionnel en français, alors qu'en espagnol moderne ce subjonctif alterne jusqu'à un certain point avec le conditionnel comme c'était aussi le cas en ancien français.

---

complétive (critères syntaxiques) ; enfin, un auxiliaire exprime des éléments notionnels de temps, de mode, d'aspect et de voix et a subi une sublimation de sens (critères sémantiques). Lamiroy distingue différents degrés d'auxiliarité, dans la mesure où un verbe n'obéit pas nécessairement à tous les critères définis. Ainsi un verbe obéissant à la plupart des critères est-il plus proche du pôle auxiliaire qu'un verbe obéissant à peu des critères.

Loengarov (2006 : 343 ss) aboutit à une conclusion à peu près similaire. L'auteur a étudié l'emploi des modes verbaux dans la proposition complétive suivant les verbes d'opinion, de volonté et de communication en français, espagnol, italien et roumain modernes. Il se dégage deux tendances générales dans les quatre langues examinées : l'alternance indicatif/subjonctif a tendance à être motivée pragmatiquement ; l'alternance modale a tendance à disparaître. Selon Loengarov, le degré auquel ces deux tendances sont présentes est en accord avec le continuum évolutif proposé. Ainsi l'espagnol moderne exploite-t-il le plus les possibilités sémantico-pragmatiques, alors que le français est la langue romane qui les exploite le moins. L'italien occupe une position intermédiaire entre le français et l'espagnol (*loc.cit.*). Pour une discussion approfondie du continuum en question, voir Lindschouw (à paraître a).

3.6.2 Avantages et critiques de la comparaison de langues

On peut s'interroger sur les avantages et inconvénients de comparer différents stades dans les langues romanes.

Il semble y avoir au moins deux arguments essentiels en faveur de ce procédé. D'une part, la comparaison peut constituer un paramètre de vérification des changements survenus dans les langues. Si un changement qui se produit dans une langue x s'observe dans un stade révolu dans une langue y, il y a de fortes chances que ce changement ne soit pas dû au hasard, mais qu'il fasse partie d'une tendance évolutive générale. D'autre part, on peut s'imaginer que la comparaison de langues à différents stades permet de prédire des changements linguistiques ultérieurs dans les langues plutôt conservatrices.

On peut cependant s'interroger sur la fiabilité de comparaisons directes entre différents stades historiques dans les langues romanes. On peut avancer l'objection qu'il est important de tenir compte de l'organisation des différentes langues et de leur distribution interne des catégories grammaticales, notamment en vue d'établir la relation entre la forme et le contenu des signes linguistiques, de même que leur rapport de marquage réciproque, avant de les comparer. A titre d'exemple, le fait que l'espagnol et l'italien soient moins restrictifs pour la sélection des compléments que le français (voir (6) et (7)) pourrait résulter de ce que les trois langues sont organisées de manière différente plutôt de ce qu'elles appartiennent à différents stades d'évolution. Siversen (à paraître) a montré dans son étude sur l'évolution en espagnol et en italien de la construction inchoative *comenzar/cominciare* 'commencer' + indice de l'infinitif *a/de* (espagnol), *a/di* (italien) + complément infinitif que ces deux langues ne suivent pas la même évolution parce qu'elles sont organisées de façon différente, quoiqu'elles finissent par figer l'emploi de l'un des indices de l'infinitif (*a*) aux dépens de l'autre (*de/di*). Une autre objection concerne la question de la variation synchronique. Comment s'assurer que la variation observée dans une langue *y* conduira effectivement à un changement linguistique et que nous n'avons pas simplement affaire à une variation synchronique ou régionale/dialectale ? Ce point de critique vise surtout à Delattre (1966 [1946]), qui se sert de temps à autre des variétés de l'espagnol de l'Amérique Latine pour postuler un lien entre l'espagnol moderne et l'ancien français. Enfin, il existe la possibilité que les similarités dans les langues apparentées soient plutôt dues à la polygenèse, *i.e.* à des changements parallèles produits spontanément et indépendamment dans des langues voisines.

Après avoir discuté le pour et le contre de la comparaison des langues romanes, il importe de se demander ce qui nous permet de considérer la réduction du paradigme du subjonctif (voir 3.4) comme le signe que le français est plus innovateur que l'espagnol.

Au niveau morphologique, le français ne distingue le présent de l'indicatif et le présent du subjonctif qu'à deux personnes grammaticales (première et deuxième personne du pluriel), du moins pour ce qui est des verbes de la première conjugaison. L'espagnol, en revanche, les distingue nettement dans toutes les personnes grammaticales et toutes les conjugaisons verbales. En ce qui concerne la concordance temporelle, le français moderne a renoncé à l'emploi de l'imparfait ou du plus-que-parfait du subjonctif, qui sont remplacés par le présent ou le passé composé du subjonctif, sauf pour la troisième personne dans les registres les plus formels (Kragh 2010). L'espagnol moderne, de son côté, maintient strictement la concordance du temps dans le paradigme du subjonctif dans toutes les personnes grammaticales et dans tous les registres.

On peut envisager l'hypothèse que la réduction formelle du subjonctif en français se traduit également au niveau fonctionnel, alors que l'espagnol moderne fait preuve d'une fonctionnalité plus considérable. On peut donc supposer que le subjonctif en français moderne est réduit par rapport au critère de l'assertion, contrairement à l'espagnol moderne, qui l'exploite dans une large mesure. Cette hypothèse sera examinée dans les chapitres 11 et 12. Si elle est corroborée par les données empiriques, il est à supposer qu'ultérieurement l'espagnol suivra une réduction similaire à celle du français.

3.7 Conclusions du chapitre

Dans ce chapitre, nous avons présenté les principaux mécanismes impliqués dans le changement linguistique, à savoir la grammaticalisation, la réanalyse et l'actualisation, en mettant ces notions en rapport avec l'évolution du système modal, qui est au centre du présent travail.

Nous avons montré que la grammaticalisation et la réanalyse sont intimement liées, mais qu'il ne s'agit pas d'une bi-implication. Comme notre point de départ est essentiellement fonctionnel, nous avons argumenté en faveur de l'idée de considérer ces deux notions comme motivées par des mécanismes sémantico-pragmatiques plutôt que syntactico-formels.

On peut analyser l'évolution du subjonctif comme un cas de grammaticalisation, si l'on adopte une définition élargie de cette approche théorique, qui comprend, à côté de l'évolution du lexical vers le grammatical, des réorganisations du système grammatical par lesquelles la relation entre la forme et le contenu du signe linguistique est affectée (Heltoft *et al.* 2005). Cette notion correspond à ce qu'Andersen (2006a) nomme une *régrammation* (ou *re-grammaticalisation*). Nous supposons que la re-grammaticalisation du subjonctif peut plus précisément être définie comme une réduction paradigmatique (Lehmann 1985, 1995 [1982]). Ces deux concepts vont de pair, mais la re-grammaticalisation est une notion plus générale qui concerne la réorganisation du subjonctif dans le système modal en général, alors que la réduction paradigmatique précise à quel type de réorganisation nous avons affaire. En d'autres termes, la réduction paradigmatique du subjonctif est un symptôme de sa re-grammaticalisation.

En ce qui concerne la réanalyse, concept plus général que la grammaticalisation, celle-ci se transmet par un raisonnement abductif, basé sur des stratégies de conjecture (Andersen 1973). Pour que le subjonctif puisse être considéré comme une re-grammaticalisation, nous supposons qu'il suit d'abord une réanalyse, en raison d'une ambigüité dans la forme source. Au cours de cette réanalyse, les interlocuteurs réinterprètent son contenu sémantique, de sorte que sa valeur bipartite originelle change en une valeur unitaire.

Pour ce qui est de l'actualisation des formes nouvelles dans la langue, nous avons accepté l'idée proposée par Andersen (2001a, 2001b) qu'elles se propagent selon une hiérarchie de marquage, définie essentiellement en termes sémantiques. Nous proposons de considérer l'évolution des formes modales et des conjonctions concessives selon une telle hiérarchie, dans la mesure où nous considérons que cette approche théorique peut aider à éclaircir ces changements.

Dans la dernière section du chapitre, nous avons adopté l'hypothèse que les langues romanes individuelles évoluent à différentes vitesses, ce qui fait que certaines d'entre elles sont plus innovatrices et plus grammaticalisées que d'autres. Considérant le français comme une langue plutôt innovatrice et l'espagnol comme une langue plutôt conservatrice, nous proposons que l'usage que fait l'espagnol moderne de l'alternance modale puisse être rapproché de celui du français de la Renaissance. Cette hypothèse sera évaluée dans le chapitre 12.

4. La concession

4.1 Introduction

Notre objectif étant de rendre compte de l'évolution des modes verbaux dans les subordonnées concessives pour les raisons énumérées en 2.4.5, nous nous proposons dans ce chapitre de cerner les caractéristiques générales de la relation concessive, dans la mesure où nous supposons que les différents rapports concessifs jouent un rôle décisif pour la distribution et l'évolution des modes verbaux dans les langues romanes.

Ce chapitre se compose de trois volets. Le premier (4.2) est diachronique. Ici nous exposerons l'histoire de la catégorie de la *concession*, en mettant l'accent sur les différentes sources des nombreuses expressions concessives en français et en espagnol. Le deuxième volet est synchronique (4.3) et présente les propriétés qui caractérisent la concession, puis une énumération et une discussion des rapports concessifs les plus importants qui semblent exister, en soulignant ceux qui sont pertinents pour notre étude. Ce volet se terminera par une discussion du rapport entre la concession et l'adversativité. Dans le dernier volet (4.4), nous passerons en revue différentes approches théoriques sur la concession, en examinant leurs avantages et limites par rapport au sujet étudié dans ce travail.

4.2 Histoire des locutions concessives

4.2.1 Origines de la notion de concession

L'idée de la concession remonte à la rhétorique, trouvant, d'après Soutet (1990 : 3) sa première définition précise dans *L'Institution Oratoire* de Quintilien (premier siècle de notre ère). La concession en tant que figure de rhétorique se précise à partir de l'époque médiévale et classique. D'après Soutet (*op.cit.* : 3-5), les nombreuses définitions se regroupent en trois catégories majeures, à savoir la dimension interlocutoire, la figure de l'esquive et la figure du retournement. Dans la première, l'accent est mis sur le fait que dans la concession on accorde quelque chose à son interlocuteur ou à son adversaire. Selon la deuxième caractéristique, le locuteur recourt à la concession, guidé par la courtoisie ou par la ruse, pour renoncer à affronter directement son interlocuteur. D'après la dernière définition, le locuteur se sert d'une stratégie de retournement par laquelle il accorde un avantage à l'interlocuteur pour mieux renchérir, en présentant un contre-pied de ce qui serait logiquement attendu par la première partie de l'énoncé. C'est visiblement cette idée qui est à l'origine de la définition de Fontanier (1968 : 415) : « Par la Concession, on veut bien accorder quelque chose à son adversaire, pour en tirer ensuite un plus grand avantage. »

Selon Soutet (1992b : 18), le mot *concession* entre dans le lexique grammatical dans le courant du 19e siècle, et la notion s'exprime en français au moyen de différents marqueurs morphosyntaxiques, notamment des prépositions complexes (*malgré, en dépit de*), des adverbes (*cependant, néanmoins, pourtant, toutefois,* etc.) et des locutions conjonctives (*bien que, encore que, quoique, même si*). La concession peut également être traduite par un certain nombre de constituants de la phrase (*i.e.* syntagmes concessifs et propositions concessives) (Soutet 1990 : 5-6, Soutet 1992b : 18). Dans ce travail, nous ne ferons appel qu'à la concession exprimée par des locutions concessives.

4.2.2 Sept sources différentes des connecteurs concessifs
L'expression de la concession n'est pas une innovation qui s'instaure au moyen des connecteurs concessifs modernes. En latin classique, il existe une série de connecteurs concessifs pouvant être suivis de l'un des deux modes. On a tendance à considérer le latin classique comme une langue donnant plus d'autonomie au choix modal que les langues romanes modernes (Bybee *et al.* 1994 : 218 ss), mais cette tendance ne s'observe pas dans les propositions concessives, puisque le choix du mode dépend généralement du terme introducteur. Ainsi les connecteurs *quamquam, etsi, tametsi* et *cum* sont-ils suivis de l'indicatif et *quamuis, licet, quamlibet* et *ut* du subjonctif (Sneyders de Vogel 1927 [1919] : 190, Moignet 1959 : 247, Hastrup & Blatt 1969 : 88-92, Harris 1974 : 172, Hyllested & Østergaard : 1992 [1966] : 162). Nous avons donc affaire à une situation qui se rapproche à bien des égards de celle du français moderne où le choix entre les deux modes est dans une large mesure lié à la spécialisation des conjonctions (voir 12.2.1.1.1). En latin postclassique, la spécialisation devient moins contraignante, parce que les deux modes verbaux peuvent alterner dans une certaine mesure (Moignet 1959 : 248 ss). Sneyders de Vogel (1927 [1919] : 191) constate qu'à ce stade une confusion se produit entre les conjonctions et les modes, tandis que Soutet (1990 : 27) observe une tendance du subjonctif à s'imposer. D'après Herman (1963 : 233) et Soutet (1990 : 33), les connecteurs concessifs latins disparaissent apparemment sans laisser de traces dans les langues romanes, et ils affirment qu'à en juger d'après l'évolution ultérieure la langue parlée préromane n'a pas eu de conjonctions concessives systématiquement employées pendant une période. Les connecteurs concessifs de la Romania se seraient ainsi

La concession 95

constitués petit à petit dans les diverses parties géographiques sans pouvoir être ramenés à une source latine.

Comment ces connecteurs se sont-ils constitués historiquement ? Nous présenterons dans ce qui suit une liste des sources historiques des connecteurs concessifs en français et en espagnol, en mettant l'accent sur ceux qui sont pertinents pour le présent travail. Nous supposons que la sémantique des connecteurs concessifs peut élucider la distribution et l'évolution des modes verbaux.

La présente liste est inspirée des études de König (1985a : 10 ss, 1985b : 267 ss, 1988 : 152 ss) et de Harris (1988 : 82 ss). Ces auteurs proposent chacun une liste des différentes sources historiques des connecteurs concessifs dans un certain nombre de langues, parmi lesquelles les langues romanes. Comme leurs listes individuelles se recouvrent largement, quoique présentant certaines divergences, nous présenterons une liste unifiée dans ce qui suit. Puisqu'il s'agit d'une liste de nature hétérogène, il nous a paru difficile de hiérarchiser les catégories. Par conséquent, elles sont présentées dans un ordre plus ou moins arbitraire, comme chez les auteurs[21] :

1) Le premier groupe concerne la relation entre concession et *quantification universelle* (« universal quantification ») ou *quantification de choix libre* (« free choice quantification ») (König 1985a : 10, 1985b : 267, 1988 : 153, Harris 1988 : 82). Dans les langues romanes, les connecteurs concessifs de quantification universelle contiennent souvent le mot *tout*, tels que *toutefois, tout…que* (fr.), *tout soit (ce) que* (a.fr. et m.fr.). Le connecteur concessif par excellence de l'ancien et du moyen français, *combien que*, serait également un connecteur de quantification universelle.

2) Le deuxième groupe comprend les connecteurs concessifs composés d'un élément conditionnel et d'un renforçateur adjectival ou adverbial (König 1985a : 10-11, 1985b : 267-268, 1988 : 153-154, Harris 1988 : 86), par exemple *même* (fr.) > *même si*[22]. Ces locutions traduisent *a priori* la concession dite *hypothétique*, mais peuvent de temps à autre obtenir un sens concessif pur. Pour l'évolution condition > concession voir 4.2.2.1. Ce groupe se révèle important pour nous, car nous traiterons l'évolution des modes verbaux dans les propositions introduites par *même si* (voir chapitre 10).

---

[21] Nous utilisons les sigles suivants : fr. = français (moderne), a.fr. = ancien français, m.fr. = moyen français, esp. = espagnol (moderne), a.esp. = ancien espagnol.

[22] *Même si* n'existe que chez Harris.

3) Le troisième groupe réunit des connecteurs fondés sur la conjonction *que* et un adverbe temporel (Harris 1988 : 85). Il s'agit par exemple de *encore que* (fr.) et de *aunque* et de *ya que* (esp.). En outre, de nombreuses locutions temporelles peuvent, dans le contexte approprié, s'interpréter comme des concessives. Ces connecteurs sont souvent le résultat de ce que König (1985a : 11, 1985b : 268, 1988 : 155) appelle *une coexistence remarquable de deux faits* (« remarkable co-occurrence »), parce qu'ils peuvent asserter la simultanéité d'une éventualité *q* et une autre éventualité *p*. Cependant, chez König ceux-ci ne sont pas tous composés d'un élément temporel. Les membres de ce groupes sont par exemple *cependant, encore que, tout de même, toujours est-il que* (fr.), *aunque, con todo, todavía* (esp.). La pertinence de ce groupe pour notre travail est évidente, puisque les conjonctions *encore que* et *aunque* font l'objet de notre analyse empirique (voir chapitres 9 et 11).

4) Le quatrième groupe de notre liste unifiée est proposée par Harris (1988 : 83). Il est fondé sur un modèle volitif, comprenant des connecteurs qui contiennent de façon explicite ou implicite un élément volitif. Parmi les premiers se trouvent ceux qui sont dérivés du mot grec *makarie*, forme de l'adjectif signifiant *blessé*, utilisé avec le sens « would that » (*op.cit.* : 79). Il s'agit par exemple du connecteur concessif *maguer(a) que* (a.esp.). Parmi les seconds, où l'élément volitif se manifeste indirectement, Harris cite *ja soit (ce) que* (a.fr. et m.fr.), qui comprend, dans le connecteur même, un subjonctif à valeur volitive.

5) Les membres du cinquième groupe contiennent un élément de conflit, d'obstination, de dissonance, de rancune, de chagrin, etc. comme une partie de leur sens lexical (König 1985a : 11, 1985b : 268, 1988 : 152-153). A ce groupe appartiennent entre autres *en dépit de, au mépris de* et *malgré (que)* (fr.) ainsi que *a pesar de (que)* (esp.) (litt. 'en chagrin de'). Ce dernier sera traité dans le présent travail (voir chapitre 11).

6) Le sixième groupe, proposé par Harris (1988 : 83-85), comprend des connecteurs marquant une position scalaire extrême, par exemple les conjonctions suivant le modèle préposition + adjectif/adverbe + *que* (*por más que* (esp.))[23]. On y retrouve également *bien que, malgré que* (fr.) et *a pesar de que* (esp.). L'appartenance de ces derniers à ce groupe prête pourtant à discussion, puisqu'ils traduisent une valeur

---

[23] On peut définir *la scalarité* comme une expression conditionnelle-concessive qui situe l'expression sur une échelle où un contraste implicite est fait avec d'autres niveaux sur celle-ci (García 1999 : 3843).

concessive factuelle (voir chapitres 8 et 11), à savoir l'opposé de la scalarité. Nous proposons d'intégrer dans ce groupe le connecteur *quoique* (fr.) dérivé de *que que* > *quoi que*, bien que Harris le range dans un groupe autonome fondé sur un modèle indéfini (*op.cit.* : 82). Il nous semble qu'il faut intégrer ce connecteur parmi les connecteurs de scalarité, puisqu'il contient, du moins étymologiquement, un haut degré scalaire : *Quoi que tu dises, je ne te croirai pas* (*i.e. Quels que soient les propos que tu tiendras, je ne te croirai pas*). *Même si* (fr.) pourrait aussi être intégré dans ce groupe pour les raisons données dans ce qui suit.

7) Le dernier groupe réunit des membres qui sont reliés à un connecteur causal ou qui attribuent d'une autre manière un caractère factuel aux phrases qu'ils relient (König 1985b : 268, 1988 : 154-155). Il s'agit de *certes* et d'*avoir beau* (fr.). Il nous semble que *bien que*, *malgré que* et *a pesar de que* appartiennent également à ce groupe, parce qu'ils traduisent un contenu factuel.

Cette liste unifiée fournit un point de repère pertinent pour connaître l'étymologie des conjonctions concessives traitées dans cette étude. Comme nous le montrerons dans les chapitres 7 à 11, la valeur sémantique des concessives joue un rôle pour la distribution et l'évolution des modes verbaux.

Cela dit, la présentation de König et de Harris n'est pas entièrement convaincante pour diverses raisons. Tout d'abord, elle est hétérogène, réunissant des considérations de nature syntaxique et sémantique entremêlées. Par conséquent, les catégories sont difficiles à hiérarchiser, ce que l'on observe en particulier dans les différents articles de König, où elles sont présentées dans des ordres divers d'un article à l'autre (comparer notamment König 1985a, 1985b avec König 1988).

Ensuite, la liste n'est pas exhaustive. A titre d'exemple, König ne prend pas position sur *quoique*, l'une des conjonctions concessives les plus fréquentes en français moderne. Faute de mieux, nous avons proposé de l'intégrer dans le sixième groupe. Dans le même ordre d'idées, la catégorisation de certains connecteurs ne semble pas tout à fait convaincante. Comme nous l'avons déjà signalé, on se demande pourquoi les conjonctions telles que *bien que*, *malgré que* et *a pesar de que* appartiennent au sixième groupe plutôt qu'au septième, puisqu'elles véhiculent un contenu factuel.

Par la suite, les catégories proposées ne sont pas mutuellement exclusives, parce que certains membres obéissent à plusieurs critères. A titre d'exemple, le connecteur *tout de même* est classé parmi ceux qui expriment la coexistence remarquable de deux faits (troisième groupe), mais il pourrait tout aussi bien appartenir au premier en raison du quantificateur universel, *tout*. Par ailleurs, on s'étonne que le connecteur français *toutefois* < *toute(s) voie(s)* figure dans le premier groupe, alors que son correspondant espagnol *todavía* se trouve dans le troisième. De plus, le connecteur *même si* n'appartient pas seulement au deuxième groupe comme proposé par Harris (1988 : 86), mais obéit aussi aux critères définis par le sixième groupe, puisqu'il nous semble qu'il traduit la scalarité, du moins si nous suivons la définition qu'en donne Martin (1987 : 87) : *même* laisse entendre que le fait décrit par l'énoncé indique, dans la classe dont il relève, la situation la moins probable.

Enfin, les auteurs ne présentent aucune datation approximative de l'apparition des connecteurs dans la langue ni, le cas échéant, de leur disparition. Ainsi la liste paraît-elle un pêle-mêle d'observations synchroniques et diachroniques qui ne présente pas l'évolution du système des connecteurs concessifs.

4.2.2.1 Les conditionnelles comme source des concessives

Comme nous l'avons déjà souligné dans la section précédente (voir le deuxième groupe de la liste), les conditionnelles constituent une source importante pour la constitution des connecteurs concessifs.

A des stades antérieurs d'un certain nombre de langues, par exemple en ancien anglais et en ancien allemand, la condition et la concession n'étaient pas nettement distinguées. Le même connecteur (*wenn*, *ob* (allemand) ou *though* (anglais)) pouvait s'utiliser pour exprimer la condition et la concession ; il incombait à l'interlocuteur de déduire l'interprétation la plus plausible à partir du contexte (König 1985b : 271). Grâce à des marqueurs adversatifs ou à des particules focalisatrices, l'interprétation concessive pouvait être renforcée, mais ces marqueurs différenciaient uniquement la condition et la concession, et non *la concession hypothétique* (« concessive conditionals », « irrelevance conditionals ») et la concession *stricto sensu* (*loc.cit.*). L'évolution a conduit à une spécialisation sémantique des conjonctions, de sorte qu'en anglais et en allemand (modernes) la concession proprement dite est clairement différenciée de la concession hypothétique. Ainsi la conjonction *though* a-t-elle subi un processus de renforcement en tant que connecteur concessif, ce qui a permis la combinaison avec *al-* et *even* > *although/even though* ; en même temps un « vrai » connecteur concessif hypothétique, *even if*, est apparu à la suite de la combinaison entre la conjonction *if* et la particule *even* (*op.cit.* : 272).

Une évolution comparable s'observe en ancien et en moyen français, où la locution *tout soit ce que* traduit la condition (1) et la concession (2) selon le contexte :

(1) Tuit sachent que li mariages [...] ne puet estre debatus ne corrompus en court laie, ne li enfant qui en nessent tenu pour bastart, **tout soit ce que** sainte Eglise *ait* (s) fet grace a l'homme et a la fame a soufrir le mariage

[…]. 'Tout le monde sait que le mariage […] ne peut être cassé par le tribunal laïque, et les enfants qui en naissent ne peuvent être tenus pour des bâtards, **pourvu que** la sainte Eglise ait fait grâce à l'homme et à la femme de contracter mariage […].' (Beaumanoir : Coutumes de Beauvaisis, vol. 1 : 285, vers 1283, cité par BFM)

(2) […] car, **tout soit il ensi que** vous *soiiés* (s) boins cevaliers, **si** me douteroie je de vous encontrer cestui. '[…] car, **bien que** vous soyez un bon chevalier, je doute **cependant** de vous faire rencontrer celui-ci.' (Anonyme : Tristan en prose : 121, après 1240, cité par BFM)

Pour désambiguïser l'énoncé, des marqueurs militant en faveur de l'interprétation concessive peuvent être insérés dans la principale. En (2), l'adverbe *si* qui correspond à *cependant/néanmoins* en français moderne (Greimas 2001 [1979] : 554) rend clairement le sens concessif.

En ancien et en moyen français, il existe aussi une autre opposition entre la concession *stricto sensu*, fondée sur la factualité, et la concession hypothétique (Lindschouw 2006 : 150 ss, à paraître b), opposition que le contexte ne permet pas toujours de cerner. Cette ambigüité était également présente en ancien anglais et en ancien allemand. A titre d'exemple :

(3) Et s'il veut fere plus haute meson que la moie, je ne li puis deveer **tout soit ce qu**'ele *nuise* a la clarté de ma meson. 'Et s'il veut faire une maison qui soit plus grande que la mienne, je ne peux lui en vouloir, **bien qu**'elle nuise/**même si** elle nuit à la clarté de ma maison.' (Beaumanoir : Coutumes de Beauvaisis, vol. 1 : 361, vers 1283, cité par BFM)

Sous (3), la locution *tout soit ce que* exprime la concession proprement dite ou la concession hypothétique selon le contexte, car, d'un côté il est présupposé que si l'on construit une maison qui soit plus grande que celle de son voisin, on nuit à sa clarté. D'un autre côté, la maison, en tant que telle, n'est toujours pas construite, ce qui soutient l'interprétation de la valeur d'irréel. Nous avons un cas évident de *contexte critique* (« critical context ») (Diewald 2002 : 123 ss) ou de *contexte de transition* (« bridging context ») (Heine 2002 : 98 ss), où deux interprétations d'une suite de mots entrent en concurrence pour que l'une l'emporte sur l'autre ultérieurement.

La dernière étape de la constitution de la catégorie concessive se traduit par la spécialisation sémantique des conjonctions en français moderne, comme cela s'est produit en anglais et en allemand. Comme nous l'avons affirmé en Lindschouw (2006 : 155-157, 2008), les locutions *bien que* et *quoique* expriment la concession *stricto sensu* (4) (voir chapitre 8), dans la mesure où elles ont assumé un caractère factuel, et *même si* traduit la concession hypothétique (5) (voir chapitre 10) :

(4) Paul est parti **bien que/quoique** Mireille soit revenue.
(5) Nous ferons une partie de campagne **même s**'il pleut.

Il est intéressant qu'en espagnol moderne il n'existe pas une véritable catégorie concessive, si l'on suit le raisonnement de König, parce qu'il n'y a pas de conjonction qui véhicule de façon univoque la concession fondée sur la factualité. Le connecteur *aunque* traduit, selon le contexte, la concession factuelle (6) ou la concession hypothétique (7) (voir aussi Lindschouw 2006 : 156), et il peut arriver que l'interlocuteur ne soit pas en mesure de désambiguïser l'énoncé grâce au contexte comme en (8) où on ne sait si le locuteur a accepté ou non la demande de tuer un membre exclu du parti communiste espagnol (le roman dont l'exemple est extrait joue sur cette ambiguïté) :

(6) Manolo compra la finca **aunque** su padre se opone/oponga. 'Emmanuel achète la propriété **bien que** son père s'y oppose.'

(7) Manolo comprará la finca **aunque** su padre se oponga. 'Emmanuel achètera la propriété **même si** son père s'y oppose.'

(8) [...] fui inmediatamente poseído por el deseo de saber qué ocultaba esa mirada, no las razones de la traición, que no me importaban nada, **aunque** hubiera aceptado la obligación de matarlo [...]. '[...] je fus immédiatement possédé par le désir de savoir ce que cachait ce regard, non pas les raisons de la trahison, qui ne m'intéressaient aucunement, **bien que** j'eusse accepté/**même si** j'avais accepté de le tuer [...].' (Molina 1989 : 54)

Il est vrai que le mode peut dans une certaine mesure désambiguïser l'énoncé, mais comme le subjonctif peut apparaître dans les deux types de concession, on ne peut pas toujours distinguer les deux interprétations.

Ces observations sont intéressantes pour l'hypothèse du présent travail. Elles suggèrent que l'ancien français ainsi que l'espagnol moderne recourent à l'alternance modale, au moyen de laquelle on peut *a priori* distinguer les deux types concessifs, alors que le français moderne fait appel à la spécialisation locutionnelle. Nous supposons que cette spécialisation peut être considérée comme un cas de re-grammaticalisation (voir 3.2.3).

Les sections précédentes ont traité de l'histoire de la catégorie de la *concession*. Dans la section suivante, nous adopterons un point de vue synchronique, en cernant les caractéristiques les plus importantes des connecteurs concessifs.

4.3 Caractéristiques de la concession

Un connecteur concessif relie *a priori* deux propositions dont l'énonciateur assume lui-même la prise en charge de la vérité (König 1988 : 146), tel que (9) le montre :

(9) Bien qu'il pleuve, je fais un tour dans le jardin.

D'après König (*loc.cit.*), Soutet (1990 : 13) et König & Siemund (2000), on peut rapprocher les concessives des causales, qui sont fondées, elles aussi, sur un fait réel. En français, on peut les rapprocher de celles en *puisque*, qui relèvent du présupposé, mais non de celles en *parce que* qui introduisent normalement un élément posé (Le groupe λ-l 1975, Soutet 1990 : 13). Bien que les concessives soient dérivées historiquement des conditionnelles, d'un point de vue synchronique les concessives sont sémantiquement apparentées aux causales plutôt qu'aux conditionnelles. La raison en est qu'une causale peut s'interpréter comme une concessive lorsque la principale contient une négation affectant la subordonnée (König 1988 : 149, König & Siemund 2000). Ainsi (10) et (11) sont-ils à peu près équivalents. Sous (10), la négation affecte non seulement l'attribut du sujet mais aussi la causale (portée large de la négation), et l'énoncé constitue par conséquent un seul groupe intonatif. Sous (11), en revanche, la négation n'affecte que l'attribut du sujet (portée étroite de la négation), et l'énoncé constitue deux groupes intonatifs :

(10)   This house is no less comfortable because it dispenses with air-conditioning. (König 1988 : 149)

(11)   This house is no less comfortable, although it dispenses with air-conditioning. (*loc.cit.*)

On pourrait ainsi estimer que la concession constitue une négation de la cause comme le suggèrent les termes *la cause inopérante*, *la cause inefficace* ou *la cause contrariée* que l'on retrouve dans la littérature sur la concession. Pour appliquer cette terminologie à (10) et à (11), il aurait fallu s'attendre à ce qu'une maison dépourvue de climatisation soit peu confortable, mais cette attente, représentée formellement sous (12), s'annule dans la concession (Morel 1983 : 43, König 1985b : 265, Léard 1987 : 166, Martin 1987 : 82-83, Soutet 1992b : 19, Crevels 1998 : 130, Buridant 2000 : 654) :

(12)   Si p, alors normalement ~q.

Une autre caractéristique des concessives se traduit par leur impossibilité d'être focalisées, ce qui suggère qu'elles constituent un acte de langage autonome, s'approchant de la coordination plutôt que de la subordination. Ce trait se manifeste à trois niveaux :

1) Contrairement aux autres propositions circonstancielles (par exemple les causales, les conditionnelles et les finales), les concessives (anglaises) ne peuvent être affectées par la portée d'un opérateur tel que *only*, *also*, *too* ou *even* (König 1985a : 2, 1988 : 149). Il nous semble que la même impossibilité vaut pour les concessives françaises qui ne peuvent par exemple être modifiées par l'adverbe *seulement* :

(13) q, seulement parce que p[24].
q, seulement si p.
q, seulement pour que p.
*q, seulement bien que p.

2) Les concessives ne peuvent être mises en relief dans une phrase clivée en opposition avec d'autres propositions circonstancielles, par exemple les causales (Winter 1982 : 90, Soutet 1990 : 12, Crevels 1998 : 131, 2000 : 314) :

(14) C'était *parce qu*'il pleuvait qu'il restait chez lui.
(15) *C'était *bien qu*'il plût qu'il ne restait pas chez lui.

3) Les concessives ne peuvent non plus être affectées par la portée d'une négation de la principale (König 1988 : 149, Soutet 1990 : 13), comme la paire d'exemples (10) et (11) l'a montré. Il semble que la même opposition existe en français :

(16) Pierre n'est pas chez lui parce qu'il s'est cassé la jambe.
(17) Pierre n'est pas chez lui, bien qu'il se soit cassé la jambe.

Sous (16), la négation peut porter sur la proposition causale, niant ainsi le rapport de cause à conséquence entre la jambe cassée et le fait de rester chez soi. En d'autres termes, tout l'énoncé constitue un seul acte de langage. En revanche, l'exemple (17) présente deux actes de langage distincts[25] : la négation modifie uniquement le prédicat de la principale, ce que souligne la virgule insérée devant la proposition concessive.

En dépit de ces arguments fort convaincants, il est trop simplificateur de considérer toutes les propositions concessives en français comme des actes

---

[24] Korzen (à paraître : 29-30) fait remarquer que *parce que* est cependant incapable d'être modifié par l'adverbe *même* en français (*même parce que x*), non qu'il constitue un acte de langage autonome, mais parce qu'il n'est pas nécessaire pour créer un énoncé grammatical et que *même*, en tant qu'adverbe argumentatif, est trop fort pour être combiné avec cette conjonction causale.

[25] Le fait que les concessives constituent un seul acte de langage ne fait que renforcer l'hypothèse du lien entre les concessives et les causales. Le connecteur *puisque* constitue également un seul acte de langage (Le groupe λ-l 1975 : 275) et ne peut non plus être affecté par la portée d'un adverbe comme *seulement* (i) ni être mis en relief dans une phrase clivée (ii) ni être compris par une négation de la principale (iii) :
(i) *q, seulement puisque p.
(ii) *C'était puisqu'il pleuvait qu'il restait chez lui.
(iii) *Cette maison *n*'est *pas* commode, puisqu'elle est dépourvue de climatisation.

La concession 103

de langage autonomes s'approchant ainsi de la coordination. Contrairement à la « vraie » coordination (celle introduite par *et*, *mais* et *car*), les concessives acceptent l'antéposition. A titre illustratif comparer (9) avec (18) et (19) :

(18) Je fais un tour dans le jardin, mais je n'y reste pas longtemps.
(19) *Mais je ne reste pas longtemps dans le jardin, j'y fais un tour.

Cela dit, comme il ressortira du chapitre 9, les concessives en *encore que* + indicatif sont spécialisées dans l'introduction d'un acte de langage autonome en français moderne, ce qui est corroboré par le fait qu'elles n'acceptent pas l'antéposition.

Ce qui caractérise encore les concessives vis-à-vis d'autres propositions circonstancielles est le fait qu'elles sont sémantiquement transparentes. König (1985a : 2, 1988 : 150) affirme que les relations concessives sont « a dead-end street for interpretative augmentation. » Cela se manifeste en ce que d'autres circonstancielles peuvent s'interpréter comme des concessives, alors que les concessives ne peuvent assumer d'autres valeurs sémantiques. A titre illustratif, les propositions temporelles (20) peuvent dans le contexte approprié prendre une valeur concessive (21), analyse corroborée par l'adverbe *pourtant* dans la principale :

(20) **Quand** vous l'avez vue pour la première fois, vous étiez déjà assis à la table près de la fenêtre pour le second service. (Butor : La modification : 66, 1957, cité par Frantext)
(21) Et **quand** cela ne se voit pas sur leur visage, comme pour celui-ci, en général on sait **pourtant** qu'ils appartiennent à la catégorie des professeurs ou des fouilleurs de vieux savoir [...]. (*op.cit.* : 89, 1957, cité par Frantext)

Dans cette section nous avons passé en revue les caractéristiques générales des connecteurs concessifs en français. Cependant, la concession n'étant pas une catégorie univoque, il convient dans la section suivante de regarder de plus près des types individuels de la concession et de désigner ceux qui sont pertinents pour notre étude.

4.3.1 Différents rapports concessifs et choix des connecteurs examinés
Comme nous l'avons affirmé en 4.2.1, la concession peut être exprimée par diverses propriétés (morpho-)syntaxiques. Dans ce travail, nous allons mettre l'accent sur la concession définie à partir des locutions conjonctives (*bien que, encore que, même si* (fr.) et *aunque* et *a pesar de que* (esp.)), puisque l'évolution modale est aisément observable dans ces propositions. Dans cette section, nous présenterons les rapports concessifs qui sont traduits par ces connecteurs en précisant leur pertinence pour cette étude.

Parmi les nombreuses définitions du rapport concessif, il existe trois qui sont pertinentes pour notre travail[26] :

1) La concession dite *stricte* (Léard 1987 : 166, Soutet 1992b : 19), *simple* (Soutet 1990 : 8) ou *logique* (Morel 1996 : 6 ss). Ce qui caractérise ce type de concession est l'assertion d'une coexistence de deux propositions réputées incompatibles. Celle-ci est fondée sur un lien implicatif comme celui représenté sous (12), à savoir [si p, alors normalement ~q] :

   (22) **Bien qu'**il pleuve, Marie se promène au bord de la mer.

   Selon l'implication sous-jacente de (22), on ne se promène pas au bord de la mer s'il pleut, mais la subordonnée a pour fonction de la nier, de sorte que l'incompatibilité finit par être admise par les interlocuteurs. On peut appeler ce type de concession *la concession par excellence* ou *la concession canonique* (Soutet 1990 : 5). En français, celui-ci est prototypiquement traduit par *bien que* comme nous le verrons dans le chapitre 8.

2) La concession dite *restrictive* ou *rectificative* (Morel 1983 : 44, 1996 : 10 ss, 25-26, Léard 1987 : 170, König 1988 : 148, Soutet 1990 : 11, 1992a : 214, 1992b : 19, 2000 : 98, Crevels 1998 : 138, 2000 : 318-319). Ce type de concession tend à modifier ou à rectifier une proposition précédente, ce qui implique normalement la postposition de la subordonnée :

   (23) Mireille s'est beaucoup amusée hier soir, **encore qu'**elle est/soit rentrée tôt.

   Ce qui distingue ce rapport concessif du précédent est le fait qu'il modifie le contenu de la principale : dans un premier temps on affirme que Mireille s'est beaucoup amusée la soirée précédente et dans un deuxième temps qu'elle était rentrée tôt, ce qui modifie le contenu de la principale, en sous-tendant que peut-être Mireille ne s'était pas autant amusée qu'on aurait pu le penser. Autrement dit, on joue sur l'implication sous (12). Parmi les chercheurs cités ci-dessus, il y a généralement unanimité pour considérer *encore que*, surtout lorsque suivi de l'indicatif, comme une conjonction spécialisée dans la traduction de ce rapport concessif (voir chapitre 9). Pourtant, la notion de *rectification* n'est pas sans poser problème. Par exemple, le lien entre la rectification et la postposition n'est pas

---

[26] Il existe aussi d'autres types de concession, tels que la concession dite *argumentative* (Morel 1996 : 14 ss), *négative* et *extensionnelle* (Soutet 1990 : 10-11). Comme ceux-ci sont traduits par des propriétés syntaxiques autres que celles examinées dans la présente étude, ils ne seront pas mentionnés ici.

une implication binaire, et l'indicatif n'est nullement réservé à l'expression de la rectification. Pour une discussion approfondie, voir 9.3.2.

3) La concession dite *irréelle* ou *non-factuelle* (Martin 1987 : 87, Soutet 1990 : 11, 1992b : 20-21, Morel 1996 : 35, García 1999 : 3822, Buridant 2000 : 654). Contrairement aux deux types de concession précédents, celui-ci inscrit le rapport concessif dans un monde imaginaire ou hypothétique. En français, la conjonction *même si*, que nous aborderons dans le chapitre 10, est susceptible de traduire ce type de concession :

(24)   Nous ferons une partie de campagne **même** s'il pleut.

Il n'y a pas unanimité parmi les chercheurs pour considérer ce type comme relevant de la concession *stricto sensu*. König (1985b) considère que celui-ci relève plutôt du domaine de la condition en raison de son caractère hypothétique, d'où le terme *irrelevance conditionals (op.cit.* : 264). Pour lui, la concession au sens strict est fondée sur la factualité, prenant pour acquis le contenu de la subordonnée et de la principale (*loc.cit.*). Cette affirmation donne néanmoins l'impression que la concession hypothétique serait moins concessive que la concession fondée sur la factualité. Sans nier le rapport entre la concession hypothétique et la condition, il nous semble pourtant que nous avons affaire même dans ce cas à la concession *stricto sensu*, dans la mesure où l'implication sous-jacente [si p, alors normalement ~q] (voir (12)) est mise en vigueur non sur le plan concret, mais dans un monde imaginaire. Les propositions conditionnelles, en revanche, ne véhiculent pas ce lien implicatif.

Bien que nous ayons dit que les conjonctions concessives françaises examinées dans cette étude sont spécialisées dans l'expression de l'un de ces trois rapports concessifs, ce propos a une portée généralisatrice. Comme il ressortira des chapitres 8 à 10, ces subordonnants peuvent en fait exprimer les trois valeurs, surtout à des états plus anciens de la langue, quoiqu'ils aient une préférence pour l'une des trois. Ces connecteurs ont été choisis parce qu'elle correspondent à des cas de figure différents, ce qui a pour effet de montrer que le système modal n'a pas réellement évolué dans une direction unique, quoique certaines tendances générales puissent être dégagées.

En espagnol moderne, il ne semble pas que les subordonnants concessifs aient une prépondérance pour ces trois valeurs. Selon García (1999 : 3823) et Haverkate (2002 : 168), la conjonction *aunque*, que nous aborderons dans le chapitre 11, serait la conjonction concessive universelle, parce qu'elle traduirait, selon le contexte interprétatif, la concession logique (25), rectificative (26) et irréelle (27) :

(25) Acabaré de explicar este tema **aunque** ya sea tarde. 'Je terminerai d'expliquer ce point bien qu'il soit déjà tard.' (García 1999 : 3819)

(26) María es una chica muy espabilada y siempre está en todo; ¡**aunque** a veces nos viene/venga con unas cosas más extrañas…! 'Marie est une fille très vive et elle participe toujours à tout ; encore que de temps en temps elle nous dit/dise des choses très bizarres… !' (*loc.cit.*)

(27) **Aunque** tuviera todo el dinero del mundo, no me casaría con ese pelagatos. 'Même s'il avait tout l'argent du monde, je ne me marierais jamais avec ce pauvre type.' (*op.cit.* : 3832)

L'espagnol moderne n'a donc pas recours à la spécialisation locutionnelle au même titre que le français. Toutefois, *a pesar de que* est spécialisé en espagnol moderne dans l'expression de la concession logique (ou factuelle) (García 1999 : 3835) :

(28) **A pesar de que** me he tomado ya varias pastillas, no siento ninguna mejoría. 'Bien que j'aie déjà pris plusieurs pilules, je ne sens aucune amélioration.' (García 1999 : 3835)

Nous mettrons l'accent sur ce connecteur pour diverses raisons. Premièrement, il s'emploie fréquemment en espagnol moderne ; deuxièmement, il se comporte différemment de *aunque*, puisqu'il ne traduit *a priori* qu'un seul rapport concessif. Enfin, il ressemble à *bien que* en français, ce qui permet des comparaisons intéressantes.

Dans cette section, nous avons présenté les trois rapports concessifs qui se révèlent pertinents pour l'analyse des modes verbaux. Jusque-là, nous avons néanmoins employé le terme de *concession* comme s'il allait de soi ; mais il n'est pas sans poser problème, surtout si l'on fait référence à la notion d'*adversativité*, à laquelle il est souvent opposé. Il faut s'interroger sur la pertinence de maintenir ces deux notions strictement séparées. Cette question sera abordée dans la section suivante.

4.3.2 Concession et adversativité
La concession et l'adversativité ont certains points en commun. Premièrement, les deux événements dénotés par les contenus propositionnels de la construction sont juxtaposés dans le même énoncé tout en formant un contraste. Deuxièmement, ce contraste est conçu comme une rupture d'une attente traduite par une implication sous-jacente, voir (12) (García 1999 : 3812). Enfin, la concession et l'adversativité sont à la fois binaires et asymétriques. Elles sont binaires en ce sens qu'elles présupposent toujours une proposition, avec laquelle elles forment le contraste, mais en même temps elles sont asymétriques par rapport à cette proposition parce que si l'on change l'ordre des propositions, le sens change (*op.cit.* : 3817). A titre illustratif, nous utilisons les exemples espagnols fournis par García (*loc.cit.*) :

(29) Aunque hay crisis económica, la gente gasta mucho. 'Bien qu'il y ait une crise économique, les gens dépensent beaucoup.' (García 1999 : 3817)

(30) Hay crisis económica, pero la gente gasta mucho. 'Il y a une crise économique, mais les gens dépensent beaucoup.' (*loc.cit.*)

(31) Aunque la gente gasta mucho, hay crisis económica. 'Bien que les gens dépensent beaucoup, il y a une crise économique.' (*loc.cit.*)

(32) La gente gasta mucho, pero hay crisis económica. 'Les gens dépensent beaucoup, mais il y une crise économique.' (*loc.cit.*)

D'après García (*loc.cit.*), les exemples (29) et (30) sont plus ou moins synonymes, pouvant s'interpréter de la manière suivante : une crise économique encourage les gens à dépenser beaucoup d'argent. En revanche, les exemples (31) et (32) entraînent l'interprétation opposée : une consommation excessive entraîne une crise économique.

Cependant, il existe aussi des différences entre la concession et l'adversativité. Alors que la concession est traduite par la subordination (29) et (31), l'adversativité est exprimée par la coordination (30) et (32). (*op.cit.* : 3815). Ensuite, les concessives peuvent être antéposées ou postposées, tandis que les adversatives peuvent uniquement être postposées (voir (18), (19), (22), (29)-(32)) (*loc.cit.*). Enfin, si les concessives véhiculent une information connue, présupposée ou thématique, les adversatives traduisent une information nouvelle, assertive ou rhématique (Winter 1982 : 109, García 1999 : 3813). Ainsi sous (29) l'information de la crise économique serait-elle connue et en (32) nouvelle.

Bien que les jugements de García (*op.cit.*) semblent dans une large mesure convaincants, on peut y opposer deux contre-arguments. Premièrement, il est trop généralisatrice de rapprocher la concession du présupposé et l'adversativité de l'assertion. Comment expliquer par exemple que la concession peut traduire un contenu irréel comme en (7) et une valeur assertive comme en (6)[27] ? Il n'est pas suffisant de définir la concession et l'adversativité sans prendre en compte l'influence des modes verbaux sur l'interprétation. En recourant à la théorie de l'assertion, on peut définir l'indicatif comme le mode asserté et le subjonctif comme le mode non asserté, véhiculant une valeur présupposée ou irréelle (voir 2.4). Sous cette optique, il se pourrait que (29) à (32) soient tous assertés étant suivis de l'indicatif. Si, en revanche, (29) et (31) avaient été suivis du subjonctif, ils auraient pu traduire un sens présupposé. Il importe de souligner que nous n'avons pas recours à des marqueurs cotextuels qui puissent confirmer ces analyses modales, ce qui les affaiblit en quelque

---

[27] L'interprétation de la valeur d'assertion en (6) est uniquement possible avec l'indicatif ; le subjonctif traduit un contenu présupposé.

sorte, mais dans le chapitre 6, nous définissons une série de paramètres cotextuels qui étayent l'analyse des modes verbaux selon le critère de l'assertion. Cependant, ce que nous tenons à souligner ici, c'est qu'il est trop simplificateur de juxtaposer assertion et adversativité et présupposé et concession ; il faut aussi avoir recours à d'autres facteurs, tels que les modes. Deuxièmement, le fait que les « concessives » puissent être antéposées indique qu'elles relèvent plutôt de la subordination, mais qu'elles puissent en même temps être postposées invite à penser qu'elles traduisent la coordination. Cela est du moins le cas pour les propositions ouvertes par *encore que* en français moderne, qui se sont spécialisées dans l'introduction d'un acte de langage autonome, lorsque suivis de l'indicatif (voir chapitre 9). Inversement, certains connecteurs dits *adversatifs* tels que *alors que* et *tandis que* peuvent parfaitement introduire une proposition antéposée, ce qui suggère qu'ils s'approchent de la subordination plutôt que de la coordination. Ces contre-arguments révèlent que la limite entre concession et adversativité est difficile à tracer et que les modes verbaux contribuent largement à la définition de ces catégories. Pour des questions de conformité, nous conserverons néanmoins le terme de *concession* pour désigner les propositions traitées dans ce travail.

4.4 Approches théoriques de la concession

Les sections précédentes ont eu pour fonction de cerner et de délimiter la catégorie de la *concession* par rapport aux conjonctions examinées dans la présente étude à partir d'un certain nombre de propriétés syntaxiques et sémantico-fonctionnelles. Ces considérations n'ont pas été basées sur une théorie linguistique. Dans le dernier volet du chapitre, nous passerons en revue différentes approches théoriques sur la concession, en examinant leurs avantages et limites par rapport au sujet étudié dans ce travail. Nous commencerons par présenter une approche syntactico-formelle (4.4.1), puis un travail d'ordre sémantico-fonctionnel (4.4.2), et nous terminerons par une théorie extralinguistique, à savoir celle qui définit la concession en termes discursifs (4.4.3).

4.4.1 La concession définie en termes formels

Léard (1987) propose une définition de la concession en termes purement formels. Une telle approche présente l'avantage, si elle est bien fondée, de servir de paramètre de vérification pour les différences sémantiques qui existent entre les types concessifs passés en revue en 4.3.1. L'auteur propose trois catégories qui recouvrent largement celles que nous avons déjà mentionnées, à savoir les concessives strictes, les oppositives (ou adversatives) et les rectificatives, qui se distinguent à partir d'un certain nombre de propriétés syntaxiques. L'auteur, soulignant que le terme de *concession*

La concession

a généralement été trop utilisé, ne considère que les concessives strictes comme relevant de la concession (*op.cit.* : 165).

La définition des concessives strictes proposée par Léard rejoint celle donnée sous 4.3.1, selon laquelle ce type de concession est fondé sur un lien implicite qui se trouve annulé. D'après Léard (*op.cit.* : 166), les connecteurs tels que *quoique*, *bien que* et *malgré que* situés en tête de phrase sont aptes à traduire ce rapport concessif. La concession stricte ne peut être suivie ni d'une interrogation (33) ni d'un impératif (34) pas davantage qu'elle ne peut exprimer un état de choses générique (35) :

(33) *Bien qu'il soit prof, s'exprime-t-il bien ? (Léard 1987 : 166)
(34) !Bien qu'il soit prof, explique-lui ça. (*loc.cit.*)[28]
(35) *Bien qu'un frigo soit vieux, il peut bien marcher. (*op.cit.* : 167)

Parmi les concessives strictes, Léard range un groupe qui signale « l'inutilité de concéder » (*op.cit.* : 167). Ce groupe se caractérise par le fait que l'implication récusée se retrouve dans « un vague préconstruit » (*loc.cit.*), que nous rapprocherons de la concession dite *irréelle* (voir 4.3.1). Les membres de cette catégorie admettent sans difficulté l'interrogation (36), l'impératif (37) et les énoncés génériques (38) :

(36) Même s'il le dit, le fera-t-il ? (*op.cit.* : 168)
(37) Quand bien même il pleut, habille-toi légèrement. (*loc.cit.*)
(38) Même (s'il est) vieux, un frigo peut bien fonctionner. (*loc.cit.*)

Il n'est pas clair si ces énoncés sont contenus dans la définition de la concession de Léard. D'une part, il les range parmi les concessives strictes, d'autre part il affirme qu'ils ne concèdent rien, puisque conçus dans un vague préconstruit (*op.cit.* : 165).

Le deuxième groupe concerne les oppositives (ou adversatives, voir 4.3.2). Contrairement aux concessives strictes, les oppositives sont souvent postposées à la principale et admettent l'interrogation et l'impératif :

(39) Tu sors bien qu'il pleuve ? (*op.cit.* : 169)
(40) Explique-lui ça, bien qu'il soit prof. (*loc.cit.*)

Les oppositives peuvent toujours être paraphrasées par *alors que* ou *et*, ce qui montre selon Léard qu'elles traduisent l'opposition et non la concession :

(41) Il pleut et tu sors ? (*loc.cit.*)
(42) Je sors. – Alors qu'il pleut ? (*loc.cit.*)

Le troisième groupe concerne les rectificatives (voir 4.3.1), qui sont caractérisées, comme nous l'avons vu, par la postposition obligatoire de la sub-

---

[28] Le signe *!* montre chez Léard que la grammaticalité d'un énoncé est douteuse.

ordonnée (43). Elles n'acceptent ni l'interrogation (44) ni l'impératif (45) ; elles sont suivies de l'indicatif et acceptent l'insertion d'un adverbe de doute (*sans doute, peut-être*) (46) (*op.cit.* : 170) :

(43) J'y vais encore que je risque de m'ennuyer. (*op.cit.* : 170)
(44) *Tu y vas ? encore que tu risques de t'ennuyer ? (*loc.cit.*)
(45) *Sors, encore qu'il pleut. (*loc.cit.*)
(46) Je pars, quoique je serai sans doute seul. (*loc.cit.*)

Cependant, l'analyse de Léard n'est pas convaincante pour plusieurs raisons. Premièrement, les tests proposés ne semblent pas pouvoir distinguer entre les trois groupes. D'une part, on s'interroge sur l'agrammaticalité de (33) à (35). Selon nous, ces exemples sont tout aussi grammaticaux que (39) et (40), où la concessive est postposée. D'autre part, les tests se recouvrent partiellement. Ainsi la postposition concerne-t-elle les oppositives aussi bien que les rectificatives, alors que les concessives strictes et les rectificatives seraient incompatibles avec une principale interrogative ou impérative. Si plusieurs catégories linguistiques obéissent ou n'obéissent pas aux mêmes tests syntaxiques, comment ces derniers peuvent-ils expliquer la différence sémantique entre les catégories ? Deuxièmement, l'argument de l'inversion de la structure informationnelle de la phrase ne semble pas valide. Il paraît circulaire de postuler qu'une proposition en *bien que* serait concessive en tête de phrase, mais adversative en postposition, où le connecteur peut être remplacé par *alors que* ou *et* (voir (41) et (42)). *Bien que* et *alors que* ne sont guère synonymes, même en postposition. S'ils sont tous deux fondés sur un lien implicatif sous-jacent (voir 4.3.2), celui-ci est beaucoup plus prononcé dans le cas de *bien que*. En outre, *bien que* est presque toujours suivi du subjonctif (voir chapitre 8) et *alors que* de l'indicatif ; cette opposition formelle est supposée correspondre à une opposition sémantico-fonctionnelle.

Comme nous l'avons dit ci-dessus, une approche syntaxique peut *a priori* fonctionner comme un paramètre de vérification pour l'analyse sémantique si les paramètres d'analyse sont définis de telle manière qu'ils permettent de distinguer les catégories. Pourtant, cela ne semble pas être le cas pour le travail de Léard. En outre, l'auteur semble ignorer que la syntaxe et la sémantique vont de pair. Une analyse formelle n'est pas suffisante en soi, mais doit être complétée par des considérations de nature sémantico-fonctionnelle.

4.4.2 La concession définie en termes fonctionnels
Dans cette section, nous allons présenter les travaux de Crevels (1998, 2000) sur la concession dans un certain nombre de langues, et en espagnol en particulier. Ceux-ci s'inscrivent dans une perspective sémantico-fonctionnelle.

La concession 111

A partir de la théorie de la structure de *niveaux sémantiques* (« semantic layers ») de la grammaire fonctionnelle, notamment dans la version de Dik (1989) et de Dik *et al.* (1990) et des niveaux sémantiques de Sweetser (1990), Crevels (1998, 2000) propose une typologie de relations concessives qui fonctionnent sur différents niveaux sémantiques. La grammaire fonctionnelle est fondée sur une hiérarchie constituée de six niveaux sémantiques pertinents pour l'analyse de la structure des phrases dans les langues naturelles (Dik 1989, cité par Crevels 1998 : 132). Cette hiérarchie se caractérise par une augmentation de la complexité sémantique à mesure que l'on passe du niveau le plus bas au niveau le plus haut. D'après Crevels (*op.cit.* : 132-133), les quatre derniers niveaux de cette hiérarchie, représentés dans la figure 4.1, sont pertinents pour l'analyse des concessives dans un vaste éventail de langues, y compris l'espagnol.

1) Niveau prédicationnel	(« predicational level »)
2) Niveau propositionnel	(« propositional level »)
3) Niveau illocutoire	(« illocutionary level »)
4) Niveau textuel	(« textual level »)

Figure 4.1
Niveaux sémantiques pertinents pour l'analyse
des propositions concessives

1) signale le niveau le plus bas et 4) le niveau le plus haut :

1) Les concessives fonctionnant au niveau prédicationnel. Sur ce plan, le connecteur concessif indique que l'événement qu'il introduit fait obstacle à, mais n'empêche pas la réalisation de l'événement de la principale :

(47) Se casaron aunque sus padres se hubieran opuesto. 'Ils se sont mariés bien que leurs parents s'y soient opposés.' (Crevels 1998 : 135)

Ce type de relation concessive correspond à la concession logique, puisqu'il est fondé sur l'implication [si p, alors normalement ~q] : en (47), il est impliqué que si les parents s'opposent au mariage, on ne se mariera pas.

2) Les concessives fonctionnant au niveau propositionnel traduisent selon Crevels (*op.cit.* : 136-137) l'idée que le locuteur, au lieu d'être convaincu par le contenu de la concessive, arrive toujours à la conclusion opposée présentée dans la principale :

(48) Hay que saber buscar los atajos, aunque sé que en Madrid hay zonas sin atajo posible. 'Il faut savoir trouver les raccourcis, bien

que je sache qu'à Madrid il y a des zones sans raccourci possible.' (*op.cit.* : 137)

Cet énoncé n'exprime pas de conflit factuel comme en (47), mais une opposition entre la conclusion de la principale et le contre-argument potentiel contenu dans la concessive. La concessive exprime le savoir du locuteur, donc une sorte d'information connue.

3) Les concessives fonctionnant au niveau illocutoire. A ce niveau, la concessive ne fait pas obstacle à la réalisation du contenu de la principale, mais à son acte de parole (*loc.cit.*) :

(49) María, la carta se encuentra en el cajón – aunque estoy convencida de que ya lo sabes. 'Marie, la lettre se trouve dans la caisse – bien que je sois convaincue que tu le sais déjà.' (*loc.cit.*)

L'exemple (49) peut être paraphrasé par (50), traduit en français :

(50) Si je savais que tu savais déjà que la lettre se trouve dans la caisse, je ne réaliserais normalement pas l'acte de parole de l'asserter.

4) Les concessives fonctionnant au niveau textuel. Ces concessives ne modifient pas seulement la proposition précédente, mais toute une unité textuelle composée de plusieurs propositions (*op.cit.* : 139) :

(51) A: ¿Prefiere la mujer delgada y huesuda o la mujer con curvas y redondeces?
B: Yo me quedo con Modigliani. Soy de los antiguos. Aunque también me gusta la Venus de Milo.
'A : Vous préférez la femme mince et osseuse ou la femme avec des rondeurs ?
B : Je préfère Modigliani. Je suis du type ancien. Bien que la Vénus de Milo me plaise aussi.' (*op.cit.* : 139)

Aussi plausible que la thèse de Crevels puisse paraître, elle pose certains problèmes :

Premièrement, les différences postulées pour les niveaux sont très subtiles et difficiles à distinguer en pratique. Cela concerne notamment le premier et le deuxième niveau, qui semblent tous deux fondés sur la structure implicite sous-jacente [si p, alors normalement ~q], qui est admise, mais les niveaux 3 et 4 contiennent à la limite ce lien aussi (voir la paraphrase en (50)), ce qui les rapprochent en fin de compte du premier niveau. Crevels ne propose pas de critères clairs pour vérifier l'existence de ces quatre types de concession.

Deuxièmement, Crevels affirme qu'il existe un continuum de complexité sémantique croissante et d'intégration syntaxique décroissante de la concessive par rapport à la principale à mesure qu'on passe du premier au quatrième niveau. Elle a recours à l'alternance modale, définie en termes purement formels, pour étayer ce continuum. Elle considère que plus on s'approche du pôle de la concession textuelle plus la tendance à employer le subjonctif diminue. Ainsi constate-t-elle un emploi du subjonctif de 31,6 % au niveau prédicationnel, de 12,7 % au niveau propositionnel, de 9,5 % au niveau illocutoire et de 0 % au niveau textuel (*op.cit.* : 143). Cependant, on se demande si ces pourcentages sont suffisamment élevés pour distinguer les quatre niveaux sémantiques. Bien que les 31,6 % du subjonctif enregistrés au niveau prédicationnel représentent presque un tiers des occurrences, l'indicatif s'emploie dans plus de deux tiers des cas sans que l'auteur ne nous explique si la cohésion grammaticale entre la principale et la concessive change si l'on passe de l'un à l'autre mode. Il en est de même au niveau propositionnel où l'écart entre l'indicatif et le subjonctif est encore plus prononcé.

Troisièmement, on s'étonne que Crevels se serve de l'alternance modale comme un argument syntaxique plutôt que sémantique, puisqu'elle définit la concession en termes sémantico-fonctionnels. Il aurait été intéressant de voir s'il existait une corrélation entre la théorie de l'assertion et les quatre niveaux sémantiques proposés, mais cela ne semble pas être le cas. Comme la proposition concessive au niveau propositionnel exprime une sorte d'information connue il aurait fallu s'attendre à un emploi fréquent du subjonctif (à valeur de présupposé), mais le pourcentage du subjonctif est très modeste à ce niveau, contrairement au niveau prédicationnel où l'emploi du subjonctif est en revanche plus élevé.

Comme il ne semble pas y avoir de rapport entre la théorie de l'assertion et les niveaux sémantiques proposés par Crevels et qu'elle se sert uniquement du mode comme un phénomène syntaxique, nous n'y ferons pas appel pour étudier l'évolution des modes verbaux.

4.4.3 La concession comme mécanisme discursif
La dernière approche à examiner est celle qui définit la concession d'un point de vue extralinguistique, plus précisément comme un mécanisme discursif.

Dans une approche discursive, on se réfère aux intentions des interlocuteurs en rapport avec l'énoncé concessif. Qu'est-ce que le locuteur désire obtenir chez l'interlocuteur, en s'exprimant au moyen d'une concession ? Il pourrait par exemple avoir pour objectif de convaincre l'interlocuteur de la coexistence entre la proposition principale et la proposition concessive, bien qu'elles semblent à première vue incompatibles (Thompson & Mann 1987 : 438). Une telle approche semble plausible pour notre propos, puisque nous prenons en considération les intentions des interlocuteurs dans la production langagière (voir 2.4).

Dans une approche discursive, on s'intéresse de prime abord à la structuration du message en thème et en rhème (Daneš 1974 : 109 ss, Winter 1982, Thompson & Longacre 1985 : 206 ss). Se basant sur les conclusions de l'école de Prague, Winter (1982 : 81 ss) relie la concession à la séquence entre la proposition principale et la proposition concessive.

En tête de phrase, la subordonnée concessive présente l'information comme connue, parce qu'elle a déjà été évoquée dans les phrases précédentes ou parce qu'elle constitue un savoir général supposé connu de l'interlocuteur. La principale qui suit la subordonnée introduit une information nouvelle, comme le morceau de texte suivant le montre :

> (52) [...] Chomsky is attempting to discover a finite set of formal rules which will generate any grammatical sentence. <u>Although most of us are unaware of these rules</u>, they must be represented in our own brains. [...]. (Observer le 9 avril 1967, cité par Winter 1982 : 95)

La subordonnée concessive part de l'information des règles présentées par Chomsky de la phrase précédente au moyen de l'article démonstratif, qui indique qu'elles sont censées être connues des interlocuteurs. Il convient pourtant de souligner que c'est une tâche très délicate de définir ce qui représente l'information connue d'un énoncé, comme le souligne Daneš (1974 : 110). Le thème ne constitue pas seulement l'information présentée dans la phrase précédente, mais aussi celle évoquée dans les paragraphes précédents, voire dans le(s) chapitre(s) précédent(s).

Lorsque la subordonnée est postposée à la principale et que cette dernière apparaît en tête de phrase, l'organisation rhétorique de l'énoncé change. Maintenant c'est la principale qui part de l'information évoquée dans les énoncés précédents (thème), et la concessive introduit une information nouvelle (rhème) (Winter 1982 : 100) :

> (53) [...] According to the officer in charge of this section, Egyptians fell back here with heavy losses in captives and equipment. The speed of advance [of the Israeli armoured columns] up to now has been comparable with the Sinai campaign of 1956, <u>although the Egyptian equipment is considerably better</u>. [...]. (Guardian le 7 juin 1967, *op.cit.* : 107)

La principale antéposée part de l'information connue. La rapidité qui caractérise l'approche de l'armée israélienne a été évoquée dans les énoncés précédents et est reprise par la principale, et la subordonnée concessive introduit un changement dans le discours, en mentionnant la puissance de l'équipement égyptien. Suivant Daneš (1974 : 113), le rhème est la partie dynamique de l'énoncé, puisqu'il pousse en avant la communication.

García (1999 : 3820) part également de la position de la concessive par rapport à la principale dans l'attribution de sa valeur discursive en espagnol. Cependant, comme Winter, il ignore un fait important, à savoir le rôle que jouent les modes verbaux dans l'attribution de celle-ci. Selon García, une concessive postposée introduit toujours une information nouvelle qu'elle soit suivie de l'indicatif ou du subjonctif. Il va jusqu'à

La concession 115

affirmer que dans ce cas le subjonctif est employé avec une valeur assertive (« con valor asertivo ») (*loc.cit.*). Nous n'acceptons pas cette analyse. En fait, le mode peut manipuler la structure informationnelle de l'énoncé. Une concessive postposée espagnole peut parfaitement traduire l'information connue, comme en (54) où le locuteur répète à l'interlocuteur que son manteau est vert. Le mode milite en faveur de cette interprétation, car en (54) le subjonctif est employé avec une valeur de présupposé, analyse étayée par deux marqueurs de présupposé (voir 6.2.1), à savoir le pronom personnel *te* et la répétition contenue dans la concessive (*te haya dicho que es verde* 'je t'ai dit qu'il est vert' réfère anaphoriquement à une affirmation faite antérieurement dans le même discours). Ces marqueurs indiquent que l'interlocuteur a un savoir privilégié du contenu de la concessive :

(54) Víctor (Desdoblando el abrigo) Hay algo confuso en todo esto. Tu abrigo viejo, al parecer es verde. El mío nuevo, es oscuro, <u>aunque te haya (s) dicho que es verde</u>. 'Victor (Dépliant le manteau) Il y a quelque chose de confus dans tout cela. Ton vieux manteau est vert apparemment. Le mien, le neuf, est foncé, bien que je t'aie dit qu'il est vert.' (Moncada : Caprichos : 36, Id 26, 1992, cité par CREA)

Inversement, une concessive antéposée peut également traduire l'information nouvelle. Sous (55), l'information qu'on allumait la lumière est nouvelle, ce que suggèrent également les marqueurs d'assertion : l'emploi de l'indicatif (*el pretérito* 'le passé simple') et l'adverbe *esta vez* 'cette fois-ci' marquant que c'est la première fois que l'information a été évoquée (voir 6.2.3) :

(55) Y el tren entró de nuevo en otro túnel mucho más largo; pero, <u>aunque esta vez sí encendieron (i) las luces en el departamento</u>, la conversación también cesó [...]. 'Et le train entra de nouveau dans un autre tunnel beaucoup plus long ; mais, bien que cette fois-ci on allumât la lumière dans le compartiment, la conversation s'arrêta aussi [...].' (Jiménez Lozano : El grano de maíz rojo : 168, Id 45, 1988, cité par CREA)

Ces arguments montrent, contrairement aux affirmations de García (*op.cit.* : 3820), que les modes peuvent manipuler la structure informationnelle.

Il n'y a pas de doute que l'approche qui définit la concession en termes discursifs est intéressante, dans la mesure où elle tient compte du rôle joué par les interlocuteurs dans la structuration du message. L'intérêt majeur réside dans la distinction entre thème et rhème. Nous y ferons appel dans l'essai d'attribuer la valeur des modes, mais comme le mode peut manipuler la structure informationnelle, nous ne nous en servirons que comme argument secondaire (voir 6.2.1.3). On peut également reprocher à cette approche théorique sa dimension généralisatrice. Elle représente la concession comme une catégorie unique, et il ne paraît pas clair comment l'approche discursive peut distinguer entre les types différents de concession passés en revue en 4.3.1.

4.5 Conclusions du chapitre

Dans le présent chapitre, nous avons cerné les caractéristiques générales de la relation concessive selon l'hypothèse que les différents rapports concessifs jouent un rôle décisif pour la distribution et l'évolution des modes verbaux dans les langues romanes.

Dans le premier volet, qui est d'ordre historique, nous avons énuméré sept sources proposées par König (1985a, 1985b, 1988) et Harris (1988) qui semblent avoir joué un rôle pour la constitution des connecteurs concessifs dans un certain nombre de langues, y compris les langues romanes. Certaines de ces sources ont certes un intérêt pour notre propos, mais la liste présente une série de défauts, notamment en raison de son caractère hétérogène et son manque d'exhaustivité.

Dans le deuxième volet, nous avons d'abord cerné les caractéristiques de la concession et précisé le choix des connecteurs examinés. Ensuite, nous avons décrit une série de rapports concessifs, dont les suivants se révèlent pertinents pour notre travail : la concession logique, la concession rectificative et la concession irréelle. Cette présentation était suivie d'une discussion sur le rapport entre concession et adversativité. Nous avons conclu que malgré un certain nombre de différences apparentes entre ces deux catégories, la limite est difficile à tracer et que les modes verbaux définis en termes assertifs et non-assertifs contribuent dans une certaine mesure à les distinguer.

Le dernier volet a traité la concession de différentes positions théoriques, en signalant leurs avantages et limites par rapport au sujet étudié dans ce travail. Les différentes approches examinées montrent qu'on ne peut définir la concession à partir d'un seul niveau d'analyse, mais que des considérations de nature syntaxique doivent être suppléées par d'autres de nature sémantico-fonctionnelle et discursive pour mieux saisir la problématique.

II
METHODE

5. Méthodologie

5.1 Introduction
Le présent chapitre est destiné à discuter des questions de méthode pertinentes pour la collecte des données et la constitution d'un corpus aussi représentatif que possible afin de rendre compte de l'évolution modale dans le système concessif. Il se compose de quatre volets. Dans le premier (5.2), nous discuterons les avantages et inconvénients du travail sur des corpus électroniques, puis la possibilité d'une combinaison des approches quantitatives et qualitatives. Le deuxième volet (5.3) traitera des composantes essentielles d'un corpus représentatif. Nous nous référons essentiellement à l'étude de Koch & Oesterreicher (1990, 2001) sur les traits distinctifs de la langue écrite et de la langue parlée et sur l'établissement des diasystèmes. A la suite de cette discussion, nous exposerons les genres textuels représentés dans notre base de données. Le troisième volet (5.4) présentera les corpus électroniques consultés pour la constitution de nos bases de données. Enfin, le dernier volet (5.5) soulèvera des questions pratiques liées à la création de ces bases, tels que le nombre d'occurrences prises en considération pour chaque siècle, les formes verbales écartées, les formes ambiguës retenues, etc.

5.2 Les linguistiques de corpus : avantages et inconvénients

5.2.1 Considérations générales
Il existe deux méthodes de collecte des données. La première, que l'on pourrait nommer *la méthode philologique* ou *analogique*, consiste à effectuer la collecte manuellement, en recourant directement à des versions papiers des textes ; la deuxième, *la méthode électronique* ou *digitale*, à collecter les données de façon automatique, au moyen d'ordinateurs, à partir de critères de sélection formalisés.

Les deux approches ont des points communs. L'objectif fondamental du travail sur données authentiques est d'éviter des considérations de nature introspective. L'introspection présente certains avantages, notamment un gain de temps, mais, comme l'affirme Sinclair (1991 : 39), les informateurs, y compris les linguistes, se font uniquement des idées et des évaluations personnelles sur le langage, qui ne sont pas nécessairement en rapport avec la réalité langagière. De plus, lorsqu'on travaille sur un état ancien de la langue on ne dispose que de données authentiques, car comme l'affirme Svartvik (1992 : 9) pour l'ancien anglais « [...] there are no Old Englishmen around anymore to act as informants. »

Le travail sur corpus authentique pose le problème de la distance spatiale et temporelle dans une étude diachronique entre l'auteur du texte d'origine et le linguiste en tant que récepteur de ce texte (*op.cit.* : 10), problème auquel s'ajoute le fait que ni le français ni l'espagnol ne sont notre langue maternelle, ce qui augmente le nombre de malentendus possibles. Pour le minimiser, nous proposons dans le chapitre 6 une série de paramètres cotextuels qui étayent l'analyse des modes verbaux.

Nous présentons dans ce qui suit les avantages de l'approche électronique, qui nous l'ont fait préférer à la méthode philologique.

5.2.1.1 Avantages
L'approche électronique permet tout d'abord de travailler sur de grandes quantités de données et donc sur un vaste éventail de textes qui représente une diversité de genres et de registres. Comme l'affirme Bosco & Bazzanella (2005 : 444), un tel corpus permet de décrire la richesse d'une langue. Ainsi l'influence sur les résultats des partis pris idiosyncrasiques des auteurs est-elle réduite. L'usage des corpus remet aussi à la machine le travail encombrant de trouver les données et exige que le linguiste formule des critères de sélection univoques et explicites. Sinon, la machine ne peut pas les comprendre. Enfin, comme Lepetit (2003 : 127) le souligne, la version électronique d'un texte est moins encombrante et plus facile à manipuler qu'une version papier, et elle permet d'avoir à la fois une vue d'ensemble et un accès aux éléments constitutifs de cet ensemble.

5.2.1.2 Inconvénients
Le travail sur corpus présente également des inconvénients. Ceux-ci peuvent être dus aux limites du logiciel (5.2.1.2.1) ou de la composition du corpus électronique (5.2.1.2.2).

5.2.1.2.1 Inconvénients dus au logiciel
Le premier inconvénient concerne le fait que le logiciel n'est pas capable de manipuler les langues naturelles et la polysémie des expressions linguistiques et des textes. Les critères de sélection formalisés ou bien excluent des données pertinentes ou bien incluent des données non-pertinentes. C'est ce qu'on appelle les problèmes de *bruit* et de *silence* (Habert *et al.* 1997 : 11, Lepetit 2003 : 118). Le *bruit* est le phénomène qui résulte des analyses erronées dans un cadre de proposition de solutions équivoques. Si l'on fait une requête sur la collocation *bien que*, en s'intéressant uniquement à son emploi de connecteur concessif, il y a du bruit lorsqu'apparaissent des occurrences où *bien* est un adverbe suivi du *que* com-

plétif (voir 5.5.6). En revanche, on appelle *silence* le phénomène qui résulte des analyses erronées dans un cadre de proposition de solutions univoques. Si l'on cherche par exemple toutes les formes possibles de la troisième personne du singulier du présent de l'indicatif du verbe *s'asseoir* et que l'ordinateur ne donne que les occurrences de la forme *s'assied* et non de la forme *s'assoit*, on dira qu'il y a du silence. Le défi principal est donc de rédiger avec soin les critères de sélection.

Le deuxième inconvénient est le manque de contexte local et global (Bosco & Bazzanella 2005 : 444). Dans la grande majorité des corpus consultés pour cette étude, on n'obtient que l'occurrence sur laquelle porte la requête, suivie de quelques lignes de chaque côté de l'occurrence. Dans Frantext, par exemple, il est pourtant possible de zoomer sur chaque concordance pour élargir le contexte, mais souvent ce zoom ne va pas au-delà de trois ou quatre lignes de texte. Si cet élargissement de contexte n'est pas suffisant pour déterminer la valeur d'une occurrence, l'ultime possibilité est de recourir à la version papier. Toutefois, ces problèmes ne résultent pas seulement des insuffisances du logiciel, mais aussi des droits d'auteur pour les ouvrages récents. Dans certains textes antérieurs au 20e siècle, le zoom élargit en fait le contexte de quelques pages de chaque côté de la concordance. Le manque de contexte est particulièrement problématique pour notre étude, car pour pourvoir décider de la valeur fonctionnelle d'une forme modale il est indispensable d'avoir recours au contexte. Afin de remédier à ce problème, nous proposerons une série de paramètres cotextuels aidant à déterminer la valeur modale (voir chapitre 6).

Enfin, les textes compris dans un corpus électronique peuvent présenter certaines fautes d'impression, notamment dues à la scannographie. Il existe également un autre type d'erreurs, qui n'est pas dû aux manques du logiciel, mais aux corrections apportées par l'éditeur par rapport au manuscrit d'origine dans le but de « rétablir la langue », en essayant de la ramener à sa source primaire (Fleischman 2000 : 48 ss).

5.2.1.2.2 Inconvénients dus à la composition du corpus
Le désavantage majeur dû à la composition de corpus concerne la représentativité (Bosco & Bazzanella 2005 : 444). Il s'avère que tous les corpus consultés ne sont pas également diversifiés. Ainsi les corpus BFM, DMF et Frantext privilégient-ils les textes littéraires aux dépens d'autres genres textuels. Ce dernier, par exemple, contient 80 % d'œuvres littéraires vis-à-vis de 20 % d'ouvrages techniques. CREA, en revanche, ne donne pas la priorité à un genre textuel particulier, mais comprend un large éventail de genres textuels. Cependant, ce corpus ne contient pas de poésie (voir 5.4.4).

Les corpus manquent d'autre part en général de données orales, surtout en ce qui concerne les états plus anciens de la langue. Les innovations, du moins celles introduites de façon interne (voir 3.5), commencent souvent dans la langue parlée pour n'entrer que plus tard dans la langue écrite (Koch & Oesterreicher 2001 : 590, Andersen 2006b : 66). Comme l'affirme Andersen : « [...] texts typically reflect changes in spoken usage with some, often considerable, delay, and at best they reflect only a small segment of a community's usage, most often that of an educated elite » (Janda & Joseph 2003, cité par Andersen 2006b : 66). Il est vrai cependant qu'il existe des corpus de référence, de langue moderne, contenant des données orales, par exemple CREA. Cependant, nous n'en tiendrons pas compte pour des raisons de comparaison entre les données anciennes et modernes. Pour représenter des genres proches de ce que l'on conçoit intuitivement comme de la langue parlée, nous prendrons en considération des données provenant des pièces de théâtre, de la correspondance et du discours direct, sachant que ces genres sont conçus dans le médium écrit.

En dépit de ces objections, les avantages liés à l'utilisation des corpus électroniques l'emportent de loin sur les désavantages, permettant ainsi de réaliser sans trop de difficultés un travail aussi vaste que le nôtre, en donnant accès assez facilement à une variété de genres textuels et de registres.

5.2.1.3 Analyses quantitatives et qualitatives
Les corpus électroniques permettant le traitement d'une grande quantité de données, nos analyses se fondent largement sur des considérations quantitatives ; nos calculs ne répondent cependant aucunement aux exigences imposées par la méthode statistique (voir entre autres Petersen 2005 [1996]). Autrement dit, nous ne nous servirons pas de tests statistiques pour pouvoir calculer les déviations standard ou pour décider si les résultats sont statistiquement significatifs. Cette méthode ne nous a pas paru pertinente pour notre propos, dans la mesure où les résultats apparus ont révélé des tendances claires. Nous reconnaissons toutefois qu'il faut traiter les résultats apparus avec une certaine réserve.

Comme plusieurs chercheurs l'ont suggéré, il est possible de combiner l'approche quantitative et l'approche qualitative (Bosco & Bazzanella 2005 : 444-445). Alors qu'une analyse quantitative rejette généralement les occurrences rares, en les considérant comme des cas déviants à la tendance générale, voire comme des erreurs, l'approche qualitative se propose, en revanche, d'expliquer ces exceptions, ce qui permet d'affiner et de modifier la règle générale. Nous jugeons important de combiner ces deux approches. La méthode quantitative présente un aperçu général de la répartition des modes verbaux au cours des siècles examinés, et la méthode qualitative permet d'expliquer les cas déviants. Comme il ressortira des chapitres empiriques, il existe pour chaque siècle des emplois où les modes verbaux prennent une valeur autre que celle prévue par la théorie de l'assertion. Il nous paraît important de tenir compte de ces occurrences et ne pas seulement les traiter comme des exceptions sans importance, puisqu'elles peuvent apporter des modifications à la théorie ou montrer une évolution future.

5.3 Constitution d'un corpus représentatif

Comme il ressort du volet précédent, la notion de *représentativité* est un mot clef pour la constitution d'un corpus. Nous présentons ici de façon plus détaillée les composantes d'un corpus représentatif de la réalité langagière. Nous nous référons à l'étude de Koch & Oesterreicher (1990, 2001) sur la classification de ce qu'on entend intuitivement par langue écrite et langue parlée ainsi que sur l'établissement des diasystèmes. Puis, nous exposerons les genres textuels dont se compose notre base de données.

5.3.1 La représentativité : notion utopique
Le linguiste de corpus désire composer un corpus aussi représentatif que possible pour pouvoir dégager les traits typiques de la réalité langagière, mais comment s'assurer que les données constituent un échantillon représentatif de la langue ? La réponse pessimiste est que la représentativité est une illusion (Lepetit 2003 : 107, Bosco & Bazzanella 2005 : 444). Les données comprises dans un corpus ne représentent qu'un échantillon de la réalité linguistique ; il est *a priori* toujours possible de trouver des occurrences qui contredisent les résultats obtenus si l'on consulte des textes non compris dans le corpus. Cette affirmation signifie à la rigueur qu'il faut éviter de faire des études à partir des corpus. Toutefois, un trop grand souci de représentativité a des conséquences néfastes sur les résultats de l'analyse linguistique. Svartvik (1992 : 10) remarque que c'est un piège de trop s'occuper de la taille du corpus et s'oppose au slogan « big is beautiful » ou « [g]ros c'est beau » (voir aussi Habert *et al.* 1997 : 146).

Ce qui importe pour constituer un corpus représentatif n'est pas de le définir en termes purement quantitatifs. Selon Biber *et al.* (1998 : 249), il faut avant tout s'assurer que la variation dialectale et celle du genre et du registre seront représentées. Il faudrait également incorporer différents échantillons d'un texte. Ces auteurs (*op.cit.* : 122 ss) ont montré que les genres académique et journalistique présentent des variations considérables entre les différentes parties du texte. En outre, la représentativité n'est pas une notion absolue, mais dépend de l'objectif de l'analyse. Si l'on aspire à décrire la langue actuelle des infirmières en région parisienne, les exigences de la représentativité du corpus diffèrent considérablement d'une étude se proposant d'étudier l'évolution modale dans le système concessif au cours de la période qui va du français de la Renaissance au français moderne.

5.3.2 Langage parlé et langage écrit

Comme nous l'avons dit en 5.2.1.2.2, il n'existe pas de données orales pour l'ancienne langue. Les sources sont conçues dans le médium écrit. Cependant, la différence entre langage parlé et langage écrit n'est pas aussi nette qu'on aurait pu le penser dans un premier temps. Selon Söll & Hausmann (1985 [1974]), il faut au moins distinguer deux dimensions. Il y a d'une part une dichotomie entre un code phonique, où la langue est produite par les organes de la parole, et un code graphique, où elle est imprimée sur du papier au moyen d'un instrument d'écriture. Il s'agit donc d'un médium de réalisation. A travers cette dichotomie, il existe deux manières de structuration de la langue, à savoir un code parlé et un code écrit. Les deux dimensions sont représentées dans la figure 5.1 :

	Code parlé	Code écrit
Code phonique	[sepapɔsibl] [fopaldir]	[snepapɔsibl] [ilnəfopaldir]
Code graphique	c'est pas possible faut pas le dire	ce n'est pas possible il ne faut pas le dire

Figure 5.1
Deux dimensions permettant de définir la langue écrite et parlée
(d'après Söll & Hausmann 1985 [1974] : 24)

Comme le montre la figure, les deux dimensions se combinent : les textes rédigés dans le code écrit peuvent être réalisé dans le code (ou médium) phonique (par exemple un discours prononcé par le Président de la République) ; inversement, un texte conçu dans le code parlé peut être réalisé dans le code (ou médium) graphique (par exemple les forums de discussion sur Internet). Alors que la distinction entre les deux médiums de réalisation est strictement dichotomique, celle entre les codes parlé et écrit constitue un continuum d'expressions se plaçant entre les deux pôles.

Cette définition quelque peu préthéorique a été modifiée et enrichie par Koch & Oesterreicher (1990, 2001). Plutôt que d'employer les termes de *code écrit* et de *code parlé*, ils appellent *immédiat* le contexte communicatif qui déclenche typiquement une production orale et *distance* le contexte communicatif qui déclenche typiquement une production écrite. Ils énumèrent dix paramètres extralinguistiques permettant d'analyser vers quel pôle un texte peut être catégorisé. Ces paramètres sont présentés dans la figure 5.2 :

Méthodologie

Immédiat	Distance
communication privée	communication publique
interlocuteur intime	interlocuteur inconnu
émotionnalité forte	émotionnalité faible
ancrage actionnel et situationnel	détachement actionnel et situationnel
ancrage référentiel dans la situation	détachement référentiel de la situation
coprésence spatio-temporelle	séparation spatio-temporelle
coopération communicative intense	coopération communicative minime
dialogue	monologue
communication spontanée	communication préparée
liberté thématique	fixation thématique

Figure 5.2
Paramètres permettant de définir l'immédiat et la distance
(Koch & Oesterreicher 2001 : 586)

Ces paramètres peuvent tous, à l'exception du sixième (coprésence/séparation spatio-temporelle), être gradués (*op.cit.* : 586) et ils sont largement corrélés. Plus on s'approche du pôle de l'immédiat, plus la possibilité de réalisation du texte dans le médium phonique augmente ; plus on s'approche du pôle de la distance, plus la possibilité de réalisation du texte dans le médium graphique croît. Entre ces deux pôles il existe toute une série de cas où un ou plusieurs paramètres orientent vers les deux médiums de réalisation.

Biber (1991) arrive dans une large mesure aux mêmes conclusions pour l'anglais que celles de Koch & Oesterreicher pour les langues romanes. Biber montre que la langue écrite et parlée n'est pas répartie selon une distribution dichotomique, mais constitue plutôt un continuum, ce qui s'observe en particulier au moyen des paramètres dits de *production informationnelle* vs *production impliquée* (« informational versus involved production ») (*op.cit.* : 115), qui constituent les paramètres de variation les plus puissants de son étude. La *production informationnelle* réfère à la préoccupation du locuteur de présenter son information de façon aussi dense et précise que possible, et par *production impliquée* il faut entendre le désir de s'engager dans la communication de façon affective et impliquée, le locuteur étant moins préoccupé de satisfaire le besoin informatif de l'interlocuteur (*op.cit.* : 107). Plus la production informationnelle est dense, plus la possibilité de concevoir le texte dans le médium écrit augmente ; inversement, plus la production est impliquée, plus la possibilité de conceptualiser le texte dans le médium parlé augmente.

Pour constituer un corpus représentatif, le linguiste doit tenir compte des genres textuels couvrant le continuum entre les pôles de l'immédiat et de la distance. Nous reviendrons sur cette problématique en 5.3.4.

5.3.3 Diasystèmes

Le linguiste doit aussi prendre en compte les diasystèmes (Coseriu 1988 [1980], Koch & Oesterreicher 2001 : 605 ss, Gadet 2003 : 15). Il existe cinq paramètres variationnels sur lesquels un corpus doit être fondé pour atteindre un degré maximal de représentativité. La liste suivante est empruntée à Gadet (*loc.cit.*), d'après qui les trois premiers paramètres sont des points de repère fixes de l'usager et les deux derniers relèvent de l'usage, parce qu'ils peuvent varier selon le contexte :

1) La variation diachronique : concerne la variation dans le temps.
2) La variation diatopique : concerne la variation dans l'espace (géographique, régional, local, spatial, etc.).
3) La variation diastratique : concerne la variation sociale, à savoir des différences se rapportant à l'appartenance sociale d'un locuteur. Ces variations peuvent être influencées par les différences d'âge, de sexe, de statut social et de niveau de formation.
4) La variation diaphasique : concerne la situation de communication, notamment la variation due aux différences de registre, de niveau et de style.
5) La variation diamésique : concerne les différences dues au médium de réalisation, à savoir l'écrit et l'oral.

Notons que les paramètres de variation diachronique et diamésique ne figurent pas dans le travail de Koch & Oesterreicher (2001).

Koch & Oesterreicher donnent l'impression que les paramètres sont autonomes, ce qui ne peut guère être le cas. A titre d'exemple, comme le souligne Loengarov (2006 : 65), les variations diaphasique et diamésique sont jusqu'à un certain point interdépendantes, dans la mesure où la langue écrite peut relever d'un style formel et la langue orale d'un style informel. Néanmoins, il reconnaît en même temps que ces deux paramètres de variation ont une certaine autonomie l'un par rapport à l'autre, puisqu'on peut avoir affaire à un écrit informel et à un discours formel. En outre, les variations diatopique et diastratique ont un rapport avec les variations diaphasique et diamésique. En ancien français, par exemple, il n'existait pas une langue officielle, mais seulement des dialectes, qui étaient écrits et parlés avec différents degrés de formalité. En français moderne, *le verlan*, employé par certaines classes sociales, est surtout employé à l'oral, mais l'est parfois aussi à l'écrit. Il faut par conséquent être conscient de l'interdépendance des paramètres tout en reconnaissant leur autonomie.

Pour décrire l'évolution du système modal dans le système concessif, il fallait idéalement tenir compte des cinq paramètres de variation. Cependant, aucun corpus écrit ne permet au linguiste de se prononcer de façon certaine sur les variations diatopique et diastratique en raison du nombre réduit de textes provenant des différents dialectes et classes sociales. Il faut par conséquent se borner aux paramètres qui peuvent être saisis en pratique, à savoir les variations diachronique et diaphasique et dans une moindre mesure la variation diamésique. Pour étudier la variation diachronique, nous examinerons les modes verbaux dans les propositions concessives, en faisant des coupes synchroniques systématiques siècle par siècle (pour les critères de sélection plus précis voir 5.5). Nous prendrons en compte la variation diaphasique, en choisissant des textes appartenant à un vaste éventail de genres se situant entre les pôles de l'immédiat et de la distance (voir 5.3.2) afin de faire ressortir différents registres et styles. Cela nous permet de nous prononcer sur l'étendue des modes verbaux et de leurs valeurs fonctionnelles ainsi que des conjonctions à l'intérieur du système concessif. En ce qui concerne la variation diamésique, notre corpus ne présente que des textes écrits (voir 5.2.1.2.2), mais nous considérons que le théâtre, le discours direct, etc. représentent dans une certaine mesure la langue parlée.

5.3.4 Genres textuels

Dans cette section, nous allons préciser les genres textuels pris en compte dans la collecte des données afin de représenter les variations diaphasique et diamésique. La présentation suivante se rapporte au continuum entre l'immédiat et la distance proposée par Koch & Oesterreicher (1990, 2001) (voir 5.3.2).

Les textes sont tout d'abord classés selon leur forme, vers ou prose. Ensuite, ils sont divisés en trois groupes majeurs : 1) ceux qui se rapprochent le plus du pôle de la distance, 2) ceux qui occupent une position intermédiaire, 3) ceux qui se rapprochent le plus du pôle de l'immédiat. Nous terminerons cette section par une discussion des problèmes liés à la représentation des genres textuels dans la base de données.

5.3.4.1 Textes plus proches du pôle de la distance
Il y a quatre genres majeurs se rapprochant du pôle de la distance, à savoir la prose argumentative, la prose narrative non-littéraire, la poésie et le théâtre en vers. Ils sont proches de ce pôle, parce qu'ils obéissent à la plupart de ses critères. Ils relèvent d'une communication publique, où l'interlocuteur est inconnu ou absent ; l'émotionnalité est généralement plutôt faible ; il s'agit le plus souvent d'un monologue, la communication est préparée, les thèmes sont fixés à l'avance, etc.

Avec le terme de *prose argumentative*, nous nous référons aux textes ayant pour fonction principale de discuter et de polémiquer. Il s'agit de textes académiques, d'essais philosophiques, de textes religieux, etc. La prose narrative non-littéraire, en revanche, se rapporte aux genres dont la fonction primordiale est de raconter des événements produits sans les discuter. Il s'agit de mémoires, de récits de voyage, de textes et de documents historiques, de journaux intimes, etc. Il est vrai que ces deux genres se ressemblent et que de temps à autre il est difficile de les maintenir strictement séparés. Dans la base de données nous avons indiqué, dans les cas de doute, les deux alternatives (prose argumentative/narrative non-littéraire). En outre, il peut arriver qu'un même texte contienne des passages plutôt argumentatifs et d'autres plutôt narratifs non-littéraires. Quoiqu'il en soit, ces divergences n'ont aucune signification pour les résultats de nos analyses, puisque ces genres textuels se rapprochent tous deux du pôle de la distance, pouvant par conséquent être caractérisés comme plutôt formels.

La poésie et le théâtre en vers (ce dernier étant plus fréquent aux 16e et 17e siècles) relèvent également du pôle de la distance. Il est vrai cependant que dans le théâtre en vers, l'interlocuteur est présent dans l'interaction, à moins qu'il ne s'agisse d'un monologue, et l'émotionnalité peut être assez forte. Cependant, les genres en vers sont fortement manipulés par l'auteur, étant versifiés, et ne montrent aucun signe de spontanéité et de coopération communicative comme un vrai texte parlé, ce qui justifie de les situer près du pôle de la distance.

5.3.4.2 Textes intermédiaires entre l'immédiat et la distance
Les textes rédigés en prose narrative littéraire, c'est-à-dire des textes de fiction en prose, se situent entre la communication typique de l'immédiat et la communication typique de la distance, puisqu'ils présentent différents degrés de formalité selon le style de l'auteur. Les passage au discours direct constituent pourtant une exception (5.3.4.3). Kragh (2010 : 114 ss) a montré qu'il existe un certain nombre de différences entre les auteurs dits *académiciens*, c'est-à-dire auteurs qui sont ou ont été membres de l'Académie française et qui sont supposés respecter les conventions imposées par celle-ci, et ceux dits *non-conventionnels* par rapport

au continuum proposé entre l'immédiat et la distance. Alors que les premiers se rapprochent du pôle de la distance, les deuxièmes se rapprochent de celui de l'immédiat. Sachant que la prose narrative n'est pas un genre homogène, nous ne distinguerons pas entre différents groupes de romanciers selon leur degré de formalité, car il paraît extrêmement compliqué de classer un texte littéraire par rapport aux dix traits proposés ; Kragh elle-même souligne que la distribution qu'elle présente reste expérimentale (*op.cit.* : 118). Cependant, en nous basant sur ses conclusions, nous considérons la prose narrative littéraire comme un genre intermédiaire entre les deux pôles proposés en dépit de la dimension fort généralisatrice de cette classification.

5.3.4.3 *Textes plus proches du pôle de l'immédiat*
Les textes situés près de l'immédiat présentent généralement une communication privée où l'interlocuteur est dans une large mesure intime. La conversation contient un haut degré d'émotionnalité, et le texte prend souvent la forme de dialogue.

Nous considérons que les passages au discours direct relèvent de l'immédiat, car, comme l'affirme Maingueneau (2005 [1986] : 47), le discours direct peut être rapporté à l'instance d'énonciation (le je/tu-ici-maintenant), contrairement au *récit* (*i.e.* la prose narrative) qui correspond à un mode d'énonciation dissocié de la situation d'énonciation. Il nous semble également que les répliques des pièces de théâtre en prose relèvent de l'immédiat. Le théâtre est *a priori* dialogique, puisque l'interlocuteur est présent, ou du moins supposé présent, dans la situation discursive. Nous considérons, enfin, tout passage textuel où l'interlocuteur est désigné au moyen des marqueurs grammaticaux (*tu, te, tes, vous, vos*, noms propres, etc.) (par exemple la correspondance) comme du discours direct, car le texte est rapporté à l'instance d'énonciation, ce qui augmente le côté intime de la communication.

Néanmoins, comme nous l'avons dit à plusieurs reprises, il faut se garder d'identifier discours direct et répliques avec la langue parlée. Le discours direct et les répliques ne présentent pas la même spontanéité, coopération communicative et liberté thématique que la langue parlée *stricto sensu*, mais n'en sont qu'un reflet. En dépit de ces objections, nous considérons que le discours direct et les répliques sont généralement organisés de façon plus spontanée et informelle que la prose argumentative et narrative non-littéraire, ce qui justifie de les rapprocher du pôle de la communication de l'immédiat.

5.3.4.4 *Problèmes liés à la représentation de genres textuels dans la base de données*
Il importe de souligner que de temps à autre l'inclusion de certains genres textuels peuvent influer fortement sur les résultats. Comme nous le ver-

rons en 8.4.1, par exemple, l'inclusion de la poésie dans certains siècles peut influer sur le choix du mode et l'interprétation modale en raison des règles de versification, et comme nous le verrons en 9.4.5, par exemple, l'inclusion du genre argumentatif, notamment du genre juridique, peut entraîner un taux assez élevé du subjonctif à valeur irréelle, puisque ce genre favorise cette valeur (voir 6.2.2). L'inclusion de ces genres peut mener à un déséquilibre dans les résultats et constitue une source d'erreur considérable dont il faut être conscient dans l'interprétation des données, notamment lorsque ces genres sont surreprésentés pour répondre à l'exigence de collecter 200 occurrences par siècle (voir 5.5.2).

Un deuxième problème important se traduit par la composition des corpus électroniques consultés pour la constitution de notre base de données. Il s'agit notamment de Frantext (voir 5.4.1) qui favorise fortement les genres littéraires au détriment des autres genres ; en outre la représentation textuelle de chaque siècle n'est pas équilibrée ; à titre d'exemple, le genre juridique est représenté dans le 19e siècle, mais non au 18e siècle, ce qui crée un déséquilibre dans les données, puisque le genre juridique favorise le subjonctif à valeur d'irréel (voir 9.4.5).

En dépit de ces problèmes génériques, il nous semble que nos résultats sont dans une large mesure fiables. Le principe qui a guidé la collecte des données est de collecter 200 occurrences par conjonction et par siècle afin d'élucider l'évolution diachronique, qui est au centre du présent travail (voir 5.5.2). L'inconvénient d'un tel procédé est que tous les genres textuels ne peuvent pas être inclus dans la base de données ; cependant, nous avons essayé de faire représenter les deux pôles du modèle de Koch & Oesterreicher (1990, 2001) de façon aussi équilibrée que possible ; par ailleurs, nous avons assuré que les données soient réparties sur un vaste éventail d'auteurs pour arriver à échantillon exempt d'idiosyncrasies. Enfin, il importe de souligner que les genres littéraires, largement représentés dans notre base de données, comprennent des sous-genres tels que le dialogue, ce qui contribue à une représentation textuelle bien variée.

5.4 Corpus électroniques consultés

Pour la constitution de nos bases de données, nous avons réalisé la collecte des données à partir de trois corpus français et d'un corpus espagnol, présentés dans ce qui suit[29]. Dans ces corpus, les textes sont saisis à partir d'éditions de référence, qui peuvent contenir des corrections d'éditeurs

---

[29] Toutes les informations concernant les quatre corpus proviennent d'une consultation de leurs sites web réalisée le 9 avril 2007. Leurs adresses électroniques figurent dans la bibliographie. Le 23 avril 2010, nous avons vérifié qu'on peut toujours avoir accès à ces corpus.

Méthodologie 131

(Fleischman 2000 : 48 ss), et sans consultation des manuscrits d'origine, ce qui implique une marge d'erreur. Mais en raison de la taille de nos bases de données comportant environ 2750 occurrences et de l'inaccessibilité des manuscrits d'origine, nous ne pouvons vérifier l'authenticité des occurrences relevées. Dans ces quatre corpus, l'utilisateur n'a pas accès au texte directement, mais seulement à un petit fragment du texte entier, ne dépassant souvent pas les cinq lignes, ce qui implique qu'on ne peut jamais exploiter le texte entier. Par conséquent, nos bases de données sont uniquement constituées de ces petits fragments.

5.4.1 *Frantext*

Frantext est une vaste collection de textes français constituée par l'Institut National de la Langue Française (INaLF-CNRS) et par l'équipe de l'ATILF (Analyse et Traitement Informatique de la Langue Française). Il est accessible en ligne et recouvre la période qui va du 16e au 20e siècle. En raison de sa taille large au niveau diachronique et diaphasique, la grande majorité des relevés dans cette étude proviennent de Frantext. Ce corpus de référence se compose de deux parties : une partie catégorisée morphosyntaxiquement et une partie non catégorisée. La partie non catégorisée contient environ 4000 œuvres, soit plus de 210 millions de mots et environ un millier d'auteurs, se répartissant sur environ 80 % d'œuvres littéraires et 20 % d'ouvrages techniques et scientifiques. Quoique favorisant les genres littéraires, elle présente un vaste éventail de genres textuels. La base est catégorisée en genres et on peut interroger les textes genre par genre. On a ainsi l'option entre la correspondance, l'éloquence, les mémoires, les pamphlets, la poésie, les récits de voyage, les romans, le théâtre, les traités et les essais. La partie catégorisée est plus limitée. Elle est constituée de 1940 œuvres littéraires en prose des 19e et 20e siècles et a fait l'objet d'un codage grammatical permettant de faire des requêtes qui portent sur les catégories grammaticales, par exemple du type verbe-article-article-substantif (*joindre les deux bouts*), mais ces catégorisations sont faites automatiquement et ne sont par conséquent pas toujours fiables. Dans aucune des deux parties, l'utilisateur n'a accès au texte directement, mais doit rédiger une requête sur une interface pour obtenir une série de concordances qui comporte les occurrences correspondant aux critères définis par la requête.

Nous ne nous servirons que de la partie non catégorisée pour deux raisons. D'une part, la base catégorisée est trop restreinte ; d'autre part, les conjonctions concessives relèvent d'un type de structure qui est aisément délimitable à partir de critères formels.

En octobre 2009, une nouvelle version de Frantext avec un ajout considérable de textes, dont la majorité recouvre le 20e et le 21e siècle, a été mise en ligne. Comme la collecte des données a été réalisée antérieurement à cette date (voir 5.5.1), ces textes n'ont pas été pris en compte dans cette étude.

5.4.2 Dictionnaire du Moyen Français (DMF)
La base textuelle Dictionnaire du Moyen Français, également accessible en ligne, est constituée par la même équipe que Frantext et fonctionne de la même manière. Ce corpus recouvre la période du moyen français (14e et 15e siècles) et comprend 218 textes, soit presque 6.800.000 mots. Il y a une forte prédominance des genres littéraires. On y trouve notamment des Chroniques, du théâtre religieux ou profane, des Miracles et des Mystères, de la littérature de fiction, des récits de pèlerinage, des textes politiques, etc. Les ouvrages scientifiques et techniques ont été dépouillés partiellement et font partie d'une autre base dont l'accès n'est pas public. Ce déficit pose évidemment des problèmes de représentativité pour DMF. Par conséquent, il faut toujours se garder de tirer des conclusions trop généralisatrices à partir de ce corpus. Contrairement à Frantext, ce corpus ne contient qu'une base non catégorisée. Comme la période qui nous intéresse va du 16e au 20e siècle, ce corpus n'a été consulté que ponctuellement, afin de faire apparaître les premières occurrences des conjonctions concessives examinées.

En janvier 2009, une nouvelle version de DMF a été mise en ligne, mais comme la collecte des données a été réalisée antérieurement à cette date (voir 5.5.1), nous n'avons utilisé que la version antérieure, qui est toujours accessible sur le site web indiqué dans la bibliographie.

5.4.3 Base de Français Médiéval (BFM)
Comme le laisse entendre son nom, la Base de Français Médiéval contient un ensemble de données sur la période médiévale, *i.e.* sur l'ancien français et le moyen français. Elle couvre ainsi une période qui va du 9e siècle, avec le premier texte écrit en français, *Les Serments de Strasbourg*, jusqu'à la fin du 15e siècle tout en privilégiant les textes d'ancien français. Les 9e et 10e siècles sont peu présents en raison de la rareté de textes parvenus de cette période. Ce corpus, également accessible en ligne, comporte 74 textes intégraux, soit près de trois millions de mots, qui couvrent non seulement une aire géographique importante, avec notamment des textes rédigés en anglo-normand, champenois, orléanais et picard, mais aussi une variété de genres textuels (littérature, histoire, hagiographie, droit, sciences, etc.), quoique les textes littéraires soient favorisés.

Comme pour Frantext, les textes de la BFM ne sont pas accessibles dans leur intégralité. Pour avoir accès aux données on est donc obligé de faire une requête sur une interface (Weblex). Cinq textes bénéficient en outre d'un étiquetage morphosyntaxique offrant des possibilités d'exploitation plus riches et plus complexes.

Comme ce corpus recouvre une période antérieure à celle qui nous concerne, nous n'y ferons appel que dans l'objectif de faire apparaître les premières occurrences des conjonctions concessives examinées.

Méthodologie   133

5.4.4 Corpus de Referencia del Español Actual (CREA)

CREA est un corpus de référence de l'espagnol moderne compilé par l'Académie Royale Espagnole (Real Academia Española), couvrant la période qui va de 1975 à nos jours. L'académie est aussi à l'origine d'un autre corpus de référence, CORDE (Corpus Diacrónico del Español), contenant des données de l'époque des premières attestations de la langue espagnole jusqu'à 1975. Comme nous ne tiendrons compte que de l'espagnol moderne dans la présente étude, seul CREA sera présenté dans ce qui suit.

CREA est une collection de textes espagnols très vaste, accessible en ligne, présentant des données écrites (90 %, soit presque 5500 textes et plus de 160 millions de mots), mais aussi des transcriptions de données orales provenant de la radio et de la télé (10 %, soit plus de 1600 documents et presque neuf millions de mots). Cependant, comme nous n'avons pas recours aux données orales pour le français prémoderne, nous tiendrons seulement compte des données écrites pour l'espagnol pour des raisons de comparaison.

Les données écrites appartiennent à des domaines et des genres variés, notamment en sciences et en technologies, en sciences sociales et en religion, en politique, en économie et en finances, en arts, en loisirs et en vie quotidienne, en santé, en fiction (romans, nouvelles et pièces de théâtre) ainsi qu'en mélanges (brochures, lettres, courriers électroniques, etc.). La poésie est absente dans CREA, ce qui peut entraîner une certaine déviation par rapport aux données françaises. Comme les genres littéraires sont privilégiés dans Frantext, 50 % de nos données espagnoles relèvent de ces genres, et les autres 50 % proviennent des genres non-littéraires, afin de faire ressortir des données comparables.

CREA n'est pas constitué seulement de données de la péninsule Ibérique, mais aussi des pays hispanophones. Cependant, comme les corpus français consultés ne contiennent que des textes provenant du français hexagonal, nous nous restreignons aux données tirées de textes espagnols de la péninsule.

5.5 Principes de sélection des données

Les sections précédentes ont été consacrées à des considérations générales liées au travail sur corpus. Le présent volet se propose, en revanche, de traiter les principes de sélection plus précis des données. Nous commencerons par présenter la constitution de la base de données en énumérant les informations fournies pour chaque occurrence (5.5.1), ensuite nous soulèverons des questions pratiques comme les critères de sélection et le nombre d'occurrences prises en considération pour chaque siècle (5.5.2), les formes verbales écartées (5.5.3) et les formes (ambiguës) retenues (5.5.4). Par la suite, nous discuterons les principes classificatoires pour ce qui est des subordonnées coordonnées par la particule *que* (5.5.5). Nous clorons ce volet par une présentation des contextes dits *de bruit*, c'est-à-dire des contextes où les suites *bien que, encore que* et *même si* ne forment pas une unité lexicale à valeur concessive (5.5.6).

5.5.1 Constitution des bases de données

Notre corpus formé de propositions concessives, réunies à partir des quatre corpus électroniques présentés dans 5.4, comprend deux bases de données : la première, la plus vaste, concerne le français (16e au 20e siècle)[30], la seconde porte sur l'espagnol (1975-2004). Toutes les occurrences de ces bases de données sont répertoriées dans le logiciel FileMaker Pro sur des fiches qui contiennent les informations suivantes (voir figure 5.3)[31] :

- Le numéro de l'occurrence en question (appelé *Id*).
- Le siècle d'où provient l'occurrence.
- Le renvoi à la page de l'ouvrage d'où est extraite l'occurrence.
- Le nom de l'auteur de l'ouvrage.
- Le titre de l'ouvrage.
- L'exemple.
- Le mode.
- La valeur du mode.
- Des renseignements supplémentaires (tels que l'année exacte de publication de l'ouvrage, le verbe et le sujet du verbe de la subordonnée concessive, le nom du corpus d'où est extraite l'occurrence).
- Le subordonnant (déclencheur) concessif.
- Le genre textuel.

---

[30] Pour les conjonctions *bien que* et *encore que* nous sommes remonté jusqu'au 14e siècle pour faire apparaître les premières occurrences.

[31] Les bases de données sont également accessibles en version Access sur le cd-rom joint à ce texte.

Méthodologie 135

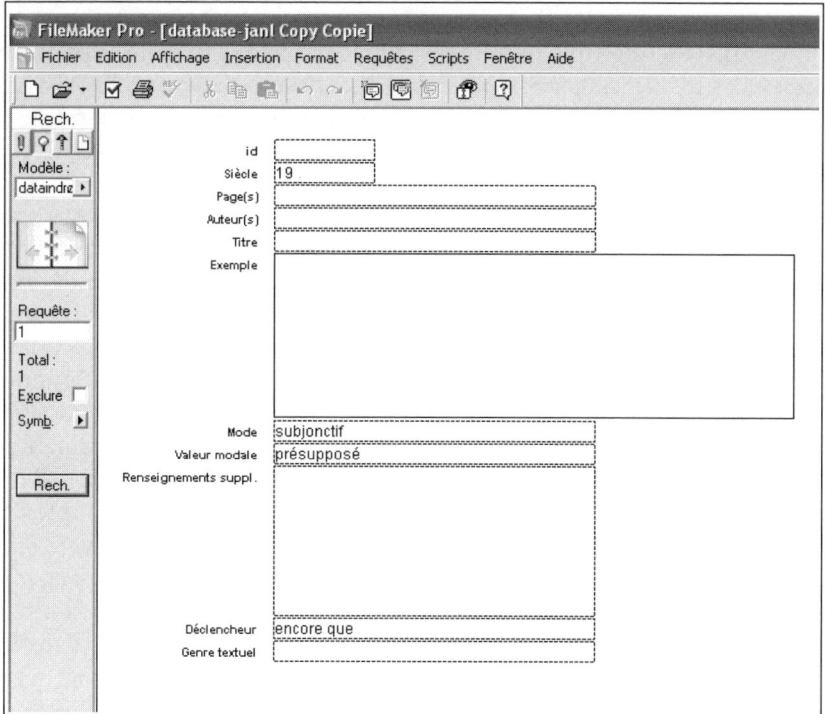

Figure 5.3
Critères de sélection dans FileMaker Pro

La collecte des données a été effectuée dans des périodes différentes. Les données concernant les 14e, 15e et 16e siècles ont été relevées en avril et mai 2005 ; celles qui portent sur la période entre les 17e et 20e siècles ont été recueillies entre octobre 2005 et mai 2006. Enfin, les données espagnoles ont été relevées en octobre 2006. Dans les chapitres empiriques (7-11), nous présenterons certains des relevés à titre illustratif. Toutes les données sont accessibles sur le cd-rom joint à ce texte. Pour les faire apparaître, il faut lancer une recherche, en cliquant d'abord sur le signe ♀ dans la marge gauche (voir figure 5.3). Ensuite, on peut trier les données par siècle, auteur, ouvrage, mode, valeur modale, déclencheur, etc. Si l'on désire par exemple voir toutes les occurrences provenant du 19e siècle, il faut taper *19* dans la case *siècle*, puis cliquer sur *Rech.* dans la marge à gauche. On peut aussi combiner les différents critères de sélection. Si l'on désire par exemple voir toutes les occurrences du subjonctif à valeur de présupposé dans les propositions en *encore que* au 19e siècle, il faut taper *19* dans la case *siècle*, *subjonctif* dans la case *mode*, *présupposé* dans la case *valeur modale* et *encore que* dans la case *déclencheur* et puis cliquer sur *Rech.*, tel que l'illustre la figure 5.3.

Les données ne sont pas rangées dans un ordre strictement chronologique. Ainsi les Id 1 à 400 ne correspondent-ils pas aux propositions du 16ᵉ siècle et les Id 401 à 800 pas à celles du 17ᵉ siècle, etc. Le seul moyen d'avoir recours aux données est de lancer une requête selon le modèle présenté dans la figure 5.3. Notons aussi que les Id 1 à 162 restent vides, car ils ont contenu des données qui ne sont pas traitées dans cette étude.

5.5.2 Critères de sélection et nombre d'occurrences

Comme nous l'avons expliqué en 4.3.1, nous tiendrons compte de trois locutions concessives du français, *bien que, encore que* et *même si*, et de deux de l'espagnol, *aunque* et *a pesar de que*.

Pour récolter les occurrences des bases de données consultées, nous avons lancé notre recherche sur la conjonction même. Les conjonctions concessives relèvent d'un type de structure qui est aisément délimitable à partir de critères formels. Ce procédé permet de lancer des requêtes qui donnent des résultats bien précis, bien qu'il faille prendre en compte des variations orthographiques des subordonnants (par exemple *encore que/ encores que* dans les premiers siècles examinés). Ces variations peuvent pourtant être incluses dans les critères de sélection. On aurait pu lancer la recherche sur les formes verbales, procédé que nous avons testé dans les premières phases de la collecte des données. Cependant, il s'est vite avéré que ce mode opératoire était très lent, compliqué et imprécis pour deux raisons. Premièrement, cela donnait beaucoup de bruit (voir 5.2.1.2.1) venant des contextes syntaxiques autres que les subordonnées concessives, mais aussi beaucoup de silence, puisqu'on n'était jamais assuré que toutes les occurrences possibles du corpus soient apparues ; deuxièmement, certaines formes verbales présentaient, du moins dans les états les plus anciens de la langue, une variété orthographique difficile à prévoir.

Afin de constituer un corpus aussi représentatif que possible de la réalité langagière, intégrant les diasystèmes jugés importants pour cette étude, à savoir le diachronique, le diaphasique et dans une moindre mesure le diamésique (voir 5.3.3), et afin de réduire dans la mesure du possible la marge d'erreur intrinsèquement liée à une étude d'ordre sémantico-fonctionnel, nous avons collecté environ 200 occurrences[32] par conjonction et par siècle afin que les résultats soient comparables. Ces occurrences sont réparties par décennies (environ 20 occurrences pour chacune) pour élu-

---

[32] Loengarov (2006 : 179) dans son étude comparée sur le mode dans les complétives objets directs en français, espagnol, italien et roumain s'arrête au nombre de 100 pour chaque verbe déclencheur dans chaque langue. Cependant, comme plusieurs verbes appartiennent à la même famille sémantique, Loengarov obtient un nombre de données plus élevé que ce chiffre le laisse entendre dans un premier temps.

Méthodologie 137

cider l'évolution diachronique. Pour l'espagnol, les 200 occurrences proviennent de la dernière moitié du 20ᵉ siècle, plus précisément de la période qui va de 1975 à 2004, parce que c'est uniquement l'espagnol moderne qui nous intéresse. Pour chaque ouvrage, nous avons retenu un nombre d'exemples autour de cinq au maximum (sauf pour les périodes dont les corpus consultés contiennent des occurrences autour de ou inférieures à 200 (voir ci-dessous) – dans ce cas, nous avons été obligé de relever plus de cinq occurrences d'un même ouvrage), et cela dans le but d'arriver à un échantillon exempt d'idiosyncrasies dans la mesure du possible. La figure 5.4 rend compte du nombre d'occurrences relevées pour chaque siècle et chaque conjonction :

	Bien que	*Encore que*	*Même si*	*Aunque*	*A pesar de que*
14ᵉ	1	1	÷	÷	÷
15ᵉ	1	19/11[33]	÷	÷	÷
16ᵉ	226/200	233/200	÷	÷	÷
17ᵉ	200	200	6	÷	÷
18ᵉ	194/170	97/74	28	÷	÷
19ᵉ	200	200	149	÷	÷
20ᵉ	200	200	200	200	200

Figure 5.4
Nombre d'occurrences relevées dans les propositions concessives en *bien que*, *encore que* et *même si* en français du 14ᵉ au 20ᵉ siècle et de celles en *aunque* et *a pesar de que* en espagnol au 20ᵉ siècle (1975-2004)

Comme il ressort de cette figure, dans certaines époques, nous avons relevé un nombre très limité d'occurrences. Il s'agit en particulier du 14ᵉ et du 15ᵉ siècle pour *bien que* et *encore que* et du 17ᵉ et du 18ᵉ pour *même si*. A cela s'ajoute une sous-représentation générale de l'indicatif pour les connecteurs *bien que* et *encore que*. Celle-ci ne semble guère due à la composition des corpus consultés, qui contiennent un grand nombre de textes représentant divers genres textuels, mais à l'usage de ce mode, qui constitue dès le départ un sous-système à l'intérieur du système concessif. Cependant, en interprétant les résultats fondés sur un nombre limité d'occurrences, il faut bien entendu se garder de ne pas tirer des conclusions trop hâtives et généralisatrices.

---

[33] Ces deux chiffres réfèrent à deux dépouillements différents : ceux qui comptabilisent les formes douteuses aussi bien que sûres et ceux dont les formes douteuses sont écartées (voir 5.5.4).

Remarquons également que pour le 18ᵉ siècle, nous n'avons trouvé que 194 et 97 occurrences des conjonctions *bien que* et *encore que*. En outre, quoique la figure révèle que nous avons atteint 200 occurrences de ce dernier au 19ᵉ siècle, ce chiffre réfère à presque toutes les occurrences du corpus. Pour atteindre les 200 occurrences, certains genres sont surreprésentés dans notre base de données, notamment le genre juridique, ce qui influe fortement sur les résultats empiriques. Pour une discussion approfondie voir 5.3.4.4 ci-dessus. Il paraît étonnant que ces conjonctions, qui appartiennent à une catégorie sémantique relevant de la rhétorique (voir 4.2.1), diminuent dans un siècle marqué par une vaste littérature argumentative.

On peut envisager deux explications de cette diminution : ou bien elle doit être expliquée en termes de représentativité du corpus électronique consulté (Frantext), ou bien elle est due à un déclin réel des conjonctions dans le siècle en question. Le faible nombre de conjonctions n'est cependant pas lié au nombre de textes dépouillés. Frantext contient autant de textes du 18ᵉ siècle (562) que du 17ᵉ siècle (570). En outre, en recourant à la répartition des modes sur l'axe diaphasique, il s'avère que les deux conjonctions sont attestées au 18ᵉ siècle dans un éventail de genres aussi varié que dans les 17ᵉ et 19ᵉ. Il semble donc que ces conjonctions aient été réellement moins employées au 18ᵉ siècle.

On voit également dans la figure que le subordonnant *même si* apparaît au 17ᵉ siècle et que son emploi va croissant aux siècles suivants.

En raison du nombre élevé de données, les analyses peuvent de temps à autre avoir des dimensions un peu généralisatrices, mais la place ne nous permet pas de fournir beaucoup d'analyses détaillées et minutieuses. Cependant, nous avons jugé important de tenir compte d'une période diachronique large, puisque cela permet de vérifier si les variations observées au cours des siècles sont des symptômes d'un changement diachronique général ou s'ils constituent tout simplement des variations synchroniques. Par ailleurs, comme il ressortira des chapitres 8 à 10, les changements ayant affecté le système modal dans les propositions concessives se sont produits petit à petit au cours de plusieurs siècles et non abruptement d'un siècle à l'autre. Seule une perspective large permet d'éclaircir une telle évolution.

5.5.3 Formes écartées
Lorsqu'on travaille sur les formes des modes, on est amené à écarter certaines formes verbales dans la collecte des données. Nous ne pouvons donner de chiffre précis sur le nombre de ces occurrences, mais cela concerne approximativement la moitié des relevés du corpus. Il s'agit d'abord des formes résultant d'une neutralisation morphologique, notamment les première, deuxième et troisième personnes du singulier et la troisième personne du pluriel des verbes de la première conjugaison (par exemple *je*

parle, tu parles, il parle, ils parlent), formes identiques au présent de l'indicatif et du subjonctif. Normalement, les première et deuxième personnes du pluriel de ces mêmes verbes se distinguent morphologiquement pour ce qui est des modes (*nous parlons* (indicatif) vs *nous parlions* (subjonctif) ; *vous parlez* (indicatif) vs *vous parliez* (subjonctif)). Cependant, en raison du remplacement progressif de l'imparfait du subjonctif par le présent du subjonctif attesté au 20e siècle (Kragh 2010), les formes *nous parlions* et *vous parliez* peuvent être ambiguës dans un contexte de passé où elles se confondent avec l'imparfait de l'indicatif. Ces formes sont également écartées.

Ensuite, la troisième personne au pluriel des verbes terminant à l'infinitif en *-ir* (par exemple *obscurcir*) connaît également la neutralisation morphologique entre le présent de l'indicatif (*ils obscurcissent*) et le présent et l'imparfait du subjonctif (*ils obscurcissent*), de même qu'entre les première et deuxième personnes du pluriel de l'imparfait de l'indicatif (*nous obscurcissions, vous obscurcissiez*) et du présent et de l'imparfait du subjonctif (*nous obscurcissions, vous obscurcissiez*). Ainsi l'exemple suivant est-il ambigu ; il a donc été laissé de côté dans la collecte des données :

(1) Car encore que quelques-uns *obscurcissent* (i ?/s ?) l'idée du temps par diverses propositions [...], neanmoins ils ne s'arrêtent pas eux-mêmes à cette definition [...]. (Arnauld & Nicole : La Logique ou l'Art de penser : 106, 1662, cité par Frantext)

Enfin, il existe des relevés dans lesquels *bien que, encore que* et *aunque* introduisent des structures concessives elliptiques, qui sont écartés parce qu'ils ne sont pas suivis d'un verbe fini :

(2) Néantmoins, obliques se réduisent-elles en quarré, **bien qu'**avec difficulté, comme sera veu. (Serres : Le Théâtre d'agriculture et mesnage des champs : t. 1 : 27, 1603, cité par Frantext)
(3) Elle semble à la pluye, **encore que** petite, / Qui outrepasse tout [...]. (Montreux : La Sophonisbe : 94, 1601, cité par Frantext)
(4) Podría decirse que se trató de una petición de mano en toda regla, **aunque** algo improcedente, dadas las circunstancias. 'On pourrait dire qu'il s'agissait d'une demande en mariage en toute règle, bien qu'un peu irrégulière, étant données les circonstances.' (Torres : Hombres de lluvia : 152, 2004, cité par CREA)

5.5.4 Formes (ambiguës) retenues
Depuis la période du moyen français jusqu'au 18e siècle, il existe des formes à la troisième personne du passé simple et de l'imparfait du subjonctif qui sont ambiguës en raison de l'amuïssement du [s] préconsonantique dans la graphie *-st*. Ainsi pour un locuteur de cette période n'y a-t-il aucune différence phonologique entre les formes *fut* et *fust, eut* et *eust,*

conclut et *conclust*, de même que pour les locuteurs qui ne prononcent pas le [t] final entre *chanta* et *chantast* (Morin 2001 : 72, 2006 : 142)[34]. A titre illustratif :

> (5) […] aussi elle […] se plaingnoit de ce que souvent elle le voioit […] ; encores que dès qu'il **fust** mort, on ne **parla** non plus du Cardinal de Lorraine que s'il n'**eust** jamais esté, et en **fist** on moins de bruit à la Cour […]. (L'Estoile : Registre-Journal du regne de Henri III : t. 1 : 102, Id 310, 1575, cité par Frantext)

L'exemple (5) présente plusieurs de ces formes dites *douteuses*. Il est fort probable que la forme *fust* est un indicatif, parce que les propositions temporelles en *dès que* sont suivies de ce mode. Il en est de même pour la forme *fist* qui apparaît dans une proposition principale, où l'indicatif est de règle. La forme *eust* est probablement un subjonctif, puisqu'elle apparaît dans une proposition conditionnelle véhiculant une hypothèse dite *irréelle*. Enfin, la forme *parla* de la concessive en *encore que*, quoique rendue orthographiquement comme un passé simple, pouvait aussi être un subjonctif (*parlast*), si le locuteur n'a ni prononcé le [s] ni le [t] final.

Ces formes sont néanmoins prises en compte dans les périodes où les formes univoques ne permettent pas d'atteindre les 200 occurrences, notamment au 18e siècle. Il est vrai cependant qu'*a priori* ceci n'est pas une bonne méthode, mais il y a plusieurs raisons pour retenir ces occurrences. Premièrement, ces formes sont nombreuses dans le corpus en général, car Frantext donne la priorité aux genres narratifs, la narration étant la plupart du temps au passé et à la troisième personne du singulier. Si l'on mettait de côté toutes ces occurrences, on ignorerait une partie importante du corpus. Deuxièmement, le passé simple et l'imparfait du subjonctif persistent encore en français moderne après l'introduction de l'accent circonflexe, qui devient régulier à partir du dictionnaire de l'Académie Française en 1740 (Catach 1995 : 1129), qui permet de les distinguer formellement (*fut* (indicatif) vs *fût* (subjonctif)). Enfin, la troisième personne de l'imparfait du subjonctif est la seule forme qui ne se soit pas vu remplacer entièrement par le présent du subjonctif en français moderne (Kragh 2010). Comme le suggère la figure 5.4, les formes douteuses du 16e siècle sont comprises dans les relevés, bien que nous ayons atteint le nombre souhaité de 200 occurrences sans celles-ci. Pourquoi donc en tenir compte ? Tout d'abord, comme il ressortira des chapitres 8 et 9, elles ont une certaine importance pour les résultats empiriques, notamment pour les occurrences à l'indicatif, qui se réduisent à la moitié lorsque sont écartées les formes douteuses. Ensuite, si l'on prend en considération les formes douteuses au 16e

---

[34] Cette information est également confirmée par Morin personnellement dans un courriel datant du 4 mai 2005.

siècle dans l'échantillon, on a le nombre total – ou peu s'en faut – de propositions concessives en *bien que* et en *encore que* dans Frantext.

Afin de ne pas manipuler les résultats empiriques, nous présenterons deux listes des données : une dans laquelle sont intégrées les formes douteuses et une autre où elles sont écartées. Les formes douteuses sont étiquetées dans la base de données selon la forme rendue dans le corpus électronique. Donc, si la forme *fut* apparaît dans le texte, elle est formellement considérée comme relevant du paradigme de l'indicatif, mais si la forme *fust* apparaît, elle est considérée comme appartenant au paradigme du subjonctif. Nous avons également déterminé l'analyse modale qui semble la plus adéquate de la forme en question, tout en essayant de cerner les marqueurs cotextuels militant en faveur de l'analyse proposée.

Comme nous l'avons affirmé en 2.4.4, les temps dits *futuraux* (Togeby 1982 : 381) constituent un cas problématique, car elles traduisent un contenu irréel quoiqu'appartenant au paradigme de l'indicatif. On pourrait par conséquent envisager d'écarter ces formes du corpus, mais cette démarche ne semble pas acceptable pour deux raisons. D'une part, les formes futurales alternent dans un certain nombre de contextes avec les autres temps de l'indicatif et non avec ceux du subjonctif. D'autre part, elles jouent un rôle capital pour le changement du mode dans le système concessif, surtout dans les propositions en *encore que* (le chapitre 9).

5.5.5 Subordonnées coordonnées par que

Dans un certain nombre d'occurrences avec deux propositions concessives coordonnées, dans la seconde la conjonction est souvent reprise par *que*. Nous rangeons *a priori* ces subordonnées coordonnées sous le même numéro dans la base de données que celles introduites par la première conjonction. Il y a plusieurs raisons de ce choix. D'une part, nous avons constaté que dès qu'il y a coordination des subordonnées, la valeur modale reste inchangée à peu d'exceptions près. D'autre part, rassembler ces subordonnées sous le même numéro permet d'inclure plusieurs ouvrages et auteurs dans la base de données sans dépasser la limite de 200 occurrences.

Il y a cependant des exceptions où les subordonnées coordonnées par *que* sont rangées sous un numéro différent. C'est le cas lorsque les deux subordonnées sont suivies de deux modes différents et/ou véhiculent deux valeurs fonctionnelles différentes, comme le montre l'exemple suivant :

> (6) [...] et que quiconque n'en est pas revêtu par une grande experience, ne pouroit pas se mêler de rendre service au roi dans ses revenus sans tout gâter, **bien que** c'*est* (i) justement le contraire, et **que** la ruïne du roiaume qui n'est que trop certaine, *soit* (s) l'ouvrage des habiles financiers. (Boisguilbert : Le Détail de la France sous le règne présent : 137, Id 807/808, 1665, cité par Frantext)

Sous (6), la première concessive, ouverte par *bien que*, est suivie de l'indicatif *est*, mais la deuxième, introduite par *que*, contient un subjonctif. Comme il s'avère que ces deux modes traduisent également deux valeurs différentes, l'indicatif véhiculant une valeur d'assertion et le subjonctif un sens présupposé, il est préférable de les ranger sous deux fichiers séparés. Pour une analyse plus détaillée de (6), voir 8.4.2.

Un deuxième cas où les deux subordonnées sont présentées sous deux numéros différents est celui où le subordonnant *même si* suivi de l'indicatif est répété par un *que* entraînant le subjonctif. Bien que la valeur sémantique soit souvent identique dans les deux propositions, comme sous (7) où l'indicatif et le subjonctif véhiculent un sens irréel, il est approprié de les ranger sous deux étiquettes, dans la mesure où nous avons affaire à des conjonctions distinctes suivies de deux modes verbaux différents :

> (7) Si l'opération est peu importante, il suffit de le prévenir au moment de la pratiquer, et ***même si*** elle *peut* (i) être instantanée, et ***que*** le malade *soit* (s) très pusillanime, il sera quelquefois permis à l'opérateur de la pratiquer sans l'en avertir et comme par surprise. (Nélaton : Élémens de pathologie chirurgicale : t. 1 : 4, Id 2168/2169, 1844, cité par Frantext)

On présente aussi sous deux numéros deux subordonnées coordonnées avec répétition de la conjonction, par exemple *bien que... et bien que*, *encore que... et encore que* (8). On peut supposer que si l'auteur a décidé de reprendre entièrement la conjonction et non seulement la particule *que* c'est qu'il a voulu présenter deux subordonnées indépendantes :

> (8) [...] or, **bien que** ces milliards soient encore affectés surtout au service d'une classe, **bien que** sur une partie des ressources de l'état, de nombreux particuliers [...] aient des titres individuels, il est certain que ce ne sont pas des individus qui disposent de ces sommes énormes. (Jaurès : Études socialistes : 177, Id 1224/1225, 1901, cité par Frantext)

5.5.6 Contextes de bruit

Au cours de la constitution d'une base de données, il est quasiment inévitable de rencontrer des contextes dits *de bruit* (voir 5.2.1.2.1), c'est-à-dire des contextes où les suites *bien que, encore que* et *même si* ne forment pas une unité lexicale à valeur concessive. Ces occurrences sont par conséquent écartées de la base de données. Dans cette section, nous présenterons les contextes de bruit les plus fréquents, classés selon le rôle syntaxique des membres constitutifs. Nous proposons une liste unifiée de tous ces contextes. Nous n'avons pas observé de contextes de bruit pour les conjonctions espagnoles traitées :

1) *Bien, encore* ou *même* sont des adverbes suivis d'une proposition subordonnée ou d'un complément comparatif elliptique. Ce complément peut avoir la forme :

- d'une complétive :
    - (9) [...] car il semble **bien que** l'on ne peust reiglément et constamment se comporter par-tout sans se cognoistre, et suis de cest advis. (Charron : De la sagesse : trois livres : V11, 1601, cité par Frantext)
    - (10) Je sçay **encores que** vous me direz que quelques anciens philosophes furent d'advis qu'il falloit du tout abandonner la ville [...]. (Pasquier : Lettres familières : 34, 1613, cité par Frantext)
- d'une interrogative :
    - (11) [...] ils répondroient [...] qu'ils ne savent pas **même si** chaque pas qu'ils font ne les y fera point arriver. (Nicole : Essais de morale contenus en divers traités : t. 2 : 6, 1671, cité par Frantext)
- d'une relative :
    - (12) [...] et peut-estre qu'il y aura des choses **encore que** vous n'attendez pas. (Mareschal : La Chrysolite ou le Secret des romans : 234, 1634, cité par Frantext)
- d'une consécutive :
    - (13) Inspire le, Seigneur, **si bien qu**'il me permette, / Que mon peuple captif en franchise je mette [...]. (Montchrestien : Aman ou la Vanité : 122, 1601, cité par Frantext)[35]
    - (14) Je le trouvai **même si** bien enchâssé, [...] que je n'eus pas la consolation de me pouvoir flatter [...]. (Sévigné : Correspondance : t. 1 : 1646-1675 : 93, 1675, cité par Frantext)
- d'une conditionnelle :
    - (15) [...] c'est lui que tu peux déchirer, dévorer **même si** tu veux. (Marmontel : Les Incas ou la Destruction de l'Empire du Pérou : 110, 1777, cité par Frantext)

Cet emploi est uniquement observé pour *même si* et ne peut surprendre, puisque ses éléments constitutifs sont l'adverbe *même* et la particule *si* (voir 10.2 ci-dessous). Comme il ressort du chapitre 10, il y a une concurrence, surtout au moment de l'apparition de *même si* comme connecteur concessif, entre l'interprétation conditionnelle et concessive. Sous (15), l'interprétation concessive est néanmoins exclue, puisque *même* renforce le verbe qui le précède. Il convient de mentionner un emploi similaire où l'adverbe *même* est précédé d'un pronom personnel ou réfléchi avec lequel il est uni par un tiret. *Si* introduit une proposition conditionnelle :

---

[35] On peut discuter si *bien* fonctionne comme adverbe ou plutôt comme un élément constitutif d'une conjonction consécutive figée. Les deux interprétations semblent plausibles.

(16) [...] parce qu'elle [la reine] fut très-bien avertie qu'il l'ordonneroit de **lui-même si** l'on la lui refusoit. (Retz : Mémoires : t. 2 : 1648-1649 : 65, 1679, cité par Frantext)

Enfin, suivi d'une proposition conditionnelle en *si*, *même* peut également faire partie de la tournure figée *il en est de même* :

(17) **Il en est de même si** une femme esclave épouse un homme libre, ses enfants suivent la condition de leur père. (Aulnoy : Relation du voyage d'Espagne : 436, 1691, cité par Frantext)

- d'un complément comparatif elliptique :

(18) [...] si les femmes raisonnent moins **bien que** les hommes sur les matieres abstraites, cela ne provient pas de l'inégalité de talent [...]. (Aubert de la Chesnaye : Lettres amusantes [...] : 225, 1743, cité par Frantext)

2) *Bien* fonctionne comme un substantif suivi d'une proposition relative :

(19) Pour conserver **un bien que** l'on prise si cher, / Garder sa liberté, sa fortune, et sa race, / Il n'est rien d'impossible [...]. (Hardy : Coriolan : 44, 1625, cité par Frantext)

3) *Bien* fait partie d'une interjection ((*hé*) *bien*) suivie de différentes propositions, notamment par une proposition interrogative indépendante (20) ou une proposition volitive indépendante (21) :

(20) Et **bien que** dites[-]vous de ce commencement ? (Guérin de Bouscal : Le Gouvernement de Sanche Pansa : 101, 1642, cité par Frantext)

(21) Hé bien, Madame, **hé bien qu'**il vienne, et qu'on luy donne / Toutes les seûretez qu'il faut pour sa personne, / Allons. (Racine : La Thebayde ou les Freres ennemis : 154, 1664, cité par Frantext)

5.6 Conclusions du chapitre

Ce chapitre a abordé des questions méthodologiques liées au travail sur corpus. Il s'est composé de quatre volets. Le premier a traité des avantages et inconvénients liés au travail sur corpus, notamment sur les corpus électroniques. Quoiqu'un tel travail présente certains défis, il n'y a aucun doute que les avantages sont en surnombre et que sans recours à de tels corpus, il aurait été impossible de réaliser le dépouillement nécessaire pendant le temps disponible pour la rédaction d'un travail comme le nôtre.

Dans le deuxième volet, nous avons discuté la constitution d'un corpus représentatif. Nous avons argumenté en faveur des paramètres suivants : premièrement, les données sont choisies pour couvrir la gamme entre les pôles dits de *l'immédiat* et de *la distance* (Koch & Oesterreicher 1990, 2001). Deuxièmement, la représentativité d'un corpus dépend du nombre

Méthodologie 145

de diasystèmes pris en considération (Coseriu 1988 [1980], Koch & Oesterreicher 2001, Gadet 2003). Pour étudier l'évolution des modes, nous avons jugé important que les données soient sélectionnées d'une telle manière que les variations diachronique et diaphasique, et dans une moindre mesure la variation diamésique, soient prises en compte.

Le troisième volet a présenté les quatre corpus, accessibles en ligne, que nous avons consultés pour la constitution de nos bases de données. Ces corpus contiennent des données représentant diverses périodes diachroniques. Le dernier volet a mentionné certains principes de sélection importants pour la composition des bases de données.

6. Paramètres d'analyse

6.1 Introduction
Le présent chapitre est consacré à une discussion sur les paramètres qui fondent l'analyse fonctionnelle des modes verbaux. Nous nous servirons de la gamme entière des subordonnants concessifs français et espagnols traités dans cette étude, parce que cette partie est purement illustrative et ne requiert pas un examen individuel des subordonnants concessifs.

Nous prenons en considération ces marqueurs pour deux raisons. La première en est de répondre au danger de circularité intrinsèquement lié à une étude d'ordre sémantico-fonctionnel. Comme nous l'avons signalé dans la section 2.4.4, les chercheurs travaillant dans le cadre de la théorie de l'assertion ne proposent généralement pas de marqueurs, du moins pour les cas d'alternance plus ou moins libre dans les propositions relatives et circonstancielles, ce qui risque de conduire à des raisonnements circulaires. La définition de ces marqueurs peut donc être considérée comme une élaboration de la théorie de l'assertion. Il s'agit de marqueurs de nature hétérogène appartenant à différents niveaux d'analyse. Un certain nombre relève de la (morpho-)syntaxe, et d'autres appartiennent au niveau de la phrase et du genre textuel. Pourtant, tous ces marqueurs ont en commun le trait qu'ils relèvent également de la pragmatique, puisqu'ils réfèrent au savoir des interlocuteurs sur l'état de choses désigné par le verbe. Il importe de souligner que ces marqueurs sont plutôt des tendances que des contraintes absolues et peuvent bien entendu apparaître dans d'autres cotextes que ceux qui sont présentés ici ; autrement dit, si par exemple le passé soutient l'analyse du mode comme transmetteur d'un contenu présupposé, toutes les occurrences du mode qui surgissent dans un cotexte passé ne prennent pas nécessairement une valeur de présupposé.

La deuxième raison pour tenir compte des marqueurs cotextuels est de tester si les niveaux d'analyse de la théorie de l'assertion sont bien fondés.

Ce chapitre se compose de trois volets. Dans le premier (6.2), nous présenterons les marqueurs qui militent en faveur de l'une des trois valeurs que la forme du mode véhicule, à savoir le présupposé (6.2.1), l'irréel (6.2.2) et l'assertion (6.2.3). Il s'avère qu'à plusieurs reprises les différents paramètres se croisent et font ainsi concurrence les uns avec les autres, en donnant des signaux différents, voire contradictoires, à l'analyse du mode de la subordonnée. Dans le deuxième volet (6.3), nous discuterons l'influence de ces signaux, en établissant une hiérarchie selon le poids relatif de chaque paramètre. Pourtant, on aurait pu s'imaginer une hiérarchisation établie selon la « nature » des paramètres (selon qu'ils appartiennent à la (morpho-)syntaxe, à la phrase ou au niveau textuel), mais une telle hiérarchisation ne s'est pas révélée pertinente pour notre propos. Dans le dernier volet (6.4), nous présenterons des exemples dépourvus de marqueurs cotextuels et ceux qui ne permettent pas d'être classés selon la dichotomie assertion/non-assertion.

6.2 Paramètres cotextuels militant en faveur de l'analyse modale

6.2.1 Présupposé

Il convient de ranger les paramètres militant en faveur du sens présupposé en trois groupes, à savoir ceux qui sont capables d'isoler le présupposé par rapport à l'irréel aussi bien qu'à l'assertion (6.2.1.1), ceux qui sont en mesure d'isoler le présupposé par rapport à l'irréel (6.2.1.2), et ceux qui sont capables de cerner le présupposé par rapport à l'assertion (6.2.1.3).

6.2.1.1 Présupposé vs *irrealis/assertion*

La majorité des marqueurs de présupposé ont pour fonction d'isoler cette valeur par rapport à l'irréel et à l'assertion, ces marqueurs pouvant en quelque sorte être considérés comme universels :

- Les énoncés où l'interlocuteur est désigné (par des pronoms ou des articles) expriment un contenu présupposé, dans la mesure où le locuteur fait référence à un état de choses dont il suppose l'interlocuteur au courant. Sous (1), le sujet du verbe de la subordonnée est à la deuxième personne du pluriel :

    (1) Et puis, si, je vais **vous** le dire, parce que j'aime parler franchement avec **vous**, bien que **vous** ne le *méritiez* (s) guère. (Montherlant : La Ville dont le prince est un enfant : 854, Id 1316, 1951, cité par Frantext)

- Ensuite, les marqueurs d'habitude et d'itérativité soutiennent l'analyse du mode en tant que présupposé, parce que ces marqueurs renvoient à des événements qui ont un caractère répétitif et par conséquent de fortes chances de constituer le fonds commun des interlocuteurs. Ces marqueurs peuvent être rendus par des adverbes ou locutions adverbiales, tels que *parfois, toujours, souvent, fréquemment, sans cesse, plus d'une fois, jamais*, etc., tous indiquant la fréquence, d'où l'on induit une vérité générale de l'action. Ainsi en (2) la locution adverbiale *plus d'une fois* marque-t-elle l'itérativité :

Paramètres d'analyse 149

> (2) J'aime qu'aucun nom inventé n'y [dans Le Rouge et le Noir] soit clairement traduisible pour l'historien (encore que **plus d'une fois**, à propos de la conspiration, il en *vienne* (s) un sur le bout de la langue). (Gracq : En lisant, en écrivant : 25, Id 2070, 1980, cité par Frantext)

- Les marqueurs déictiques et anaphoriques constituent également le fonds commun des interlocuteurs. Les anaphores renvoient à des éléments communiqués auparavant et les marqueurs déictiques[36] à des éléments présents dans la situation discursive des interlocuteurs. Il est vrai que ces deux marqueurs ne sont pas tout à fait de la même nature, mais ils ont la fonction de poser comme évidents les faits auxquels ils renvoient. Voilà pourquoi nous les avons rangés ensemble. Sous (3), l'anaphore est traduite par l'expression *comme venons de dire*, et sous (4) *comme tu peuz veoir* fonctionne comme marqueur déictique :

> (3) Le paquet du Roy receu, bien que les causes qui induisoient sa majesté à revoquer le General ne *fussent* (s) inserées, **comme venons de dire**, si esce que Combabe se tint pour tout assuré qu'on luy avoit brassé une accusation [...]. (Poissenot : L'Esté : 175, Id 541, 1583, cité par Frantext)

> (4) [...] car de moy, encores que *soye* (s) puissant, **comme tu peuz veoir**, et *aye* (s) gens infinitz en armes, toutesfoys je n'espere en ma force ny en mon industrie [...]. (Rabelais : Pantagruel : 283, Id 189, 1542, cité par Frantext)

Les marqueurs déictiques regroupent également les articles et les pronoms démonstratifs. C'est un fait connu que les démonstratifs ont un emploi déictique et anaphorique/cataphorique : lorsqu'on

---

[36] Il existe différents types de déixis, à savoir *la déixis personnelle* (« person deixis »), *la déixis temporelle* (« time deixis »), *la déixis spatiale* (« place deixis »), *la déixis discursive* (« discourse deixis ») et *la déixis sociale* (« social deixis ») (Levinson 1983 : 68-94). Cependant, nous ne tiendrons pas compte de cette distinction, puisque le résultat pour notre recherche est le même dans tous les cas. En outre, ces catégories se recouvrent à bien des égards, de sorte qu'un élément linguistique peut appartenir à plusieurs catégories. A titre d'exemple, sous (4) nous avons affaire à la déixis personnelle et spatiale à la fois, puisque le locuteur réfère à la deuxième personne (*tu*) et à un endroit précis dans le discours (on pourrait insérer l'adverbe *ici* dans la subordonnée comparative). Cela dit, nous prenons en considération comme catégorie particulière la déixis personnelle, car les première et deuxième personnes, qui militent en faveur de l'analyse du contenu présupposé, sont à considérer comme des marqueurs déictiques (*op.cit.* : 68-69). Nous les considérerons comme un marqueur à part parce qu'ils ont un emploi beaucoup plus fréquent que les autres marqueurs déictiques.

travaille sur un corpus électronique, il peut être difficile de déterminer à quel emploi on a affaire, puisqu'on travaille sur un petit morceau de texte (voir 5.2.1.2.1). En outre, il s'avère qu'un article démonstratif peut être à la fois déictique et anaphorique. Néanmoins, ce problème se résout par lui-même, puisque, comme nous venons de le dire, la déixis et l'anaphore réfèrent à des éléments faisant partie du savoir commun des interlocuteurs.

- Les marqueurs de factualité soutiennent également l'analyse du mode comme présupposé, puisqu'ils réfèrent au caractère « certain » du contenu propositionnel. Ce groupe est pourtant d'une nature plus hétérogène que les précédents. Sous (5), l'expression de comparaison *comme toute image* souligne le caractère factuel de la proposition concessive :

    (5) Le caractère de l'hémiédrie dans les substances actives consiste en ce que l'image de la forme du corps n'est pas superposable à cette forme, bien que, **comme toute image**, elle *reproduise* (s) fidèlement la réalité qui la fait naître. (Pasteur : Recueil de travaux : 12, Id 1207, 1895, cité par Frantext)

- Il apparaît enfin que les concessives faisant partie d'énoncés génériques ou de propos qui dénotent un savoir communément admis présupposent le contenu de la concessive (voir aussi Chafe 1976 : 32). Ce genre d'énoncés ne constitue pas un groupe homogène, mais il s'agit souvent des faits connus tels que les références bibliques, les mœurs et les coutumes, la caractéristique des gens, etc. En (6), le locuteur fournit une caractéristique d'un bègue :

    (6) [...] d'où avient qu'un begue (encore qu'il *ait* (s) les conceptions semblables à celuy qui parle bien, et l'ame autant parfaicte) il ne peut toutesfois si bien et distinctement parler [...]. (Brués : Les Dialogues de Guy de Brués contre les nouveaux académiciens : 112, Id 248, 1557, cité par Frantext)

Quoique les énoncés génériques appartiennent au niveau de la phrase, ce paramètre soutient largement l'analyse du sens présupposé. Ceci est corroboré par le fait que la conjonction *même si* favorisant hautement l'analyse du sens irréel (voir chapitre 10) a un emploi très restreint dans les énoncés génériques. En d'autres termes, le générique et l'irréel s'excluent mutuellement.

6.2.1.2 Présupposé vs *irrealis*
Il existe également des paramètres dont la fonction primordiale est d'isoler le présupposé de l'irréel. Ces marqueurs ne sont pas en mesure d'isoler le présupposé de l'assertion, parce qu'ils apparaissent dans un cotexte

Paramètres d'analyse 151

présupposé et asserté. Par conséquent, ces marqueurs sont moins fiables que les précédents :

- Un énoncé au passé milite en faveur de l'analyse du contenu présupposé de la proposition concessive, puisqu'un état de choses qui a eu lieu a plus de chances d'être connu des interlocuteurs. Le passé peut être marqué formellement par les formes de passé « canoniques » (le passé simple, l'imparfait, le plus-que-parfait et le passé composé), mais aussi par le présent historique, universel et inclusif. Sous (7), les verbes du cotexte (*était*, *laissa*) inscrivent le contenu de la subordonnée concessive (*eût*), qui est lui-même à l'imparfait du subjonctif, dans un cotexte au passé :

    (7) [...] enfin, il **était** à la fois ébloui et troublé : et bien qu'à son départ elle l'*eût* (s) invité très-poliment à revenir la voir, il **laissa** passer tout un jour sans aller chez elle [...]. (Staël : Corinne ou l'Italie : 110, Id 1027, 1807, cité par Frantext)

- La référence à la première personne du singulier ou du pluriel soutient également l'analyse de la valeur de présupposé, car ces énoncés réfèrent à un état de choses dont le locuteur a un savoir privilégié. Etant connu du locuteur, l'état de choses est susceptible d'avoir de fortes chances d'être présenté comme connu. En (8), la référence à la première personne est marquée par un pronom personnel sujet :

    (8) Une petite ève en trop / Bien que **je** ne *sois* (s) pas de la côte d'Adam, / **Je** vis seul sur la terre et c'est débilitant / Débilitant. (Brassens : Poèmes et chansons : 342, Id 1376, 1981, cité par Frantext)

6.2.1.3 *Présupposé* vs *assertion*

- Une concessive occupant la position thématique[37] est apte à présupposer le contenu propositionnel, car celle-ci part de ce qui est déjà connu des interlocuteurs (Daneš 1974 : 109 ss, Winter 1982 : 81 ss, Thompson & Longacre 1985 : 206 ss) (voir 4.4.3) :

    (9) [...] il est constant, monsieur, que <u>bien que cette bête *soit* (s) presque semblable à un cerf</u>, elle ne laisse pas de différer en quelque chose. (Regnard : Voyage de Laponie : 110, Id 823, 1709, cité par Frantext)

    Cependant, le thème ne permet pas d'isoler le présupposé de l'irréel, car une concessive à valeur d'irréel est indifférente à sa position par rapport à la principale. La force de ce paramètre réside plutôt dans

---

[37] Nous utilisons le soulignage pour indiquer le thème ou le rhème de la concessive en tant que marqueur cotextuel.

sa capacité d'isoler le présupposé de l'assertion, représentant deux catégories « réelles », mutuellement exclusives. Il semble y avoir une forte corrélation entre le rhème et l'assertion et une certaine corrélation entre le thème et le présupposé. En français moderne, cette tendance est très prononcée, puisqu'une subordonnée concessive à valeur d'assertion apparaît presque exclusivement en postposition (voir notamment le chapitre 9 consacré aux concessives en *encore que*), alors qu'une subordonnée à valeur de présupposé apparaît de temps à autre en antéposition, quoiqu'elle ne soit pas exclue en postposition. De façon schématique :

	Présupposé	Assertion
Thème	+	(÷)
Rhème	(+)	+

Figure 6.1
Présupposé, assertion et structure informationnelle de l'énoncé

6.2.2 Irrealis

L'interprétation du mode comme transmetteur d'une valeur d'irréel est susceptible de se justifier par les marqueurs suivants :

- La présence dans le cotexte des verbes au futur (antérieur) ou au conditionnel (passé) (désormais appelés *temps futuraux*, Togeby 1982 : 381), y compris des périphrases verbales à valeur prospective, soutient l'analyse du subjonctif dans la concessive comme transmetteur d'une valeur d'irréel, puisque ces formes dénotent des actions prospectives par rapport au moment de l'énonciation ou à un point de référence dans le passé :

    (10) Et bien que les blés marsés et tremés ne *soyent* (s) semés qu'après l'hyver, le sçavant agricole n'**attendra** tant à fumer les terres où il les **voudra** mettre [...]. (Serres : Le Théâtre d'agriculture et mesnage des champs : t. 1 : 122, Id 625, 1603, cité par Frantext)

    (11) Car, si nous demeurions autant à deffaire chascun d'eulx, que nous avons faict à deffaire le duc, le jour **descouvriroit** plustost nostre entreprinse, que ne l'**aurions** mise à fin, encores que nous *trouvassions* (s) noz ennemys sans deffense.». (Navarre : L'Heptaméron : 790, Id 220, 1550, cit Frantext)

On distingue généralement deux types d'emplois des temps futuraux, à savoir un emploi dit *temporel* et un autre dit *modal* (Togeby 1982 : 381-390, Pedersen *et al.* 1994 [1980] : 356-361). L'emploi temporel est illustré en (10) où les formes au futur désignent des événements qui auront lieu dans un temps prospectif par rapport au moment de l'énonciation. L'emploi modal est exemplifié en (11). Ici le temps futural est traduit par le conditionnel qui, en revanche, ne désigne pas un événement prospectif, mais plutôt un écart temporel par rapport au moment de l'énonciation. En (11), les formes au conditionnel marquent l'hypothèse, ce qui est corroboré par la proposition conditionnelle en *si*, qui spécifie la condition sous laquelle l'hypothèse peut s'effectuer. Nous faisons abstraction de la différence entre emploi temporel et emploi modal dans la collecte des données, puisque les deux emplois indiquent que le contenu propositionnel ne s'est pas réalisé au moment de l'énonciation.

- La présence de l'impératif dans le cotexte soutient également l'analyse du contenu irréel, dans la mesure où ce mode peut orienter l'action verbale vers le futur. De cette façon, les impératifs *réponds* et *mens* de (12) accorde un sens prospectif à la concessive ouverte par *même si* :

    (12) Jean, je t'en supplie, **réponds**-moi et ne **mens** pas. Même si la réponse t'*est* (i) cruelle, te rabaisse, me rabaisse, **réponds**. (Giraudoux : Judith : 48, Id 2358, 1931, cité par Frantext)

- Une concessive à l'imparfait ou au plus-que-parfait de l'indicatif ou du subjonctif employée dans un cotexte de verbes au présent ou aux temps futuraux étaye également l'interprétation du sens irréel du verbe dans la subordonnée concessive, parce que ce dernier marque un écart temporel. En (13), l'imparfait du subjonctif (*voulût*) se trouve entouré de verbes au présent (*prend, accomplit*) :

    (13) Parquoy, qui **prend** plaisir à la délectation du péché, encore qu'il ne **voulût** (s), **accomplit** l'oeuvre. (Péladan : Le Vice suprême : 232, Id 1834, 1884, cité par Frantext)

- L'emploi du subjonctif à valeur d'irréel dans le cotexte peut soutenir l'analyse du contenu irréel du verbe de la concessive. Toutefois, il faut s'interroger sur la valeur explicative de ce paramètre, car c'est la même catégorie qui constitue l'*explanandum* (ce qu'on désire expliquer) et l'*explanans* (ce qui explique), à savoir le subjonctif. Nous en tenons compte quand même, parce que le subjonctif véhicule toujours – semble-t-il – une valeur d'irréel dans ces cas. Sous (14), le subjonctif (*soit*) de la relative semble traduire un sens irréel, parce qu'il annule la référence de l'antécédent (*rien*), ce qui attribue une valeur d'irréel au subjonctif (*ait*) de la concessive :

    (14) [...] l'amant juge sa dame un chef d'oeuvre icy bas, / encore qu'elle n'**ait** (s) sur soy rien qui **soit** d'elle [...]. (Régnier : Les Satires 1 à 13 : 78, Id 1428, 1609, cité par Frantext)

- La présence dans le cotexte de propositions conditionnelles, y compris celles introduites par *se/si*, est un autre critère militant en faveur du sens irréel du verbe de la concessive, tel que (15) le montre :

  (15) Si le pouls est fort et mou, encore qu'il *soit* (s) vîte, on doit conserver beaucoup d'espérance. (Tissot : Avis au peuple : t. 1 : 27, Id 1634, 1761, cité par Frantext)

- Différents éléments irréels, notamment les adverbes ou locutions adverbiales (tels que *peut-être, sans doute, vraisemblablement, probablement* et *apparemment*) peuvent également soutenir l'analyse de la valeur d'irréel. Il est vrai que la majorité de ces adverbes marquent un haut degré de probabilité et d'attente, mais ils ne se prononcent pas sur la réalisation effective de la proposition. D'après Boye (2006 : 86-87), ce genre d'adverbes est épistémique et désigne différents degrés de certitude vis-à-vis de la réalisation du contenu propositionnel, et Cinque (1999 : 11-12) considère cette classe d'adverbes comme modales. Enfin, selon Jendraschek (2003 : 46-47), l'expression adverbiale basque *dirudienez* 'apparemment' désigne l'apparence : la réalisation de l'état de choses est considérée comme probable, mais aucunement garantie. Ces analyses rejoignant notre définition large de la notion d'*irrealis* (voir 2.4.2.3), ces adverbes sont considérés comme irréels. Sous (16), l'adverbe *peut-être* modifie la vérité de la proposition concessive dans laquelle il est inséré :

  (16) [...] en sorte que, bien qu'elles n'*aient* (s) **peut-être** jamais été formellement énoncées, elles sont partout les mêmes [...]. (Rousseau : Du contrat social : 191, Id 905, 1762, cité par Frantext)

- Les marqueurs de non-référentialité (notamment certains emplois de l'article indéfini et des pronoms indéfinis tels que *certain* et *qui*) permettent également de déterminer si la forme verbale de la concessive relève de l'irréel. Dans (17), l'article indéfini *une* (dans *une Bergere*) est non-référentiel, puisqu'il dénote une entité abstraite. Ce groupe nominal est repris dans la concessive par l'anaphore *elle*, toujours non-référentielle, ce qui permet de considérer le subjonctif comme relevant du sens irréel :

  (17) La seule affaire / D'**une** Bergere / C'est de songer / À l'amour de son Berger. / Lors qu'il la meine, / Bien qu'elle *prenne* (s) / De longs detours, / Tous les chemins sont courts [...]. (Quinault : Thésée : 59, Id 760, 1675, cité par Frantext)

- Différents marqueurs irréels de nature hétérogène soutiennent l'analyse du mode en tant que valeur d'irréel. Il peut entre autres s'agir d'une phrase négative, qui a pour fonction d'annuler entièrement le contenu de la concessive, comme en (18) où la phrase *ce*

Paramètres d'analyse 155

qu'ilz ne sont mie conteste le contenu de la concessive, à savoir que le référent de *tous* sont « loyaulx, secréz et voir disans » :

(18) Encore supposé que ce n'aviengne, disons du cousté des amans – encore que tous *fussent* (s) loyaulx, secréz et voir disans, **ce qu'ilz ne sont mie** […]. (Pizan : Le livre des trois vertus : 118, Id 181, 1405, cité par DMF)

- Le dernier marqueur d'irréel est le genre dit *abstrait*, à savoir des textes juridiques et religieux, des ouvrages de science médicale, etc., donc notamment des textes relevant du genre argumentatif (voir 5.3.4.1). Il ne s'agit pas d'un marqueur linguistique à proprement parler, mais d'un marqueur en dehors de la phrase. Le genre textuel *abstrait* se caractérise par le fait de présenter des états de choses relevant de l'irréel ou de l'imaginaire. Par exemple un texte juridique a pour fonction d'énumérer toute une série de situations abstraites pour en déterminer les règles qui entreront en vigueur si telle ou telle situation se présente comme en (19) :

(19) L'alluvion n'a pas lieu à l'égard des lacs et étangs, dont le propriétaire conserve toujours le terrain que l'eau couvre quand elle est à la hauteur de la décharge de l'étang, encore que le volume de l'eau *vienne* (s) à diminuer. (Anonyme : Code civil des Français : 103, Id 1862, 1804, cité par Frantext)

6.2.3 Assertion
Cette section est consacrée à une discussion des paramètres soutenant l'analyse modale comme assertion. Il importe de souligner que contrairement au présupposé et à l'irréel, nous n'en avons relevé que quatre. Ce manque de paramètres est probablement dû au fait que l'opposition sémantico-pragmatique entre l'assertion et le présupposé est très subtile et par conséquent difficile à déterminer, puisque ces deux valeurs relèvent du domaine du réel ; en revanche, l'opposition entre le présupposé et l'irréel et entre l'assertion et l'irréel est beaucoup plus facile à déterminer, puisqu'il s'agit de deux groupes fonctionnels bien distincts. Le défi pour le linguiste est donc de cerner des paramètres qui permettent d'isoler le présupposé de l'assertion :

- Comme nous l'avons mentionné en 6.2.1.3, une concessive occupant la position rhématique est apte à asserter le contenu propositionnel, alors que la principale antéposée part de ce qui est déjà connu des interlocuteurs (Daneš 1974 : 109 ss, Winter 1982 : 81 ss, Thompson & Longacre 1985 : 206 ss) (voir 4.4.3). Sous (20), la subordonnée concessive est postposée par rapport à la principale, constituant ainsi le rhème :

(20) Je faisais ça comme la vaisselle, bien que finalement ça *allait* (i) plus vite et c'*était* (i) pas plus salissant. (Hanska : Les Amants foudroyés : 43, Id 1378, 1984, cité par Frantext)

Comme il ressort de la figure 6.1, il existe une forte corrélation entre l'assertion et le rhème.

- Les marqueurs dits *assertifs* de différentes natures présents dans le cotexte étayent également l'analyse assertive. Cette catégorie comprend des verbes (*dire, avérer, répondre, contar* (esp.) 'raconter'), des adverbes et des locutions adverbiales (*à vrai dire, en réalité, justement, a su juicio* (esp.) 'd'après lui') et des substantifs (*una definición* (esp.) 'une définition'). En (21), la femme dont il est question asserte dans un premier temps qu'elle n'a jamais eu affaire à des hommes, analyse soutenue par le verbe assertif *respondit* ; et dans un deuxième temps, elle fournit une valeur d'assertion supplémentaire, présentée sous forme d'un rajout, véhiculée par la concessive (quelquefois les hommes avaient néanmoins eu affaire à elle). Autrement dit, la concessive est sous la portée du verbe assertif de la principale :

(21) On luy demanda si jamais elle avoit eu affaire à homme ; **respondit** que non jamais, bien que les hommes quelques foys *avoient* (i) eu affaire à elle. (Rabelais : Tiers livre : 156, Id 381, 1546, cité par BFM)

- Le fait que le verbe de la subordonnée concessive soit au passé simple peut soutenir l'interprétation assertive, puisque cette forme verbale fait placer l'état de choses au premier plan de l'énoncé (Togeby 1982 : 320, Weinrich 1989 : 129-133, Pedersen et al. 1994 [1980] : 339, Korzen 1999 : 184, 2003 : 115, Llorach 1999 [1994] : 162) (voir 2.4.1). Il est vrai que le passé simple est également un marqueur de passé, qui soutient *a priori* l'analyse du sens présupposé (voir 6.2.1.2). Pourtant, le passé simple opère à des niveaux différents lorsqu'il fonctionne comme marqueur de présupposé et d'assertion. Alors que le passé simple (et les autres temps verbaux du passé) servant à marquer le présupposé se trouve dans le cotexte, le passé simple fonctionnant comme marqueur d'assertion est toujours employé dans la subordonnée concessive elle-même, qui peut être entourée de verbes à l'imparfait dans le cotexte pour marquer le fond de décor de l'énoncé, tel que l'illustre (22) tiré de la base de données espagnole. Le passé simple *alargaron* (se prolongèrent) de la concessive marque le premier plan et l'imparfait *establecía* (établissait) de la principale l'arrière-plan :

(22) Se **establecía** una duración máxima de 5 años, aunque los plazos se ***alargaron*** (i) en algunos casos hasta nuestros días. 'On établissait une durée de 5 ans au maximum, bien que les délais aient été

prolongés dans certains cas jusqu'à nos jours.' (Estébanez Álvarez : Las ciudades. Morfología y estructura : 130, Id 128, 1991, cité par CREA)

- Le dernier marqueur militant en faveur de l'analyse assertive se traduit par les didascalies dans les pièces de théâtre. Celles-ci sont clairement instructives, fournissant une information nouvelle aux acteurs. Elles se trouvent en particulier dans les relevés espagnols, comme l'illustre (23) :

    (23) (Han pasado varios días. El mismo escenario que en el acto primero, aunque las cosas *están* (i) ordenadas de forma distinta – más convencionalmente –. '(Il s'est passé plusieurs jours. Le même décor qu'au premier acte, bien que les choses soient ordonnées différemment – plus conventionnellement –.' (Alonso de Santos : Bajarse al moro : 67, Id 78, 1985, cité par CREA)

6.3 Croisement et concurrence des paramètres cotextuels

Cette section traite du problème posé par le croisement des paramètres que nous venons de passer en revue, croisement qui donne des signaux différents, voire contradictoires, en ce qui concerne l'analyse du verbe de la concessive. Il s'agit de paramètres de nature différente (*i.e.* d'ordre (morpho-)syntaxique, phrastique et textuel) (voir 6.1), mais il semble qu'une hiérarchisation établie selon leur poids relatif dans le corpus soit plus explicative qu'une hiérarchisation établie selon leur nature.

Ce n'est pas une tâche aisée que d'établir une telle hiérarchie. Il s'avère cependant que certains marqueurs l'emportent à peu près exclusivement sur d'autres. Ceux-là seront placés haut dans la hiérarchie. En revanche, il existe des paramètres dont l'influence est difficile à déterminer, puisqu'ils ne l'emportent pas toujours sur les contre-marqueurs. Ceux-là constitueront une position intermédiaire dans la hiérarchie. Enfin, il y a des marqueurs qui ne constituent pas un argument fort en faveur de l'analyse proposée sans pour autant la contredire. Ces paramètres sont assez souvent concurrencés par la portée des contre-marqueurs et seront par conséquent placés en bas de la hiérarchie. Nous nous servons des critères de fréquence pour décider si un marqueur est faible ou fort. Si un marqueur l'emporte à peu près exclusivement sur les contre-marqueurs, il est considéré comme fort, et s'il est presque toujours concurrencé par ceux-ci, il est considéré comme faible. Nous avions essayé au début de notre recherche de faire de la statistique pour l'établissement de ces hiérarchies, mais en raison de la grande taille du corpus (2755 occurrences) et de la cooccurrence fréquente de plusieurs marqueurs différents dans le même énoncé, nous avons fini par renoncer à ce projet. Bien que les résultats que nous présenterons dans ce qui suit soient moins précis que ceux qu'un calcul statistique aurait donnés, ils fournissent une image claire de la force de chaque marqueur, mais doivent par conséquent plutôt être considérés comme une illustration de la problématique en question.

Il s'avère que pour l'établissement d'une hiérarchie des marqueurs, le défi principal consiste à isoler le présupposé de l'irréel, ce qui est logique, parce que ces deux notions se trouvent dans une relation complémentaire étant traduites *a priori* par le même mode. Le présupposé et l'assertion sont aussi complémentaires, puisqu'ils relèvent de la même notion conceptuelle, à savoir le réel. Le défi secondaire consiste donc à séparer ces deux catégories. En revanche, les notions d'*assertion* et d'*irréel* ne sont *a priori* pas distribuées de façon complémentaire, sauf pour les cas où un verbe à l'indicatif est au futur ou au conditionnel. Comme ces temps expriment toujours une valeur d'irréel (voir 2.4.4), il se révèle moins pertinent d'identifier des marqueurs qui puissent séparer l'assertion et l'irréel.

6.3.1 Les marqueurs de présupposé l'emportent

6.3.1.1 Marqueurs forts

Il existe trois marqueurs forts de présupposé, c'est-à-dire des marqueurs qui l'emportent presque exclusivement sur les contre-marqueurs, notamment ceux qui optent pour l'analyse de la valeur d'irréel :

- Les énoncés génériques et les propos qui dénotent un savoir communément admis soutiennent presque exclusivement l'analyse de la forme modale comme présupposée. Nous avons relevé des occurrences où ce genre d'énoncés l'emporte sur différents marqueurs d'irréel. Sous (24), l'énoncé générique de la concessive est confronté au conditionnel (*reconnoîtrions*) et à la conditionnelle ouverte par *si*, mais il semble qu'il l'emporte sur eux :

    (24) Or **si** nous n'avions que cet unique desir, nous **reconnoîtrions** sans peine, qu'encore que toute erreur *soit* (s) un mal, il y en a neanmoins beaucoup qu'il ne faut pas s'efforcer de détruire [...]. (Nicole : Essais de morale contenus en divers traités : t. 1 : 248, Id 1554, 1671, cité par Frantext)

- Les marqueurs de factualité sont aussi à considérer comme des marqueurs forts. En (25), la concessive coordonnée par *que* présente un présupposé étayé par l'expression de comparaison *comme en Don Sanche*. Ce marqueur l'emporte visiblement sur la proposition conditionnelle introduite par *si*, qui milite en faveur du sens irréel :

    (25) Bien qu'il y aye de grands intérêts d'etat dans un poëme, et que le soin qu'une personne royale doit avoir de sa gloire *fasse* (s) taire sa passion, **comme en Don Sanche**, s'il ne s'y rencontre point de péril de vie, de pertes d'etats, ou de bannissement, je ne pense pas qu'il aye droit de prendre un nom plus relevé que celui de comédie

Paramètres d'analyse

[...]. (Corneille : Discours de l'utilité et des parties du poème dramatique : 47, Id 731, 1660, cité par Frantext)

- Les marqueurs d'habitude et d'itérativité sont aussi à considérer comme des marqueurs forts de présupposé. En (26), le fait que le passé composé du subjonctif (*aient été*) traduise une valeur de présupposé semble corroboré par la présence du marqueur d'itérativité (*souvent*) qui, de son côté, l'emporte sur le futur (*renverrai*) :

    (26)   – je vous **renverrai** encore, bien qu'elles *aient* (s) été citées **souvent** dans le cours de cette discussion [...]. (Barrès : Mes Cahiers : t. 8 : 1909-1911 : 52, Id 1229, 1911, cité par Frantext)

Cela dit, dans la partie espagnole des relevés, nous avons identifié un certain nombre de cas où les marqueurs d'itérativité apparaissent dans un cotexte où l'analyse assertive semble plus plausible. Sous (27), l'indicatif traduit une valeur d'assertion en dépit de l'adverbe itératif *siempre* 'toujours', parce que le locuteur raconte des faits, et que la concessive constitue le rhème :

    (27)   Kid, en principio, desconfiaba de todo y de todos, aunque al final **siempre** *aceptaba* (i) ayuda. 'Kid, en principe, se méfiait de tout et de tous, bien que finalement il acceptât toujours de l'aide.' (Memba : Homenaje a Kid Valencia : 198, Id 33, 1989, cité par CREA)

Le fait que nous n'ayons relevé qu'un petit nombre de tels exemples dans la base de données française suggère que le système espagnol est distribué différemment du système français, comme nous le montrerons en effet dans le chapitre 12, de sorte que les marqueurs d'itérativité en espagnol ne signalent pas nécessairement que la concessive doit être interprétée comme un présupposé. Comme ces marqueurs tendent à soutenir presque exclusivement l'analyse du contenu présupposé en français et qu'ils peuvent également assumer cette fonction en espagnol, nous les considérons comme un marqueur fort de présupposé.

6.3.1.2 Marqueurs de force moyenne
Il existe des marqueurs qui tantôt corroborent l'analyse de la valeur de présupposé, tantôt perdent de l'influence aux contre-marqueurs. Ceux-ci sont présentés dans cette section :

- La première et notamment la deuxième personne soutiennent l'analyse du sens présupposé, l'emportant dans un certain nombre de cas sur les marqueurs d'irréel. Sous (28), selon l'analyse la plus plausible, les première et deuxième personnes prédominent sur le futur (*ferai*), puisque le locuteur présente un état de choses dont il a lui-même un savoir privilégié et dont il peut assumer l'interlocuteur au courant. En

(29), les première et deuxième personnes l'emportent sur une proposition hypothétique introduite par *si* :

(28) Et voilà pourquoi, bien que j'*aie* (s) le désir de **vous** revoir sur la terre, **je ferai** toujours céder ce désir aux considérations du devoir et aux vues de l'autre vie. (Lamennais : Lettres inédites [...] à la baronne Cottu (1818-1854) : 77, Id 1110, 1854, cité par Frantext)

(29) [...] et là, il a fléchi un genou devant elle, en-lui disant : **belle dame**, encore qu'il ne *convienne* (s) de fléchir le genouil, **si** ce n'est devant Dieu et ses saints ; si est-ce qu'on voit reluire en-**vous** tant de grâce et de rayons divins, que **je** ne crois faillir [...]. (Rétif de la Bretonne : La Paysanne pervertie, ou les Dangers de la ville : 112, Id 1640, 1784, cité par Frantext)

Cependant, la situation inverse se présente également. Sous (30), nous avons affaire à une hypothèse formulée par le locuteur ; il semble que le verbe au conditionnel (*serais*) l'emporte sur la première personne, de sorte que le verbe de la concessive (*rendais*) peut s'interpréter comme un irréel. En (31), le contenu irréel est étayé par la proposition introduite par *si* qui semble plus forte que les première et deuxième personnes :

(30) Même si **je** *rendais* (i), **je serais** heureuse de rendre. Personne n'est plus obscène que moi. (Bataille : L'Abbé C : 204, Id 2394, 1950, cité par Frantext)

(31) Clarisse. – même s'il ne *dépend* (i) que de **toi**, s'il n'est, dorénavant, pour rien dans ce qu'il est, s'il ne reçoit que du talisman de **tes** galons la chance de vivre et la terreur de mourir, il souffre. (Audiberti : Théâtre : t. 1 : 45, Id 2385, 1948, cité par Frantext)

- Les cotextes au passé sont aussi dotés d'une certaine portée vis-à-vis des marqueurs d'irréel. En (32), le passé (*était*) semble l'emporter sur le conditionnel (*serait*), étayant l'analyse du contenu présupposé du subjonctif de la concessive (*entendît*) :

(32) La température y **était** encore joliment douce ; mais on se **serait** cru dans une alcôve, avec un jour blanc, enfermé comme chez soi, loin du monde, bien qu'on *entendît* (s), derrière les draps, les gens marchant vite sur le trottoir [...]. (Zola : L'Assommoir : 510, Id 1164, 1877, cité par Frantext)

Inversement, les marqueurs d'irréel peuvent prédominer sur le passé. Sous (33), il est question d'une situation abstraite étayée par les verbes au conditionnel (*aurait, pourrait*), par le *si* à valeur d'irréel et par le marqueur de non-référentialité (*celui*) qui semblent bien l'emporter sur le cotexte au passé (*versa, buvaient*) :

(33) [...] elle **versa** dans le vin qu'ils **buvaient** un baume, le Nèpenthès, qui donne l'oubli des maux. **Celui** qui **aurait** bu ce mélange ne **pourrait** plus répandre des larmes de tout un jour, même si sa

Paramètres d'analyse 161

> mère et son père *étaient* (i) morts, même si on *tuait* (i) devant lui par l'airain son frère ou son fils bien-aimé, et s'il le voyait de ses yeux. (Leconte de Lisle : Odyssée [trad.] : 81, Id 2189/2190, 1868, cité par Frantext)

Comme nous l'avons affirmé en 6.2.1.2, la fonction de la première personne et du passé est d'isoler le présupposé premièrement de l'irréel et deuxièmement de l'assertion. Il existe des cas, notamment dans les relevés espagnols, où une concessive exprimée par la première personne ou au passé traduit une valeur assertive et non présupposée. Ces cas ne font que confirmer le statut intermédiaire de ces paramètres comme marqueurs de présupposé.

6.3.1.3 Marqueurs faibles
En bas de la hiérarchie se trouvent les marqueurs dits *faibles*, c'est-à-dire des marqueurs qui étayent l'analyse du sens présupposé de la forme verbale, mais qui sont souvent affectés par la portée d'un contre-marqueur. Ces marqueurs ne sont par conséquent pas très fiables :

- Les marqueurs déictiques et anaphoriques appartiennent à ce groupe. Selon les relevés, ils soutiennent l'analyse du contenu présupposé dans un certain nombre de cas malgré la présence des marqueurs militant en faveur de la valeur d'irréel. En (34), l'article démonstratif (*ces*) fonctionnant comme marqueur déictique soutient l'analyse du subjonctif (*soit*) comme transmetteur d'une valeur présupposée en dépit de la présence des temps futuraux :

    > (34) C'est-à-dire, que bien qu'il *soit* (s) dit dans beaucoup d'endroits de **ces** memoires, qu'on se **pourra** joüer entre le Xe et le Xe sol à la livre, (…) il **faudroit** pour bien faire, n'approcher du Xe que le moins qu'il **sera** possible […]. (Anonyme : SantProjet d'une dixme royale […] : 232, Id 818, 1707, cité par Frantext)

    Cependant, les marqueurs déictiques et anaphoriques sont souvent affectés par la portée des marqueurs d'irréel, comme en témoigne (35). L'indicatif de la concessive introduite par *même si* traduit bien un irréel, analyse soutenue par la forme au futur et le genre dit *abstrait* (il s'agit d'un ouvrage médical) qui l'emporte sur le démonstratif (*ce*) :

    > (35) […] et même si dans **ce** temps le pouls *est* (i) dur et plein, on **placera** une saignée du pied […]. (Geoffroy : Manuel de médecine pratique : 394, Id 2290, 1800, cité par Frantext)

- Le thème appartient également à ce groupe. Sous (36), la concessive antéposée contribue avec le marqueur anaphorique (*tal y como fue demostrado* 'comme cela a été démontré') à soutenir l'analyse du contenu présupposé du verbe de la concessive, bien que celui-ci soit au passé simple (*fue* 'fut'), marqueur d'assertion :

(36) De la misma forma, y **tal y como fue demostrado por Garner y cols.** (1982), <u>aunque la diferencia obtenida no *fue* (i) estadísticamente significativa</u>, el grupo de pacientes anoréticas restrictivas obtuvo puntuaciones más altas en el factor III que el grupo de anoréticas con bulimia. 'De la même manière, et comme ce fut démontré par Garner *et al.* (1982), bien que la différence obtenue ne fût pas statistiquement significative, le groupe de patientes anorexiques restrictives obtint des chiffres plus élevés dans le facteur III que le groupe d'anorexiques boulimiques.' (Cervera Enguix & Quintanilla Madero : 119, Id 181, 1995, cité par CREA)

En revanche, le thème est souvent concurrencé par les contre-marqueurs. Sous (37), bien que la concessive soit antéposée, son contenu est asserté, parce qu'elle fait partie d'une didascalie :

(37) Su camisa, <u>aunque no *ha* (i) tocado el fango</u>, se cubre súbitamente de manchas rameadas. 'Sa chemise, bien qu'elle n'ait pas touché la boue, se couvre subitement de taches fleuries.' (Molina Foix : Los abrazos del pulpo : 37, Id 83, 1984, cité par CREA)

Pour récapituler, la figure 6.2 résume la hiérarchie des marqueurs de présupposé :

Marqueurs forts	– énoncés génériques – marqueurs de factualité – marqueurs d'habitude et d'itérativité
Marqueurs de force moyenne	– première et deuxième personnes – cotextes au passé
Marqueurs faibles	– marqueurs déictiques et anaphoriques – thème

Figure 6.2
Hiérarchie des marqueurs de présupposé selon leur poids relatif

Cette figure confirme qu'il n'est pas possible de hiérarchiser les marqueurs selon leur nature (voir 6.1). Il en ressort que les trois catégories comprennent des marqueurs de la même nature. A titre d'exemple, les marqueurs forts et faibles contiennent tous deux des membres phrastiques et (morpho-)syntaxiques.

6.3.2 Les marqueurs d'irréel l'emportent

6.3.2.1 Marqueurs forts
Nous avons relevé cinq marqueurs qui l'emportent à très peu d'exceptions près sur les contre-marqueurs, notamment contre ceux qui militent en faveur de l'interprétation de présupposé :

Paramètres d'analyse 163

- Une concessive à l'imparfait ou au plus-que-parfait de l'indicatif ou du subjonctif employé dans un cotexte de verbes au présent ou aux temps futuraux exerce une forte prédominance sur les marqueurs de présupposé. En (38), l'imparfait du subjonctif (*eût*) entouré d'un verbe au présent (*veux*) l'emporte sur les première et deuxième personnes (*je, vos*). Notons que la proposition conditionnelle en *si* milite également en faveur de l'interprétation du sens irréel:

   (38)   Je ne **veux** faire montre de **vos** dons à personne, encore qu'il y *eût* (s) de quoi être glorieux s'ils étaient miens; [...]. (Sand : Les Maîtres sonneurs : 122, Id 1892, 1865, cité par Frantext)

- Des adverbes, des locutions adverbiales ou d'autres éléments d'irréel insérés dans la concessive soutiennent largement l'analyse du contenu irréel, dans la mesure où ces marqueurs excluent le sens présupposé. Sous (39), l'adverbe *apparemment* attribue un caractère irréel à la concessive introduite par *bien que*, dont le contenu est modifié. Ce marqueur l'emporte sur la première personne et sur l'article démonstratif dans *cette navigation* :

   (39)   **Mon** livre, **mon** compagnon, à l'origine, [...] a déjà commencé à **me** mener par le bout du nez, bien qu'**apparemment je** *sois* (s) le maître absolu dans **cette** navigation à vue. (Guibert : À l'ami qui ne m'a pas sauvé la vie : 12, Id 1390, 1990, cité par Frantext)

- Les marqueurs de non-référentialité sont également des marqueurs forts d'irréel. En (40), les articles indéfinis étayent largement cette analyse de la concessive (on ne sait pas si l'homme mentionné est centenaire ou non), l'emportant sur les première et deuxième personnes :

   (40)   Dans **un** fichier de trois cent soixante-douze mille noms, qu'est-ce qu'**un** homme, **je vous** le demande un peu, même s'il *est* (i) centenaire ! (Camus : L'État de siège : 269, Id 2390, 1948, cité par Frantext)

- Le genre textuel dit *abstrait* est aussi à considérer comme un marqueur fort d'irréel comme en (41) où nous avons affaire à un texte juridique, qui l'emporte visiblement sur l'anaphore *ceux-ci* inscrivant ainsi la concessive dans un univers irréel :

   (41)   Le père, et à défaut du père, la mère, et à défaut de père et mère, les aïeuls et aïeules, peuvent former opposition au mariage de leurs enfans et descendans, encore que **ceux-ci** *aient* (s) vingt-cinq ans accomplis. (Anonyme : Code civil des Français : 34, Id 641, 1804, cité par Frantext)

Force est de constater que nous avons relevé des cas où un marqueur de présupposé semble l'emporter sur le genre abstrait, mais ces cas sont rares et ne changent pas le fait que ce genre réfère dans son essence à des situations abstraites.

- Le dernier membre de cette catégorie compte les marqueurs irréels de nature hétérogène, qui l'emportent presque exclusivement sur les marqueurs de présupposé. Sous (42), la phrase *ce dont cependant il n'existe pas un seul exemple* met en doute le contenu véhiculé par la concessive et prédomine ainsi sur la première personne (*nous*) et l'article démonstratif (*ces*) :

    (42) **Nous** passons sous silence les nombreuses vexations de détail qui peuvent être attribuées aux passions particulières de quelques uns de ses agens, bien que son devoir strict *fût* (s) de réprimer et de punir **ces** agens ; **ce dont cependant il n'existe pas un seul exemple**, du moins que **nous** sachions. (Lamennais : Articles publiés dans le journal l'Avenir (1830-1831) : 217, Id 1076, 1831, cité par Frantext)

    Notons que nous avons également affaire ici à l'imparfait du subjonctif employé dans un cotexte de verbes au présent, ce qui ne fait que renforcer l'analyse de la valeur d'irréel.

6.3.2.2 Marqueurs de force moyenne
A partir des données empiriques, il existe trois marqueurs d'irréel occupant une position intermédiaire dans la hiérarchie :

- Comme nous l'avons déjà vu en 6.3.1.2, les cotextes aux temps futurs et les propositions conditionnelles peuvent l'emporter sur les marqueurs de présupposé, par exemple les première et deuxième personnes, voir (30) et (31). Inversement, ces marqueurs irréels peuvent être atteints par la portée des première et deuxième personnes, ce qui favorise le présupposé comme l'analyse la plus plausible, voir (28) et (29). Par conséquent, il faudrait les ranger parmi les marqueurs de force moyenne.

- L'impératif fait aussi partie des marqueurs d'irréel de force moyenne. Sous (43), l'impératif *ramenez* milite en faveur d'une interprétation irréelle du verbe de la concessive et prédomine sur les première et deuxième personnes :

    (43) **Ramenez**-moi au salon, s'il **vous** plaît, et même s'il ne **vous** *plaît* (i) pas. (Vogüé : Les Morts qui parlent : 69, Id 2286, 1899, cité par Frantext)

    En revanche, sous (44) la situation opposée se présente ; le présupposé semble être l'analyse la plus plausible de la concessive, ce qui est soutenu par la référence à l'interlocuteur qui l'emporte sur l'impératif (*dites*) :

(44) [...] **ma fille** [...] **dites** mon mari ; car bien qu'il ne le *soit* (s) pas encore, **vous** le regardez comme tel, et rien n'est plus honnête. (Voltaire : L'Ingénu : histoire véritable : 154, Id 918, 1767, cité par Frantext)

6.3.2.3 Marqueurs faibles
Le groupe des marqueurs faibles ne comprend que le subjonctif employé avec une valeur d'irréel dans le cotexte. Il faut traiter ce marqueur avec une certaine réserve, non seulement parce que c'est souvent la même catégorie qui constitue l'*explanandum* et l'*explanans*, comme nous l'avons signalé en 6.2.2, mais aussi parce que souvent il est concurrencé par les contre-marqueurs. Sous (45), le subjonctif (*eût trouvé*) du cotexte confirme largement l'analyse de la valeur d'irréel du verbe de la concessive (*avait*) et l'emporte sur les verbes au passé (*était, refusa*) :

(45) Il est certain qu'il **eût** trouvé des compagnes par centaines, même s'il leur *avait* (i) imposé la condition de le suivre dans les airs. [...] Mais son intention n'**était** pas de faire souche sur le continent lunaire, [...]. Il **refusa** donc. (Verne : De la Terre à la Lune : 196, Id 2185, 1865, cité par Frantext)

Cependant, en (46) nous avons affaire au subjonctif à valeur de présupposé (*noircisse*), analyse étayée par les pronoms et articles référant aux première et deuxième personnes, qui semblent l'emporter sur le subjonctif à valeur d'irréel (*aille*) dans la proposition introduite par *que* :

(46) Et **vous** que désormais **je** n'ose plus attendre, / Prince, qui **m**'honoriez d'une amitié si tendre, / Et dont l'éloignement fut **mon** plus grand malheur, / Bien qu'un crime imputé *noircisse* (s) **ma** valeur, / Que le prétexte faux d'une action si noire / N'**aille** laisser de **moi** qu'une sale mémoire [...]. (Corneille : Clitandre ou l'Innocence délivrée : 158, Id 677, 1632, cité par Frantext)

La hiérarchie que nous avons présentée dans cette section est résumée dans la figure 6.3 :

Marqueurs forts	– verbes au passé de la concessive entourés de verbes au présent ou aux temps futuraux – adverbes/locutions adverbiales et éléments d'irréel insérés dans la concessive – marqueurs de non-référentialité – genre textuel dit *abstrait* – marqueurs irréels de nature hétérogène

(suite p. 166)

(suite)

Marqueurs de force moyenne	– temps futuraux – propositions conditionnelles – l'impératif
Marqueurs faibles	– le subjonctif à valeur d'irréel employé dans le cotexte

Figure 6.3
Hiérarchie des marqueurs d'irréel selon leur poids relatif

6.3.3 Les marqueurs d'assertion l'emportent
Cette section est consacrée aux paramètres militant en faveur de l'analyse assertive malgré la présence de contre-marqueurs. Comme nous l'avons dit en 6.2.3, la fonction primaire des marqueurs assertifs réside dans le fait d'isoler l'assertion du présupposé, puisque ces deux catégories relèvent de la même notion conceptuelle. Dans cette section, la hiérarchie du poids relatif des paramètres assertifs est donc essentiellement établie par rapport à la concurrence avec les marqueurs de présupposé.

6.3.3.1 Marqueurs forts
Selon nos relevés, il existe trois marqueurs forts militant en faveur de l'interprétation assertive de la concessive :

- Les marqueurs dits *assertifs* (verbes, adjectifs, substantifs) constituent un support fort pour l'analyse assertive, l'emportant à peu près exclusivement sur les contre-marqueurs. Sous (47), le verbe assertif par excellence *dire* (à l'imparfait) introduit une citation. Quoiqu'appartenant à un autre niveau discursif que la concessive, il milite en faveur d'une analyse assertive du verbe de cette dernière et prédomine ainsi sur la position thématique :

    (47) Si **disoit** : «Bien que je *suis* (i) certain que ung jour me conviendra mourir, j'ayme plus cher qu'il soit une aultre foys que maintenant […]. (Flore : Contes amoureux : 207, Id 387, 1537, cité par Frantext)

    Cependant, la position du verbe *dire* par rapport à la concessive est également déterminante pour l'interprétation assertive, car en (47) ce verbe précède immédiatement la concessive, en marquant de façon explicite qu'une information nouvelle va suivre. En revanche, en (48), le verbe assertif (*dit-il*) ne porte pas sur la concessive, non seulement parce qu'il appartient à un autre niveau discursif, mais aussi parce qu'il est postposé. La concession est déjà faite au moment où le verbe assertif apparaît, de sorte qu'il ne l'emporte pas sur les marqueurs de présupposé (thème et énoncé générique) :

(48) Bien que ce *soit* (s) contraire aux usages, c'est là, **dit-il**, qu'il passe la plus grande partie de sa vie, surtout ses soirs d'été. (Loti : Au Maroc : 197, Id 1193, 1890, cité par Frantext)

On pourrait par conséquent être induit à considérer les verbes assertifs comme un marqueur de force moyenne, mais il nous semble qu'ils sont forts pour plusieurs raisons. Premièrement, comme nous l'avons dit, le verbe assertif appartient à un autre niveau discursif que la concessive en (48) ; deuxièmement, les autres marqueurs assertifs (adjectifs, substantifs), auxquels les verbes assertifs ressemblent, l'emportent presque toujours sur les contre-marqueurs ; enfin, nous avons observé une forte corrélation entre les verbes assertifs et l'indicatif, mode de l'assertion.

- Une concessive au passé simple est également à considérer comme un marqueur fort d'assertion. En (49), *el pretérito* 'le passé simple' de la concessive (*quedamos* 'nous nous sommes mises d'accord') milite en faveur d'une analyse assertive, l'emportant visiblement sur la référence à la deuxième personne :

    (49) ELENA. – (Dejando de coser.) ¿Mi madre? ¿Conoce usted a mi madre? D.ª ANTONIA. – He metido la pata, pero en fin. No importa que lo sepas, aunque **quedamos** (i) que no **te** diríamos nada. 'HELENE. – (s'arrêtant de coudre) Ma mère ? Vous connaissez ma mère ? Mme ANTONIA. – J'ai fait une gaffe, mais enfin. Peu importe que tu le saches, bien que nous nous soyons mises d'accord de ne te rien dire.' (Alonso de Santos : Bajarse al moro : 68, Id 79, 1985, cité par CREA)

    Pourtant, nous avons relevé un contre-exemple (voir (36)) où le passé simple de la concessive traduit une valeur présupposée en raison du marqueur anaphorique (*tal y como fue demostrado* 'comme cela a été démontré') dans la phrase précédente, ainsi que la position thématique de la concessive. Comme c'est le seul contre-exemple relevé, nous considérons le passé simple comme un marqueur fort d'assertion.

- Les didascalies sont le dernier marqueur fort d'assertion, tel que le montre (37) ci-dessus, où la didascalie l'emporte sur la position thématique de la concessive. Pourtant, sous (50) il semble que le subjonctif (*protesten* 'elles protestent') de la concessive véhicule un contenu présupposé, quoique l'énoncé fasse partie d'une didascalie. Toutefois, ce présupposé apparaît indirectement sous forme d'une inférence : l'interlocuteur déduit que le fait que Nosferatu touche les femmes sur leur point sensible entraîne logiquement des protestations de leur part :

(50) (Las señoritas del coro hacen, en efecto, un rolde sobre Nosferatu, que las pica en lo vivo, y se retortijan de placer, aunque *protesten* (s)). '(Les demoiselles du cœur font, en effet, un cercle autour de Nosferatu, qui les touche sur le point sensible, et elles se tordent de plaisir, bien qu'elles protestent).' (Nieva : Nosferatu : 235, Id 24, 1993, cité par CREA)

Comme c'est le seul contre-exemple relevé, nous considérons les didascalies comme un marqueur fort.

6.3.3.2 Marqueurs faibles
Le dernier marqueur assertif est faible, puisqu'il est souvent concurrencé par des contre-marqueurs. A la différence des marqueurs de présupposé et d'irréel, nous n'avons pas relevé de marqueurs d'assertion de force moyenne :

- Comme nous l'avons vu en 6.2.3 ainsi que dans la figure 6.1, le rhème milite en faveur de l'analyse assertive. En (51), le rhème confirme l'analyse de l'indicatif comme transmetteur d'une valeur d'assertion malgré la présence des contre-marqueurs, tels que la première personne et l'article démonstratif (*ese* 'ce') :

    (51) Porque hoy ha cambiado algo, lo **sé**, <u>a pesar de que *intento* (i) eludir **ese** pensamiento</u>. 'Parce qu'aujourd'hui quelque chose a changé, je le sais, bien que j'essaie d'éviter cette pensée.' (García Sánchez : El Alpe d'Huez : 390, Id 286, 1994, cité par CREA)

    Pourtant, comme le montre la figure 6.1, une concessive à valeur de présupposé peut également constituer le rhème de la phrase. En effet, les exemples abondent dans le corpus. Aussi le rhème est-il un paramètre faible pour l'analyse assertive.

Pour récapituler, la figure 6.4 résume la hiérarchie des marqueurs assertifs :

Marqueurs forts	– marqueurs assertifs – concessives au passé simple – didascalies
Marqueurs faibles	– rhème

Figure 6.4
Hiérarchie des marqueurs d'assertion selon leur poids relatif

6.4 Analyse modale dépourvue de marqueurs linguistiques
Ce chapitre a été consacré à une discussion sur les marqueurs linguistiques et extralinguistiques qui étayent l'analyse fonctionnelle des modes verbaux. Cependant, il s'avère de temps à autre qu'un exemple ne contient

Paramètres d'analyse 169

aucun des marqueurs présentés dans ce chapitre pour soutenir l'analyse modale. Dans la plupart des cas, il est néanmoins possible de déterminer la valeur modale du verbe de la subordonnée selon le contexte, mais il va sans dire qu'il est nécessaire de faire appel à des évaluations en termes relatifs. Dans ce qui suit, nous fournirons quelques exemples à titre illustratif.

Sous (52), selon l'analyse la plus plausible, le subjonctif (*ayent*) de la concessive traduit un contenu irréel, bien que l'exemple soit dépourvu de marqueurs en faveur de cette analyse. Celle-ci semble plausible, parce qu'on peut graduer le contenu propositionnel (voir 2.4.2.3) : apparemment ce ne sont pas tous les gens qui ont les yeux pleins de pus et les paupières collées par la sérosité desséchée :

(52) [...] dans la dépuration, on ne les purge jamais ; et l'on évite surtout de leur laver les yeux, encore qu'ils les *ayent* (s) pleins de pus, et que les paupières *soient* (s) collées par la sérosité déssechée [...]. (Volney : Voyage en Égypte et en Syrie : 222, Id 1642, 1787, cité par Frantext)

Sous (53), le locuteur présente le subjonctif de la concessive comme véhiculant un sens présupposé, dans la mesure où il présente un fait historique, mais comme il n'y a pas de marqueurs explicites pour soutenir cette analyse, il faut la prendre avec une certaine réserve :

(53) Il ne faut pas croire surtout que leur architecture, bien que ses spécimens les plus anciens, grâce à la fragilité des matériaux, ne *soient* (s) pas très antérieurs au dixième siècle, manque de science et de solidité. (Faure : Histoire de l'art : L'Art médiéval : 190, Id 1235, 1912, cité par Frantext)

Nous avons également relevé des exemples où il existe même des contre-marqueurs à l'analyse modale, mais qui manifestement ne contredisent pas l'analyse proposée, bien que celle-ci soit dépourvue de marqueurs explicites. En (54), le subjonctif de la concessive traduit une valeur présupposée, puisque l'état des malades en question n'est pas grave. Cette analyse ne semble pas contredite par le verbe au conditionnel (*pourrait*) militant en faveur du sens irréel :

(54) On **pourrait** dire déjà qu'il s'agit de malades, des malades légers, mais enfin des malades quand même. Encore que leur état n'*ait* (s) rien d'inquiétant. (Camus : Un cas intéressant [adapt.] : 667, Id 2014, 1955, cité par Frantext)

En fin de compte, il existe un petit nombre d'occurrences qui ne permettent pas une classification fonctionnelle. En (55), faute de marqueurs cotextuels, il n'est pas aisé de décider si le subjonctif (*fasse*) traduit un contenu présupposé, irréel ou même assertif :

(55) Bien que le juste ciel *fasse* (s) voir que sans crime / On la préfère aux nymphes de la mer, / Ce n'est que de savoir aimer / Qu'elle-même veut qu'on l'estime [...]. (Corneille : Andromède : 340, Id 774, 1682, cité par Frantext)

Ces exemples ne constituent qu'environ 1,5 % des relevés. Donc, dans la grande majorité des cas, il est possible de cerner une valeur modale de la forme verbale, étayée par des marqueurs linguistiques cotextuels.

6.5 Conclusions du chapitre

Dans ce chapitre, nous avons présenté les marqueurs cotextuels qui étayent l'analyse fonctionnelle des modes verbaux afin de diminuer le danger de circularité intrinsèquement lié à une étude d'ordre sémantico-pragmatique.

Nous pouvons conclure que les niveaux d'analyse de la théorie de l'assertion sont dans une large mesure bien fondés pour l'analyse des modes verbaux dans les concessives, puisqu'il a été possible de cerner des marqueurs permettant de distinguer les trois niveaux d'analyse, *i.e.* le présupposé, l'irréel et l'assertion. Par là, nous avons élargi le cadre théorique de la théorie de l'assertion (voir 2.4). Cela dit, la plupart des marqueurs ont essentiellement pour fonction de distinguer le présupposé de l'irréel, qui sont *a priori* deux catégories mutuellement exclusives et donc aisément identifiables, tandis que la valeur d'assertion est dans une large mesure définie négativement, étant donné qu'il est généralement difficile d'identifier des paramètres assertifs propres. La raison en est probablement que, quoique l'assertion et le présupposé constituent deux catégories complémentaires, la différence entre elles est très subtile, puisqu'elles relèvent de la même notion conceptuelle, à savoir le réel.

III
ANALYSE

7. Introduction à l'analyse empirique

7.1 Introduction
Le présent chapitre a pour fonction d'introduire l'analyse empirique qui sera abordée dans les chapitres 8 à 11. La section 7.2 présentera l'organisation des chapitres empiriques et la section 7.3 sera consacrée aux conjonctions qui ne sont pas traitées dans la présente étude.

7.2 Organisation des chapitres empiriques
Les chapitres 8 à 11 seront consacrés à l'analyse empirique des données. Les résultats empiriques sont classés en fonction de la conjonction qui introduit la subordonnée concessive. Ce classement est fondé sur l'hypothèse que le sémantisme des conjonctions exerce une influence sur l'évolution des modes. Le chapitre 8 traitera de *bien que*, le chapitre 9 de *encore que* et le chapitre 10 de *même si*. Dans le chapitre 11, nous passerons à l'analyse des données de l'espagnol moderne dans les propositions concessives introduites par *aunque* 'bien que, même si' et *a pesar de que* 'bien que'. Pour chaque conjonction française, nous mettrons l'accent sur l'évolution diachronique des modes verbaux et la distribution des valeurs modales. Nous aurions pu faire le choix inverse et privilégier l'aspect diachronique plutôt que les connecteurs concessifs. Cependant, un tel procédé aurait présenté l'inconvénient de fournir une image confuse de l'évolution modale et n'aurait pas permis de rendre compte de l'influence exercée par le sémantisme des connecteurs sur l'évolution des modes.

Les différents chapitres sont ordonnés selon des principes plus ou moins identiques. Nous fournirons tout d'abord des informations relatives à la formation et au sémantisme de chaque conjonction. Ensuite, nous rendrons compte de l'évolution des modes verbaux, en reliant cette évolution au critère de l'assertion. Pour mettre en œuvre l'approche diachronique, nous utiliserons une série de coupes synchroniques par siècle, en partant des premières occurrences attestées. Nous passerons ensuite en revue les siècles suivants jusqu'à arriver enfin à l'état moderne de la langue. Chaque chapitre se terminera par une conclusion qui récapitulera les points principaux. Le chapitre 11, dans lequel seront présentées les données espagnoles, suivra une progression identique, à la seule exception près qu'il ne traitera que de l'état de langue actuel.

Comme nous l'avons signalé en 5.2.1.3, notre démarche est essentiellement quantitative. Toutefois, nous proposerons aussi des analyses qualitatives afin d'expliquer les cas déviants par rapport à la théorie de l'assertion, puisqu'il s'avère que ces exemples annoncent l'évolution ultérieure dans le système concessif en général.

7.3 Conjonctions concessives écartées de l'étude

En 4.3.1, nous avons précisé la raison du choix des conjonctions concessives examinées dans cette étude. Il s'agit de *bien que*, de *encore que* et de *même si* en français, et de *aunque* et de *a pesar de que* en espagnol. Les conjonctions françaises ont été choisies parce qu'elles correspondent à des cas de figure différents, ce qui a pour effet de montrer que le système modal n'a pas réellement évolué dans une direction unique, quoique certaines tendances générales puissent être dégagées. Comme il ressort de cette énumération, certains subordonnants concessifs ne sont pas inclus dans notre étude. En français, il s'agit de *quoique* et de *malgré que*. Pour ce qui est de *quoique*, cette conjonction suit une évolution modale qui ressemble à bien des égards à celle de *bien que*, puisqu'elle permet l'alternance des modes verbaux dans des états antérieurs du français (Togeby 1974 : 182-183), mais semble avoir largement généralisé le choix du mode verbal au subjonctif à valeur de présupposé en français moderne (Togeby 1982 : 212, Grevisse 1986 [1936] : 1679, Soutet 2000 : 94). On pourrait toutefois se demander pourquoi nous avons retenu *bien que* et non *quoique* en raison de leurs points de ressemblance. La raison en est qu'étymologiquement *quoique* est issu de la construction relative indéfinie *quoi que* (Grevisse 1986 [1936] : 1675, Soutet 1992a : 181) : ce connecteur relève à l'origine de la subordination relative, ce qui implique que l'alternance modale est au départ motivée par un autre principe que celui qui est à l'œuvre dans les concessives circonstancielles, à savoir la référence de l'antécédent. Par conséquent, les résultats empiriques obtenus dans les deux cas ne seraient pas comparables. De plus, il est difficile de distinguer historiquement les deux constructions, étant donné que, comme l'affirme Grevisse (1986 [1936] : 1675), la distinction entre la construction relative *quoi que* et la conjonction *quoique* ne s'est établie que dans le cours du 18e siècle.

Le subordonnant *malgré que* est écarté pour deux raisons. Tout d'abord, il est considéré comme incorrect par les puristes (Togeby 1982 : 214, Grevisse 1986 [1936] : 1668) et appartient à un registre très informel, voire au français populaire ou argotique. Il faudrait ainsi, pour rendre compte correctement de sa distribution des valeurs modales au cours des siècles, faire appel à des données orales authentiques, ce qui risquerait d'affaiblir la comparabilité des données, puisque ce médium n'est pas pris en considération dans la collecte des données (voir 5.2.1.2.2). Ensuite, ce subordonnant est dépourvu d'intérêt dans une étude diachronique aussi vaste que la nôtre, puisqu'il apparaît très tard dans l'histoire du français. D'après Grevisse (*op.cit.* : 1669), il en existe des attestations au 17ᵉ siècle dans des documents juridiques. Pourtant, nous n'avons relevé à cette époque que l'expression toute faite *malgré que j'en aie, malgré qu'il en ait* 'malgré moi/lui' avec un certain nombre de variations, par exemple *malgré que j'en eusse, malgré qu'il en eût*. Ce n'est qu'à partir du 19ᵉ siècle que la fréquence de ce subordonnant commence à augmenter en dehors de la tournure figée.

Pour ce qui est de l'espagnol, García (1999 : 3832 ss) énumère toute une série de conjonctions qui peuvent prendre une valeur concessive, conjonctions que nous n'incluons pas pour diverses raisons.

Il s'agit tout d'abord de la locution *pese a que* 'bien que', qui est écartée puisqu'elle est une variante de *a pesar de que* au niveau syntaxique et fonctionnel (*op.cit.* : 3835).

Il existe également *aun cuando* 'même quand' qui est écarté, parce qu'il n'est pas entièrement figé comme connecteur concessif. D'après García (*op.cit.* : 3832-3833), ce connecteur a deux emplois en espagnol moderne, comme connecteur temporel ou concessif, emplois qui peuvent être distingués grâce à la prosodie. Néanmoins, sa valeur fondamentale est temporelle, et il peut toujours, même dans son emploi concessif, être paraphrasé par *incluso en los momentos en que* 'même dans les moments où'. Nous considérons *aun cuando* comme un connecteur fondamentalement temporel qui peut s'interpréter dans le contexte approprié comme un connecteur concessif, l'inverse n'étant pas le cas, comme le montre le raisonnement de König (1988 : 150). D'après cet auteur, les relations concessives sont « [...] a dead-end street for interpretative augmentation », dans la mesure où elles n'acceptent que l'interprétation concessive, alors que d'autres connecteurs peuvent s'interpréter comme concessifs (voir 4.3). Si nous avions inclus *aun cuando* dans la collecte des données, il aurait également fallu prendre en compte *même quand*, qui a un comportement semblable à son correspondant espagnol.

Nous faisons également abstraction du subordonnant *así* 'même si' en espagnol. Tout d'abord, cette particule est fortement polyvalente. Outre son emploi comme conjonction concessive, elle fonctionne encore plus fréquemment comme adverbe et correspond alors à *ainsi* en français. Sa prise en compte aurait entraîné beaucoup de bruit dans la collecte des données. Outre ce problème méthodologique, cette conjonction est dépourvue d'intérêt pour notre propos, car, selon García (1999 : 3833), elle est toujours suivie du subjonctif à valeur hypothétique et appartient à un registre très soutenu. Pour examiner si l'espagnol moderne est le reflet d'un stade révolu du français, il nous faut *a priori* inclure des connecteurs qui permettent une alternance modale et qui appartiennent à la langue standard pour éviter des emplois idiosyncrasiques ou trop spécialisés.

Pour la même raison, nous ferons abstraction de la conjonction espagnole *bien que* malgré sa ressemblance manifeste avec le même connecteur en français. García (*op.cit.* : 3841) estime que *bien que* est en voie de disparition de la langue espagnole, car il est senti comme archaïque.

García (*op.cit.* : 3833-3834) mentionne aussi *si bien, siquiera* et *y eso que* parmi les connecteurs concessifs espagnols. Ces formes seront également écartées, puisqu'elles relèvent de la coordination et que peuvent s'y substituer des locutions adverbiales adversatives telles que *sin embargo* 'cependant', *al menos, por lo menos* y *cuando menos* 'au moins'. Par ailleurs, toutes ces conjonctions sont spécialisées dans la postposition.

Enfin, nous avons écarté des locutions formées à partir d'un mot relevant d'un autre domaine conceptuel que la concession, et dont on peut discuter le degré de figement, à savoir *(aun) a riesgo de que* '(même) avec le risque que' et *(aun) a sabiendas de que* '(même) en sachant que'. Dans leur cas, le choix du mode est déclenché par des principes autres que ceux qui prévalent dans les concessives. Ainsi *(aun) a riesgo de que* est-il suivi uniquement du subjonctif à valeur d'irréel (*op.cit.* : 3836), probablement en raison de la présence du substantif *riesgo*, dérivé de la locution verbale *arriesgarse a que* 'se risquer à ce que', qui est presque exclusivement suivie du subjonctif. De même, *(aun) a sabiendas de que* est toujours suivi de l'indicatif (*loc.cit.*), probablement en raison de la présence de l'élément *sabiendas*, dérivé du verbe *saber* 'savoir', lui-même suivi de l'indicatif en forme affirmative.

8. *Bien que*

8.1 Introduction
Dans ce chapitre, nous présenterons l'évolution des modes verbaux dans les propositions ouvertes par la conjonction concessive *bien que*, depuis ses premières attestations jusqu'à la langue moderne. Comme nous l'avons signalé en 7.2, nous présenterons les données siècle par siècle.

Nous commencerons par exposer les différentes analyses proposées au sujet de la genèse de cette conjonction (8.2), puis nous traiterons de sa valeur, et notamment du rapport concessif qu'elle met en place (8.3). La section suivante sera consacrée au parcours chronologique de l'évolution du mode (8.4). Ensuite, nous présenterons la distribution diaphasique de ce subordonnant au fil des siècles examinés (8.5). Enfin, dans la section 8.6, nous récapitulerons les points principaux de ce chapitre et proposerons des scénarios qui puissent expliquer les changements survenus dans les propositions en *bien que*.

8.2 Formation de *bien que*[38]
Soutet (1992a : 220) énumère trois hypothèses majeures destinées à expliquer l'émergence de *bien que* :

- On peut rattacher *bien que* au provençal *ben que*, à l'italien *benché* ou au portugais *bem que*, termes qui sont supposés être issus du latin **bene habet quod*.
- On peut rester à l'intérieur du domaine français et rattacher *bien que* à *bien soit que*.

---

[38] Soulignons que pour ce qui est de la formation des connecteurs concessif *bien que* et *encore que* (ce dernier est traité dans le chapitre 9), on doit retracer, voire reconstruire, plusieurs étapes sémantiques pour décrire la trajectoire qui conduit au sens concessif. Selon Marchello-Nizia (2007, 2008), en ancien français, les connecteurs concessifs étaient des composés en *ne-/non-* + un quantificateur, tels que *nonpourtant, nonobstant*, que l'on constate même en moyen français, mais au 16ᵉ siècle, on remplace *nonpourtant* par *pourtant*, et les morphèmes à composante négative cèdent devant d'autres qui n'en ont pas (*cependant, toutefois*). L'apparition de *bien que* et de *encore que* vers le 16ᵉ siècle cadre bien avec l'observation qu'à cette époque-là les connecteurs concessifs ne sont plus rendus par une composante négative.

- On peut rattacher l'apparition de *bien que* à l'appauvrissement phonético-sémantique de *combien que*, qui était la locution concessive par excellence en ancien et en moyen français. *Combien que* ayant progressivement perdu la valeur de degré qui était attachée au préfixe *com-*, ce préfixe est devenu superflu et a fini par disparaître.

Soutet (*loc.cit.*) considère les deux premières hypothèses comme fragiles. La première n'est pas sans poser problème, dans la mesure où les formes **bene habet quod* ou **bene quod* n'ont jamais été attestées (Herman 1963 : 233), comme l'indique l'astérisque. Selon Herman (*loc.cit.*), si ces formes avaient existé, elles n'auraient pas eu de sens concessif. Il convient d'ajouter une autre faiblesse de cette hypothèse, qui n'est pas mentionnée par Soutet : plusieurs auteurs travaillant sur différentes langues romanes ont souvent recours à l'hypothèse de l'emprunt externe pour expliquer le même phénomène dans leur langue. A titre d'exemple, Rivarola (1976 : 96) rattache l'apparition du *bien que* espagnol au 15e siècle au *bien que* français et au *benché* italien. Si les linguistes spécialistes des différentes langues romanes recourent au même argument de la synchronie externe pour expliquer un phénomène interne de leur propre langue, en fin de compte l'argument n'explique rien.

La fragilité de la deuxième hypothèse réside d'après Soutet (1992a : 220) dans le fait que la forme *bien soit que* connaît un emploi si restreint en ancien français qu'il semble improbable qu'elle ait joué un rôle dans la constitution de *bien que*.

En revanche, Soutet (*loc.cit.*) semble accorder plus de poids à la dernière hypothèse, car elle rend compte d'un changement linguistique entre la forme (l'aphérèse de *combien que*) et le contenu (le changement sémantique).

Toutefois, nous ne considérons pas que la dernière hypothèse soit très convaincante non plus. Premièrement, le raisonnement est circulaire, puisque l'auteur ne tranche pas sur la question de l'origine du changement, soit dans la forme, soit dans le sens, et qu'il ne propose aucun paramètre qui puisse prouver ce changement. Deuxièmement, si l'apparition de *bien que* pouvait être expliquée par l'aphérèse de *combien que*, il faudrait s'attendre à une tendance générale entraînant la perte du préfixe *com-* dans l'adverbe *combien* pour mener à *bien*, ce qui ne semble guère être le cas, puisque ces deux adverbes coexistent déjà en ancien français. Enfin, la comparaison avec les autres langues romanes ne suggère pas qu'une telle évolution ait eu lieu. Pour ce qui est de *bien que* en espagnol, les linguistes expliquent son apparition par l'argument de l'emprunt externe, comme nous venons de le voir, ou bien par la simplification de l'expression *bien es verdad que* (litt. 'bien il est vrai que') (Cuervo 1954 : 872, García 1999 : 3841). Pour l'italien, le connecteur concessif *benché* doit probablement son origine à l'adverbe *bèn(e)* 'bien' suivi d'une proposition relative introduite par *che* 'que', d'où le fait que dans les textes de l'ancien et du moyen italien *ben ché* s'écrivait en deux mots (Battaglia 1962 : 159).

Nous proposons pour notre part l'hypothèse suivante pour expliquer l'apparition de ce connecteur : *bien que* a été introduit *par en haut* (« from above ») par les écrivains de la Renaissance afin d'exprimer une valeur cultivée et érudite, étant ainsi motivé par des facteurs externes. Cette hypothèse est corroborée par le fait que ce subordonnant s'introduit dans des genres textuels marqués, à savoir les genres en vers (voir 3.5). Nous développerons cette hypothèse en 8.4.1 et 8.5.

8.3 Sémantisme de *bien que*

Comme nous l'avons dit en 4.3.1, *bien que* traduit *a priori* la concession dite *logique*, *stricte* ou *simple*. Il s'agit d'un rapport de concession canonique, caractérisé par l'assertion de la coexistence de deux propositions réputées incompatibles, cette assertion étant fondée sur un lien implicatif [si p, alors normalement ~q] :

(1) **Bien qu**'il pleuve, Marie se promène au bord de la mer.

Dans une moindre mesure, *bien que* peut traduire aussi un rapport concessif dit *de rectification* ou *de restriction*. Ce type de concession tend à modifier une proposition précédente, ce qui implique normalement que la subordonnée est postposée à la principale :

(2) Le Soleil repose sur la ligne Equinoctiale trois minutes […], **bien qu**'il soit soubs la ligne Equinoctiale. (Fonteneau : Voyages avantureux du Capitaine Jan Alfonce, Sainctongeois : 8 recto, Id 392, 1544, cité par Frantext)

En (2), le locuteur asserte dans un premier temps que le soleil repose trois minutes sur la ligne équatoriale, mais au moyen de la concessive il modifie cette affirmation en disant qu'il se trouve en fait sous la ligne équatoriale.

Il y a généralement unanimité pour considérer *encore que* comme la locution conjonctive la plus apte à traduire la concession rectificative, toutes périodes diachroniques confondues, mais comme le montre (2), *bien que* peut également servir cette fonction (voir aussi Soutet 1992a : 214, Morel 1996 : 14). Pour le 16e siècle, Soutet (1992a : 214) a cependant noté une affinité statistique de *encore(s) que* avec la rectification et de *bien que* avec la concession logique (voir 9.3.2 pour une critique de la notion de *rectification*).

Comme nous le verrons dans ce chapitre, *bien que* a une préférence dès ses premières attestations pour la valeur de présupposé. Cette tendance est aussi observée par Morel (1996 : 23), quoique ses commentaires concernent surtout le français contemporain. Selon elle, l'adverbe *bien* « […] marque l'assentiment de l'énonciateur à une assertion préalable dont il n'est pas nécessairement l'auteur, à un jugement qu'il *suppose partagé* par celui auquel il s'adresse […] » (c'est nous qui soulignons). Cet emploi est illustré en (3), où l'adverbe *bien* renvoie à une information présentée préalablement et que l'interlocuteur est censé connaître :

> (3) Elle a **bien** ces yeux extraordinaires dont tu me parlais, mais enfin je ne la trouve pas aussi inouïe que tu disais. (Morel 1996 : 23)

Soutet (1990 : 13) défend la même idée en affirmant que les concessives en *bien que* véhiculent un contenu présupposé.

8.4 Evolution diachronique de *bien que*

8.4.1 14e au 16e siècle

Soutet (1992a : 212) situe l'apparition de *bien que* au début du français de la Renaissance (16e siècle), mais force est de constater, d'après nos relevés, que les premières occurrences, quoique d'une fréquence très modeste, remontent au moyen français.

La première attestation de *bien que* remonte au milieu du 14e siècle. C'est la seule occurrence que nous ayons relevée pour ce siècle-là, mais il semble bien qu'elle exprime la concession ; du moins est-ce l'interprétation de l'éditeur moderne qui a ajouté des virgules. Cet ajout montre que *bien* forme une unité lexicale avec *que* et non avec certains des éléments de la proposition précédente :

> (4) Et combien que je l'aie ainsi servie, / Elle me het et est mon ennemie. / Si soit elle, **bien que** de vraie amour / L'*ay* (i) amée toudis parfaitement […]. (Machaut : Appendice – Balade de plour et jugement : 653, Id 382, 1349, cité par DMF)

L'occurrence suivante de *bien que* date du début du 15e siècle et provient d'un ouvrage de Christine de Pizan (1404). En (5), les virgules, ajoutées par l'éditeur moderne, confortent l'interprétation concessive :

> (5) […] voire aussi ou supposé que vers aucuns elle fust possible, toutefois par paresce appliquier ne s'i pevent, ou peut-estre à y soy appliquier delectacion n'aroient, **bien que** de toutes delectacions la souveraine si *soit* (s) celle qui en speculacion est prise […]. (Pizan : Le livre des fais et bonnes meurs du sage roy Charles V : 163, Id 233, 1404, cité par DMF)

Ces deux occurrences révèlent que l'alternance entre l'indicatif et le subjonctif dans les concessives introduites par *bien que* existait déjà dans une certaine mesure en moyen français et que probablement le critère de l'assertion pourrait servir de base explicative. En l'occurrence, en (4) *bien que* est suivi du mode indicatif (*ay*), qui pourrait marquer une valeur d'assertion en raison de la position postposée de la concessive, alors que (5) contient un subjonctif (*soit*) à valeur de présupposé, cette interprétation étant soutenue par le fait qu'il s'agit d'un énoncé générique. Cela dit, comme nous n'avons affaire qu'à deux occurrences, il faut bien entendu se garder de tirer des conclusions trop hâtives sur cette seule base.

Il faut attendre 1535, avant que la suite *bien que* n'apparaisse à nouveau avec une valeur concessive. Il se peut que cet intervalle temporel frappant doive en partie être expliqué par la représentativité des corpus consultés. Cela concerne du moins les trois premières décennies du 16ᵉ siècle (1500-1529), qui ne sont représentées dans Frantext que par 15 textes, contrairement à la période 1530-1559, au cours de laquelle les occurrences de *bien que* commencent à augmenter et qui est représentée par 54 textes. Cependant, il semble en même temps que ce décalage soit dû à un phénomène de *polygenèse*, qui consiste en l'apparition puis la disparition d'un mot ou d'une construction avant sa réapparition ultérieure[39]. En effet, le 15ᵉ siècle est représenté dans DMF avec un total de 123 textes représentatifs de différents genres textuels et auteurs, sans que *bien que* à valeur concessive ne soit apparu, ce qui va dans le sens de l'explication polygénétique.

Pour le 16ᵉ siècle, nous avons relevé 226 occurrences de l'emploi concessif de *bien que*. La figure 8.1 révèle la fréquence relative des formes au subjonctif et à l'indicatif, ainsi que la répartition de leurs valeurs modales :

Subjonctif	Valeur	Nombre d'occurrences
	Présupposé	174 (85,3 %)
Total occ. : 204 (90,3 %)	Irrealis	20 (9,8 %)
	Assertion	0 (0,0 %)
	Inclassable	10 (4,9 %)
Indicatif	**Valeur**	**Nombre d'occurrences**
	Présupposé	2 (9,09 %)[40]
Total occ. : 22 (9,7 %)	Irrealis	5 (22,73 %)
	Assertion	14 (63,64 %)
	Inclassable	1 (4,54 %)
Total (subj./ind.) : 226 occ.		

Figure 8.1
Fréquence relative et valeur modale des modes verbaux
dans les propositions en *bien que* (16ᵉ siècle)

---

[39] Nous sommes conscient que le terme de *polygenèse* s'emploie normalement pour désigner un phénomène linguistique qui apparaît à plusieurs endroits en même temps sans qu'il n'y ait une relation entre les apparitions.

[40] Certains pourcentages dans les figures sont indiqués avec deux ou trois décimales pour que le total corresponde à 100 %.

Toutefois, 26 des 226 occurrences relevées comportent des formes douteuses, en raison de l'amuïssement du [s] préconsonantique (voir 5.5.4)[41]. 19 de ces occurrences prennent la forme du subjonctif (dont 16 semblent véhiculer un sens présupposé et trois un contenu irréel), alors que les autres occurrences, au nombre de sept, sont réalisées par des formes de l'indicatif (six d'entre elles assertent le contenu de la concessive et la dernière est inclassable). Si nous écartons ces occurrences du dépouillement, nous obtenons un total de 200 occurrences réparties sur 185 formes du subjonctif et 15 de l'indicatif :

Subjonctif	Valeur	Nombre d'occurrences	
	Présupposé	158	(85,4 %)
Total occ. : 185 (92,5 %)	Irrealis	17	(9,2 %)
	Assertion	0	(0,0 %)
	Inclassable	10	(5,4 %)
Indicatif	**Valeur**	**Nombre d'occurrences**	
	Présupposé	2	(13,33 %)
Total occ. : 15 (7,5 %)	Irrealis	5	(33,33 %)
	Assertion	8	(53,33 %)
	Inclassable	0	(0,0 %)
Total (subj./ind.) : 200 occ.			

Figure 8.2
Fréquence relative et valeur modale des modes verbaux
dans les propositions en *bien que* sans formes douteuses (16e siècle)

Après élimination des formes douteuses, les chiffres de la distribution des valeurs modales ne changent pas de manière significative, si ce n'est en ce qui concerne les occurrences de l'indicatif, qui constituent au niveau du pourcentage une proportion plus petite du total lorsque ces formes sont écartées. Il se peut par conséquent que certaines des formes douteuses soient effectivement des indicatifs.

---

[41] Notons que le terme de *formes douteuses* renvoie à la forme (à savoir à l'ambiguïté des troisièmes personnes du singulier de l'indicatif et du subjonctif au passé entre le 15e et le 18e siècle), alors que celui de *formes inclassables* dans la figure renvoie au contenu (à savoir à l'impossibilité de déterminer le sens fonctionnel par rapport au critère de l'assertion).

Les trois emplois prototypiques des modes verbaux sont présentés dans les exemples (6) à (8). En (6), le subjonctif (*soit*) véhicule un contenu présupposé, parce que le locuteur réfère à un savoir qu'il suppose partagé par l'interlocuteur (voir les pronoms et articles référant à l'interlocuteur) et parce que la concessive est antéposée à la principale ; en (7), le subjonctif (*face*) traduit une valeur d'irréel, analyse étayée par le futur prospectif (*sera*) figurant dans le cotexte ; en (8), l'indicatif (*avoient*) fournit une information nouvelle à l'interlocuteur, cette interprétation étant corroborée par la présence d'un marqueur d'assertion (*respondit*) et par la postposition de la subordonnée :

(6) Bien qu'Inon *soit* (s) **ta** compaigne, / Reçoi pourtant doucement / **Ton** mari, et ne dedaigne / Son mortel embrassement. (Ronsard : Quatrième livre des Odes : 390, Id 415, 1550, cité par Frantext)

(7) Je suis seur qu'elle ne **sera** point si farouche qu'elle ne permette bien qu'on la baise et qu'on luy face quelque autre chose, bien qu'au commencement elle *face* (s) semblant d'y resister. (Turnèbe : Les Contens : 79, Id 547, 1584, cité par Frantext)

(8) On luy demanda si jamais elle avoit eu affaire à homme ; **respondit** que non jamais, bien que les hommes quelques foys *avoient* (i) eu affaire à elle. (Rabelais : Tiers livre : 156, Id 381, 1546, cité par BFM)

Deux tendances majeures se dégagent des deux figures illustrées ici. Tout d'abord, on observe une forte dominance du subjonctif dans ces propositions, l'indicatif représentant un sous-système. La figure 8.1 indique un taux de 90,3 % des occurrences pour le subjonctif et de 9,7 % des occurrences pour l'indicatif. La figure 8.2, qui élimine les occurrences des formes douteuses, révèle à peu près le même résultat. L'analyse des deux figures montre ensuite que les deux valeurs non assertées du subjonctif (le présupposé et l'irréel) n'ont pas la même fréquence relative. On observe ainsi une aptitude de *bien que* à présenter le contenu verbal comme présupposé. Dans les deux figures, les formes au subjonctif présupposent le contenu propositionnel dans plus de 85,0 % des cas observés, et ce n'est que dans moins de 10,0 % des occurrences que ce mode traduit un contenu irréel. Cette association préférentielle avec le présupposé se reflète également dans la distribution textuelle. Nous n'avons relevé aucune attestation de ce subordonnant dans la prose dite *abstraite*, genre textuel qui favorise la valeur d'irréel, étant donné qu'il renvoie à des états de choses imaginaires (voir 6.2.2).

Les figures 8.1 et 8.2 mettent en évidence des emplois particuliers de l'indicatif, dans lesquels il n'asserte pas le contenu propositionnel, contrairement à nos attentes. Nous avons ainsi observé deux cas où l'indicatif traduit un contenu présupposé et cinq où il véhicule une valeur d'irréel. Dans les quatre de ces derniers cas, l'indicatif est traduit par des formes futurales qui véhiculent par définition un sens irréel, en désignant un état de choses prospectif ou imaginaire par rapport à un point de référence situé dans le présent ou le passé (voir 2.4.4). Le cinquième cas sera commenté en relation avec (11). En ce qui concerne les deux occurrences où l'indicatif traduit un sens présupposé, le locuteur présente à l'interlocuteur un état de choses dont il est supposé avoir une connaissance privilégiée. En (9), le locuteur s'adresse à la mort, personnifiée par la deuxième personne du singulier. La valeur de présupposé est également renforcée par le marqueur d'itérativité négative (*ne…jamais*) et par l'antéposition de la subordonnée (voir 6.2.1). En (10), le locuteur s'adresse à sa bien-aimée, Francine, afin de lui faire part d'une information qu'elle est supposée connaître (elle oublie le locuteur) :

(9) Mais bien que **tu** ne *fus* (i) **jamais** soulle de rien, / Vien **te** souller, ô mort, de mon sang, aussi bien […]. (La Taille : Alexandre : 41, Id 491, 1573, cité par Frantext)

(10) **Ma Francine, mon coeur**, qu'oublier je ne puis, / bien que pour **ton** amour oublié je me *suis* (i) […]. (Ronsard : Le Second livre des amours : 71, Id 503, 1578, cité par Frantext)

On peut expliquer l'emploi de l'indicatif de (9) et de (10) par la versification. En (9), le subjonctif (*fusses*) aurait rompu le schéma de versification de 12 syllabes, en apportant une syllabe supplémentaire. En (10), l'indicatif (*suis*) rime avec la forme verbale *puis* du vers précédent, et cet effet n'aurait pas été possible avec le subjonctif (*sois*).

Il faut cependant utiliser la versification avec prudence pour expliquer la valeur modale d'un verbe, comme l'illustre l'exemple suivant :

(11) C'est moy : plus n'**auray** de vergongne / De m'apparoistre, et me monstrer, / Bien que chacun s'en *plaint* (i) et grongne : / Je ne crains nully rencontrer. (Navarre : Trop, prou, peu, moins : 152, Id 393, 1544, cité par Frantext)

En (11), la concessive contient un indicatif (*plaint*), qui semble traduire une valeur irréelle en raison de la présence du futur dans le cotexte. Il aurait donc fallu s'attendre à trouver un subjonctif ; on pourrait dans un premier temps être amené à justifier l'emploi de l'indicatif par des contraintes métriques : les trois premiers vers comportent neuf syllabes, à condition que les e-muets finals de *vergogne, m'apparoistre* et *grogne* soient prononcés. Le subjonctif *plaigne*, prononcé également avec e-muet final, aurait rompu ce schéma, parce qu'il aurait donné dix syllabes. Cependant, cette hypothèse est infirmé par le fait que les e-muets finals ne se prononcent que rarement dans la récitation de la poésie classique, et que le e-muet de *plaigne* serait probablement élidé devant *et*. En fin de compte, le nombre de syllabes serait le même avec l'indicatif et le subjonctif (huit), de sorte que l'argument de la versification n'est pas valable ici.

Bien que

Comme nous l'avons avancé en 8.2, il semble que *bien que* se soit introduit *par en haut* dans un contexte marqué et que son emploi soit motivé de façon externe par la volonté des auteurs de la Renaissance d'utiliser un ton cultivé et érudit. Ce jugement est corroboré par l'observation que *bien que* apparaît et s'emploie au cours du 16e siècle fréquemment dans la poésie et le théâtre en vers, c'est-à-dire dans des genres proches du pôle de la distance (voir 5.3.4.1), et par le fait que le connecteur concessif *encore que* s'emploie au contraire dans un vaste éventail de genres textuels (voir chapitre 9). A titre illustratif, dans un registre en forme de journal du règne de Henri III rédigé en cinq tomes par Pierre de L'estoile entre 1575 et 1587, *bien que* s'emploie à peu près exclusivement dans les passages écrits en vers et non dans ceux qui sont rédigés en prose, contrairement à *encore que* qui est attesté dans les passages en vers et en prose. Rappelons que nous considérons que le théâtre en vers, quoique destiné à être représenté oralement, relève du pôle de la distance, puisqu'il est mis en vers et est donc dépourvu des traits spontanés caractéristiques de la langue parlée.

On pourrait néanmoins objecter que le développement de *bien que* est motivé de façon interne, c'est-à-dire provoqué par un besoin d'innovation des usagers de la langue (voir 3.5), et que par conséquent il est apparu dans la langue parlée pendant la période du moyen français pour se répandre ultérieurement dans la langue écrite (Janda & Joseph 2003 : 15-20, cité par Andersen 2006b : 66). Cependant, cette hypothèse ne semble pas très plausible pour deux raisons. D'une part, elle est purement spéculative, puisque nous n'avons pas recours, pour des raisons évidentes, à des enregistrements de la langue parlée à cette période. D'autre part, si ce subordonnant s'était introduit d'abord dans la langue parlée, on devrait s'attendre à en trouver des attestations, même en moyen français, dans les genres écrits proches du pôle de l'immédiat (voir 5.3.4.3), mais tel n'est pas le cas. Il semble donc plus plausible que *bien que* se soit introduit *par en haut* dans des genres textuellement marqués.

8.4.2 17e siècle
Nous avons relevé les résultats suivants pour le 17e siècle :

Subjonctif	Valeur	Nombre d'occurrences	
Total occ. : 182 (91,0 %)	Présupposé	159	(87,4 %)
	Irrealis	20	(11,0 %)
	Assertion	0	(0,0 %)
	Inclassable	3	(1,6 %)

(suite p. 186)

(suite)

Indicatif	Valeur	Nombre d'occurrences	
Total occ. : 18 (9,0 %)	Présupposé	5	(27,8 %)
	Irrealis	3	(16,7 %)
	Assertion	10	(55,5 %)
	Inclassable	0	(0,0 %)
Total (subj./ind.) : 200 occ.			

Figure 8.3
**Fréquence relative et valeur modale des modes verbaux
dans les propositions en *bien que* (17ᵉ siècle)**

Comme la figure 8.3 l'indique, le subjonctif est toujours le mode dominant, puisqu'il couvre 91,0 % des cas observés, alors que les formes à l'indicatif ne représentent que 9,0 % des occurrences. En ce qui concerne la valeur des modes, les occurrences du subjonctif présupposent le contenu propositionnel dans 87,4 % des cas et véhiculent un contenu irréel dans 11,0 % d'entre eux. Nous constatons donc une légère augmentation de la valeur de présupposé de 2,0 points par rapport au siècle précédent (en comparant avec la figure 8.2 qui écarte les formes douteuses), mais une augmentation également de la valeur d'irréel, dont la fréquence augmente de 1,8 points. Cette évolution peut être due au hasard, dans la mesure où la part des occurrences au subjonctif fonctionnellement inclassables représente 5,4 % au 16ᵉ siècle et 1,6 % seulement au 17ᵉ siècle. En ce qui concerne la distribution des valeurs de l'indicatif, 55,5 % des cas observés assertent le contenu de la concessive, alors que le contenu est présupposé dans 27,8 % des occurrences, et que l'indicatif traduit un sens irréel dans 16,7 % des cas. Les cas déviants seront commentés ci-dessous.

Comme nous venons de le voir, *bien que* conserve une préférence pour l'expression du sens présupposé. Au 16ᵉ siècle, nous avons interprété son absence dans les genres dits *abstraits* (notamment les écrits religieux) comme un symptôme de son attirance pour cette valeur. Il s'avère cependant que ce subordonnant se répand dans la prose religieuse au 17ᵉ siècle. Nous y avons observé 21 occurrences, et dans 19 d'entre elles (17 subjonctifs et deux indicatifs) il traduit une valeur de présupposé. Il serait tentant d'y voir le signe que *bien que* se spécialise progressivement dans l'expression du présupposé, de sorte qu'il peut être utilisé avec cette valeur dans un genre qui favorise pourtant les énoncés irréels.

Par ailleurs, il est difficile de dire si la fréquence relative des formes à l'indicatif a augmenté ou diminué par rapport au 16ᵉ siècle. Si nous comparons avec la figure 8.1, qui comptabilise les formes douteuses et fiables, les occurrences de l'indicatif ont diminué de 9,7 à 9,0 %. Mais si nous comparons avec la figure 8.2, qui élimine les formes douteuses, les formes de l'indicatif ont augmenté en passant de 7,5 à 9,0 %. Cet écart entre les deux dépouillements confirme qu'il est pertinent de prendre en compte les formes douteuses au 16ᵉ siècle, quoiqu'elles fassent dépasser le nombre souhaité de 200 occurrences (voir 5.5.4). Si nous nous référons à l'évolution ultérieure, marquée par un déclin progressif de l'indicatif, il semble plus plausible que la fréquence de ce mode ait diminué au 17ᵉ siècle, de sorte que certaines formes douteuses du 16ᵉ siècle doivent être de « vrais » indicatifs.

Comme cela a été dit plus haut, nous avons relevé quelques occurrences qui demandent un commentaire particulier. Il s'agit tout d'abord de trois occurrences dans lesquelles l'indicatif traduit un sens irréel. Comme le verbe est au conditionnel dans les trois cas, ces occurrences ne vont pas à l'encontre de nos attentes théoriques, puisque les formes futurales traduisent *a priori* un contenu irréel (voir 2.4.4). Les cinq cas dans lesquels l'indicatif traduit un contenu présupposé sont présentés dans les exemples (12) à (16) :

(12) Bien que **tu** *as* (i) **autour de toi** / Des coeurs et des yeux pleins de foi, / J'ai peur qu'une Dalide fine / Couppe **ta** force et **tes** cheveux [...]. (Aubigné : Les Tragiques 1 : 33, Id 673, 1630, cité par Frantext)

(13) France, bien qu'au milieu **tu** *sens* (i) des guerres fieres, / **Tu** as paix et repos à **tes** villes frontieres [...]. (Aubigné : Les Tragiques 1 : 83, Id 674, 1630, cité par Frantext)

(14) Et sçavez que mon coeur se fend par la moitié, / Bien que **vous** la *voyez* (i) sans y donner remede, / Pouvez-**vous** bien la voir sans en prendre pitié ? (Bertaut : Recueil de quelques vers amoureux : 50, Id 620, 1606, cité par Frantext)

(15) [...] car bien que **pour l'ordinaire**, la consideration *doit* (i) preceder les affections et resolutions, si est-ce que le Saint Esprit vous donnant les affections avant la consideration, vous ne deves pas rechercher la consideration [...]. (François de Sales : Introduction à la vie dévote : 85, Id 648, 1619, cité par Frantext)

(16) Et bien que ces sottes amours *vont* (i) **ordinairement** fondre et s'abismer en des charnalités et lascivetés fort vilaines, si est ce que ce n'est pas le premier dessein de ceux qui les exercent [...]. (François de Sales : Introduction à la vie dévote : 197, Id 649, 1619, cité par Frantext)

En (12) (13) et (14), les indicatifs *as*, *sens* et *voyez* traduisent des valeurs de présupposé, puisque le locuteur présente à l'interlocuteur une information dont il est supposé avoir une connaissance privilégiée. Les trois concessives sont antéposées, et (12) contient aussi une locution adverbiale déictique (*autour de toi*), éléments linguistiques qui renforcent l'analyse du sens présupposé (voir 6.2.1). En (13), le subjonctif *sentes* aurait à nouveau posé problème pour la versification. Dans cet exemple, les vers sont écrits en alexandrins ; le subjonctif aurait apporté une syllabe supplémentaire, à condition que la désinence *-es* soit prononcée. Sous (14), il fallait s'attendre au subjonctif *voyiez*, mais il n'est pas exclu que l'indicatif soit dû à une erreur commise par l'éditeur en raison de l'identité phonologique entre l'indicatif *voyez* et le subjonctif *voyiez*. En (15) et (16), l'analyse du contenu présupposé est motivée par le fait que nous avons affaire à des énoncés désignant une habitude et un fait générique. En (15), la locution adverbiale *pour l'ordinaire* et en (16) l'adverbe *ordinairement* étayent formellement cette analyse, qui est corroborée aussi par l'antéposition de la concessive.

Nous avons également relevé une occurrence dans laquelle un indicatif à valeur assertive est juxtaposé à un subjonctif à valeur de présupposé dans un même énoncé :

(17) [...] et que quiconque n'en est pas revêtu par une grande experience, ne pouroit pas se mêler de rendre service au roi dans ses revenus sans tout gâter, bien que c'*est* (i) **justement** le contraire, et que la ruïne du roiaume qui n'est que trop certaine, *soit* (s) l'ouvrage des habiles financiers. (Boisguilbert : Le Détail de la France sous le règne présent : 137, Id 807/808, 1695, cité par Frantext)

Par rapport à la structure informationnelle de la phrase, il est étonnant que le même verbe (*être*) se mette d'abord à l'indicatif et ensuite au subjonctif. On se serait plutôt attendu à la suite inverse des subordonnées. Pourtant, il s'avère que l'analyse proposée est celle qui est la plus plausible. L'adverbe assertif *justement* (voir 6.2.3) introduit un changement dans le discours. Le locuteur commence par présenter un état de choses hypothétique, en disant que celui qui n'a pas beaucoup d'expérience ne pourrait rendre service au roi dans ses revenus sans tout gâter, pour affirmer ensuite qu'il en est tout autrement. Dans la subordonnée reprise par *que*, le locuteur revient sur une information (la ruine du royaume) dont l'interlocuteur peut avoir une connaissance préalable, parce qu'elle n'est que trop certaine. Le locuteur part de cette information connue pour présenter dans un deuxième temps un autre fait connu : la ruine est due aux financiers du roi.

8.4.3 18e siècle

Pour le 18e siècle, nous avons relevé 194 occurrences de *bien que* concessif. La figure 8.4 présente la fréquence relative des modes verbaux et leur répartition des valeurs fonctionnelles :

Bien que

Subjonctif	Valeur	Nombre d'occurrences	
Total occ. : 189 (97,4 %)	Présupposé	170	(89,9 %)
	Irrealis	17	(9,0 %)
	Assertion	0	(0,0 %)
	Inclassable	2	(1,1 %)
Indicatif	**Valeur**	**Nombre d'occurrences**	
Total occ. : 5 (2,6 %)	Présupposé	2	(40,0 %)
	Irrealis	0	(0,0 %)
	Assertion	3	(60,0 %)
	Inclassable	0	(0,0 %)
Total (subj./ind.) : 194 occ.			

Figure 8.4
Fréquence relative et valeur modale des modes verbaux
dans les propositions en *bien que* (18ᵉ siècle)

Comme nous l'avons dit en 5.5.2, le nombre d'occurrences des connecteurs concessifs diminue considérablement au cours du 18ᵉ siècle pour des raisons peu évidentes. Pour répondre à l'exigence d'atteindre 200 occurrences, nous avons été contraint d'avoir recours aux formes douteuses dans les propositions en *bien que*, dont le nombre enregistré dans Frantext s'élève à 24. Avec ce chiffre, nous atteignons un total de 194 occurrences. Les 24 formes douteuses présentent la répartition suivante : 20 subjonctifs à valeur de présupposé, un subjonctif à valeur d'irréel, un subjonctif inclassable, deux indicatifs à valeur de présupposé. La figure 8.5 présente le dépouillement sans ces formes :

Subjonctif	Valeur	Nombre d'occurrences	
Total occ. : 167 (98,2 %)	Présupposé	150	(89,8 %)
	Irrealis	16	(9,6 %)
	Assertion	0	(0,0 %)
	Inclassable	1	(0,6 %)

(suite p. 190)

(suite)

Indicatif	Valeur	Nombre d'occurrences	
Total occ. : 3 (1,8 %)	Présupposé	0	(0,0 %)
	Irrealis	0	(0,0 %)
	Assertion	3	(100,0 %)
	Inclassable	0	(0,0 %)
Total (subj./ind.) : 170 occ.			

Figure 8.5
**Fréquence relative et valeur modale des modes verbaux
dans les propositions en *bien que* sans formes douteuses (18ᵉ siècle)**

Il importe de rappeler que l'accent circonflexe, qui permet de distinguer formellement la troisième personne du passé simple (*fut*) de celle de l'imparfait du subjonctif (*fût*), s'est introduit en 1740 avec le dictionnaire de l'Académie Française (Catach 1995 : 1129). A partir de cette année, on devrait donc avoir confiance *a priori* dans les formes de la troisième personne du singulier au passé. Cependant, nous considérons ces formes comme douteuses tout au long du 18ᵉ siècle pour éviter des partis pris idiosyncrasiques ou archaïques.

Les deux figures permettent de dégager les tendances suivantes : le subjonctif est toujours le mode dominant, puisqu'il représente environ 98,0 % des relevés. Nous avons même affaire à une augmentation considérable de sa fréquence par rapport aux siècles précédents. D'autre part, le subjonctif tend toujours à s'associer à la valeur de présupposé (presque 90,0 % des occurrences). Ce chiffre témoigne d'une petite augmentation par rapport au 17ᵉ siècle. Parallèlement, le nombre des subjonctifs à valeur d'irréel a diminué un peu.

En ce qui concerne l'emploi de l'indicatif, la figure 8.5 invite à penser que l'assertion est devenue la valeur modale privilégiée de ce mode, mais les 100,0 % figurant dans la figure ne sont fondés que sur trois occurrences, ce qui ne permet guère de parler d'une préférence statistiquement significative. Il faut par conséquent faire appel à des conclusions relatives.

Nous avons relevé quelques exemples qui requièrent un commentaire particulier. Cela concerne en premier lieu les deux indicatifs douteux présentés dans la figure 8.4, qui traduisent une valeur de présupposé :

(18) [...] car bien qu'il *fut* (i ?) enterré, il ne passa point cependant pour mort. (Voltaire : La Bible enfin expliquée par plusieurs aumoniers de S.M. L.R.D.P. : 523, Id 995, 1776, cité par Frantext)

(19) [...] elle me fit monter par un escalier dérobé qui donnoit à la chambre de Geltrude, nous entrâmes, bien que sa donzelle *eut* (i ?)

ordre de ne point ouvrir [...]. (Jourdan : Le Guerrier philosophe : 112, Id 986, 1744, cité par Frantext)

Selon l'analyse la plus plausible de (18), le prétendu indicatif (*fut*) traduit une valeur de présupposé, analyse qui est étayée par la position antéposée de la concessive et le fait que *fut enterré* est temporellement antérieur au passé simple de la principale (*passa*).

Le prétendu indicatif (*eut*) de (19) semble également traduire une valeur de présupposé malgré la position postposée de la concessive. Nous avons affaire dans cet énoncé à une série d'actions mises au premier plan grâce à l'emploi du passé simple (voir 2.4.1), à savoir *elle me fit montrer* et *nous entrâmes*. Ces formes assurent le déroulement de l'action. Le contenu de la concessive, en revanche, appartient plutôt à l'arrière-plan, dans la mesure où la donzelle avait reçu l'ordre de ne pas ouvrir avant que ne se déroulent les actions du premier plan. Tout porte donc à croire que *eut* est plutôt un subjonctif.

Nous avons également trouvé un exemple dans lequel deux concessives au subjonctif (la dernière est coordonnée par *que*) traduisent deux valeurs modales différentes. La première proposition indique bien un sens présupposé, puisque le locuteur présente un état de choses dont il a lui-même un savoir préalable. Dans la deuxième subordonnée, le locuteur désire dans un premier temps présenter le contenu comme s'il était connu, mais se corrige aussitôt, en insérant l'adverbe *peut-être* qui modifie complètement ce contenu, ce qui rend possible l'interprétation de la valeur d'irréel (voir 6.2.2) :

(20) Bien que je n'*aye* (s) aucune mission pour chercher ce moyen, et que je *sois* (s) **peut-être** l'homme du royaume le moins pourvû des qualitez necessaires à le trouver ; je n'ay pas laissé d'y travailler [...]. (Anonyme : santProjet d'une dixme royale [...] : 5, Id 810/811, 1707, cité par Frantext)

8.4.4 19e siècle

La figure 8.6 montre la fréquence relative des modes verbaux dans les propositions concessives introduites par *bien que* et leur valeur modale au 19e siècle :

Subjonctif	Valeur	Nombre d'occurrences	
Total occ. : 200 (100,0 %)	Présupposé	189	(94,5 %)
	Irrealis	6	(3,0 %)
	Assertion	3	(1,5 %)
	Inclassable	2	(1,0 %)

(suite p. 192)

(suite)

Indicatif	Valeur	Nombre d'occurrences	
Total occ. : 0 (0,0 %)	Présupposé	0	(0,0 %)
	Irrealis	0	(0,0 %)
	Assertion	0	(0,0 %)
	Inclassable	0	(0,0 %)
Total (subj./ind.) : 200 occ.			

Figure 8.6
Fréquence relative et valeur modale des modes verbaux
dans les propositions en *bien que* (19ᵉ siècle)

Au 19ᵉ siècle, les formes douteuses, attestées largement entre le 16ᵉ et le 18ᵉ siècle en raison de l'amuïssement du [s] préconsonantique, ne doivent plus se rencontrer, puisque, comme nous l'avons dit, l'accent circonflexe est devenu régulier à partir de 1740, et que l'imparfait du subjonctif en -*st* (*fust*) n'est plus attesté dans les relevés.

Les chiffres que nous avons obtenus sont assez révélateurs. Les 200 occurrences sont toutes au subjonctif, celles de l'indicatif sont totalement absentes. En ce qui concerne la distribution des valeurs des deux modes, on constate que 94,5 % des occurrences présupposent le contenu propositionnel et que 3,0 % véhiculent un sens irréel. Toutefois, on ne saurait conclure de l'absence d'occurrences à l'indicatif dans notre échantillon que ce mode a disparu de ce type de phrase dans la langue française. Il se peut bien entendu que ce mode soit relevé dans un autre dépouillement (pour les principes de sélection des données voir 5.5.2).

Il est intéressant de constater que contrairement aux siècles précédents, nous avons relevé trois cas où le subjonctif traduit une valeur assertive :

(21) [...] et, bien qu'**à dire vrai**, pendant la dernière partie de cette période [...] j'*eusse* (s) perdu ma gaieté et mon bonheur [...], d'un autre côté cependant, un garçon comme moi, amoureux des livres, adonné aux recherches de l'esprit, ne pouvait pas [...]. (Baudelaire : Les Paradis artificiels : 394, Id 1132, 1860, cité par Frantext)

(22) [...] on met d'un côté le feuillage, de l'autre le chant de l'oiseau, bien que **dans la réalité** on *ait* (s) perçu en même temps le feuillage et la chanson. (Lamaître : Les Contemporains : première série : 167, Id 1180, 1885, cité par Frantext)

(23) [...] on lui eût donné quinze ans ou trente ans, bien qu'elle en *eût* (s) **en réalité** dix-neuf, quatre de moins que son mari. (Zola : La Fortune des Rougon : 55, Id 1158, 1871, cité par Frantext)

En (21), l'interprétation assertive est soutenue par la présence de la locution adverbiale *à dire vrai* qui contient l'élément assertif par excellence : le verbe *dire*, et en (22) et (23) par les locutions adverbiales *dans la réalité* et *en réalité*. Ces trois locutions fonctionnent comme marqueurs assertifs (voir 6.2.3), parce qu'elles introduisent un changement dans le discours. En (22) et (23), la concessive est en outre postposée et apporte une rectification du contenu de la principale. A titre d'exemple, en (23) le locuteur affirme dans un premier temps que la femme a 15 ou 30 ans, mais se corrige ensuite dans la concessive, en disant qu'en réalité elle n'en a que 19. Comme c'est le cas ici, les affirmations rectificatives sont toujours postposées à la principale (Morel 1996 : 10, Soutet 2000 : 98-99), ce qui ne fait que confirmer l'analyse assertive. Nous reviendrons à cette discussion en 8.6.

En dépit de ces exemples, les pourcentages de la figure 8.6 confirment ce que les siècles précédents avaient déjà suggéré : *bien que* a entamé un processus de spécialisation du mode (subjonctif) et de la valeur modale (le présupposé), processus qui semble maintenant en cours d'achèvement.

8.4.5 20e siècle

Les résultats empiriques de l'analyse des propositions en *bien que* dans les textes du 20e siècle sont synthétisés dans la figure 8.7 :

Subjonctif	Valeur	Nombre d'occurrences	
Total occ. : 197 (98,5 %)	Présupposé	189	(95,94 %)
	Irrealis	5	(2,54 %)
	Assertion	2	(1,02 %)
	Inclassable	1	(0,50 %)
Indicatif	Valeur	Nombre d'occurrences	
Total occ. : 3 (1,5 %)	Présupposé	0	(0,0 %)
	Irrealis	0	(0,0 %)
	Assertion	3	(100,0 %)
	Inclassable	0	(0,0 %)
Total (subj./ind.) : 200 occ.			

Figure 8.7
Fréquence relative et valeur modale des modes verbaux
dans les propositions en *bien que* (20e siècle)

Contrairement à ce que nous avions constaté au siècle précédent, le subjonctif ne couvre pas la totalité des cas observés : il représente 98,5 % des relevés. Cependant, c'est toujours le mode dominant. Comme nous l'avons dit dans la section précédente, l'hégémonie du subjonctif que nous avons observée dans l'échantillon de textes du 19ᵉ siècle pourrait être due au hasard. De même, si nous avions établi un autre échantillon pour le 20ᵉ siècle, les formes à l'indicatif auraient fort bien pu être totalement absentes.

Pour ce qui est de la distribution des valeurs des deux modes, le subjonctif a toujours une préférence pour l'expression du contenu présupposé (avec 95,94 % des occurrences enregistrées) et ne traduit une valeur irréelle que dans 2,54 % des cas. L'indicatif, quant à lui, traduit une valeur d'assertion dans les trois occurrences relevées. Quoique ce mode ne soit pas complètement remplacé par le subjonctif, on peut interpréter ces résultats comme le signe que le subjonctif à valeur de présupposé s'est spécialisé dans les propositions en *bien que*. Ce point sera développé en 8.6.

Comme il ressort de la figure présentée ci-dessus, le subjonctif prend une valeur assertive dans deux cas :

(24) Mais ces créanciers à qui je dois tout, j'ai hâte de leur payer mes dettes… bien qu'**à vrai dire** j'*aie* (s) la certitude de ne pouvoir jamais m'acquitter envers eux. (Aymé : Clérambard : 81, Id 1310, 1950, cité par Frantext)

(25) […] on a pris l'habitude de dire […] que le Danube est bleu, bien qu'il *soit* (s) **en réalité** tantôt vert, tantôt brunâtre. (Bouquet : Une mère russe : 17, Id 1363, 1978, cité par Frantext)

L'interprétation assertive s'explique par la présence des locutions adverbiales *à vrai dire* et *en réalité* (voir 6.2.3). Ces adverbes marquent un changement dans le discours, en présentant un fait inattendu.

Dans le siècle précédent, nous avons également relevé trois occurrences où le subjonctif traduit une valeur d'assertion. On peut se demander si ces exemples constituent un contre-argument à l'affirmation de la spécialisation du subjonctif. Il semble plausible, au contraire, d'interpréter le fait que le subjonctif peut exprimer un sens assertif comme le symptôme de sa spécialisation. Comme il n'est plus loisible de choisir entre l'indicatif et le subjonctif, le subjonctif a désormais hérité de la valeur qu'avait l'indicatif. Cette hypothèse est corroborée par l'observation qu'à des stades antérieurs du français, l'indicatif pouvait très bien marquer un changement dans le discours grâce à de tels adverbes. En (17) évoqué ci-dessus, l'indicatif (*est*) se combine avec l'adverbe assertif *justement* pour apporter une rectification au contenu de la principale.

L'évolution modale observée dans les propositions en *bien que* sera retracée de façon synthétique et mise en rapport avec la thèse de la regrammaticalisation du subjonctif en 8.6.

8.5 Genres textuels

Dans cette section, nous présenterons la distribution de *bien que* par rapport à la variation diaphasique au cours des siècles examinés, en considérant son étendue dans différents genres textuels (voir 5.3.4).

Comme nous l'avons dit en 8.2 et 8.4.1, l'introduction *par en haut* de *bien que* dans la langue semble être le résultat d'un changement motivé par des facteurs externes. Il s'agit d'une innovation par les auteurs de la Renaissance pour prendre un ton cultivé et érudit. Cette thèse est appuyée par l'observation que ce connecteur apparaît et s'emploie presque exclusivement dans des genres marqués, notamment la poésie et le théâtre en vers. Quoique le théâtre soit destiné à être joué oralement, il est dépourvu des traits spontanés qui sont propres à la langue parlée, puisqu'il est soumis aux lois de la versification (voir 5.3.4.1).

Au cours des siècles, *bien que* perd une partie de sa spécialisation générique, car il s'ouvre à d'autres genres textuels. Au 17e siècle, le siècle du Classicisme français, ce subordonnant continue à s'employer fréquemment dans la poésie et le théâtre en vers, mais il commence petit à petit à s'employer dans les textes en prose, notamment la prose argumentative, littéraire et non-littéraire. En outre, nous avons observé sa présence dans le discours direct en prose. Cela dit, *bien que* garde une préférence pour les genres plutôt soutenus.

Au 18e siècle, nous constatons une évolution considérable par rapport aux siècles précédents sous l'influence du changement général que connaissent les genres textuels. Le 18e siècle, qui est le siècle des Lumières, met à l'honneur le rationalisme et se caractérise par l'essor du genre argumentatif, tandis que le théâtre en vers, et notamment la tragédie, connaît son essor pendant la période du classicisme français et décline au contraire au 18e siècle sous l'effet de l'engouement pour le romanesque (Charpentier & Charpentier 1987 : 10). De même, la poésie perd du terrain, les Lumières consacrant la suprématie de la prose qui s'épanouit dans des genres nouveaux comme le dictionnaire, le journal, l'histoire, l'autobiographie et le dialogue (*loc.cit.*). Ce changement général s'observe dans la distribution de *bien que*. Ce subordonnant est quasiment absent dans les genres en vers, mais connaît un essor dans ceux de la prose. Cependant, il garde une préférence pour les genres proches du pôle de la distance (voir 5.3.4.1), tels que la prose argumentative et non-littéraire, bien qu'il soit aussi attesté, dans une moindre mesure, dans la prose littéraire et le discours direct en prose.

Au 19e siècle, la distribution générique de *bien que* ressemble à bien des égards à celle du 18e siècle : la seule différence notable est l'augmentation de sa fréquence dans la prose narrative littéraire. Remarquons en outre que *bien que* a une fréquence assez élevée dans les ouvrages de George Sand, telles que la correspondance[42] et l'autobiographie. On a tendance à considérer George Sand comme une auteur plutôt populaire. *Bien que* semble donc avoir élargi quelque peu son champ d'emploi par rapport aux siècles précédents.

Au 20ᵉ siècle, la fréquence relative de *bien que* augmente considérablement dans la prose narrative littéraire, mais ce connecteur continue à s'employer dans la prose argumentative et la prose narrative non-littéraire quoique de façon moins prononcée que dans les siècles précédents. Nous avons également observé une fréquence non-négligeable de ce subordonnant dans le discours direct en prose, y compris le théâtre en prose. En revanche, son emploi dans les textes en vers a également été observé, mais il reste assez modeste.

En guise de conclusion, il ne fait pas de doute que *bien que* change de distribution par rapport à la variation diaphasique au cours de la période qui va du 16ᵉ au 20ᵉ siècle. Ce subordonnant passe des genres très soutenus tels que la poésie et le théâtre en vers (16ᵉ siècle) à des genres moins formels comme la prose narrative littéraire et les dialogues en prose (19ᵉ et 20ᵉ siècles). Cependant, *bien que* n'a jamais été très représenté dans les genres écrits les plus populaires. Ce subordonnant s'emploie fréquemment au cours des siècles dans les genres assez formels comme la prose argumentative et la prose narrative non-littéraire. Il élargit ses différents domaines d'apparition, tout en conservant une partie de sa valeur primitive de marqueur caractéristique de la langue cultivée et érudite. En ce qui concerne son statut de marquage par rapport aux autres conjonctions examinées, voir 9.6 et 12.2.4.

8.6 Conclusions du chapitre

Dans ce chapitre consacré à l'évolution des modes verbaux et de la distribution des valeurs modales dans les propositions concessives introduites par *bien que*, les tendances suivantes se sont dégagées : le subjonctif se fige dans ces propositions, puisqu'il acquiert un caractère de plus en plus obligatoire du point de vue formel et fonctionnel : l'alternance avec l'indicatif cesse d'être possible et le subjonctif favorise l'expression du contenu présupposé. Sa nette préférence pour cette valeur semble confirmée par le contenu sémantique de *bien que* (voir 8.3). Cette évolution n'est pas abrupte ; elle se met en place progressivement, siècle par siècle, bien que dès le 19ᵉ siècle le subjonctif soit devenu le mode obligatoire et le sens présupposé l'interprétation préférée. Cette évolution est résumée dans la figure 8.8 :

---

[42] Comme nous l'avons dit en 5.3.4.3, nous considérons que les occurrences de la correspondance où le locuteur et l'interlocuteur sont désignés par des marqueurs grammaticaux relèvent du discours direct, quoique ce genre ne soit pas marqué formellement par les signes « … ».

Système 1	Système 2
• Subjonctif : présupposé/irréel • Indicatif : assertion/(présupposé)/(irréel)	• Subjonctif : présupposé

Figure 8.8
Réorganisation du système grammatico-fonctionnel
dans les concessives introduites par *bien que* du 16ᵉ au 20ᵉ siècle

Dans ce système réorganisé, il semble que le subjonctif ait subi un processus de re-grammaticalisation (voir Andersen 2006a et la section 3.2.3) grâce auquel un changement s'est produit entre sa forme et son contenu (Heltoft *et al.* 2005 : 28). Dans le système 1, le subjonctif exerçait une fonction grammaticale qui rendait possible une certaine alternance avec l'indicatif et entre le présupposé et l'irréel. Dans le système 2, il a obtenu, à la suite d'une réanalyse (voir ci-dessous), un nouveau statut grammatical où toute alternance semble perdue. En d'autres termes, dans le passage des systèmes 1 à 2, le subjonctif a subi un processus d'*obligatorification* (Lehmann 1995 [1982] : 139) ou de *spécialisation* (Hopper & Traugott 2003 [1993] : 116-118).

Il est difficile de dire si le subjonctif hérite de la valeur assertive en raison de la disparition de l'indicatif ou si cette valeur se perd dans la réorganisation du système grammatical. Les exemples (21)-(25), qui témoignent du fait qu'en français moderne le subjonctif peut prendre la valeur d'assertion, militent en faveur de l'hypothèse selon laquelle le subjonctif aurait hérité la valeur d'assertion, mais le nombre réduit de ce type d'occurrences tend au contraire à l'infirmer sans pour autant la récuser totalement.

On pourrait être conduit à considérer ce changement comme contradictoire avec l'évolution générale du système concessif, dans lequel l'indicatif s'imposera au détriment du subjonctif (voir 12.2.1.3). Toutefois, quoiqu'il soit vrai que l'indicatif disparaît des concessives en *bien que*, le poids du subjonctif se réduit également dans ces propositions, parce qu'il perd sa capacité d'alternance entre les deux valeurs non assertées. Nous reviendrons sur cette discussion dans le chapitre 12.

Quatre cas de figure peuvent être envisagés pour rendre compte de la réduction du système modal dans les propositions en *bien que* :

- Les propositions concessives sont fondées sur la factualité (König 1988 : 146), *i.e.* le présupposé, d'où le fait que la portée d'une négation située dans la principale n'affecte pas le contenu de la concessive (voir 4.3). Selon cette explication, la valeur de présupposé du mode subjonctif serait donc conforme à la structure des concessives.

- L'opposition assertion/présupposé est trop vague pour que les locuteurs l'exploitent dans la production langagière, parce que ces deux notions relèvent en fin de compte de la même notion conceptuelle, le réel. Pour répondre à un besoin d'économie dans la communication,

- les locuteurs se servent du mode le plus fréquent pour communiquer un fait réel, à savoir le subjonctif.
- Le déclin puis la quasi-disparition de la valeur d'irréel exprimée par le subjonctif s'expliquent par sa fréquence assez élevée dans un genre textuel particulier, le genre dit *abstrait* (voir 6.2.2). Comme les locuteurs ne savent pas si cette valeur doit être associée à la forme ou au genre textuel, elle finit par disparaître.
- Ce déclin peut aussi être expliqué par l'apparition et la propagation de *même si*, subordonnant concessif favorisant l'irréel (voir chapitre 10).

Comme ces scénarios reposent sur différents aspects de la réduction du système modal, plusieurs d'entre eux sont en mesure d'en rendre compte. Toutefois, le premier est dépourvu de force explicative, puisqu'il est contredit par l'état des autres langues romanes, comme par exemple l'espagnol moderne. Comme il ressortira du chapitre 11, les deux modes alternent plus ou moins librement selon la dichotomie assertion/présupposé dans les propositions concessives espagnoles. Si une spécialisation devait se produire, il est fort probable que ce serait l'indicatif et non le subjonctif qui se figerait. En revanche, les trois autres scénarios semblent pourvus de force explicative. Le deuxième met en évidence un phénomène interne à l'intérieur des propositions en *bien que*, lié à la notion de *réel*, dont les locuteurs simplifient l'expression, à la suite d'une réanalyse. Les troisième et quatrième scénarios rendent compte d'un phénomène externe aux propositions en *bien que*. Le changement proposé par le troisième, qui est également fondé sur une réanalyse, doit être mis en rapport avec l'évolution observée dans les propositions en *encore que* (voir chapitre 9). Ce connecteur a un emploi assez fréquent dans le genre dit *abstrait* lorsque suivi du subjonctif à valeur d'irréel. Comme les propositions en *bien que* et en *encore que* ont certains points de ressemblance (elles apparaissent tous deux dans la langue au même moment et subissent jusqu'à un certain degré la même évolution linguistique) et constituent une opposition de marquage (voir 9.6), on peut supposer que les changements survenus dans les propositions non marquées (*encore que*) affectent ceux dans les propositions marquées (*bien que*). Le quatrième scénario concerne un transfert des valeurs fonctionnelles (l'irréel en l'occurrence) d'une proposition à l'autre, ce qui a comme résultat que les valeurs modales s'associent à une forme linguistique particulière.

Comme il ressortira de 12.2.1.3, les trois derniers scénarios sont également en mesure d'expliquer le changement général qu'a subi le système modal dans les propositions concessives examinées dans cette étude et peuvent rendre compte de la re-grammaticalisation du subjonctif, en particulier les deuxième et troisième scénarios, car ils sont liés à la réanalyse du subjonctif.

9. *Encore que*

9.1 Introduction
Le présent chapitre est consacré à l'évolution des modes verbaux et de leur distribution des valeurs fonctionnelles dans les propositions concessives introduites par *encore que* depuis ses premières attestations jusqu'à la langue moderne.

La structure de ce chapitre suit dans une large mesure celle du chapitre précédent. Nous commencerons par une présentation de la formation de cette conjonction (9.2), qui sera suivie d'une discussion sur sa valeur sémantique et sur le rapport concessif qu'elle met en place (9.3). La section suivante traitera de l'évolution du mode et de sa distribution des valeurs fonctionnelles dans les concessives en *encore que* (9.4). Ensuite, nous présenterons la répartition de ce subordonnant par rapport à la variation diaphasique au cours des siècles examinés (9.5). Enfin, nous récapitulerons les points principaux de ce chapitre et établirons le rapport de marquage entre cette conjonction et *bien que* (9.6).

9.2 Formation de *encore que*[43]
La conjonction *encore que* semble être formellement constituée de l'adverbe temporel *encore* et du subordonnant *que* qui se sont combinés pour former un connecteur concessif dont la valeur temporelle s'est effacée. Cette idée sous-tend les études de König (1985a : 11, 1985b : 268, 1988 : 155) et de Harris (1988 : 85), König parlant d'une coexistence remarquable de deux faits (voir 4.2.2).

Il est possible d'avancer deux hypothèses relatives à cette coexistence remarquable :

1) L'adverbe temporel *encore*, dérivé du latin *inde ad horam* (litt. 'de là jusqu'à l'heure', *i.e.* 'jusque-là' et 'toujours' (Harris 1988 : 85)), s'employait avec une valeur concessive en ancien français, suivi du subjonctif (Soutet 1992a : 45-46, Buridant 2000 : 665). A cet adverbe concessif s'est ajouté l'indice de subordination *que*.

---

[43] Pour ce qui est de la formation de *encore que*, voir également 8.2, note 38.

2) *Que* était une conjonction universelle en ancien français pouvant traduire, selon le contexte, n'importe quel rapport de subordination, dont la concession (*op.cit.* : 564). Ces différents rapports n'étant pas sans ambiguïté, l'adverbe *encore*, qui pouvait prendre une valeur concessive, s'est combiné avec *que* ; le résultat est que l'ensemble est devenu univoque et que le lien concessif s'est renforcé.

Cette problématique peut cependant faire penser au paradoxe de l'œuf et de la poule : on ne sait par où cela a commencé, s'agit-il de l'adverbe *encore* qui s'est ajouté au subordonnant *que* ou inversement s'agit-il du subordonnant qui s'est ajouté à l'adverbe ? La question reste posée.

9.3 Sémantisme de *encore que* et rectification

Dans la vaste littérature consacrée à la concession en ancien français et en français moderne, il y a généralement une forte unanimité pour considérer *encore que* en postposition comme exprimant une valeur dite *rectificative* ou *restrictive* (Soutet 1990 : 11, 1992a : 214, 2000 : 98, Morel 1996 : 25-26). Ce connecteur a pour fonction de réviser le jugement exprimé dans la proposition principale antéposée, comme l'illustre (1) :

(1) Mireille s'est beaucoup amusée hier soir, **encore qu**'elle est/soit rentrée tôt.

Sous (1), le locuteur asserte dans un premier temps que Mireille s'est beaucoup amusée le soir précédent, mais révise dans un deuxième temps ce jugement, en le remettant en cause.

Morel (*op.cit.* : 24) justifie cette valeur à partir du contenu sémantique de l'adverbe *encore* (en français moderne). Celui-ci marque une discordance entre ce que l'on s'attend à trouver et ce que l'on trouve en réalité. En énonçant (2), le locuteur exprime une contradiction entre deux représentations : une représentation préalable (*je m'attendais à ce que tu ne sois plus là*) et celle construite à partir de la prise en compte de la réalité (*je vois que tu es là*) :

(2) Tiens, tu es **encore** là. (Morel 1996 : 24)

Ceci explique selon Morel la raison pour laquelle *encore que* est capable d'exprimer un rapport concessif rectificatif.

Lorsque la subordonnée ouverte par *encore que* se trouve antéposée à la principale, elle n'exprime pas la rectification, mais marque, selon Morel (*op.cit.* : 25), un conflit entre un contenu propositionnel émanant d'une autre source que l'énonciateur et le jugement personnel de ce dernier. Autrement dit, nous avons affaire à un conflit entre différents points de vue. Cet emploi est devenu rare en français moderne, mais existait en moyen français et en français de la Renaissance. Considérons l'exemple suivant :

> (3) Mais **encores que** l'homme ne soit point cause de tels vices, si est-ce qu'il ne sera point à excuser quand il en sera destourné d'approcher de Jesus Christ. (Calvin : Des scandales : 157, Id 205, 1550, cité par Frantext)

Dans cet exemple, rien n'empêche de considérer l'énoncé comme une discordance entre différents points de vue : il y a une voix qui affirme que l'homme n'est pas cause d'un certain genre de vices et une autre qui soutient qu'il ne faut pas l'excuser lorsqu'il se détourne de s'approcher de Jésus Christ.

9.3.1 Problèmes de l'analyse de Morel

L'analyse de Morel (1996) ne semble pas entièrement convaincante. Tout d'abord, elle ne permet pas de distinguer les concessives antéposées et postposées en *encore que*. Si les concessives antéposées marquent un conflit entre différents énonciateurs, cela vaut à plus forte raison pour les concessives postposées. Dans le cas de la rectification, le conflit entre énonciateurs peut être si fort que la concessive annule le contenu de la principale. L'exemple (1) comporte plusieurs voix : une qui affirme que Mireille s'est bien amusée, et une autre qui modifie cette affirmation.

Un autre problème soulevé par son analyse réside dans le fait que l'idée de la discordance entre énonciateurs ne s'avère aucunement réservée aux propositions en *encore que*, mais est à la base même de la notion de *concession*. C'est cette idée qui sous-tend le concept de *cause contrariée* ou *cause inopérante* relatif au rapport concessif (voir 4.3). Il y a d'abord un énonciateur qui affirme [si p, alors normalement ~q] et ensuite un autre qui contredit cette relation.

9.3.2 Problèmes de la notion de rectification

La notion de *rectification* pose également un certain nombre de problèmes.

Tout d'abord, le lien entre rectification et postposition n'est pas une implication binaire. Il est vrai que la rectification est conditionnée par la postposition de la concessive, mais la rectification est un épiphénomène, dans la mesure où ce ne sont pas toutes les concessives postposées qui apportent une rectification à la principale. A titre illustratif, en (4), en dépit de la postposition de la concessive, il n'y a pas rectification :

> (4) [...] ce n'est qu'après une laborieuse première page que le langage du coeur commence, **encore qu'**il soit bien imparfait, bien mêlé de rhétorique, bien indigne de vous. (Bernanos : Lettres inédites : 1734, Id 1915, 1906, cité par Frantext)

Le locuteur affirme dans la principale que le langage du cœur commence après une laborieuse première page, et dans la concessive postposée il dit entre autres que ce langage est imparfait, mais ce jugement ne met pas en cause le fait que le langage du cœur commence.

En outre, il n'existe pas de critères formels pour distinguer les emplois rectificatifs et non-rectificatifs dans les concessives postposées en *encore que*. Généralement, c'est une tâche bien difficile de savoir si elles apportent effectivement une rectification à la principale, comme le montre (5) :

> (5) Et ce serait péché de vouloir diminuer l'image que vous vous faites du prince, **encore que**, selon moi, elle soit un peu embellie. (Montherlant Henry de : La Reine morte : 158, Id 1993, 1942, cité par Frantext)

En (5), le fait que le locuteur trouve que l'interlocuteur a créé une image un peu embellie du prince en question modifie probablement l'affirmation que ce serait un péché de diminuer cette image, mais il n'est pas sûr que ce soit le cas, puisqu'il est question d'un prince. Il semble donc que nous ayons affaire à un continuum de rapports rectificatifs passant d'une rectification forte comme en (1) à une rectification faible comme en (5). Mais il s'avère difficile de tracer la frontière entre la rectification *stricto sensu* et les rapports de rectification plus ou moins faibles.

Ensuite, *encore que* n'est pas la seule conjonction concessive à traduire la rectification. Comme nous l'avons fait observer en 8.3, *bien que* peut également modifier le contenu de la principale, et comme il ressortira du chapitre 10, *même si* est également apte à apporter une rectification à la principale. Morel (1996 : 27) souligne que la conjonction concessive *quoique*, que nous avons écartée de la présente étude pour les raisons énumérées en 7.3, « [...] semble bien s'être *spécialisée*, en français contemporain, dans l'introduction d'une restriction ou d'une rectification [...] » (c'est nous qui soulignons).

Enfin, le dernier problème de la catégorie de *rectification* concerne son rapport avec le mode. Les linguistes tendent à lier l'emploi de l'indicatif à la concession rectificative toutes périodes diachroniques confondues, voir Soutet (1992a : 214) pour le 16e siècle et Soutet (2000 : 98-99) pour le français contemporain. Cependant, ces observations ne sont pas entièrement confirmées par nos données. Il est vrai que l'indicatif a une prépondérance pour les concessives postposées en *encore que* en français moderne, mais ce mode ne traduit pas toujours une rectification (6). De même, le subjonctif peut apporter une rectification à la principale (7) :

> (6) « Parce que, voyez-vous, je suis né en 1918. J'en suis fort aise. Evidemment j'ai raté la guerre de 14-18. **Encore que**... Mon père qui l'avait faite en *avait* plein la bouche. (Tournier : Le Médianoche amoureux : 115, Id 2081, 1989, cité par Frantext)

(7) Je ne suis pas un vrai auteur. Comme eux... **Encore que** j'*aie* (s) écrit sans l'aide de personne. (Dorin : Les Vendanges tardives : 7, Id 2099, 1997, cité par Frantext)

En (6), le fait que le père ne cessait de parler de sa participation à la première guerre mondiale ne modifie pas l'affirmation que le fils n'y a pas participé. En revanche, en (7) la concessive postposée pourrait bien modifier le contenu de la principale, en sous-tendant que peut-être le locuteur est un vrai auteur contrairement à la première affirmation.

Quoique l'indicatif ne traduise pas toujours une rectification dans les concessives ouvertes par *encore que*, il se spécialise au 20e siècle dans la position postposée, comme nous le verrons en 9.4.6.1. Cela semble plutôt dû au fait qu'il passe d'un statut grammatical subordonné à un statut grammatical coordonné où il véhicule un acte de langage autonome.

En raison des problèmes liés à la notion de *rectification* soulevés dans cette section, nous n'y ferons pas appel pour l'analyse des modes verbaux.

9.4 Evolution diachronique de *encore que*

9.4.1 14e et 15e siècles

Selon nos relevés, la première attestation de *encore que* date de la dernière moitié du 14e siècle. En (8), *encore que* semble bien traduire l'idée d'une concession, entre autres en raison des virgules, ajoutées par l'éditeur moderne :

(8) Les aultres, **encores que** pis *vault* (i), en besongnant ou en escoutant, comme chiens quant ilz ont soif, boutent hors la langue a chaschune fois qu'ilz font quelque chose [...]. (Daudin : De la erudition : 248, Id 179, 1360, cité par DMF)

Dans cette occurrence, *encore que* est suivi de l'indicatif (*vault*) qui pourrait traduire une valeur d'assertion bien que l'exemple soit dépourvu de marques linguistiques. Nos données montrent que les premières occurrences de *encore que* remontent plus loin que ne l'affirme Soutet (1992a : 202) ; d'après lui, les premières occurrences apparaissent chez Philippe de Commynes (fin du 15e siècle).

Il faut attendre une quarantaine d'années avant la réapparition de *encore que* à valeur concessive dans les corpus consultés. Nous avons observé quatre occurrences dans deux ouvrages différents de Christine de Pizan tout au début du 15e siècle (1404 et 1405). A titre d'exemple, considérons (9) :

(9) Ci dit encore de la prudence du roy Charles sus la pourveance du bien commun. **Encore que** le roy Charles tres ameur et desireux du bien et proffit commun *fust* (s ?) vray prudent, et des choses au mieulx faisables *eut* (i ?) clere cognoisscence, appert par la grant providence et avis qu'il

avoit aperceu sus le bien et utilité de la cité de Paris [...]. (Pizan : Le livre des fais et bonnes meurs du sage roy Charles V : 25, Id 180/210, 1404, cité par DMF)

La subordonnée ouverte par *encore que* traduit bien la concession, étant antéposée à la principale *appert par la grant providence et avis qu'il avoit aperceu [...]*. Nous interprétons la proposition commençant par *et des choses au mieulx [...]* comme une deuxième proposition concessive régie par *encore que* en dépit de l'absence de répétition du subordonnant *que*. Il n'est pas possible de déterminer les formes des modes, puisqu'elles sont à la troisième personne du singulier du passé et par conséquent douteuses (voir 5.5.4). Ces deux formes traduisent néanmoins un sens présupposé, car l'énoncé est introduit par une phrase marquant la répétition (*ci dit encore de la prudence du roy Charles [...]*) et par conséquent un savoir communément admis.

L'occurrence suivante est tirée d'un ouvrage de Jean Juvenal des Ursin de 1435. Ensuite, il faut attendre encore une cinquantaine d'années avant l'apparition suivante, cette fois chez Philippe de Commynes dans ses mémoires rédigés entre 1489 et 1505, dont nous avons relevé 14 occurrences.

L'irrégularité avec laquelle *encore que* est attesté tout au long du 15ᵉ siècle ne semble *a priori* pas due à la représentativité des corpus consultés. A titre d'exemple, DMF contient 123 textes du 15ᵉ siècle répartis sur différents genres textuels et auteurs, ce qui indique que ce siècle est bien représenté au niveau textuel. Il semble en revanche plus plausible d'expliquer l'irrégularité comme un phénomène de *polygenèse*, notion définie en 8.4.1.

La figure 9.1 présente la fréquence relative des modes verbaux au 15ᵉ siècle et la distribution des valeurs modales :

Subjonctif	Valeur	Nombre d'occurrences	
Total occ. : 14 (73,7 %)	Présupposé	4	(28,6 %)
	Irrealis	10	(71,4 %)
	Assertion	0	(0,0 %)
	Inclassable	0	(0,0 %)

(suite p. 205)

(suite)

Indicatif	Valeur	Nombre d'occurrences	
Total occ. : 5 (26,3 %)	Présupposé	1	(20,0 %)
	Irrealis	0	(0,0 %)
	Assertion	4	(80,0 %)
	Inclassable	0	(0,0 %)
Total (subj./ind.) : 19 occ.			

Figure 9.1
Fréquence relative et valeur modale des modes verbaux
dans les propositions en *encore que* (15ᵉ siècle)

Cependant, huit de ces 19 occurrences sont douteuses en raison de l'amuïssement du [s] préconsonantique (voir 5.5.4). Il s'agit de six subjonctifs, dont trois à valeur de présupposé et trois à valeur d'irréel, et de deux indicatifs, dont l'un véhicule un sens assertif et l'autre présuppose le contenu propositionnel, voir (9). Si nous écartons ces formes du dépouillement, nous obtiendrons les résultats suivants :

Subjonctif	Valeur	Nombre d'occurrences	
Total occ. : 8 (72,7 %)	Présupposé	1	(12,5 %)
	Irrealis	7	(87,5 %)
	Assertion	0	(0,0 %)
	Inclassable	0	(0,0 %)
Indicatif	**Valeur**	**Nombre d'occurrences**	
Total occ. : 3 (27,3 %)	Présupposé	0	(0,0 %)
	Irrealis	0	(0,0 %)
	Assertion	3	(100,0 %)
	Inclassable	0	(0,0 %)
Total (subj./ind.) : 11 occ.			

Figure 9.2
Fréquence relative et valeur modale des modes verbaux dans les
propositions en *encore que* sans formes douteuses (15ᵉ siècle)

A partir de ces deux figures, quelques constantes se dégagent. Le subjonctif est nettement supérieur à l'indicatif couvrant environ 73,0 % des relevés, et l'indicatif n'est présent que dans environ 27,0 % des cas. Pour ce qui est de la distribution des valeurs modales, le subjonctif prend une valeur d'irréel dans la grande majorité des cas, à savoir dans 71,4 % ou 87,5 % des cas observés selon qu'on tient compte ou non des formes douteuses, et il ne véhicule un contenu présupposé que dans 28,6 % et 12,5 % des cas respectivement. Quoique l'indicatif soit beaucoup moins fréquent que le subjonctif dans cet échantillon, ce mode semble asserter le contenu propositionnel dans tous les cas observés, à part une occurrence où il traduit un sens présupposé. Comme cette forme est douteuse, il ne faut pas y accorder trop d'importance.

La répartition des valeurs fonctionnelles du subjonctif a suscité notre curiosité, parce que la valeur d'irréel l'emporte sur le sens présupposé, contrairement à l'évolution ultérieure où le présupposé est la valeur dominante. Cependant, comme la grande majorité de ces occurrences sont extraites du même ouvrage, les mémoires de Commynes, qui résultent probablement d'un emploi idiosyncrasique, il faut faire appel à des évaluations en termes relatifs.

9.4.2 16e siècle

D'après nos relevés, le nombre d'occurrences de *encore que* augmente considérablement à partir de la deuxième moitié du 16e siècle ; la fréquence croît significativement entre 1540 et 1550. Comme nous l'avons observé pour *bien que* (voir 8.4.1), son absence totale dans les trois premières décennies du 16e siècle doit fort probablement être expliquée en termes de représentativité de Frantext. Ce corpus ne contient que 15 textes pour cette période, tandis que la période 1530-1559 est représentée avec 54 textes différents. Nous avons relevé un total de 233 occurrences, dont les formes et valeurs modales se résument dans la figure 9.3 :

Subjonctif	Valeur	Nombre d'occurrences	
	Présupposé	124	(60,5 %)
Total occ. : 205 (88,0 %)	Irrealis	77	(37,6 %)
	Assertion	0	(0,0 %)
	Inclassable	4	(1,9 %)

(suite p. 207)

(suite)

Indicatif	Valeur	Nombre d'occurrences	
Total occ. : 28 (12,0 %)	Présupposé	2	(7,143 %)
	Irrealis	2	(7,143 %)
	Assertion	24	(85,714 %)
	Inclassable	0	(0,0 %)
Total (subj./ind.) : 233 occ.			

Figure 9.3
Fréquence relative et valeur modale des modes verbaux
dans les propositions en *encore que* (16ᵉ siècle)

33 de ces occurrences sont douteuses. Il s'agit de 19 exemples au subjonctif (dont deux à valeur de présupposé et 17 à valeur d'irréel) et de 14 exemples à l'indicatif (qui assertent tous le contenu de la concessive à une exception près qui traduit un contenu irréel). Si ces occurrences sont écartées du dépouillement, nous obtiendrons les résultats suivants :

Subjonctif	Valeur	Nombre d'occurrences	
Total occ. : 186 (93,0 %)	Présupposé	122	(65,6 %)
	Irrealis	60	(32,3 %)
	Assertion	0	(0,0 %)
	Inclassable	4	(2,1 %)
Indicatif	Valeur	Nombre d'occurrences	
Total occ. : 14 (7,0 %)	Présupposé	2	(14,3 %)
	Irrealis	1	(7,1 %)
	Assertion	11	(78,6 %)
	Inclassable	0	(0,0 %)
Total (subj./ind.) : 200 occ.			

Figure 9.4
Fréquence relative et valeur modale des modes verbaux
dans les propositions en *encore que* sans formes douteuses (16ᵉ siècle)

Certaines différences apparaissent entre les deux dépouillements, ce qui souligne la pertinence de prendre en considération les formes douteuses. Lorsque ces dernières sont écartées, la fréquence des occurrences de l'indicatif diminue considérablement (de 12,0 % à 7,0 %). Il en est de même pour les occurrences du subjonctif à valeur d'irréel, qui baissent de 37,6 % à 32,3 %. En revanche, les formes au subjonctif à valeur de présupposé augmentent de 60,5 % à 65,6 %. Il n'est donc pas exclu que la fréquence relative des occurrences de l'indicatif et du subjonctif à valeur d'irréel soit en réalité plus élevée que les chiffres de la figure 9.4 le suggèrent.

Les trois emplois prototypiques des modes verbaux sont présentés dans (10) à (12) :

(10) Encore que **ton** aage ne *soit* (s) pas achevé, **ta** vie l'est. (Montaigne : Essais : t. 1 : 96, Id 359, 1592, cité par Frantext)

(11) Car l'eau le fait le plus souvent surir, dans les cinq ou six premiers mois, s'il y en a quantité, ou pour le moins dans la premiere annee, encores qu'il y en *ait* (s) peu, et qu'il *soit* (s) tiré de pommes douces. (Paulmier : Traité du vin et du sidre [trad.] : 37 recto, Id 349, 1589, cité par Frantext)

(12) **Galien** le prince des medecins **escrit qu**'une fille fut nourrie de venin (appellée Napellus en ses jeunes ans) auquel elle estoit si bien accoustumée, que la poison se convertissoit en nourrissement, et ne luy apportoit aucun dommage, encore que ceux qui couchoient avec elle estans seulement infectez de son haleine, *recevoient* (i) prompte mort. (Boaistuau : Bref discours de l'excellence et dignité de l'homme : 71, Id 968, 1558, cité par Frantext)

En (10), le subjonctif (*soit*) traduit un contenu présupposé, puisque le locuteur fait référence à un état de choses dont l'interlocuteur est supposé avoir une connaissance préalable (voir les marqueurs référant à l'interlocuteur) et que la concessive est antéposée. En (11), les deux subjonctifs (*ait*, *soit*) traduisent un contenu irréel, analyse étayée par la présence d'une proposition conditionnelle en *si* (voir 6.2.2). En (12), l'indicatif (*recevoient*) exprime une valeur assertive, puisque le locuteur présente une information nouvelle (les hommes qui couchaient avec Napellus recevaient immédiatement la mort). Cette analyse est corroborée par le marqueur d'assertion *Galien [...] escrit qu'* et la postposition de la concessive.

Les deux figures 9.3 et 9.4 révèlent des tendances assez claires au niveau de l'alternance des modes verbaux et de la distribution des valeurs modales. Comme c'était le cas pour *bien que* au 16e siècle (voir 8.4.1), le subjonctif est le mode dominant avec environ 90,0 % des occurrences totales, alors que l'indicatif constitue un sous-système. Toutefois, la distribution de *encore que* diffère de celle de *bien que*. Si ce dernier favorisait fortement le subjonctif à valeur de présupposé, *encore que* accepte une certaine alternance entre les valeurs non assertées. Le subjonctif traduit un sens présupposé dans environ deux tiers des cas et un contenu irréel dans environ un tiers des cas.

A quoi cette fréquence élevée de la valeur d'irréel est-elle due ? D'une part, elle peut être expliquée en termes génériques. Il s'avère que cette valeur connaît un emploi fréquent dans la prose religieuse, genre textuel dit *abstrait* (voir 6.2.2) : du total des occurrences où le subjonctif prend une valeur d'irréel (60 occurrences – formes douteuses écartées), 25, soit 41,7 %, sont tirées des ouvrages religieux. Si l'on prend en considération les occurrences sûres relevées dans la prose religieuse, il apparaît que 25 parmi elles (soit 73,5 %) sur un total de 34 traduisent un sens irréel, ce qui confirme la forte corrélation entre les genres abstraits et la valeur d'irréel. En revanche, *bien que* était absent dans ce genre à la même époque (voir 8.4.1).

D'autre part, la fréquence élevée de la valeur d'irréel peut aussi être due au sémantisme de *encore que*. Comme nous l'avons vu, *bien que* et *encore que* ne sont pas synonymes, *bien que* marquant que le contenu propositionnel est supposé connu des interlocuteurs (voir 8.3), contrairement à *encore que*, qui semble traduire un contenu sémantique moins spécialisé ; par conséquent, leur distribution des valeurs modales n'est pas identique. *Encore que* ne montre pas seulement de la liberté au niveau fonctionnel mais aussi par rapport à la variation diaphasique. Alors que *bien que* n'était observé au 16ᵉ siècle que dans les genres textuels les plus soutenus, *encore que* est attesté dans un vaste éventail de genres, passant de ceux qui s'approchent du pôle de la distance (voir 5.3.4.1) (*i.e.* la poésie, le théâtre en vers ainsi que la prose argumentative et narrative non-littéraire) à ceux qui sont proches du pôle de l'immédiat (voir 5.3.4.3) (*i.e.* le discours direct en prose et le théâtre en prose).

Pour ce qui est de la distribution des valeurs modales de l'indicatif, les deux figures révèlent que l'analyse préférée est l'assertion, telles que les attentes théoriques le laissent supposer (voir 2.4). Cependant, si nous tenons compte de toutes les formes observées, force est de constater que l'indicatif prend une valeur de présupposé dans deux cas et une valeur d'irréel dans deux autres. Ces occurrences sont discutées dans ce qui suit. Commençons par les deux occurrences où l'indicatif traduit un contenu présupposé :

(13) [...] car, encores que **vous** me *ostez* (i) le moyen de parolle, si ne povez-**vous** ignorer ma volunté [...]. (Navarre : L'Heptaméron : 825, Id 221, 1550, cité par Frantext)

(14) [...] et encore qu'elle [la mort] *est* (i) maistresse de ceste vie, dont non sans cause et bien bonne raison un philosophe interrogé que c'estoit que la mort, respondit bien promptement que [...]. (Estienne : Paradoxes : 159, Id 2492, 1561, cité par Frantext)

En (13), le locuteur mentionne un état de choses supposé connu de l'interlocuteur. Il est question d'un monsieur qui a longuement suivi une veuve pour l'épouser, mais elle a essayé de l'éviter parce qu'elle n'a pas envie de se remarier. Donc le fait que cette femme lui ôte le moyen de parole constitue une information connue des interlocuteurs. Sous (14), nous avons affaire à un énoncé générique (*i.e.* la mort a un pouvoir absolu dans la vie terrestre). En outre, dans les deux cas la concessive occupe le thème de l'énoncé.

En ce qui concerne les deux occurrences où l'indicatif prend une valeur d'irréel, la première s'explique par le fait que le mode verbal est au conditionnel, ce temps traduisant un contenu irréel bien qu'il appartienne au paradigme de l'indicatif (voir 2.4.4). La deuxième pourrait s'expliquer par le fait que nous avons affaire à une forme douteuse :

(15) Combien que ma femme n'**ayt** cause de se plaindre de moy, et encores que ce *fut* (i ?) tel que vous **dictes**, elle ne s'en **sçauroit** apparcevoir, pour nécessité de chose dont elle **ayt** besoing. (Navarre : L'Heptaméron : 1087, Id 232, 1550, cité par Frantext)

Sous (15), l'analyse de ce mode comme véhiculant un sens irréel est corroborée par le fait que *fut* s'emploie dans un cotexte au présent (*ayt, dictes*) et au conditionnel (*sçauroit*) marquant un écart temporel par rapport à l'énonciation. Ce marqueur est considéré comme un marqueur fort d'irréel (voir 6.3.2.1).

9.4.3 17e siècle

Nous avons relevé les résultats suivants pour le 17e siècle :

Subjonctif	Valeur	Nombre d'occurrences	
	Présupposé	157	(82,6 %)
Total occ. : 190 (95,0 %)	Irrealis	30	(15,8 %)
	Assertion	0	(0,0 %)
	Inclassable	3	(1,6 %)
Indicatif	Valeur	Nombre d'occurrences	
	Présupposé	0	(0,0 %)
Total occ. : 10 (5,0 %)	Irrealis	3	(30,0 %)
	Assertion	7	(70,0 %)
	Inclassable	0	(0,0 %)
Total (subj./ind.) : 200 occ.			

Figure 9.5
Fréquence relative et valeur modale des modes verbaux dans les propositions en *encore que* (17e siècle)

Cette figure témoigne d'une augmentation des occurrences du subjonctif accompagnée d'une chute de celles de l'indicatif par rapport au 16ᵉ siècle. En comparant avec la figure 9.3, qui comptabilise les formes douteuses et sûres, nous assistons à un changement remarquable, dans la mesure où les occurrences du subjonctif ont augmenté de 88,0 % à 95,0 %, et celles de l'indicatif ont baissé de 12,0 % à 5,0 % ; en revanche, si nous comparons avec le dépouillement dont les formes douteuses sont éliminées (figure 9.4), la différence est moins révélatrice.

En regardant de plus près la distribution interne des modes verbaux, le subjonctif a subi un changement important par rapport au siècle précédent. Le nombre de cas où le subjonctif traduit une valeur de présupposé a augmenté de 65,6 % (formes douteuses écartées) à 82,6 %, et en revanche l'interprétation de la valeur d'irréel a diminué de 32,3 % à 15,8 %.

Ces observations sont encore plus surprenantes si l'on recourt à la variation diaphasique. Nous avons observé une proportion assez forte de la prose religieuse, genre dit *abstrait*, au 17ᵉ siècle (27 occurrences, soit 13,5 % des relevés), mais la valeur d'irréel y a diminué considérablement par rapport au siècle précédent ; en effet, parmi les 30 occurrences où le subjonctif prend une valeur d'irréel, seules deux, soit 6,7 %, sont extraites de la prose religieuse. Comme nous avons une problématique identique au 18ᵉ siècle, nous y reviendrons dans la section suivante.

En ce qui concerne la répartition des valeurs modales de l'indicatif, les données confirment largement nos attentes théoriques (voir 2.4) : 70,0 % des occurrences traduisent une valeur d'assertion, et 30,0 % véhiculent un contenu irréel. Comme ces derniers sont des formes futurales (deux futurs et un conditionnel), cette distribution ne requiert pas de commentaires particuliers.

9.4.4 18ᵉ siècle

Pour le 18ᵉ siècle, nous n'avons pas atteint le nombre souhaité de 200 occurrences (voir 5.5.2). Comme il ressort de la figure 9.6, nous n'avons relevé que 97 exemples où *encore que* exprime la concession. Cette chute réduit la comparabilité des données et signifie qu'il faut faire appel à des conclusions relatives :

Subjonctif	Valeur	Nombre d'occurrences	
	Présupposé	85	(91,4 %)
Total occ. : 93 (95,9 %)	Irrealis	7	(7,5 %)
	Assertion	0	(0,0 %)
	Inclassable	1	(1,1 %)

(suite p. 212)

(suite)

Indicatif	Valeur	Nombre d'occurrences	
Total occ. : 4 (4,1 %)	Présupposé	2	(50,0 %)
	Irrealis	0	(0,0 %)
	Assertion	2	(50,0 %)
	Inclassable	0	(0,0 %)
Total (subj./ind.) : 97 occ.			

Figure 9.6
Fréquence relative et valeur modale des modes verbaux
dans les propositions en *encore que* (18ᵉ siècle)

Comme nous sommes loin d'avoir atteint les 200 occurrences, nous avons été obligé de tenir compte des formes douteuses, dont nous avons relevé un nombre de 23 se répartissant sur 20 subjonctifs (dont 18 à valeur de présupposé et deux à valeur d'irréel) et trois indicatifs (dont deux à valeur de présupposé et un à valeur d'assertion). Ces occurrences sont écartées du dépouillement présenté dans la figure 9.7 :

Subjonctif	Valeur	Nombre d'occurrences	
Total occ. : 73 (98,6 %)	Présupposé	67	(91,8 %)
	Irrealis	5	(6,8 %)
	Assertion	0	(0,0 %)
	Inclassable	1	(1,4 %)
Indicatif	**Valeur**	**Nombre d'occurrences**	
Total occ. : 1 (1,4 %)	Présupposé	0	(0,0 %)
	Irrealis	0	(0,0 %)
	Assertion	1	(100,0 %)
	Inclassable	0	(0,0 %)
Total (subj./ind.) : 74 occ.			

Figure 9.7
Fréquence relative et valeur modale des modes verbaux
dans les propositions en *encore que* sans formes douteuses (18ᵉ siècle)

Globalement, ces deux figures témoignent d'une augmentation des occurrences du subjonctif au détriment de celles de l'indicatif. Celle-ci est plus prononcée dans la figure 9.7 où les occurrences du subjonctif atteignent presque le total absolu avec 98,6 % des occurrences face à 1,4 % des cas où l'indicatif est employé.

Pour ce qui est de la distribution des valeurs modales du subjonctif, celle de présupposé semble se renforcer davantage durant ce siècle au détriment du contenu irréel. Le subjonctif prend une valeur de présupposé dans plus de 91,0 % des cas observés et ne traduit un sens irréel que dans environ 7,0 % des cas.

Comme au 17e siècle, malgré la forte représentation de la prose religieuse dans les relevés au 18e siècle (56 occurrences, soit 57,7 %), la valeur d'irréel y est entièrement absente. En revanche, le subjonctif à valeur de présupposé s'y emploie fréquemment. Ces observations s'opposent donc dans un premier temps à la corrélation entre la valeur d'irréel et le genre abstrait (voir 6.2.2). On peut avancer deux explications de cet écart important :

1) La quasi-absence du subjonctif à valeur d'irréel dans la prose religieuse aux 17e et 18e siècles pourrait suggérer que le taux élevé de *encore que* au 16e siècle dans ce genre particulier est dû à un emploi idiosyncrasique. Les occurrences sont extraites, à quelques exceptions près, de différents ouvrages du même auteur, ceux de Calvin. Par conséquent, on pourrait mettre en doute le caractère abstrait de la prose religieuse.

2) On peut interpréter cette réduction comme le symptôme d'un changement sémantique de *encore que*, qui finira par la disparition de la valeur d'irréel.

Nous ne pouvons exclure que Calvin ait eu une prépondérance pour le sens irréel, mais il semble plus plausible d'expliquer l'absence de cette valeur dans les écrits religieux par un changement sémantique de *encore que*, ce qui est corroboré par la tendance générale de spécialisation de la valeur de présupposé dans ce type de propositions tous genres textuels confondus et dans les propositions en *bien que* (voir chapitre 8) ; nous aurions ainsi affaire à une tendance générale dans le système concessif, où le contenu irréel tend à disparaître du domaine notionnel du subjonctif.

La distribution des valeurs de l'indicatif doit être interprétée en termes relatifs en raison du nombre réduit d'occurrences. D'après la figure 9.6, ce mode ne traduit une valeur assertive que dans 50,0 % des cas et une valeur présupposée dans les autres 50,0 %. Ces derniers cas sont cependant des formes douteuses, ce qui invite à penser que nous avons affaire à des subjonctifs :

(16) L'autre manière d'expliquer ce morceau trempé, c'est qu'il fut donné à Judas après la consécration de la coupe sacrée, car encore que le souper *fut* (i ?) achevé, on voit par St Luc qu'on demeura encore quelque temps à table, puisque Jésus-Christ y parla encore du traistre [...]. (Bossuet : Méditations sur l'Évangile : 452, Id 1694, 1704, cité par Frantext)

(17) [...] car encore que l'année ne *fut* (i ?) **alors** trop longue que d'environ onze minutes, au lieu que le soleil, comme on parloit, entroit de son tems, ou quarante-cinq ans avant la naissance de Jesus-Christ, dans l'équinoxe du printems, le vingt-quatriéme de mars, il y entra le vingt et uniéme au concile de Nicée [...]. (Tyssot : Voyages et avantures de Jaques Massé : 90, Id 1697, 1710, cité par Frantext)

Sous (16), le prétendu indicatif traduit un fait communément admis, puisque le locuteur mentionne un événement biblique supposé être connu de l'interlocuteur, à savoir *la Cène*. De plus, la concessive est antéposée à la principale.

Sous (17), l'interprétation du contenu présupposé est étayée par l'adverbe anaphorique *alors*, qui reprend une information présentée antérieurement. Dans le paragraphe précédent de ce texte, qui traite des années bissextiles, le locuteur affirme que l'année est de trois cent soixante-cinq jours, six heures, moins environ onze minutes ; cette information fait donc partie du fonds commun des interlocuteurs au moment où le locuteur présente le contenu de la concessive. En outre, la concessive constitue le thème.

9.4.5 19ᵉ siècle
La figure 9.8 présente la fréquence relative des modes verbaux et leur distribution des valeurs modales au 19ᵉ siècle :

Subjonctif	Valeur	Nombre d'occurrences	
	Présupposé	141	(73,4 %)
Total occ. : 192 (96,0 %)	Irrealis	51	(26,6 %)
	Assertion	0	(0,0 %)
	Inclassable	0	(0,0 %)
Indicatif	Valeur	Nombre d'occurrences	
	Présupposé	0	(0,0 %)
Total occ. : 8 (4,0 %)	Irrealis	2	(25,0 %)
	Assertion	6	(75,0 %)
	Inclassable	0	(0,0 %)
Total (subj./ind.) : 200 occ.			

Figure 9.8
Fréquence relative et valeur modale des modes verbaux
dans les propositions en *encore que* (19ᵉ siècle)

En comparant avec les pourcentages du 18ᵉ siècle, la répartition des modes verbaux reste dans l'ensemble inchangée. Le subjonctif est le mode dominant représentant 96,0 % des occurrences observées, tandis que celles de l'indicatif sont fort minoritaires avec un taux de 4,0 %. Cela dit, au niveau de la répartition des valeurs modales, du moins pour celles du subjonctif, d'importants changements semblent à première vue avoir eu lieu. Le nombre des formes au subjonctif à valeur d'irréel a augmenté de 7,5/6,8 % à 26,6 %. Dans un premier temps, cette évolution est singulière, puisque nous avons observé un déclin progressif de cette valeur du 16ᵉ au 18ᵉ siècle. Toutefois, vu de plus près, il semble plutôt que l'augmentation de la valeur d'irréel soit due à la fréquence relative de *encore que* dans Frantext et à la composition de ce corpus. Au 18ᵉ siècle, nous avons atteint moins de la moitié du nombre attendu des occurrences, probablement en raison d'un déclin de *encore que*. Au 19ᵉ siècle, il est vrai que nous avons touché le nombre souhaité de 200 occurrences, mais il s'agit d'une augmentation qui n'est qu'apparente. Ce connecteur reste toujours marginal au niveau de la fréquence. Pour atteindre ce chiffre, nous avons été obligé de prendre en considération à peu près toutes les occurrences de *encore que* qui sont apparues dans Frantext, ce qui signifie que certains auteurs et ouvrages sont surreprésentés dans le tri des données. Ainsi le subjonctif à valeur d'irréel a-t-il une fréquence artificiellement haute, parce que 33 des occurrences sont extraites du même ouvrage, à savoir le texte juridique *Code civil des Français* (1804). De plus, le genre juridique n'est pas représenté dans le tri des 17ᵉ et 18ᵉ siècles. Tout porte donc à croire que si ce genre y avait été représenté, le taux du subjonctif à valeur d'irréel aurait été plus élevé. Inversement, si le genre juridique n'avait pas été représenté dans le tri du 19ᵉ siècle, le nombre du subjonctif à valeur d'irréel aurait été nettement inférieur que les chiffres actuels le suggèrent. Quoiqu'il en soit, ceux-ci sont une preuve que *encore que* n'a pas conduit à la spécialisation locutionnelle dans la même mesure que *bien que* (voir 8.4.4), quoique le présupposé continue à être la valeur dominante. Nous développerons ce point dans les conclusions du chapitre (9.6).

En ce qui concerne la distribution des valeurs fonctionnelles de l'indicatif, les résultats satisfont largement nos attentes théoriques. Ainsi avons-nous identifié six occurrences, soit 75,0 % du total, où l'indicatif asserte le contenu propositionnel ; il prend une valeur d'irréel dans deux cas, soit 25,0 %. Comme il s'agit de formes futurales, à savoir deux conditionnels, ces occurrences ne requièrent pas de commentaires particuliers.

9.4.6 20ᵉ siècle
Au 20ᵉ siècle, la fréquence relative de *encore que* à valeur concessive croît considérablement dans le corpus consulté par rapport aux deux siècles pré-

cédents, ce qui augmente la fiabilité des résultats empiriques. La figure suivante résume la distribution des modes verbaux et des valeurs modales :

Subjonctif	Valeur	Nombre d'occurrences	
Total occ. : 176 (88,0 %)	Présupposé	162	(92,04 %)
	Irrealis	12	(6,82 %)
	Assertion	0	(0,0 %)
	Inclassable	2	(1,14 %)
Indicatif	Valeur	Nombre d'occurrences	
Total occ. : 24 (12,0 %)	Présupposé	0	(0,0 %)
	Irrealis	10	(41,7 %)
	Assertion	14	(58,3 %)
	Inclassable	0	(0,0 %)
Total (subj./ind.) : 200 occ.			

Figure 9.9
Fréquence relative et valeur modale des modes verbaux
dans les propositions en *encore que* (20e siècle)

Cette figure montre que le subjonctif est toujours le mode dominant représentant 88,0 % des relevés, mais que sa fréquence relative a diminué remarquablement par rapport au 19e siècle, où il constituait 96,0 % des occurrences. Ceci correspond donc à un déclin de 8,0 points. En même temps, la fréquence des formes à l'indicatif a augmenté de 4,0 à 12,0 %.

En ce qui concerne la distribution des valeurs modales, le subjonctif prend une valeur de présupposé dans la majorité des cas, à savoir dans 92,04 % des cas observés, et traduit un contenu irréel dans 6,82 % des cas. Ces chiffres confirment que le présupposé est en train de se renforcer comme valeur modale du subjonctif aux dépens de la valeur d'irréel.

Pour ce qui est de la distribution des valeurs fonctionnelles de l'indicatif, ce mode traduit un contenu assertif dans 58,3 % des cas observés et prend une valeur d'irréel dans 41,7 % des occurrences. Dans ces derniers cas, nous avons affaire à des formes futurales.

Ce qui est particulièrement intéressant dans le 20e siècle par rapport aux siècles précédents c'est l'augmentation considérable de la fréquence des occurrences de l'indicatif, qui commence à croître à partir des années 1970. Cette extension contredit dans une certaine mesure l'évolution générale dans le système concessif où le subjonctif se spécialise comme mode obligatoire. Il s'agit notamment de *bien que*, dont nous avons passé en revue l'évolution dans le chapitre précédent, mais aussi de *quoique*[44], à en croire les remarques des grammaires descriptives et des chercheurs ayant fait une étude particulière sur le subjonctif (Togeby 1982 : 212, Pedersen *et al.* 1994 [1980] : 333, Soutet 2000 : 94). Il semble que ce changement soit motivé de façon interne, c'est-à-dire provoqué par un besoin d'innovation des usagers de la langue (voir 3.5), parce qu'il est attesté dans les genres textuels se situant entre les pôles de la distance et de l'immédiat (voir 5.3.4.2) et dans ceux qui sont proches du pôle de l'immédiat (voir 5.3.4.3), à savoir la prose narrative littéraire et le discours direct en prose. Il est assez révélateur que l'indicatif ne soit pas attesté dans ces phrases dans les genres proches du pôle de la distance (voir 5.3.4.1) à une exception près. Cette distribution suggère donc que l'indicatif a une prépondérance pour les genres plutôt informels et textuellement non marqués.

Il est aussi intéressant d'observer que la fréquence relative des occurrences de l'indicatif à valeur d'irréel (essentiellement les formes futurales) connaît un essor par rapport aux siècles précédents. En voici les chiffres : 16e siècle : 7,143/7,1 % ; 17e siècle : 30,0 % ; 18e siècle : 0,0 % ; 19e siècle : 25,0 % ; 20e siècle : 41,7 %. Cependant, il faut souligner que ces pourcentages sont généralement fondés sur un nombre d'occurrences très limité, ce qui pourrait expliquer la variation remarquable à travers les siècles. Pourtant, les chiffres témoignent d'une augmentation générale des formes à l'indicatif à valeur d'irréel, et comme les 41,7 % du 20e siècle sont fondés sur un nombre d'occurrences plus élevé que dans les siècles précédents (dix occurrences), les résultats sont dotés d'une certaine fiabilité. Si l'on rapproche cette augmentation de la chute des formes au subjonctif à la même valeur, il n'est pas exclu que l'indicatif se soit étendu au domaine du subjonctif, comme en témoignent les chiffres suivants présentant la fréquence des occurrences du subjonctif à valeur d'irréel au cours des siècles : 16e siècle : 37,6/32,3 % ; 17e siècle : 15,8 % ; 18e siècle : 7,5/6,8 % ; 19e siècle : 26,6 % ; 20e siècle : 6,82 %. En comparant les deux évolutions, il semble que nous ayons affaire à un transfert de valeur fonctionnelle d'un mode à l'autre, ce qui peut être un symptôme de la re-grammaticalisation du subjonctif. Cette tendance est confirmée par l'évolution des modes dans les propositions en *même si* (voir chapitre 10).

9.4.6.1 Pourquoi l'indicatif connaît-il un essor à la fin du 20e siècle ?
A quoi cette augmentation subite des occurrences de l'indicatif peut-elle être due ? Il faut probablement trouver la réponse dans le lien observé entre l'augmentation de formes de l'indicatif et la spécialisation des concessives en *encore que* en position postposée, ce qu'illustre la figure suivante :

---

[44] *Même si* constitue pourtant une exception (voir chapitre 10).

Occurrences non triées	Occurrences triées (formes douteuses écartées)
14ᵉ siècle (Total : 1) Thème : 1 Rhème : 0 Inclassable[45] : 0	
15ᵉ siècle (Total : 5) Thème : 3 Rhème : 2 Inclassable : 0	15ᵉ siècle (Total : 3) Thème : 1 Rhème : 2 Inclassable : 0
16ᵉ siècle (Total : 28) Thème : 9 Rhème : 16 Inclassable : 3	16ᵉ siècle (Total : 14) Thème : 5 Rhème : 7 Inclassable : 2
17ᵉ siècle (Total : 10) Thème : 1 Rhème : 8 Inclassable : 1	
18ᵉ siècle (Total : 4) Thème : 3 Rhème : 1 Inclassable : 0	18ᵉ siècle (Total : 1) Thème : 0 Rhème : 1 Inclassable : 0
19ᵉ siècle (Total : 8) Thème : 0 Rhème : 8 Inclassable : 0	
20ᵉ siècle (Total : 24) Thème : 0 Rhème : 24 Inclassable : 0	

Figure 9.10
Concessives en *encore que* à l'indicatif et structure informationnelle

Cette figure témoigne d'une évolution assez nette : au départ la concessive à l'indicatif en *encore que* pouvait être antéposée ou postposée, mais à partir du 17ᵉ siècle elle commence à se spécialiser dans la position postposée. A l'état moderne de la langue, cette tendance est très révélatrice, dans la

---

[45] Dans cette figure, l'adjectif *inclassable* réfère à l'impossibilité de déterminer la structure informationnelle de l'énoncé

mesure où nous n'avons attesté aucun exemple où la concessive à l'indicatif soit antéposée à la principale. Bien que les chiffres soient faibles, l'évolution est manifeste. De plus, si l'on compare avec le subjonctif toutes périodes diachroniques confondues, les concessives en *encore que* suivies de ce mode sont indifférentes à la structure informationnelle.

On serait dans un premier temps induit à interpréter cette différence distributionnelle des modes verbaux en termes de rectification. Ainsi l'indicatif apporterait-il une rectification au contenu de la principale, et dans ce but se spécialiserait en position postposée, condition nécessaire pour avoir une rectification, contrairement au subjonctif, qui apparaît tantôt en position postposée, tantôt en position antéposée, selon que le locuteur désirerait modifier le contenu de la principale ou non. Cependant, cette hypothèse se laisse facilement infirmer, car l'indicatif, quoiqu'il apparaisse en proposition postposée, n'apporte pas nécessairement une rectification à la proposition principale (voir (6)) et le subjonctif traduit à bien des égards une valeur rectificative lorsqu'il est employé en proposition postposée (voir (7)), comme nous l'avons vu en 9.3.2.

Il semble plutôt que la spécialisation de l'indicatif en position postposée soit liée au rapport plus « lâche » qui existe entre une subordonnée concessive postposée et la principale aux niveaux syntaxique, sémantique et pragmatique. En d'autres termes, une concessive postposée à l'indicatif traduit un acte de langage autonome, contrairement à une concessive au subjonctif, qui est plus subordonnée et donc plus intégrée dans la proposition antéposée (voir 2.2.1.2). Cette idée rejoint l'observation de Togeby (1982 : 212), selon laquelle les propositions concessives à l'indicatif deviennent indépendantes, correspondant à la valeur affaiblie de *mais cependant*, donc à un adverbe plutôt qu'à un subordonnant. La même idée est retenue par Brunot & Bruneau (1933 : 550) et de Boer (1947 : 307) pour le français et par Rivarola (1976 : 11-12) et García (1999 : 3809-3810) pour l'espagnol. Notre hypothèse est également confirmée par l'étude de Crevels (1998 : 141 ss, 2000 : 319-320) sur la concession en espagnol. S'inspirant de la théorie de la structure de *niveaux sémantiques* (« semantic layers ») de la grammaire fonctionnelle dans la version de Dik (1989) et de Dik *et al.* (1990) et des niveaux sémantiques de Sweetser (1990), Crevels propose, comme nous l'avons vu en 4.4.2 ci-dessus, une typologie de relations concessives fonctionnant sur différents niveaux sémantiques. Elle propose quatre niveaux qui se caractérisent par une augmentation de la complexité sémantique, à mesure que l'on passe du niveau le plus bas au niveau le plus haut. Elle conclut que plus la complexité sémantique augmente, plus la concessive a un rapport syntaxique indépendant par rapport à la principale. Elle observe ensuite que dans les concessives les plus indépendantes seul l'indicatif s'observe, et que l'emploi du subjonctif augmente, à mesure que la concessive devient plus intégrée dans la principale.

Pour le français moderne, un certain nombre d'arguments soutiennent l'hypothèse qu'une concessive en *encore que* à l'indicatif constitue un acte de langage autonome. Premièrement, elle est toujours introduite par une virgule ou d'un point. Dans ce dernier cas, *encore* commence par une majuscule marquant que la concession n'est pas intégrée dans l'énoncé qui précède :

(18) Tu veux dire que leurs prénoms à eux non plus tu ne les connais pas ? C'était, oui, très exactement ce que je voulais dire. Encore que «maman» *avait* (i) été son dernier mot, juste avant de mourir. (Benoziglio : Cabinet portrait : 102, Id 2067, 1980, cité par Frantext)

Deuxièmement, la concessive postposée à l'indicatif peut être précédée par la conjonction de coordination *et* :

(19) Par bonheur, j'ai pu tirer vers une caverne, pas bien loin, où j'ai mis leur demoiselle à l'abri, mais bien en peine qu'elle est, la pauvre fille, **et** encore que sans ma bête je ne l'en *peux* (i) tirer. (Toepffer : Nouvelles genevoises : 402, Id 1733, 1839, cité par Frantext)

Enfin, en français moderne la concessive en *encore que* peut rester en suspens avant que l'explication de la concessive n'apparaisse :

(20) [...] la nana survoltée avec le tonton débranché, comme le bourgeon de printemps avec la mamie-bonzaï, ça fait un peu paires de chaussettes dépareillées. Encore que... dans le cas présent, le manque d'harmonie *est* (i) relatif. (Dorin : Les Vendanges tardives : 136, Id 2102, 1997, cité par Frantext)

Sous (20), dans un premier temps le locuteur asserte que la situation est comparable à des paires de chaussettes dépareillées ; ensuite, celui-ci introduit un contre-argument qu'il met en suspens un instant avant de l'approfondir. Cet emploi montre clairement que nous avons affaire à un acte de langage autonome, puisque la suspension a pour effet de situer le contenu hors de la prédication.

Il importe cependant de souligner que le subjonctif peut également constituer un acte de langage autonome, lorsqu'il apparaît dans une concessive postposée en *encore que*. Parmi les 176 occurrences relevées au 20e siècle où le verbe se met au subjonctif, 130, soit 73,9 %, sont postposées. Dans cette position, la concessive peut apparaître entre parenthèses (21), introduite par un tiret (22) ou précédée d'un point (23) :

(21) Ce sont ces raisons mêmes qui rapprochent la peur de la jouissance: elle est la clandestinité absolue, non parce qu'elle est « inavouable » (encore qu'aujourd'hui personne ne *soit* (s) prêt à l'avouer), mais parce que [...] elle n'a à sa disposition que des signifiants conformes [...]. (Barthes : Le Plaisir du texte : 78, Id 2050, 1973, cité par Frantext)

(22) Si je ne sus jamais rien, précisément, de son habileté de casseur, je la devine à sa souplesse et à ses rouleries – encore que les habiletés nécessaires dehors *soient* (s) différentes de celles qui servent ici [...]. (Genet : Miracle de la rose : 98, Id 2003, 1947, cité par Frantext)

(23) – Heureusement qu'il est homosexuel, dit Liv. Encore qu'on ne *soit* (s) pas sûr que le Sida ne passe pas par la salive. (Sollers : Le Cœur absolu : 80, Id 2079, 1987, cité par Frantext)

Cependant, nous n'avons pas observé l'emploi suspensif de la concessive avec le subjonctif (voir (20)), ce qui permet de penser que les concessives à l'indicatif revêtent un caractère plus autonome que celles au subjonctif. Quoiqu'il en soit, la différence entre l'indicatif et le subjonctif réside dans ce que le premier *insiste* sur le fait d'exprimer un acte de langage autonome, ce qui se traduit le plus clairement par l'absence totale de ce mode dans les concessives antéposées en français moderne, alors que le subjonctif ne montre pas de signe de spécialisation en position postposée.

9.5 Genres textuels

Après avoir tenu compte de l'évolution des modes, il convient dans cette section de prendre en considération la distribution de *encore que* par rapport à la variation diaphasique au cours des siècles en question.

Il semble que *encore que* soit une innovation motivée de façon interne, étant introduite *par en bas* (voir 3.5), parce que dès le départ il ne montre aucune spécificité de genre. Cependant, ce connecteur est observé notamment dans la prose narrative non-littéraire au 15e siècle, mais en raison du faible nombre d'occurrences de cette période, il ne faut pas accorder trop d'importance à cette observation.

Au 16e siècle, *encore que* est attesté dans un vaste éventail de genres textuels, dans ceux qui sont proches du pôle de la distance (voir 5.3.4.1), tels que la prose argumentative, la prose narrative non-littéraire et les textes écrits en vers, aussi bien que dans ceux qui sont proches du pôle de l'immédiat (voir 5.3.4.3), à savoir le discours direct en prose et le théâtre en prose.

Dans l'ensemble, cette distribution se maintient jusqu'au français moderne en dépit de certains changements qui semblent plutôt être liés à la préférence des auteurs pour certains genres à l'intérieur de chaque siècle. Ainsi à partir du 18e siècle *encore que* est-il quasiment absent dans les genres en vers, à savoir le théâtre et la poésie, ce qui est probablement dû au fait que ces genres déclinent à partir de ce siècle sous l'effet de la suprématie de la prose (Charpentier & Charpentier 1987 : 10). Parallèlement, les occurrences de *encore que* commencent à augmenter considérablement dans la prose narrative littéraire à partir du 19e siècle, genre qui connaît un essor à partir du 18e siècle. Au 20e siècle, celui-ci semble être le genre favori de *encore que*, bien que sa fréquence continue à être considérable dans la prose argumentative et le discours direct en prose.

9.6 Conclusions du chapitre
Ce chapitre a été consacré à l'évolution des modes verbaux ainsi qu'à leur distribution des valeurs modales dans les concessives introduites par *encore que* depuis les premières attestations au 14ᵉ siècle jusqu'au français moderne. Nous en arrivons maintenant aux conclusions suivantes :

Au cours des siècles nous assistons à une augmentation progressive des formes au subjonctif au niveau formel et fonctionnel. Formellement, ce mode croît en fréquence au détriment de l'indicatif. Fonctionnellement, le présupposé semble en train de remplacer l'irréel. *Grosso modo* une évolution qui ressemble à bien des égards à celle de *bien que* (voir chapitre 8), ce qui pourrait porter à croire que nous aurions affaire à une tendance générale dans le système concessif où le mode subjonctif subirait une évolution d'*obligatorification* (Lehmann 1995 [1982] : 139) et de *spécialisation* (Hopper & Traugott 2003 [1993] : 116-118). Pourtant, on peut opposer certains contre-arguments à cette affirmation.

Tout d'abord, les occurrences de l'indicatif augmentent considérablement dans la dernière moitié du 20ᵉ siècle, notamment à partir des années 1970. Nous avons montré que cette extension peut être interprétée en termes d'une faible intégration de la concessive dans la principale. Ainsi l'indicatif, étant spécialisé en position postposée au 20ᵉ siècle dans toutes les occurrences observées, insiste-t-il sur le fait de traduire un acte de langage autonome, contrairement au subjonctif, dont l'intégration dans la principale est généralement plus forte. Par conséquent, *encore que* suivi de l'indicatif a changé de statut syntaxique passant d'un « vrai » subordonnant à un adverbe.

Ensuite, au niveau de la distribution des valeurs fonctionnelles du mode subjonctif, en dépit de sa tendance forte à traduire un contenu présupposé, il permet tout au long des siècles une certaine alternance avec le sens irréel. Le 19ᵉ siècle est particulièrement révélateur. Bien que l'augmentation en fréquence de la valeur d'irréel dans ce siècle soit en quelque sorte due à une surreprésentation du genre textuel dit *abstrait* dans le tri, nous avons une preuve assez claire que le présupposé ne s'est pas spécialisé comme valeur modale unique aux dépens de l'irréel.

Pour conclure, le système modal a subi une réorganisation dans les propositions concessives en *encore que* du 14ᵉ au 20ᵉ siècle, sans que nous n'ayons affaire à un cas d'obligatorification des modes verbaux ; au contraire le mode qu'on supposerait en voie de disparition, est en augmentation. Il n'y a pas non plus de spécialisation au niveau fonctionnel à la même échelle que dans le cas de *bien que*. Autrement dit, il ne semble pas admissible d'interpréter cette évolution prise isolément comme un cas de re-grammaticalisation, car il n'y a pas de changement entre la forme et le contenu, condition nécessaire pour avoir une re-grammaticalisation (voir 3.2.3), puisque le subjonctif continue *grosso modo* à exprimer la valeur de présupposé et d'irréel et l'indicatif à véhiculer la valeur d'assertion. Cela dit, nous avons des signes assez clairs d'une re-grammaticalisation ultérieure du mode subjonctif. Le contenu irréel a subi une chute considérable à l'intérieur du domaine d'emploi du subjonctif de la période qui va du 16e au 20e siècle et semble jusqu'à un certain point transféré au domaine de l'indicatif, dont témoigne la montée en fréquence des formes futurales au 20e siècle. En outre, le sens irréel semble dans une certaine mesure spécialisé dans le genre textuel dit *abstrait*, et il ne serait pas exclu d'interpréter cet usage comme un marqueur stylistique du subjonctif dans ce contexte spécifique. Cette spécialisation peut créer une ambiguïté pour l'interprétation de la valeur du subjonctif, parce que l'interlocuteur ne sait si le sens irréel appartient à la forme ou au genre textuel. Une telle ambiguïté peut donner lieu à une re-grammaticalisation. Nous développerons ce point dans le chapitre 12.

Le fait que nous ayons affaire à deux changements différents dans les propositions en *bien que* et en *encore que* est confirmé par l'opposition de marquage entre ces deux connecteurs. Il apparaît que *bien que* est marqué et *encore que* non marqué[46], ce qui est conforme au principe de concordance de marquage d'Andersen (2001a), selon lequel la forme marquée est comprise dans la forme non marquée (voir 3.5). Cette opposition de marquage se manifeste à deux niveaux :

1) Au niveau de genres textuels : nous avons vu que *encore que* ne présente pas de spécificité au niveau des genres textuels, s'employant dans un vaste éventail de genres. En revanche, le domaine d'emploi de *bien que* est beaucoup plus limité dès le départ. Ce subordonnant s'emploie dans les genres très soutenus tels que le théâtre en vers et la poésie (16e siècle), mais se répand progressivement à d'autres genres, tout en gardant une préférence pour ceux qui relèvent d'un registre soutenu.

---

[46] Néanmoins, les grammaires descriptives ont souvent tendance à considérer *encore que* comme la conjonction concessive marquée, contrairement à *bien que* et à *quoique* (Togeby 1982 : 213, Grevisse 1986 [1936] : 1668, Soutet 1990 : 9, 2000 : 98). Soutet (1990 : 8-9) n'hésite pas à qualifier *encore que* de *stylistique* avec *malgré que* contrairement à *bien que* et à *quoique* qui traduisent les types de base. Certains grammairiens, y compris Rasmussen & Stage (1993 [1981] : 109), ne font même pas mention de *encore que* dans la présentation de la concession en français, ce qui souligne le statut marqué qu'ils lui attribuent.

2) Au niveau de la distribution des modes : *encore que* accepte l'indicatif et le subjonctif ainsi que l'alternance entre l'assertion, l'irréel et le présupposé. Au contraire, *bien que* a une prépondérance très prononcée pour le subjonctif à valeur de présupposé dès les premières attestations, le subjonctif à valeur d'irréel de même que l'indicatif étant en voie de disparition.

Ces conclusions au niveau de l'opposition de marquage confirment l'affirmation d'Andersen (*op.cit.* : 50) que la fréquence textuelle n'est pas un paramètre suffisant pour décider si une forme est marquée ou non, puisqu'elle peut varier d'un genre textuel à l'autre. Si nous avions uniquement tenu compte de la fréquence relative de ces deux conjonctions, nous serions arrivé à la conclusion opposée, puisque la fréquence de *bien que* est plus élevée que celle de *encore que* dans le corpus consulté, notamment aux 18e et 19e siècles.

10. *Même si*

10.1 Introduction
Dans ce chapitre, nous présenterons l'évolution des modes verbaux et leur répartition des valeurs fonctionnelles dans les propositions concessives ouvertes par *même si* depuis ses origines au 17e siècle jusqu'au 20e siècle.

Nous commencerons par une présentation de la formation de *même si* (10.2), suivie d'une description de sa valeur sémantique et du rapport concessif qu'il traduit (10.3). Dans cette section, nous verrons également pourquoi ce subordonnant est largement suivi de l'indicatif et non du subjonctif, bien qu'il traduise la valeur de non-assertion (10.3.1). Ensuite, nous présenterons son évolution, en mettant l'accent sur la répartition des modes verbaux et leur distribution des valeurs modales (10.4). Dans la section 10.5, nous exposerons la distribution de *même si* par rapport à la variation diaphasique au fil des siècles examinés. Enfin, nous récapitulerons les points principaux de ce chapitre (10.6).

Les concessives en *même si* ne subissent pas une évolution considérable en comparaison de celles en *bien que* et en *encore que* (voir chapitres 8 et 9). Nous jugeons cependant important d'en tenir compte, puisqu'elle joue un rôle non-négligeable dans le processus de re-grammaticalisation du subjonctif.

10.2 Formation de *même si*
Comme il ressort de la liste présentée en 4.2.2, le subordonnant *même si* est composé d'un élément conditionnel (*si*) et d'un renforçateur adverbial (*même*) qui se sont soudés en une conjonction de concession (*même si*) (König 1985a : 10-11, 1985b : 267-268, 1988 : 153-154, Harris 1988 : 86). Cette observation confirme l'affirmation de König (1985b : 270-271) selon laquelle les propositions concessives sont dans un certain nombre de langues dérivées historiquement des conditionnelles (voir 4.2.2.1). Pourtant, comme nous le verrons, on peut se demander si cette conjonction s'est entièrement soudée comme conjonction concessive ou si les deux éléments constitutifs gardent dans une certaine mesure leur valeur sémantique originelle. Nous avons relevé des occurrences où il n'est pas clair si nous avons affaire à la conjonction de concession ou plutôt à l'adverbe *même* suivi de *si*. Ces exemples seront passés en revue dans l'analyse empirique (10.4).

La formation de cette conjonction n'est aucunement arbitraire. Il convient de rappeler que *si*, en ancien français, où il a la forme *se*, aussi bien qu'en français moderne, peut traduire, seul, la concession :

(1) Se li vaslez est fos et nices, / S'est il espoir mout gentix hom. (Graal, cité par Buridant 2000 : 661) 'Si ce jeune homme manque de sagesse et est un peu niais, peut-être cependant n'en est-il pas moins plein de noblesse.'

(2) [...] car s'il est vrai que depuis longtemps vous aviez l'intention de trouver pour Cécile un emploi à Paris, vous n'aviez jusqu'alors fait aucune démarche positive en ce sens [...]. (Butor : La modification : 33, 1957, cité par Frantext)

Sous (1), la subordonnée ouverte par *se* correspond à la paraphrase *bien que ce jeune homme manque de sagesse et qu'il soit un peu niais [...]*, et sous (2) celle introduite par *si* correspond à la paraphrase *bien qu'il soit vrai que depuis longtemps [...]*. C'est-à-dire que dès l'ancien français le *si* possède à soi seul le sens concessif ; il est donc possible qu'historiquement l'adverbe *même* se soit combiné avec *si* en vue d'une désambiguïsation de la subordonnée en faveur de la concession. La formation de *même si* est donc bien différente de celles de *bien que* et de *encore que* qui doivent apparemment leur origine à plusieurs changements sémantiques qui mènent en fin de compte au sens concessif (voir 8.2, note 38).

10.3 Sémantisme de *même si*
On peut définir la valeur sémantique de *même si*, en recourant à ses éléments constitutifs. D'après Morel (1996 : 30), l'adverbe *même* a pour fonction de focaliser l'attention sur un élément particulièrement discordant avec la prédication assertée dans la proposition comme en (3) :

(3) **Même** un grand savant peut se tromper. (Morel 1996 : 29)

Cet énoncé permet deux interprétations différentes selon le contexte : une interprétation où la discordance va dans le sens d'une généralisation maximale (*tout le monde peut se tromper y compris un grand savant*) et une interprétation où la valeur de discordance l'emporte sur la valeur généralisatrice (*bien que ce soit un grand savant, il peut se tromper*).

Martin (1987 : 87) propose une définition similaire de l'adverbe *même*. Il considère que celui-ci laisse entendre que le fait décrit par l'énoncé est, dans la classe dont il relève, celui qui est le moins probable. Ainsi, en énonçant (3), le locuteur asserte-t-il d'abord que certains gens peuvent se tromper et que la probabilité de l'erreur d'un grand savant est la moins faible. En d'autres termes, *même* traduit la scalarité (voir 4.2.2) : le locuteur se figure toute une série de situations possibles où les gens peuvent se tromper ; ces situations sont inscrites sur une échelle, et sur le niveau le plus extrême de celle-ci se situe l'erreur du grand savant.

Pour ce qui est du mot *si*, Morel (1996 : 35) observe qu'il définit un repère pour la validation de l'énoncé dans lequel il figure. Il s'agit d'un repère fictif : les conditions de validation marquent un écart par rapport au moment de l'énonciation. Autrement dit, *si* fait référence à une situation non-réelle.

La juxtaposition de l'adverbe *même* marquant la discordance et la conjonction *si* traduisant l'hypothèse donne naissance à une conjonction qui véhicule la concession hypothétique (Martin 1987 : 87, Soutet 1990 : 13) ; l'argument construit à l'aide de *si* pourrait donc être considéré comme complètement incompatible avec l'assertion du jugement qui suit ou précède (Morel 1996 : 35). Quoique *même si* se situe entre la condition et la concession, nous considérons ce connecteur comme strictement concessif, contrairement à König (1985b : 264), puisqu'il est fondé sur le lien implicatif [si p, alors normalement ~q], qui est mis en vigueur non sur le plan concret, mais *a priori* dans un monde imaginaire. Pour une discussion approfondie voir 4.3.1.

En fonction du contexte interprétatif, *même si* peut traduire trois rapports concessifs différents (Morel 1996 : 35), dont le premier se révèle – logiquement – être la valeur de base, comme nous le verrons dans la section 10.4 :

1) *Même si* est décomposable en ses deux éléments constitutifs, à savoir *même* + *si*. Si l'on emploie la terminologie proposée par la théorie de l'assertion (voir 2.4), il traduit une valeur d'irréel :

    (4) **Même si** on avait décidé de repousser le moment de le lui annoncer, il aurait bien senti à l'attitude des autres qu'il était arrivé quelque chose de grave. (Carrère : La Classe de neige : 104, Id 2485, 1995, cité par Frantext)

    La présence du conditionnel passé (*aurait senti*) de la principale soutient cette analyse (voir 6.2.2) parce qu'elle confère à l'énoncé un aspect contrefactuel.

2) *Même si* introduit un fait dont la validation est acquise et non remise en cause. Il s'agit de la concession dite *logique*, type de concession qui est normalement traduit par *bien que* (voir 8.3). En termes d'assertion, cet emploi exprime un contenu présupposé :

    (5) **Même** s'ils la faisaient parfois tourner en bourrique, Fafa savait obtenir d'eux ce qu'elle voulait, usant d'autorité mais aussi d'une patience sans limites. (Dormann : La Petite main : 178, Id 2480, 1993, cité par Frantext)

    L'interprétation du sens présupposé est corroborée par l'adverbe itératif (*parfois*), le cotexte au passé dans lequel s'inscrit l'énoncé et l'antéposition de la concessive (voir 6.2.1). La proposition subordonnée exprime une valeur de présupposé, et non d'assertion, malgré l'emploi de l'indicatif. En effet, nous avons observé un certain nombre de marqueurs de présupposé dits forts (voir 6.3.1.1), c'est-à-dire des marqueurs qui l'emportent presque exclusivement sur les contre-marqueurs, dans les propositions en *même si*, tels que les énoncés génériques, les marqueurs de factualité (notamment les propositions comparatives et causales) et les marqueurs d'habitude et d'itérativité. En revanche, nous n'avons trouvé que très peu de marqueurs d'assertion (voir 6.2.3), sauf le rhème, qui est à considérer comme un marqueur d'assertion faible (voir 6.3.3.2). Il est surtout intéressant de constater l'absence quasi-totale du passé simple dans les propositions en *même si*, alors que l'emploi de l'imparfait – temps de l'arrière-plan (voir 2.4.1) – y domine.

3) Enfin, *même si* peut traduire la concession rectificative, étant par conséquent proche de la valeur de *encore que* (voir 9.3) :

> (6) Mais dis-toi bien que ses turbulences vont recommencer... **Même si** ça n'en a pas l'air pour le moment. (Dorin : Les Vendanges tardives : 68, Id 2488, 1997, cité par Frantext)

Sous (6), le locuteur asserte d'abord que les turbulences vont recommencer, mais se corrige ensuite, en disant que cela n'en a pas l'air au moment de l'énonciation. D'après Morel (*op.cit.* : 37), les concessives en *même si* n'apportent pas la même rectification à la principale que *encore que*. Alors que ce dernier modifie entièrement le contenu de la principale, *même si* y apporte une moindre rectification. Cependant, comme nous l'avons conclu en 9.3.2, *encore que* traduit différents degrés de rectification, passant d'une rectification forte où il modifie entièrement le contenu de la principale à une rectification faible où il n'en modifie qu'une partie. Cela suggère qu'en fait *encore que* et *même si* sont en mesure de traduire le même rapport concessif. Toutefois, étant donné que la notion de *rectification* n'est pas sans poser problème, nous ne distinguerons pas cet emploi dans l'analyse empirique de *même si*.

10.3.1 Pourquoi même si *est-il suivi de l'indicatif ?*
A la différence de *bien que* et de *encore que*, *même si* est presque toujours suivi de l'indicatif pour traduire une valeur non-assertive et les trois rapports concessifs que nous venons d'évoquer. Pourquoi ce subordonnant se combine-t-il avec l'indicatif ? Il faut probablement chercher la réponse chez Martin (1992 [1983] : 119) d'après lequel l'apparition du subjonctif en français moderne est conditionnée par la présence du *que* modalisateur. Cette particule a pour fonction de suspendre la valeur de vérité de la proposition qu'elle introduit et de la faire dépendre de l'élément verbal ou conjonctionnel qui la précède. En l'absence de *que* le subjonctif cède la

place à l'indicatif sauf dans quelques tournures figées. Si la conjonction *même si* est reprise par *que*, le subjonctif apparaît comme le montre l'exemple suivant :

>   (7) Si l'opération est peu importante, il suffit de le prévenir au moment de la pratiquer, et **même si** elle *peut* (i) être instantanée, et *que* le malade *soit* (s) très pusillanime, il sera quelquefois permis à l'opérateur de la pratiquer sans l'en avertir et comme par surprise. (Nélaton : Élémens de pathologie chirurgicale : t. 1 : 4, Id 2169, 1844, cité par Frantext)

Comme *même si* est constitué de l'adverbe *même* et de la conjonction conditionnelle *si* (voir 10.2), il est suivi du même mode que *si*. En ancien et en moyen français, on trouve l'imparfait et le plus-que-parfait du subjonctif pour exprimer l'hypothèse potentielle et contrefactuelle (Buridant 2000 : 628). D'après Grevisse (1986 [1936] : 1687), l'indicatif commence à s'imposer dans ce genre de structures à partir du 12e siècle, et vers le 16e siècle il a largement remplacé l'emploi du subjonctif. Puisque *même si* apparaît dans la langue au moment où la généralisation de l'indicatif s'est achevée dans les propositions en *si*, il est logique qu'il soit suivi de l'indicatif. Il existe cependant une forme de subjonctif dit *conditionnel passé deuxième forme* qui est souvent considéré comme stylistique (Togeby 1982 : 63-64).

L'analyse de Martin semble largement convaincante, mais contient certains points faibles.

Tout d'abord, il existe de véritables contre-arguments à la thèse de Martin. Cela concerne notamment les propositions relatives introduites par *qui, où, lequel* et *dont*. Martin (1992 [1983] : 120) affirme que ces éléments introducteurs sont des variantes de *que* et que dans ce genre de structures le choix du mode dépend de la référence de l'antécédent. Premièrement, on se demande ce qui justifie de considérer ces introducteurs comme des variantes de *que*. Deuxièmement, si c'est la référence de l'antécédent qui détermine le choix du mode, Martin n'a pas résolu le problème que le subjonctif peut apparaître dans des structures où *que* est absent. Troisièmement, dans les autres langues romanes, par exemple en espagnol, il existe de nombreux exemples qui témoignent que le subjonctif apparaît dans des structures subordonnées ouvertes par des marqueurs autres que *que*, par exemple les temporelles ouvertes par *cuando* 'quand', *en cuanto* 'dès que' et *mientras* 'pendant que' pour désigner une action future.

Ensuite, si le subjonctif dépend largement de la présence de *que*, quelles sont les implications pour le statut du subjonctif en français moderne ? Martin ne donne pas de réponse à cette question. Il semble cependant pertinent d'interpréter cette spécialisation comme un argument supplémentaire à l'hypothèse du statut subordonné du subjonctif (voir 2.2.1.2) et de son caractère hautement figé en français moderne, contrairement à des états plus anciens de la langue où ce mode s'employait dans les principales et dans un éventail de subordonnées plus varié.

Enfin, il manque dans l'exposé de Martin des explications de la disparition du subjonctif des propositions où *que* est absent, en particulier celles ouvertes par *si*. On pourrait envisager l'hypothèse selon laquelle la disparition du subjonctif serait liée à un problème d'ambiguïté entre les propositions au subjonctif et à l'indicatif dans des états antérieurs de la langue. L'indicatif s'y employait pour exprimer une hypothèse *réelle* ou *vraisemblable* et le subjonctif pour traduire une hypothèse *non-probable* ou *irréelle* (Buridant 2000 : 628). Comme la frontière entre ces différents types d'hypothèses n'était pas toujours très nette, le vraisemblable et le non-probable, par exemple, pouvant tous deux être exprimés par l'imparfait de l'indicatif et l'imparfait du subjonctif (*loc.cit.*), on peut supposer que les interlocuteurs ont choisi un seul mode pour traduire ces valeurs, à savoir l'indicatif. Il se pourrait ensuite que cette généralisation modale se soit répandue à des contextes où il n'y avait pas d'ambiguïté au départ, par exemple aux hypothèses dites *contrefactuelles*. Cependant, cette hypothèse n'explique pas pourquoi c'est l'indicatif qui se spécialise et non le subjonctif. En outre, elle n'est pas testée sur des données authentiques.

10.4 Evolution diachronique de *même si*

Les premières attestations de *même si* apparaissent très tard en comparaison de celles de *bien que* et de *encore que* (voir chapitres 8 et 9) ; selon nos relevés, ce n'est qu'à partir du 19e siècle que ce connecteur connaît un véritable essor et qu'au 20e siècle que nous avons atteint le nombre souhaité pour l'étude de 200 occurrences (voir 5.5.2). Comme le nombre d'occurrences n'est pas comparable tout au long des siècles, il faut faire appel à des évaluations relatives.

10.4.1 17e et 18e siècles
Selon nos données, la première attestation de *même si* remonte à la dernière partie du 17e siècle, dans laquelle nous avons relevé un total de six occurrences. La première occurrence est attestée en 1662 dans les *Pensées* de Blaise Pascal (8) et la deuxième en 1675 dans la *Correspondance* de Mme de Sévigné (9) :

(8) Qu'on s'informe de cette religion ; même si elle ne *rend* (i) pas raison de cette obscurité, **peut-être** qu'elle nous l'**apprendra**. (Pascal : Pensées : 138, Id 2105, 1662, cité par Frantext)

(9) Et même si **mes** délicatesses et les mesures injustes que **je** prends sur **moi** *ont* (i) donné **quelquefois** du désagrément à **mon** amitié, **je vous** conjure de tout **mon** coeur, **ma** bonne, de les excuser en faveur de leur cause. (Sévigné : Correspondance : t. 1 : 1646-1675 : 608, Id 2107, 1675, cité par Frantext)

Même si

Ces deux occurrences traduisent les valeurs prototypiques de *même si*. Sous (8), l'indicatif (*rend*) exprime un contenu irréel, comme le montre la présence du verbe au futur (*apprendra*) et de l'adverbe irréel (*peut-être*) dans la principale postposée (voir 6.2.2). Sous (9), le verbe de la concessive (*ont*) traduit un contenu présupposé, ce que corroborent le marqueur itératif (*quelquefois*), les pronoms et articles référant aux interlocuteurs et la position thématique de la concessive (voir 6.2.1).

Les quatre occurrences suivantes sont relevées dans les années 1690, à savoir deux en 1690 dans le *Voiage du monde de Descartes* du Père Gabriel Daniel, un dans *Le Détail de la France sous le règne présent* de Pierre de Boisguilbert (1695) et un dans *Les Caractères* de Jean de La Bruyère de 1696. Dans ces occurrences, *même si* est suivi de l'indicatif : un traduit une valeur de présupposé et trois un sens irréel. Il est intéressant de constater que, bien que le nombre d'occurrences soit limité, *même si* apparaît dans divers genres textuels : dans ceux qui sont plus proches du pôle de la distance (voir 5.3.4.1), tels que la prose argumentative et narrative non-littéraire, et dans ceux qui s'approchent du pôle de l'immédiat (voir 5.3.4.3), comme le discours direct en prose. Que *même si* soit attesté dans des genres marqués aussi bien que non marqués suggère qu'il est motivé de façon interne (voir 3.5).

Au 18e siècle, la fréquence relative de *même si* monte à 28 occurrences. Bien qu'il s'agisse d'une augmentation considérable par rapport au 17e siècle, nous avons toujours affaire à un nombre faible d'occurrences. Néanmoins, elles se trouvent réparties d'une façon régulière sur tout le siècle, apparaissant dans un vaste éventail de genres textuels, ce qui suggère que *même si* s'est bien établi comme conjonction au 18e siècle. La figure 10.1 présente la distribution des modes verbaux et des valeurs modales :

Subjonctif	Valeur	Nombre d'occurrences	
	Présupposé	0	(0,0 %)
Total occ. : 0 (0,0 %)	Irrealis	0	(0,0 %)
	Assertion	0	(0,0 %)
	Inclassable	0	(0,0 %)

(suite p. 232)

(suite)

Indicatif	Valeur	Nombre d'occurrences	
Total occ. : 28 (100,0 %)	Présupposé	1	(3,6 %)
	Irrealis	25	(89,3 %)
	Assertion	0	(0,0 %)
	Inclassable	2	(7,1 %)
Total (subj./ind.) : 28 occ.			

Figure 10.1
Fréquence relative et valeur modale des modes verbaux
dans les propositions en *même si* (18ᵉ siècle)

Cette figure révèle un usage exclusif de l'indicatif dans les propositions en *même si*. Il a une valeur d'irréel dans la majorité des cas (89,3 %) ; dans 3,6 % des propositions il présuppose le contenu propositionnel et pour 7,1 % des propositions une classification fonctionnelle n'est pas possible. Cette répartition est en accord avec la valeur sémantique de *même si* favorisant le contenu irréel en raison de la combinaison de l'adverbe *même* et la conjonction conditionnelle *si* (voir 10.2 et 10.3). Il existe des cas où il n'est pas sûr si *même si* s'est entièrement figé comme conjonction concessive ; en fonction du contexte interprétatif, la suite *même si* peut prendre d'autres valeurs que la concession comme en (10) :

(10) […] et il objecte que Dieu eût pu mieux parvenir à son but dans le règne de la grâce, s'il ne se fût point attaché à ces lois, s'il se fût dispensé plus souvent de les suivre ou **même** s'il en avait fait d'autres. (Leibniz : Essais de théodicée sur la bonté de Dieu, la liberté de l'homme et l'origine du mal : 330, Id 2113, 1710, cité par Frantext)

Dans cet énoncé, il semble y avoir deux interprétations possibles de *même si* : ou bien il s'interprète comme une conjonction concessive à valeur d'irréel, ou bien l'adverbe *même* renforce la valeur conditionnelle de *si*. Dans ce dernier cas, nous avons affaire à une énumération de trois conditions possibles dont celle introduite par *même* semble être la moins probable. Nous avons inclus cette occurrence – et celles qui y ressemblent – dans la base de données, dans la mesure où l'interprétation concessive n'est pas exclue. Il est possible d'interpréter l'exemple (10) comme un cas de *contexte critique* (« critical context ») (Diewald 2002 : 123 ss) ou de *contexte de transition* (« bridging context ») (Heine 2002 : 98 ss), c'est-à-dire comme un cas où deux interprétations d'une suite de mots entrent en concurrence, après quoi l'une l'emporte sur l'autre. Au cours du processus de spécialisation, la valeur concessive l'emporte petit à petit sur la

Même si

valeur conditionnelle, puis la suite *même si* se fige entièrement comme connecteur concessif. Le fait que *même si* n'ait pas achevé ce processus à ce stade diachronique se confirme par la fréquence élevée de la valeur d'irréel, valeur proche du domaine conditionnel ; nous n'avons relevé qu'une occurrence où l'indicatif exprime avec certitude un contenu présupposé.

10.4.2 19ᵉ siècle

Au 19ᵉ siècle, la fréquence relative *même si* augmente, quoique nous n'atteignions toujours pas le nombre souhaité de 200 occurrences. Comme le montre la figure 10.2, nous avons relevé un total de 149 occurrences :

Subjonctif	Valeur	Nombre d'occurrences	
Total occ. : 9 (6,0 %)	Présupposé	0	(7,1 %)
	Irrealis	9	(100,0 %)
	Assertion	0	(0,0 %)
	Inclassable	0	(0,0 %)
Indicatif	**Valeur**	**Nombre d'occurrences**	
Total occ. : 140 (94,0 %)	Présupposé	28	(20,0 %)
	Irrealis	108	(77,1 %)
	Assertion	0	(0,0 %)
	Inclassable	4	(2,9 %)
Total (subj./ind.) : 149 occ.			

Figure 10.2
Fréquence relative et valeur modale des modes verbaux
dans les propositions en *même si* (19ᵉ siècle)

Si l'on compare avec les données du 18ᵉ siècle, certains changements se sont opérés au niveau des modes verbaux et de leurs valeurs fonctionnelles. Alors que les occurrences du subjonctif étaient complètement absentes au siècle précédent, nous en avons noté une augmentation modeste au 19ᵉ siècle. Dans tous les cas relevés, le subjonctif traduit un contenu irréel. Pourtant, cette augmentation est particulière. Il apparaît qu'ou bien le subjonctif est appelé par un *que* remplaçant *même si* dans une structure concessive coordonnée (11), ou bien nous avons affaire au plus-que-parfait du subjonctif dit *conditionnel passé deuxième forme* (12). Nous précisons que l'exemple (11) a déjà été évoqué sous (7) ci-dessus :

(11) Si l'opération est peu importante, il suffit de le prévenir au moment de la pratiquer, et **même si** elle *peut* (i) être instantanée, et **que** le malade *soit* (s) très pusillanime, il sera quelquefois permis à l'opérateur de la pratiquer sans l'en avertir et comme par surprise. (Nélaton : Élémens de pathologie chirurgicale : t. 1 : 4, Id 2169, 1844, cité par Frantext)

(12) [...] il m'a fallu la lettre d'Aldine pour trouver le secret de l'indifférence qu'il ne pouvait, qu'il n'aurait pu jamais vaincre, **même si** elle *fût* (s) devenue sa femme. Elle n'eût été dévouée qu'au devoir. (Sand : Monsieur Sylvestre : 331, Id 2184, 1865, cité par Frantext)

Il est fort probable que le subjonctif de (12) est conditionné par le fait que les propositions en *même si* ne sont pas suivies des formes futurales. Aussi peut-on discuter s'il faut considérer ce subjonctif comme « authentique », étant appelé par *même si*, ou s'il relève d'un usage stylistique. Il existe des arguments en faveur des deux propositions. Qu'il s'agisse d'un emploi stylistique est corroboré par le fait que la proposition principale qui suit la concessive contient également un plus-que-parfait du subjonctif (*eût été*) qui n'est pas déclenché par un élément linguistique. En outre, nous n'avons observé que l'emploi du plus-que-parfait du subjonctif, mais aucune forme d'imparfait ni de présent du subjonctif. Toutefois, le fait que le verbe de la relative précédant la concessive soit au conditionnel passé (*aurait pu*) semble plutôt suggérer que le subjonctif de la concessive est déclenché par le contexte syntaxique. Si le plus-que-parfait du subjonctif était essentiellement stylistique, on se serait attendu à le trouver à la place du conditionnel passé dans cette relative afin d'assurer l'équilibre de l'énoncé.

Comme nous avons affaire à des emplois particuliers du subjonctif en (11) et en (12), on pourrait en principe les écarter du dépouillement. Cependant, nous les avons maintenus pour plusieurs raisons. Premièrement, pour ce qui est du *que* remplaçant *même si*, cette particule dépend syntaxiquement de *même* et traduit bien la concession. Deuxièmement, si nous écartions le plus-que-parfait du subjonctif des propositions en *même si* pour des raisons « stylistiques », il serait également nécessaire d'écarter cette forme des concessives en *bien que* et en *encore que*. Dans celles-ci, néanmoins, il est quasiment impossible de décider si nous avons affaire à un emploi stylistique ou syntaxique, car nous avons relevé des exemples de tous les temps du subjonctif. Troisièmement, comme nous le verrons dans 10.4.3, ces deux emplois disparaissent progressivement des concessives en *même si* ; ils signalent donc une évolution intéressante, puisqu'ils se font remplacer petit à petit par l'indicatif, qui tend à s'imposer comme mode obligatoire.

L'indicatif est toujours le mode préféré dans ce genre de structures, mais contrairement au siècle précédent la fréquence de la valeur de présupposé augmente (20,0 % des relevés). Surtout dans les cas du présupposé, *même si* s'est entièrement établi comme conjonction concessive, puisque la valeur hypothétique de *si* s'est effacée. Cependant, le sens irréel reste l'interprétation fonctionnelle par excellence : l'indicatif traduit cette valeur dans 77,1 % des cas observés.

Nous tenons à souligner que la valeur de présupposé devient de plus en plus fréquente surtout dans la deuxième moitié du 19ᵉ siècle. Abstraction faite de trois occurrences attestées dans les années 1816, 1828 et 1832, cette valeur s'étend à partir des années 1870. Cette innovation est probablement motivée de façon externe : elle semble introduite *par en haut*, car elle est attestée notamment dans des genres textuellement marqués (voir 3.5). Parmi les 28 occurrences où l'indicatif traduit un contenu présupposé, 17 sont observées dans les genres proches du pôle de la distance (voir 5.3.4.1), à savoir dans la prose argumentative et narrative non-littéraire. Sept occurrences sont observées dans la prose narrative littéraire et quatre seulement dans le discours direct en prose, genre proche du pôle de l'immédiat (voir 5.3.4.3). Cette observation confirme le caractère hautement argumentatif de la concession (voir 4.2.1). Il importe cependant de souligner que nous avons déjà relevé une occurrence de l'indicatif à valeur de présupposé au 17ᵉ siècle (en 1675) dans le discours direct (voir (9)) et une autre au 18ᵉ siècle (en 1744). En raison du décalage temporel remarquable entre ces occurrences et celles du 19ᵉ siècle et de la représentativité de Frantext, il nous semble plus pertinent d'expliquer ces occurrences en termes de polygenèse.

10.4.3 20ᵉ siècle

Au 20ᵉ siècle, la fréquence relative de *même si* augmente remarquablement par rapport au siècle précédent, de sorte que nous avons atteint le nombre souhaité de 200 occurrences, ce qui suggère que *même si* s'est consolidé comme connecteur dans le système concessif en français. La distribution des modes verbaux et des valeurs fonctionnelles est présentée dans la figure suivante :

Subjonctif	Valeur	Nombre d'occurrences	
Total occ. : 3 (1,5 %)	Présupposé	0	(0,0 %)
	Irrealis	3	(100,0 %)
	Assertion	0	(0,0 %)
	Inclassable	0	(0,0 %)

(suite p. 236)

(suite)

Indicatif	Valeur	Nombre d'occurrences	
Total occ. : 197 (98,5 %)	Présupposé	42	(21,3 %)
	Irrealis	148	(75,1 %)
	Assertion	0	(0,0 %)
	Inclassable	7	(3,6 %)
Total (subj./ind.) : 200 occ.			

Figure 10.3
Fréquence relative et valeur modale des modes verbaux
dans les propositions en *même si* (20ᵉ siècle)

Cette figure révèle que l'indicatif est toujours le mode dominant, puisqu'il s'emploie dans 98,5 % des cas, et que le subjonctif a décliné par rapport au siècle précédent (1,5 % des occurrences). Ces emplois, traduisant tous un contenu irréel, sont de même type que ceux que nous avons relevé dans le siècle précédent.

Il n'est pas exclu que la réduction du subjonctif doive s'interpréter comme le signe que l'indicatif est en train de se spécialiser comme mode obligatoire des concessives ouvertes par *même si*. En d'autres termes, la spécialisation du mode indicatif devient si contrainte que le locuteur ne peut plus avoir recours à l'alternance modale, même pour exprimer des nuances stylistiques. Cette hypothèse est corroborée par le fait que les deux occurrences où *même si* est suivi du subjonctif sont observées dans la première moitié du 20ᵉ siècle, en 1902 et en 1926. Après ces dates, il n'y a aucune attestation de cette forme dans nos relevés.

Pour ce qui est de la répartition des valeurs fonctionnelles du mode indicatif, l'irréel continue à être la valeur dominante couvrant 75,1 % des occurrences. La valeur de présupposé connaît une petite augmentation par rapport au siècle précédent de 20,0 % à 21,3 % ; 3,6 % des occurrences ne permettent pas de classification fonctionnelle. Toutefois, l'augmentation des formes à l'indicatif à valeur de présupposé est plus considérable que les pourcentages le laissent entendre. La fréquence de cette valeur s'élève remarquablement dans la dernière moitié du 20ᵉ siècle, surtout à partir de 1960. Ainsi, parmi les 42 occurrences observées, seules neuf remontent-elles à la période 1900-1950, tandis que les 33 restantes datent de la période 1951-2000, parmi lesquelles 21 sont tirées des ouvrages des années 80 et 90. Il semble que nous ayons affaire à un changement linguistique, si lent soit-il, qui s'accentue dans les vingt dernières années du 20ᵉ siècle, et non seulement d'une simple variation synchronique, car si l'on recourt à la variation diaphasique, on découvre que l'emploi de l'indicatif à valeur de présupposé est attesté dans un vaste éventail de genres textuels. Nous avons relevé sept occurrences dans la prose argumentative et la prose narrative non-littéraire, 26 occurrences dans la prose narrative littéraire et neuf dans le discours direct en prose, y compris le théâtre en prose. Cependant, l'indicatif à valeur d'irréel l'emporte toujours sur la valeur de présupposé ; il faudra donc attendre les siècles à venir pour voir si ces deux valeurs modifieront leur importance respective dans les propositions en *même si*.

10.5 Genres textuels

Comme nous l'avons vu en 10.4.1, dès le début *même si* n'est pas spécifique à un genre textuel, les premières attestations apparaissant tantôt dans les genres proches du pôle de la distance (*i.e.* la prose argumentative et narrative non-littéraire), tantôt dans ceux qui s'approchent du pôle de l'immédiat (*i.e.* le discours direct en prose). Quoique cette observation soit fondée sur un nombre relativement faible d'occurrences, elle suggère que *même si* est une innovation motivée de façon interne. Cela dit, *même si* n'est pas attesté dans les genres en vers au 17e siècle, bien que le théâtre en vers, notamment la tragédie, soit le genre préféré (Charpentier & Charpentier 1987 : 10), ce qui est probablement dû à l'entrée récente de *même si* dans la langue. Au cours des siècles, *même si* continue à s'employer dans un éventail large de genres textuels.

Cependant, *même si* à valeur de présupposé, qui apparaît à quelques exceptions près à partir du 19e siècle, semble être une innovation motivée de façon externe, introduite *par en haut* dans des genres textuellement marqués, à savoir ceux qui sont proches du pôle de la distance. Au 20e siècle, *même si* à valeur de présupposé se répand dans les genres proches du pôle de l'immédiat, donc à des genres non marqués, tout en se conservant dans les genres proches du pôle de la distance, quoique sa fréquence y soit moins élevée qu'au siècle précédent. Son emploi est pourtant plus fréquent dans la prose narrative littéraire.

10.6 Conclusions du chapitre

Ce chapitre a été consacré à l'évolution des modes verbaux et de leur distribution des valeurs modales dans les concessives ouvertes par *même si* depuis ses origines au 17e siècle jusqu'au français moderne. L'examen de cette évolution nous permet de tirer les conclusions suivantes : l'indicatif s'impose majoritairement dans ce genre de concessives dès les premières occurrences, contrairement aux concessives en *bien que* et en *encore que*, où le subjonctif est le mode dominant. L'emploi majoritaire de l'indicatif est particulier, puisqu'il traduit une valeur de non-assertion dans ce type de concession, inversement aux attentes prévues par la théorie de l'assertion (voir 2.4). Le recours majoritaire à l'indicatif est en partie dû à l'évolution historique. En ancien et en moyen français *se/si* s'employait avec le subjonctif pour décrire une hypothèse considérée comme potentielle ou contrefactuelle, mais l'indicatif a progressivement remplacé le subjonctif, cette évolution ayant probablement son origine dans une ambiguïté sémantico-pragmatique entre certaines constructions hypothétiques. Comme ce changement s'est achevé au 16ᵉ siècle, *même si* se combine avec l'indicatif dès les premières attestations. L'emploi majoritaire de l'indicatif semble également conditionné par l'absence de la particule *que* ayant pour fonction en français moderne de suspendre la valeur de vérité de la proposition qu'elle introduit (Martin 1992 [1983] : 119), ce qui favorise l'emploi du subjonctif.

Cependant, l'emploi du subjonctif n'est pas entièrement exclu dans les concessives en *même si* ; on peut discuter s'il est appelé par la conjonction même ou s'il relève d'un emploi stylistique. De surcroît, l'emploi du subjonctif est de basse fréquence dès les origines, se réduisant progressivement au cours des siècles, pour disparaître enfin au cours du 20ᵉ siècle. Par conséquent, il est plausible d'interpréter cette évolution comme une *obligatorification* (Lehmann 1995 [1982] : 139) ou une *spécialisation* (Hopper & Traugott 2003 [1993] : 116-118) accrue du mode indicatif. Toutefois, il ne semble pas que nous ayons affaire à un cas de re-grammaticalisation de ce mode (voir 3.2.3). Il est vrai que l'indicatif subit un changement de la relation entre la forme et le contenu, mais il élargit son domaine d'emploi d'une situation où il traduit une valeur fonctionnelle (l'irréel) à une situation où il traduit deux valeurs fonctionnelles (l'irréel et le présupposé). Il est difficile de prévoir si le présupposé remplacera l'irréel ultérieurement, comme nous l'avons observé pour *bien que* et *encore que*. Cependant, il n'est pas très probable que ce scénario se présentera, puisque *même si* est devenu le seul connecteur concessif à exprimer le sens irréel en français moderne, cette valeur étant en voie de disparition des concessives en *bien que* et en *encore que*.

Comme nous l'avons vu, les propositions concessives ouvertes par *même si* ne subissent pas une évolution considérable, mais elles constituent néanmoins un élément important dans la réorganisation du système grammatical, plus particulièrement dans le processus de re-grammaticalisation du mode subjonctif dans le système concessif. Ce point sera développé dans le chapitre 12.

11. *Aunque* et *a pesar de que*

11.1 Introduction
Le présent chapitre est consacré à l'analyse des données empiriques espagnoles. Comme nous l'avons dit en 4.3.1, nous mettons l'accent sur les conjonctions *aunque* 'bien que/même si' et *a pesar de que* 'bien que', car ils traduisent différents rapports concessifs et sont les subordonnants concessifs les plus fréquents en espagnol moderne. Ils constituent par conséquent un fondement pour évaluer l'hypothèse de l'espagnol moderne comme le reflet d'un stade observé à un état plus ancien du français.

Ce chapitre comprend deux volets. Le premier (11.2) traitera de la distribution des modes verbaux et de leurs valeurs fonctionnelles dans les concessives introduites par *aunque*, et dans le second (11.3) nous aborderons ces mêmes questions pour *a pesar de que*. Ces deux volets suivront la même structure. Nous commencerons par une présentation de leur formation et de leur valeur sémantique, y compris le rapport concessif qu'ils instaurent. Ensuite, nous présenterons leur distribution de valeurs modales en espagnol moderne, représenté par la période qui va de 1975 à 2004. Cette période a été choisie pour que les relevés reflètent la langue actuelle. C'est également cette période que couvre le corpus espagnol CREA. Il s'agit donc d'une période aisément délimitable permettant d'avoir recours facilement aux données empiriques. Nous rappelons que le procédé adopté est *a priori* quantitatif, mais que nous proposerons aussi des analyses qualitatives afin d'expliquer les cas déviants par rapport à la théorie de l'assertion, puisque ces exemples peuvent désigner une évolution ultérieure comme en français. Par la suite, nous examinerons la distribution des connecteurs dans les genres textuels, après quoi nous fournirons, pour ce qui est de *aunque* seulement, des remarques sur sa distribution en ancien et en moyen espagnol. Enfin, la section 11.4 récapitulera les points principaux de ce chapitre.

11.2 *Aunque*

11.2.1 Formation de aunque
L'étymologie de *aunque* se rapproche à bien des égards de celle de *encore que* en français (voir 9.2). *Aunque* est formellement constitué de l'adverbe temporel *aun* 'encore' et du subordonnant *que* qui se sont combinés pour

constituer un connecteur concessif dont la valeur temporelle s'est effacée (König 1985a : 11, 1985b : 268, 1988 : 155, Harris 1988 : 85). Selon ce dernier, *aunque* doit son étymologie à une *coexistence remarquable* de deux faits (voir 4.2.2). D'après el *Diccionario de Autoridades*, tome 1 (cité par Rivarola 1976 : 46), l'adverbe *aun* dénote au départ l'extension à un certain point dans le temps, mais cette valeur temporelle devient au fur et à mesure plus abstraite et proche du sens de l'adverbe *incluso* 'même', qui exprime un état de choses contraire à une attente, d'où le sens concessif.

Comme c'était le cas pour *encore que*, il est possible d'avancer deux hypothèses pour expliquer la formation de *aunque* :

1) L'adverbe temporel *aun*, désignant la continuité dans le temps et dérivé du latin *adhuc* 'jusque-là' (Pottier 1970 : 192, Harris 1988 : 85), pouvait au départ exprimer la concession dans le type de constructions *aun rico // trabaja* 'bien (que) riche // il travaille'. A cet adverbe s'est ajouté l'indice de subordination *que* pour permettre une construction avec un complément verbal conjugué *aun que es rico // trabaja* 'bien qu'il soit riche // il travaille' (Pottier 1970 : 190 ss).

2) *Que* était une conjonction universelle en ancien espagnol pouvant traduire, selon le contexte interprétatif, différents rapports de subordination, y compris la concession, lorsqu'elle était suivie du subjonctif. Cette particule se combinait de temps à autre avec une série de différents adverbes emphatiques (*mal*, *encara* et *aun*) destinés à désambiguïser l'énoncé et à renforcer le sens concessif. De ces trois adverbes, seul *aun*, une fois qu'il a perdu son sens emphatique, s'est soudé avec *que* en un véritable connecteur concessif (Rivarola 1976 : 45 ss, García 1999 : 3841)[47].

Bien que cette problématique puisse faire penser au paradoxe de l'œuf et de la poule, la première explication semble moins évidente que la deuxième. Rivarola (1976 : 47) y oppose un contre-argument important. D'après lui, la construction sans *que* (*aun rico trabaja*) requiert une interprétation factuelle *bien que ce soit un fait qu'il est riche*, ce qui est en contradiction avec la prédominance forte du subjonctif à valeur d'irréel dans les premiers emplois de *aunque*.

---

[47] Selon Rivarola (1976 : 51), le connecteur *encara que*, correspondant à *encore que* en français, est attesté aux 14e et 15e siècles dans les dialectes de l'Aragon et de la Catalogne, mais jamais en castillan. En catalan, *encara que* existe toujours comme connecteur concessif.

Aunque et a pesar de que 241

11.2.2 *Sémantisme de* aunque

Aunque est considéré comme le subordonnant concessif par excellence en espagnol moderne (García 1999 : 3823). Il est par conséquent multifonctionnel, pouvant au moins traduire trois rapports concessifs distincts, à savoir la concession *propre*, *factuelle* ou *logique*, la concession *rectificative* ou *restrictive* et la concession *hypothétique* ou *non-factuelle* (*op.cit.* : 3819, 3822, Haverkate 2002 : 164) :

1) L'emploi prototypique de ce connecteur est la concession logique. Celle-ci est traduite par l'assertion d'une coexistence de deux propositions réputées incompatibles. Comme nous l'avons vu pour *bien que* en français, dont la fonction primaire est également de véhiculer la concession logique, celle-ci est fondée sur un lien implicatif [si p, alors normalement ~q] que la concessive sert à annuler comme en (1), où il est nié que l'on n'explique pas un point, lorsqu'il est tard :

> (1) Acabaré de explicar este tema **aunque** ya sea tarde. 'Je terminerai d'expliquer ce point bien qu'il soit déjà tard.' (García 1999 : 3819)

Ce que nous appelons *concession logique*, correspond à ce que García (1999 : 3822 ss) appelle *concession factuelle*, dans la mesure où le contenu de la concessive assume un caractère factuel.

2) Ensuite, les chercheurs sont d'accord pour admettre que les concessives en *aunque* peuvent également traduire la concession rectificative ou restrictive (*op.cit.* : 3819), correspondant à l'emploi primaire de *encore que* en français (voir 9.3). Sous (2), le locuteur affirme dans un premier temps l'intelligence de Marie, mais dans un deuxième temps il apporte des modifications à cette affirmation, en annonçant qu'elle dit de temps à autre des choses très bizarres :

> (2) María es una chica muy espabilada y siempre está en todo; ¡**aunque** a veces nos viene (i) / venga (s) con unas cosas más extrañas...! 'Marie est une fille très vive et elle participe toujours à tout ; encore que de temps en temps elle nous dit/dise des choses très bizarres... !' (*loc.cit.*)

D'après García (*loc.cit.*), l'emploi rectificatif de *aunque* est conditionné par la postposition de la concessive et du mode indicatif ; cela dit, comme le montre (2), on peut trouver le subjonctif dans ce type de concessives, à condition qu'elles soient séparées de la principale d'un signe de ponctuation à l'écrit ou d'une pause à l'oral. Pourtant, nous avons déjà émis nos réserves à la notion de *rectification* en français (voir 9.3.2), et ces réserves semblent également valables pour l'espagnol. A titre d'exemple, la rectification et la postposition ne constituent pas une implication binaire, et il n'existe pas de critères formels pour distinguer les emplois rectificatifs et non-rectificatifs, par exemple les modes : comme le montre (2), ce genre de concession n'est pas réservé à un mode verbal particulier. Aussi ne ferons-nous pas appel à cette notion dans l'examen des données.

3) Enfin, *aunque* peut traduire la concession dite *hypothétique* ou *irréelle*. Ces occurrences sont appelées *concessives non-factuelles* (« concesivas no factuales ») par García (*op.cit.* : 3822), puisqu'elles relèvent de l'hypothèse ou de l'irréel, correspondant à *même si* en français moderne (voir chapitre 10). Sous (3), c'est un état de choses irréel que le *pauvre type* dont il est question a tout l'argent du monde :

(3) **Aunque** tuviera todo el dinero del mundo, no me casaría con ese pelagatos. 'Même s'il avait tout l'argent du monde, je ne me marierais jamais avec ce pauvre type.' (*op.cit.* : 3832)

11.2.3 Distribution des modes verbaux et leur interprétation fonctionnelle en espagnol moderne

Les résultats empiriques de l'analyse des propositions concessives en *aunque* dans les textes de la période qui va de 1975 et 2004 sont synthétisés dans la figure 11.1 :

Subjonctif	Valeur	Nombre d'occurrences	
Total occ. : 79 (39,5 %)	Présupposé	38	(48,1 %)
	Irrealis	41	(51,9 %)
	Assertion	0	(0,0 %)
	Inclassable	0	(0,0 %)
Indicatif	Valeur	Nombre d'occurrences	
Total occ. : 121 (60,5 %)	Présupposé	3	(2,48 %)
	Irrealis	10	(8,26 %)
	Assertion	108	(89,26 %)
	Inclassable	0	(0,0 %)
Total (subj./ind.) : 200 occ.			

Figure 11.1
Fréquence relative et valeur modale des modes verbaux
dans les propositions en *aunque* (1975-2004)

Comme il ressort de cette figure, l'indicatif est le mode dominant couvrant 60,5 % des relevés, et le subjonctif représente 39,5 % des cas observés. Les deux valeurs du subjonctif ont une répartition à peu près égale, couvrant chacune environ 50,0 % des occurrences. A titre illustratif, nous fournissons un exemple de l'emploi du présupposé sous (4) et de l'emploi de l'irréel sous (5) :

> (4) Víctor (Desdoblando el abrigo) Hay algo confuso en todo esto. Tu abrigo viejo, al parecer es verde. El mío nuevo, es oscuro, aunque te *haya* (s) dicho que es verde. 'Victor (dépliant le manteau) Il y a quelque chose de confus dans tout cela. Ton vieux manteau est vert apparemment. Le mien, le neuf, est foncé, bien que je t'aie dit qu'il est vert.' (Moncada : Caprichos : 36, Id 26, 1992, cité par CREA)
>
> (5) Muchos días **escribiría** gratis **con tal de no escribir**, pero los escritores no hemos resuelto cómo escribir sin escribir, aunque *sea* (s) gratis. 'Il y a beaucoup de jours où j'écrirais gratuitement à condition de ne pas écrire, mais nous les écrivains n'avons pas résolu comment écrire sans écrire, même gratuitement.' (Millás : Dos mujeres en Praga : 202, Id 8, 2002, cité par CREA)

En (4), le subjonctif (*haya* 'aie') exprime un contenu présupposé, puisque le locuteur réfère à un savoir préalable présenté autrefois à l'interlocuteur (voir le pronom *te* référant à la deuxième personne), et en (5) le subjonctif (*sea* 'soit') traduit un contenu irréel, interprétation étayée par la présence du conditionnel (*escribiría* 'écrirais') et de l'expression conditionnelle (*con tal de no escribir* 'à condition de ne pas écrire') dans le cotexte.

En ce qui concerne la distribution interne du mode indicatif, l'assertion est l'analyse préférée, couvrant 89,26 % des relevés. Cet emploi est illustré en (6) :

> (6) Resultó un desatino, aunque *supe* (i) desertar a tiempo. 'C'était une folie, bien que j'aie su déserter à temps.' (Torres : Hombres de lluvia : 181, Id 5, 2004)

L'interprétation assertive est soutenue par le rhème et l'emploi du passé simple (*supe* 'je sus') dans la concessive (voir 6.2.3), constituant le premier plan de l'énoncé.

L'indicatif est également en mesure de traduire une valeur de présupposé (trois occurrences, soit 2,48 %) et d'irréel (dix occurrences, soit 8,26 %). L'emploi du sens présupposé est illustré en (7) et (8) :

> (7) NOTARIO. – (Leyendo) Fray Domingo de Rojas también será entregado por sus ideas nefastas al brazo secular para ser ejecutada la sentencia de muerte. FRAY DOMINGO DE ROJAS. – **Majestad, mirad** bien que aunque *soy* (i) protestante y lo seré (i) mientras viva… 'LE NOTAIRE. – (Lisant) Frère Dominique de Rojas sera aussi remis entre les mains de l'église pour ses idées néfastes pour que soit exécutée la sentence de mort. FRERE DOMINIQUE DE ROJAS. – Majesté, considérez bien que quoique je sois protestant et que je le serai aussi longtemps que je vis…' (Muñiz : Tragicomedia del Serenísimo Príncipe Don Carlos : 31-32, Id 99/100, 1980, cité par CREA)

(8) Y en cuanto a la aplicación del IIMA en Castilla La Mancha, aunque **ya he** (i) **abordado antes** ampliamente este tema, creo que sí es posible dicha aplicación como anteriormente he explicado [...]. 'Et pour ce qui est de l'application de l'IIMA en Castille-La Manche, bien que j'aie déjà abordé largement ce thème auparavant, je crois que cette application est possible comme je l'ai expliqué avant [...].' (López Gutiérrez : Fiscalidad y medio ambiente [Estudios jurídicos] : 30, Id 163, 1997, cité par CREA)[48]

En (7), l'analyse du contenu présupposé du premier verbe de la concessive (*soy* 'je suis') est étayée par le fait que le locuteur (le frère qui va être condamné à mort pour sa foi) fait référence à un état de choses, dont l'interlocuteur (la majesté à laquelle il s'adresse au moyen de la forme appellative *majestad* 'majesté' et de l'impératif *mirad* 'considérez') est censé avoir un savoir préalable (on va exécuter le frère précisément parce qu'il est protestant). Sous (8), le locuteur marque explicitement qu'il a traité le thème en question auparavant (*ya he abordado antes* 'j'ai déjà abordé auparavant'), et la concessive est également antéposée. On pourrait en principe discuter si le contenu de la concessive en (8) en soi est asserté, traduisant un *rappel* dont l'interlocuteur a explicitement besoin pour que la communication soit réussie. Cependant, nous avons déjà émis nos réserves à ce terme, puisque son rapport avec le présupposé n'est pas aisé à déterminer. Pour éviter tout raisonnement circulaire, nous considérons les rappels d'information comme relevant du domaine du présupposé (voir 2.4.2.1).

Comme le montre la figure, l'indicatif prend une valeur d'irréel dans dix cas. Dans sept d'entre eux, cette interprétation est motivée par le futur ou le conditionnel de la concessive. A titre illustratif, en (7) la proposition concessive coordonnée (*y lo seré mientras viva* 'et je le serai aussi longtemps que je vis') contient un futur, qui traduit clairement un sens irréel, en raison de sa valeur prospective et du subjonctif à valeur d'irréel (*viva*) dans la proposition temporelle qui suit. Dans les temporelles en espagnol, le subjonctif désigne *a priori* des actions futures (Butt & Benjamin 1994 [1988] : 262, Llorach 1999 [1994] : 360).

Sous (9), l'indicatif (*podrían* 'ils pourraient') de la concessive traduit également un contenu irréel, étant au conditionnel. L'interprétation assertive n'est en principe pas exclue en raison de la présence de la locution adverbiale *en realidad* 'en réalité', qui fonctionne comme marqueur assertif (voir 6.2.3), puisqu'il marque un changement dans le discours. Pourtant, comme le conditionnel marque une hypothèse forte présentant une alter-

---

[48] La troisième occurrence de l'indicatif à valeur de présupposé ressemble à l'exemple (8) (voir l'exemple (36) au chapitre 6).

native (*ser contemporáneos o más antiguos* 'être contemporains ou plus vieux'), le sens reste bien irréel :

> (9) [...] para dar lugar a los "protocromañones" de Skhul y Qafzeh (que se pensaba entonces que eran posteriores, aunque **en realidad** *podrían* (i) ser contemporáneos o más antiguos que el esqueleto de Tabun). '[...] pour donner lieu aux "protocromagnons" de Skhul et Qafzeh (qu'on pensait à l'époque être postérieurs, même si en réalité ils pouvaient être contemporains ou plus vieux que le squelette de Tabun).' (Arsuaga : El enigma de la esfinge. Las causas, el curso y el propósito de la evolución : 382, Id 104, 2001, cité par CREA)

Dans les trois cas restants, le sens irréel de l'indicatif est notamment étayé par la présence des adverbes irréels dans le cotexte (voir 6.2.2). En (10), qui sert d'illustration, nous avons affaire à deux concessives qui traduisent un contenu irréel, puisqu'elles réfèrent à une situation hypothétique, analyse soutenue par le verbe modal *pueden* 'ils peuvent' dans la principale et par l'adverbe irréel *al parecer* 'apparemment' dans la deuxième proposition concessive :

> (10) Ambas **pueden** inducir una fuerte vasoconstricción, con inmediato incremento de la presión arterial, aunque su duración no *es* (i) muy larga y, **al parecer,** no *dependen* (i) en su acción del metabolismo electrolítico. 'Tous deux peuvent provoquer une forte vasoconstriction, accompagnée d'un accroissement immédiat de la pression artérielle, même si sa durée n'est pas très longue, et apparemment ils ne dépendent pas dans leur action du métabolisme électrolytique.' (Puig Muset : Sal y alimentación. Un absurdo desbarajuste : 114, Id 194, 1981, cité par CREA)

Il convient enfin de passer en revue deux exemples où le rapport assertion/présupposé n'est pas très clair. Sous (11), le verbe de la concessive est à l'indicatif (*se interesa* 's'intéresse'). On pourrait néanmoins être amené à croire dans un premier temps qu'il traduirait un contenu présupposé, car le locuteur évoque un état de choses qui pourrait être connu des interlocuteurs espagnols : il parle de l'intérêt pour la guerre du roi espagnol Alphonse XIII. Par ailleurs, la concessive occupe la position thématique. Cependant, l'analyse assertive n'est pas exclue, puisque le texte est présenté comme un roman historique racontant une série d'événements qui ont eu lieu. La date au début du passage milite en faveur de cette interprétation, marquant qu'une série d'informations nouvelles vont être introduites :

> (11) Hoy es sábado, 24 de febrero de 1941. Las noticias de la II Guerra Mundial apenas llegan a la habitación del Grand Hotel pues, aunque Alfonso XIII se *interesa* (i) por el desarrollo de los acontecimientos bélicos, todos tratan de ocultarle los horrores del conflicto. 'Au-

jourd'hui c'est le samedi 24 février 1941. Les nouvelles de la Deuxième Guerre Mondiale arrivent à peine à la chambre du Grand Hôtel, car, bien qu'Alphonse XIII s'intéresse au déroulement des événements belliqueux, tout le monde essaie de lui cacher les horreurs du conflit.'
(Hernández : El secreter del Rey : 280, Id 12, 1995, cité par CREA)

Sous (12), en revanche, nous avons affaire à la concessive au subjonctif *sea* 'soit', qui pourrait dans un premier temps exprimer une valeur assertive, en raison de l'adverbe *ahora* 'maintenant', pouvant marquer un changement dans le discours et par là introduire une information nouvelle. En outre, la concessive est postposée à la principale. Cependant, si l'on tient compte du contexte, l'analyse de la valeur de présupposé est tout à fait plausible. Il s'agit d'un entretien télévisé avec Felipe González juste avant qu'il n'arrive au pouvoir comme premier ministre. Ce dernier peut parfaitement évoquer une information que l'auditoire connaît déjà :

(12) Mi único contricante, si quiere, es Leopoldo Calvo-Sotelo, aunque su situación ahora *sea* (s) realmente penosa". 'Mon seul adversaire, si vous voulez, est Leopoldo Calvo-Sotelo, bien que sa situation maintenant soit vraiment pénible ».' (Sotillos Palet : 1982. El año clave : 137-138, Id 149, 2002, cité par CREA)

En guise de conclusion, les données empiriques confirment largement nos attentes, selon lesquelles l'indicatif serait un marqueur d'assertion et le subjonctif un marqueur de non-assertion, traduisant un contenu présupposé ou irréel (voir 2.4). Il est vrai cependant qu'il existe des contre-exemples dans lesquels l'indicatif traduit une valeur non-assertive. La fréquence de ces exemples étant faible, ils ne semblent pas invalider la pertinence de la théorie de l'assertion comme outil descriptif dans les propositions en *aunque*. Nous approfondirons ce point dans 11.4.

11.2.4 Genres textuels
Afin de connaître l'extension de *aunque* dans les textes espagnols modernes, il convient dans cette section de présenter sa répartition par rapport à la variation diaphasique.

Aunque ne montre aucune spécificité par rapport aux genres textuels. Ce connecteur a un emploi fréquent dans les genres proches du pôle de la distance (voir 5.3.4.1), *i.e.* la prose argumentative et narrative non-littéraire, aussi bien que dans ceux qui sont proches du pôle de l'immédiat (voir 5.3.4.3), tel que le discours direct en prose et le théâtre en prose. Nous avons également observé un emploi fréquent de ce connecteur dans les passages narratifs de la prose narrative littéraire, genre textuel à cheval entre les deux pôles (voir 5.3.4.2). Nous n'avons cependant pas relevé de données extraites d'ouvrages poétiques, mais cela ne signifie aucunement que le connecteur ne s'y emploie pas. Cette absence est due au fait que la poésie n'est pas représentée dans CREA, ce qui est très surprenant, étant donné que ce corpus contient une variété de genres et de sous-genres beaucoup plus grande que les corpus français.

Que *aunque* ne montre aucune spécificité de genre cadre bien avec sa multifonctionnalité (voir 11.2.2) et avec le fait qu'il permet l'alternance non seulement entre l'indicatif et le subjonctif, mais aussi entre l'assertion, le présupposé et l'irréel.

11.2.5 Aunque *en ancien et en moyen espagnol*
Comme il ressort de la figure 11.1, l'indicatif s'emploie majoritairement dans les concessives en *aunque* en espagnol moderne. Bien que nous tenions uniquement compte de l'espagnol moderne dans ce travail, il convient de faire remarquer, en nous référant aux études particulières sur l'évolution des connecteurs concessifs et du mode en espagnol, que le système modal était distribué tout différemment en ancien et en moyen espagnol. Selon Pottier (1970 : 191-192) et Rivarola (1976 : 46-47), le subjonctif aurait été le mode dominant dans des états révolus de l'espagnol où le subjonctif aurait eu une préférence pour la valeur hypothétique-irréelle ; à partir de la deuxième moitié du 13e siècle, l'indicatif serait apparu, mais sa fréquence serait restée assez sporadique. Dans les siècles ultérieurs, ce mode se serait répandu progressivement, finissant par excéder largement le subjonctif en fréquence. Il semble donc que le système modal espagnol se soit réorganisé, passant d'un système où le subjonctif à valeur d'irréel était le mode dominant et où l'indicatif constituait un sous-système, à un système nouveau où l'indicatif prend une place importante et le subjonctif un rôle mineur et où l'irréel n'est plus la valeur neutre, le présupposé étant la valeur préférée dans la moitié des relevés.

Si nous comparons cette évolution avec celle observée dans les concessives en *bien que* et en *encore que* en français (voir chapitres 8 et 9), il ressort que dans l'ensemble les deux langues ont le même point de départ mais qu'elles ont évolué dans deux directions opposées. En français, dès les origines le subjonctif était aussi le mode absolu, et l'indicatif constituait un sous-système, mais contrairement à l'espagnol cette distribution s'est conservée dans l'ensemble. Nous discuterons les implications de cette observation sur notre hypothèse de l'espagnol comme le reflet d'un stade observé à des états antérieurs du français en 12.3.

11.3 *A pesar de que*

11.3.1 Formation de a pesar de que
A pesar de que doit son origine à la locution prépositive *a pesar (de)*, fondée sur un élément *péjoratif* (Harris 1988 : 84) ou de *chagrin* (König 1985a : 11, 1985b : 268, 1988 : 152-153) (voir 4.2.2), exprimant ainsi une *affection de l'âme* (« afección de ánimo ») (García 1999 : 3835). Au départ, cette locution prépositive ne s'applique qu'aux agents humains

(König 1985a : 11, 1985b : 268, 1988 : 152-153, García 1999 : 3835) comme dans l'expression *A su pesar la excursión fue un éxito* 'Malgré son chagrin l'excursion fut un succès'. Plus tard, elle commence à alterner avec d'autres syntagmes nominaux, ce qui conduit à des énoncés comme *A pesar de la lluvia la excursión fue un éxito* 'Malgré la pluie, l'excursion fut un succès'. De cette manière, le substantif *pesar* perd son sens originel, de sorte que le groupe prépositionnel arrive à exprimer exclusivement la concession. A partir de là, cette locution commence à introduire des propositions ou bien à l'infinitif (*a pesar de llover*, litt. 'malgré de pleuvoir') ou bien à des verbes conjugués (*a pesar de que llovía* 'bien qu'il plût') (*loc.cit.*). Il convient de souligner que la locution conjonctive ne s'est établie qu'au cours du 19e siècle.

11.3.2 Sémantisme de *a pesar de que*

Alors que *aunque* revêt un caractère multifonctionnel en espagnol moderne, l'emploi de *a pesar de que* est plus restreint, dans la mesure où ce connecteur est plus apte à exprimer la concession dite *logique*. Comme nous l'avons vu à maintes reprises, ce type de concession est traduit par l'assertion d'une coexistence de deux propositions réputées incompatibles, fondée sur un lien implicatif [si p, alors normalement ~q] que la concessive sert à annuler comme en (13), où il est nié que si l'on a l'air bête quand on sourit, on ne peut pas être séduisant :

(13) Y eso que físicamente me gusta, me parece un hombre muy atractivo **a pesar de que**, cuando sonríe, a veces se le queda cara de bobo […].
'Et pourtant physiquement il me plaît, pour moi, c'est un homme très séduisant bien que parfois, quand il sourit, il ait l'air bête […].'
(Grandes : Los aires difíciles : 279, Id 212, 2002, cité par CREA)

On peut douter du fait que *a pesar de que* puisse exprimer la concession dite *rectificative*. En fait, nous n'avons pas relevé d'occurrence où cette analyse soit indiscutable. Néanmoins, il existe des cas parmi nos relevés où l'interprétation rectificative pourrait se justifier, quoiqu'une interprétation en tant que concession logique ne soit pas exclue :

(14) Adolescente, [Comte] pierde allí su fe, **a pesar de que** el Liceo de Montpellier no fuera particularmente antirreligioso. 'Adolescent, il [Comte] y perd sa foi, bien que le Lycée de Montpellier ne fût pas particulièrement antireligieux.' (Giner : Teoría sociológica clásica : 57, Id 306, 2001, cité par CREA)

Sous (14), il se peut que la concessive apporte une rectification à la principale, en insinuant que peut-être ce n'était pas au Lycée de Montpellier que Comte perdait sa foi, mais ailleurs. Toutefois, une interprétation en tant que concession logique est également admissible. Rappelons par ailleurs nos réserves émises à la notion de *rectification* (voir 9.3.2).

Les cas où *a pesar de que* exprime la concession hypothétique sont très rares. Selon García (*loc.cit.*), ce connecteur n'est pas capable d'exprimer une hypothèse ni possible ni contrefactuelle, d'où l'agrammaticalité de (15) :

(15) *****A pesar de que** me lo hubiera pedido de rodillas – cosa que realmente no hizo –, no le habría ayudado. '*Bien qu'il me l'eût demandé à genoux – chose qu'il ne fit pas en fait – je ne l'aurais pas aidé.' (García 1999 : 3835)

Cependant, nous avons relevé certains exemples où ce connecteur exprime un contenu irréel, quoique le nombre soit très modeste. Ceux-ci seront commentés dans la section suivante.

Que *a pesar de que* ne soit pas apte à traduire la concession hypothétique cadre bien avec l'observation de García (*loc.cit.*), selon laquelle ce connecteur s'est spécialisé dans l'expression de contenus factuels. Il correspond de ce fait à la locution concessive danoise *til trods for at*, qui contient aussi un élément *péjoratif* (*trods* 'obstination'), et à *bien que* en français, qui s'est spécialisé dans l'expression d'un contenu factuel en français moderne (voir 8.6). Cependant, comme il ressortira de la section suivante, *a pesar de que* favorise l'indicatif à valeur d'assertion aux dépens du subjonctif à valeur de présupposé, contrairement à ce à quoi l'on devrait s'attendre à partir de sa valeur sémantique.

Nous rappelons qu'il existe en espagnol moderne une variante de *a pesar de que*, à savoir *pese a que* 'bien que', dont nous ferons abstraction dans la présente étude pour les raisons énumérées en 7.3.

11.3.3 Distribution des modes verbaux et leur interprétation fonctionnelle en espagnol moderne

La figure 11.2 présente la distribution des modes verbaux et de leurs valeurs fonctionnelles en espagnol moderne (*i.e.* la période qui va de 1975 à 2004) :

Subjonctif	Valeur	Nombre d'occurrences	
	Présupposé	36	(83,7 %)
Total occ. : 43 (21,5 %)	Irrealis	3	(7,0 %)
	Assertion	3	(7,0 %)
	Inclassable	1	(2,3 %)

(suite p. 250)

(suite)

Indicatif	Valeur	Nombre d'occurrences
Total occ. : 157 (78,5 %)	Présupposé	8 (5,1 %)
	Irrealis	3 (1,9 %)
	Assertion	146 (93,0 %)
	Inclassable	0 (0,0 %)
Total (subj./ind.) : 200 occ.		

Figure 11.2
Fréquence relative et valeur modale des modes verbaux
dans les propositions en *a pesar de que* (1975-2004)

Comme nous l'avons noté pour *aunque*, les deux modes permettent une certaine alternance, quoique l'indicatif ait plus de poids dans les concessives en *a pesar de que*. Ainsi l'indicatif est-il présent dans 78,5 % des cas observés et le subjonctif dans 21,5 % des relevés.

Pour ce qui est de la distribution des valeurs fonctionnelles, le subjonctif favorise fortement la valeur de présupposé constituant 83,7 % de toutes les occurrences, et il ne traduit un sens irréel que dans 7,0 % des cas observés. Ce résultat confirme ainsi l'observation de García (*loc.cit.*). L'exemple (16) illustre l'emploi du sens présupposé et (17) à (19) les trois emplois à valeur d'irréel :

(16) Los motivos de Clinton o de Bush o del poder que representan, con el tiempo, no siempre, **me** parecen obvios y, a pesar de que se *comenten* (s) **mil veces** en tertulias y editoriales, pierden su sentido. 'Les motifs de Clinton ou de Bush ou du pouvoir qu'ils représentent, avec le temps, ne me semblent pas toujours évidents et, bien qu'on les commente mille fois dans les réunions et les éditoriaux, ils perdent leur sens.' (Llongueras : Llongueras tal cual. Anécdotas y recuerdos de una vida : 273, Id 309, 2001, cité par CREA)

(17) Pero estas definiciones técnicas de la "Red de redes", a pesar de que, **probablemente,** *sean* (s) inmejorables, no son de mucha ayuda para quienes han de aproximarse a ella [...]. 'Mais ces définitions techniques du « réseau des réseaux », bien qu'elles soient probablement excellentes, n'offrent pas beaucoup d'aides à ceux qui doivent s'en approcher [...].' (Sánchez : La ley de Internet [...] : 25, Id 354, 2002, cité par CREA)

(18) La Ley Orgánica 15/1999, de 13 de diciembre, sobre Protección de Datos de Carácter Personal (LOPD) **supone,** a pesar de que una lectura apresurada *pudiera* (s) sugerir lo contrario, una sustancial modificación del régimen sobre protección de datos de personas físicas [...]. 'La Loi Organique 15/1999, du 13 décembre, sur la Protection des

Données à Caractère Personnel (LOPD) suppose, même si une lecture précipitée pouvait suggérer le contraire, une substantielle modification du règlement sur la protection des données sur les personnes physiques [...].' (Sánchez : La ley de Internet [...] : 150, Id 356, 2002, cité par CREA)

(19) 1. Nódulo o bulto que se ha palpado nuevo, o del que la mamografía nos da signos de alarma o que ha aumentado de tamaño en el último año, a pesar de que las pruebas realizadas con anterioridad *indiquen* (s) que no se trata de un cáncer. '1. Nodule nouveau ou bosse nouvelle qu'on a découvert au palpage, ou dont la mammographie nous donne des signes d'alarme ou dont la taille a augmenté la dernière année, même si les preuves réalisées auparavant indiquent qu'il ne s'agit pas d'un cancer.' (García del Real : Nueva guía de ginecología. 100 respuestas para la mujer : 170, Id 396, 1999, cité par CREA)

Sous (16), l'analyse du contenu présupposé est étayée par la référence à la première personne (*me*), le marqueur itératif (*mil veces* 'mille fois') ainsi que l'antéposition de la concessive. En (17), (18) et (19), l'analyse de la valeur d'irréel est corroborée par le fait que les exemples sont extraits du genre textuel dit *abstrait* qui réfère à des situations hypothétiques ou imaginaires (voir 6.2.2 et 6.3.2.1). Les exemples (17) et (18) sont extraits du même ouvrage, un ouvrage juridique, et (19) relève d'un ouvrage médical. En (17) et (18), il existe d'autres marqueurs forts militant en faveur du contenu irréel. En (17), il s'agit de l'adverbe irréel *probablemente* 'probablement' (voir 6.2.2 et 6.3.2.1), qui marque un haut degré de probabilité et d'attente sans se prononcer sur la réalisation effective de la proposition (Boye 2006 : 86-87). L'exemple (18) pourrait en principe prêter à discussion. D'un côté, on pourrait estimer qu'il traduirait un sens présupposé, en insinuant que dans tous les cas une lecture précipitée de la loi en question peut donner l'impression contraire. D'un autre côté, il se peut que cet état de choses soit présenté comme une hypothèse de la part du locuteur. Il nous semble que cette dernière analyse est la plus plausible, puisque le verbe de la concessive est à l'imparfait du subjonctif (*pudiera* 'pût'), entouré de verbes au présent dans le cotexte (*supone* 'suppose'), marqueur fort d'irréel (voir 6.3.2.1).

Nous avons également relevé trois occurrences, soit 7,0 %, où le subjonctif traduit une valeur d'assertion. Ces exemples sont passés en revue sous (20)-(22) :

(20) [...] siento un ligero alivio al poder pensar en él, pensar en voz alta, a pesar de que lo que digo no *tenga* (s), **en realidad**, nada que ver con lo que imagino. '[...] je ressens un léger soulagement de pouvoir penser en lui, penser à voix haute, bien que ce que je dis n'ait en réalité rien à voir avec ce que j'imagine.' (Fernández : Con Ágatha en Estambul : 78, Id 290, 1994, cité par CREA)

(21) Calvo-Sotelo **cuenta** en sus memorias que fue él quien mantuvo a Fernández Ordóñez, primero en las listas de UCD, a pesar de que Suárez le *dijera* (s) **una vez**: [...]. 'Calvo-Sotelo raconte dans ses mémoires que c'était lui qui maintenait Fernández Ordóñez comme premier candidat dans les listes de UCD, bien que Suárez lui ait dit une fois : [...].' (Sotillos Palet : 40, Id 367, 2002, cité par CREA)

(22) Su espléndido porte y delicado naturalismo [del tercer cuadrúpedo] lo hacen parangonable a los dos anteriores, a pesar de que su tamaño *sea* (s) algo menor, de unos 30 cm de longitud. 'Son allure splendide et naturalisme délicat [du troisième quadrupède] le rendent parangonable aux deux autres, bien que sa taille soit un peu plus petite, d'environ 30 cm de longueur.' (Beltrán Martínez : Pueblos de Aragón II : 377, Id 318, 2000, cité par CREA)

Sous (20) et (21), l'interprétation assertive est corroborée par des marqueurs assertifs explicites (voir 6.2.3). En (20), la locution adverbiale *en realidad* 'en réalité' soutient largement cette interprétation, marquant un changement dans le discours, attirant ainsi l'attention de l'interlocuteur sur le contenu de la concessive. Sous (21), le verbe *cuenta* 'raconte' du cotexte, verbe assertif par excellence, en combinaison avec la locution adverbiale *una vez* 'une fois', introduit une information nouvelle dans laquelle est comprise la concessive. L'exemple en (22) est dépourvu de marqueur assertif explicite. Toutefois, il s'agit d'une description d'une sculpture d'un animal extraite d'un livre d'histoire, ce qui rend l'analyse assertive la plus plausible. En outre, pour tous les trois exemples, la concessive apparaît en postposition. Cependant, il n'est pas exclu que dans ces trois occurrences le mode soit dû à des effets stylistiques plutôt que modaux. Nous développerons ce point sous 11.3.4.

En ce qui concerne la distribution interne de l'indicatif, il ressort de la figure 11.2 que ce mode traduit un contenu assertif dans la grande majorité des cas, à savoir dans 93,0 %. Cet emploi est illustré sous (23), qui est extrait d'un entretien dans lequel le locuteur présente des événements qui ont eu lieu en 1982, donc un contexte qui favorise hautement l'analyse assertive. Par ailleurs, les verbes de la concessive sont au passé simple (*hicimos* 'nous fîmes' et *perdimos* 'nous perdîmes'), formes verbales qui mettent l'action au premier plan (voir 2.4.1) et la concessive est postposée à la principale. Ces arguments sont en faveur de l'analyse proposée :

(23) Pese a todo, el programa quedó listo entre junio y julio, a pesar de que después de las elecciones andaluzas ***hicimos*** (i) algunos cambios y ***perdimos*** (i) a algún colaborador, como Julio Rodríguez [...]. 'Malgré tout, le programme était prêt entre juin et juillet, bien qu'après les élections andalouses nous fassions certains changements et perdions un collaborateur comme Julio Rodríguez [...].' (Sotillos Palet : 1982. El año clave : 140, Id 370, 2002, cité par CREA)

Comme il ressort de la figure 11.2, nous avons pourtant relevé des occurrences de l'indicatif à valeur non-assertive. Dans huit cas, soit 5,1 %, l'indicatif exprime un contenu présupposé. Nous passerons ces occurrences en revue dans ce qui suit.

Dans cinq des cas, l'interprétation du sens présupposé est soutenue par le fait que le locuteur fait référence à un état de choses qui suppose que l'interlocuteur en est au courant, comme en (24), où la référence à l'interlocuteur est faite par le verbe *sabes* 'tu sais' de la principale et où l'adverbe *ya* 'déjà' indique que l'information a été évoquée avant. En outre, la concessive constitue le thème de l'énoncé :

(24) – […] y **ya sabes** que a pesar de que se me *va* (i) pasando la edad aún tengo alguna esperanza. '– […] tu sais déjà que bien que je prenne de l'âge, il me reste quelque espoir.' (Argüelles : Letanías de lluvia : 28, Id 294, 1993, cité par CREA)

Sous l'exemple (25), extrait d'une pièce de théâtre, le locuteur (la duchesse) fait également référence à un état de choses dont elle suppose le locuteur au courant (*te quiero bien* 'je t'aime bien'), marqué formellement par l'article possessif *tus* 'tes' et l'objet direct *te* de la concessive. Cet exemple contient un marqueur supplémentaire, à savoir la locution adverbiale itérative *a veces* 'parfois', renvoyant à un événement qui a un caractère répétitif et par conséquent de fortes chances de constituer le fonds commun des interlocuteurs (voir 6.2.1). Enfin, la concessive est antéposée à la principale :

(25) DUQUESA […] Veo que **tus** ojos son negros todavía. Negros como la laguna Estigia. Sin embargo, y a pesar de que **a veces te** *quiero* bien, yo sueño cada noche con unos ojos azules […]. 'DUCHESSE […] Je vois que tes yeux sont toujours noirs. Noirs comme la lagune Estigia. Pourtant, et bien que parfois je t'aime bien, je songe toutes les nuits à des yeux bleus […].' (Gómez-Arcos : Queridos míos, es preciso contaros ciertas cosas : 27, Id 263, 1994, cité par CREA)

Dans les deux cas suivants, l'analyse du contenu présupposé de l'indicatif est motivée par le caractère générique de la concessive (voir 6.2.1.1) comme en (26). Le locuteur présente comme un fait connu l'idée que toutes les guerres impliquent des injustices. L'exemple est tiré d'un ouvrage d'éthique, qui est supposé avoir un taux élevé d'énoncés génériques, en raison de ses propos généralisateurs, voir le quantificateur universel *toda* 'toute'. En outre, la concessive constitue le thème de l'énoncé :

(26) Por lo tanto, a pesar de que **toda** guerra *conlleva* (i) injusticias, algunas son justificables moralmente, y otras, claramente injustificables. 'Par conséquent, bien que toute guerre implique des injustices, certaines sont justifiables moralement, et d'autres clairement injustifiables.' (Navarro Sustaeta & Díaz Martínez : Ética : 101, Id 338, 1997, cité par CREA)

Dans le dernier cas, l'analyse de la valeur de présupposé est étayée par une référence anaphorique. Sous (27), le contenu de la concessive (*el hombre se ha visto obligado a vivir en este medio artificial* 'l'homme a dû s'adapter pour vivre dans ce milieu artificiel') est présupposé, puisque cette information vient d'être présentée au début du paragraphe cité (*El organismo humano ha tenido que adaptarse [...]* 'L'organisme humain a dû s'adapter [...]'), faisant ainsi partie, au moment de l'énonciation de la concessive, du fonds commun aux interlocuteurs. L'article démonstratif (*este* 'ce') contribue à établir un lien anaphorique au syntagme nominal *un entorno artificial* 'un milieu artificiel'. De plus, la concessive est antéposée à la principale :

(27) **El organismo humano ha tenido que adaptarse progresivamente a un entorno artificial**, a las grandes ciudades y todo lo que ello conlleva, ruidos, contaminación, cultura, progreso, lugares de trabajo, etc. Sin embargo, y a pesar de que **el hombre se *ha* (i) visto obligado a vivir en este medio artificial**, la tendencia es ir a buscar la naturaleza. 'L'organisme humain a dû s'adapter progressivement à un environnement artificiel, aux grandes villes et tout ce que cela implique, le bruit, la pollution, la culture, le progrès, les lieux de travail, *etc.* Pourtant, et bien que l'homme ait dû s'adapter pour vivre dans ce milieu artificiel, la tendance est de tendre vers la nature.' (Pons Geis : Tercera edad, actividad física y salud. Teoría y práctica : 125, Id 395, 2001, cité par CREA)

La figure 11.2 révèle aussi que l'indicatif peut prendre une valeur d'irréel. Dans tous les trois cas, soit 1,9 % des relevés, le verbe est au futur ou au conditionnel, ce qui ne peut guère surprendre, puisque ces temps véhiculent une valeur non-assertive (voir 2.4.4).

Pour conclure, en dépit d'un nombre réduit de contre-arguments, la théorie de l'assertion semble largement plausible comme outil descriptif pour rendre compte de la valeur fonctionnelle des modes, puisque l'indicatif traduit une valeur assertive et le subjonctif une valeur non-assertive dans la majorité des cas. Ce point sera développé en 11.4. Nous avons rapproché *a pesar de* que de *bien que* en français, en raison de la préférence de ces deux conjonctions pour l'expression de contenus factuels (voir 8.3 et 11.3.2). Cependant, il semble qu'elles diffèrent considérablement, puisque *bien que* est presque exclusivement suivi du subjonctif à valeur de présupposé en français moderne, alors que *a pesar de que* recourt largement à l'indicatif pour asserter le contenu propositionnel. Cette différence invite à suggérer que les systèmes français et espagnols sont effectivement distribués différemment. Nous développerons ce point en 12.3.

11.3.4 Genres textuels

Pour connaître l'extension de *a pesar de que* dans les textes espagnols modernes, il importe dans cette section de prendre en considération la répartition de *a pesar de que* par rapport à la variation diaphasique. Comme nous l'avons observé pour *aunque*, ce connecteur s'emploie dans divers genres textuels. Cependant, nous avons noté deux différences majeures par rapport à ce dernier.

Premièrement, *a pesar de que* est dans une large mesure attesté dans les mêmes titres que *aunque*, mais son étendue y est beaucoup plus limitée. Pour nous faire une idée de la répartition de ces conjonctions, nous avons effectué un calcul statistique de la fréquence respective de *aunque* et de *a pesar de que* + verbe conjugué à partir de trois ouvrages : deux littéraires (Maruja Torres : *Hombres de lluvia*, 2004 et Ramón Hernández : *El Secreter del Rey*, 1995) et un non-littéraire (Juan Luis Arsuaga : *El enigma de la esfinge*, 2001), tous tirés de CREA. Les résultats sont présentés dans la figure 11.3 :

Ouvrage	Occurrences de *aunque* + verbe conjugué	Occurrences de *a pesar de que* + verbe conjugué
Maruja Torres : *Hombres de lluvia* (2004) 56184 mots	15	1
Ramón Hernández : *El Secreter del Rey* (1995) 114555 mots	58	2
Juan Luis Arsuaga : *El enigma de la esfinge* (2001) 147067 mots	197	2

Figure 11.3
Fréquence relative de *aunque* et de *a pesar de que*
dans trois ouvrages choisis

De cette figure il se dégage que *aunque* est beaucoup plus fréquent que *a pesar de que*. Dans le premier ouvrage, ce dernier n'apparaît qu'une fois sur 15 des cas où *aunque* est employé, tendance qui est encore plus claire dans le dernier ouvrage, où *a pesar de que* n'apparaît que deux fois, contrairement à *aunque*, qui est attesté dans 197 cas. A ces observations s'ajoute le fait que dans plusieurs ouvrages où *aunque* est employé, nous n'avons relevé aucune occurrence de *a pesar de que*.

Deuxièmement, la fréquence de *a pesar de que* est plus élevée dans les genres proches du pôle de la distance (*i.e.* la prose argumentative et narrative non-littéraire) (voir 5.3.4.1) et ceux à cheval entre la distance et l'immédiat (*i.e.* la prose narrative littéraire) (voir 5.3.4.2) que dans ceux qui sont proches du pôle de l'immédiat (voir 5.3.4.3). Son absence dans la poésie est due à la constitution du corpus, qui exclut les ouvrages poétiques (voir 5.4.4).

Si nous nous référons à la distribution interne des deux modes verbaux par rapport à la variation diaphasique, il apparaît que le subjonctif est quasiment absent dans les genres « oraux » (nous n'avons observé qu'une seule occurrence dans le théâtre en prose), alors que sa fréquence est plus élevée dans les genres plutôt formels. Que le subjonctif s'emploie en particulier dans ces derniers pouvait suggérer qu'il fonctionne comme un marqueur stylistique plutôt que modal dans les concessives en *a pesar de que*, indiquant une valeur solennelle et rhétorique, comme en (28) :

> (28) Ello se percibe ya en su División del trabajo social, a pesar de que esta obra *posea* (s) características de considerable abstracción. 'On perçoit déjà cela dans sa Division du travail social, bien que cet ouvrage possède des caractéristiques de grande abstraction.' (Giner : Teoría sociológica clásica : 238, Id 308, 2001, cité par CREA)

Rien n'empêche que le subjonctif *posea* 'possède' traduise un contenu présupposé, conformément à la théorie de l'assertion, mais si en revanche le locuteur avait employé l'indicatif *posee*, l'interprétation assertive ne serait pas exclue non plus[49]. Toutefois, nous avons vu dans ce qui précède que *a pesar de que* traduit presque exclusivement un contenu réel, qu'il soit suivi de l'indicatif ou du subjonctif. Il se peut que pour le locuteur la nuance entre les deux modes soit en partie neutralisée, car comme nous l'avons affirmé en 8.6, l'opposition assertion/présupposé peut sembler si vague que les locuteurs ne l'exploitent pas dans la production langagière, puisqu'elle relève de la même notion conceptuelle, le réel. Par conséquent, en choisissant le subjonctif, le locuteur ne désire pas nécessairement communiquer une valeur sémantique à proprement parler, mais plutôt indiquer qu'il maîtrise la langue cultivée, propre au genre argumentatif. Les trois cas où le subjonctif traduit une valeur d'assertion ((20) à (22)), pourraient également être considérés comme stylistiques plutôt que modaux, comme nous l'avons déjà suggéré en 11.3.3. Ces analyses sont partiellement corroborées par des locuteurs hispanophones natifs[50], quoiqu'ils ne nient pas qu'avec l'indicatif on aurait insisté davantage sur le

---

[49] La tendance inverse s'observe aussi : le locuteur a choisi l'indicatif et rien ne contredit formellement l'analyse assertive ; en revanche, si celui-ci avait employé le subjonctif, l'interprétation du contenu présupposé aurait été valable *a priori* elle aussi.

[50] Ces locuteurs sont deux universitaires employés à l'Université de Copenhague, âgés entre 45 et 63 ans. Nous sommes tout à fait conscient que les jugements des locuteurs natifs reposent souvent sur des considérations intuitives et personnelles (Sinclair 1991 : 39) et que par conséquent il faut se garder d'en tirer des conclusions trop décisives. Cependant, comme leurs jugements confirmaient dans une certaine mesure notre analyse, nous les avons présentés ici.

caractère nouveau du contenu (*i.e.* on l'aurait asserté), et qu'avec le subjonctif on l'aurait présenté comme un fait acquis. Cependant, si le subjonctif est dû à des effets stylistiques et l'alternance entre l'indicatif et le subjonctif neutralisé, il se peut qu'ultérieurement l'espagnol procède à la spécialisation locutionnelle, se rapprochant ainsi de la situation du français moderne. Nous développerons ce point dans 12.3.

11.4 Conclusions du chapitre
Dans ce chapitre, nous avons passé en revue les deux connecteurs *aunque* et *a pesar de que* en rendant compte de leur distribution des modes verbaux et des valeurs modales en espagnol moderne.

Le résultat de cette investigation est que le système concessif espagnol donne la priorité au mode indicatif qui s'observe dans 60,5 % (*aunque*) et 78,5 % (*a pesar de que*) des relevés, et le subjonctif représente les cas restants. Bien que cette distribution diffère considérablement de celle observée en français moderne, l'analyse des données empiriques espagnoles corrobore dans une large mesure la pertinence de la théorie de l'assertion comme outil descriptif. Il s'avère que l'indicatif traduit *a priori* la valeur d'assertion et le subjonctif celle de non-assertion, quoiqu'il existe certains contre-exemples. On peut se demander si ceux-ci désignent une tendance évolutive. Nous avons vu par exemple que l'indicatif peut traduire une valeur non-assertive dans les deux types de concessives examinés, ce qui pourrait suggérer que le domaine de l'indicatif tend à s'étendre et celui du subjonctif à se réduire, comme nous l'avons fait observer en français. Pourtant, il faut se garder de cette hypothèse pour deux raisons. D'une part, nous n'avons pas fait une étude diachronique en espagnol qui puisse nous fournir un *tertium comparationis* permettant de révéler si le système concessif espagnol a changé ou non. D'autre part, il est impossible de dire si nous avons affaire à un changement diachronique ou seulement à une variation synchronique. Rappelons qu'en français il y avait aussi de la variation synchronique sur chaque étape diachronique.

Ensuite, on peut se demander si la répartition des valeurs modales en espagnol moderne permet de considérer cet état de langue comme le reflet d'un stade observé à un état plus ancien du français. Nous aborderons cette question dans le chapitre 12 où nous présenterons également l'opposition de marquage entre les modes verbaux.

Après l'examen des deux connecteurs en question, on peut conclure que *aunque* est le connecteur non marqué et *a pesar de que* le connecteur marqué en espagnol moderne. *Aunque* est multifonctionnel. Ainsi est-il en mesure de traduire trois rapports concessifs différents, à savoir la concession logique, rectificative et hypothétique. Cette multifonctionnalité se reflète également au niveau de la distribution des valeurs modales ainsi que par rapport à la variation diaphasique. Il apparaît que ce connecteur est suivi de l'indicatif et du subjonctif, qu'il permet une alternance entre l'assertion, le présupposé et l'irréel et qu'il ne montre aucune spécificité générique. En revanche, le domaine de *a pesar de que* est beaucoup plus restreint. Ce connecteur a une préférence pour une seule valeur concessive (la concession dite *logique*), quoique nous ayons relevé un petit nombre d'exemples où il traduit la concession rectificative et hypothétique. Au niveau modal, il permet certes une alternance entre l'indicatif et le subjonctif, mais n'accepte à quelques exceptions près que la valeur d'assertion et de présupposé. Pour ce qui est de sa distribution diaphasique, il montre une prépondérance pour les genres proches du pôle de la distance, étant peu fréquent dans ceux qui s'approchent du pôle de l'immédiat.

IV
SYNTHESE

12. Réorganisation du système modal et re-grammaticalisation du subjonctif

12.1 Introduction

La fonction de ce chapitre est triple. Premièrement, il vise à résumer l'évolution qu'a subie le système concessif français depuis ses origines jusqu'au français moderne, afin de voir dans quelle mesure on peut considérer l'évolution du subjonctif comme un cas de re-grammaticalisation (12.2). Deuxièmement, nous comparerons l'organisation du système concessif de l'espagnol moderne avec celle du français de la Renaissance pour examiner si le système modal de l'espagnol moderne peut être considéré comme le reflet d'un stade plus ancien du français (12.3). Enfin, nous examinerons le potentiel explicatif et prédictif de la théorie de l'assertion en synchronie et en diachronie (12.4).

Pour ce qui est de l'organisation du premier volet du chapitre (12.2), nous verrons d'abord si le subjonctif a subi un processus de re-grammaticalisation par suite de la réorganisation du système concessif en français (12.2.1), en nous basant sur les paramètres qui ont été désignés en 3.4 comme pertinents pour l'examen d'un tel processus, à savoir *la paradigmaticité* et *la variabilité paradigmatique* (12.2.1.1) et *la désémantisation* (12.2.1.2). Nous présenterons ensuite quelques questions liées à l'évolution du système modal. Nous commencerons par un examen de l'opposition de marquage entre l'indicatif et le subjonctif (12.2.2). Puis, nous verrons si l'évolution observée est due à un changement du système modal ou à une évolution du sémantisme des connecteurs examinés (12.2.3). Nous définirons les relations mutuelles qu'entretiennent ces connecteurs afin d'établir une hiérarchie de marquage entre eux (12.2.4). Enfin, nous relierons le statut de marquage des connecteurs à leur introduction dans la langue (*par en haut* ou *par en bas*), en évaluant la théorie du marquage proposée par Andersen (2001a, 2001b) (12.2.5).

12.2 Evolution des modes verbaux dans les concessives françaises

Dans les chapitres 8, 9 et 10, nous avons rendu compte de l'évolution des modes verbaux et de la distribution des valeurs fonctionnelles dans les propositions concessives françaises introduites par *bien que*, *encore que* et *même si* depuis les premières attestations jusqu'à l'état actuel de la langue.

Ces subordonnants représentent trois cas de figure à l'intérieur du système concessif français, dans la mesure où ils traduisent *a priori* des rapports différents, à savoir la concession logique (*bien que*), la concession rectificative (*encore que*) et la concession hypothétique (*même si*). En raison de leurs différences sémantiques, ils suivent différents schémas évolutifs, ce qui montre que le système concessif en tant que tel n'a pas évolué dans un sens déterminé, quoique certaines tendances générales puissent être dégagées.

Dans le cas de *bien que*, nous avons affaire à une re-grammaticalisation du mode subjonctif. Dans la section 3.2.3, nous avons proposé un seuil qui permette de définir une re-grammaticalisation. Selon notre définition, et conformément à Heltoft *et al.* (2005), une re-grammaticalisation peut être définie comme un changement de la relation entre la forme et le contenu d'un phénomène appartenant déjà à la grammaire. Dans les textes les plus anciens, le subjonctif admettait une certaine alternance avec l'indicatif et exprimait deux valeurs fonctionnelles (le présupposé et l'irréel). Au cours des siècles, l'alternance avec l'indicatif disparaît progressivement, et le subjonctif ne marque plus que le présupposé. Autrement dit, il passe d'une valeur bipartite à une valeur unitaire. Ce mode finit ainsi par revêtir un caractère *obligatoire* (Lehmann 1995 [1982] : 139) et *spécialisé* (Hopper & Traugott 2003 [1993] : 116-118). Ce figement du mode et de la valeur modale semble intimement lié au sémantisme du subordonnant *bien que* issu de l'adverbe *bien*, qui renvoie à un jugement que le locuteur suppose partagé par l'interlocuteur (voir 8.3 et Morel 1996 : 23).

En revanche, dans les concessives en *encore que*, le subjonctif ne subit pas une re-grammaticalisation, quoique le système modal se réorganise. Jusqu'à la dernière moitié du 20e siècle l'évolution ressemble à bien des égards à celle de *bien que*, ce qui pourrait suggérer que le subjonctif se spécialise de façon générale comme mode obligatoire, mais ce scénario ne s'est pas vraiment produit. Premièrement, le présupposé ne remplace pas l'irréel, quoique cette dernière valeur devienne plus rare au cours des siècles. Deuxièmement, les occurrences de l'indicatif augmentent en fréquence dans la dernière moitié du 20e siècle, probablement parce qu'il se spécialise dans la position postposée pour traduire un acte de langage autonome. En d'autres termes, malgré les changements produits, le subjonctif continue à exprimer le présupposé et l'irréel, et l'indicatif exprime toujours un contenu assertif avec ce subordonnant. Toutefois, comme nous l'avons conclu en 9.6, le subjonctif présente dans les propositions en *encore que* des signes clairs d'une re-grammaticalisation ultérieure, dans la mesure où la valeur d'irréel a subi une chute considérable au cours des siècles, étant spécialisé dans le genre textuel dit *abstrait* et semble en train d'être transférée au domaine de l'indicatif.

Même si constitue un cas singulier par rapport à *bien que* et à *encore que* pour deux raisons : d'une part, ce subordonnant se combine majoritairement avec l'indicatif, le subjonctif étant réduit à des emplois stylistiques ou à des contextes où *même si* est remplacé par *que* ; d'autre part, ce mode traduit la valeur fonctionnelle que le subjonctif est supposé traduire, à savoir la non-assertion. En ce qui concerne le degré de figement des modes verbaux et de la valeur modale, *même si* occupe un état intermédiaire entre *bien que* et *encore que*. D'un côté, l'indicatif revêt un caractère de plus en plus obligatoire (le subjonctif n'est plus attesté après 1960) ; d'un autre côté, l'indicatif accepte les valeurs d'irréel et de présupposé. Il est vrai que ce connecteur a une préférence pour le sens irréel, liée à sa valeur étymologique, mais il évolue petit à petit vers le présupposé. En d'autres termes, nous avons un cas de figement de la forme verbale, mais non de sa fonction : nous n'avons pas affaire à une re-grammaticalisation, parce que l'indicatif élargit son domaine d'emploi.

12.2.1 Le subjonctif a-t-il subi un processus de re-grammaticalisation dans les concessives françaises ?
Bien que les connecteurs examinés connaissent trois schémas évolutifs distincts à l'intérieur du système concessif français, il se pourrait que nous ayons affaire à un cas de re-grammaticalisation du mode subjonctif si nous considérons l'évolution de façon globale. Nous allons répondre à cette question, en utilisant les paramètres constitutifs de la grammaticalisation, qui ont été définis comme pertinents pour notre objet de recherche (voir 3.4). Il s'agit plus précisément des paramètres dits *paradigmatiques* (Lehmann 1985 : 309, 1995 [1982] : 132 ss), parmi lesquels la *désémantisation* (*op.cit.* : 127).

12.2.1.1 Réduction paradigmatique
Comme nous l'avons montré en 3.4, la réduction paradigmatique d'un signe concerne son intégration formelle et fonctionnelle dans un paradigme et sa liberté d'être choisi parmi les signes constitutifs du paradigme auquel il appartient (*op.cit.* : 132 ss). Si l'on adopte ce concept, nous avons affaire à deux changements, un changement fonctionnel et un changement formel et fonctionnel.

Quant au premier, le subjonctif perd au fil des siècles une partie de sa valeur non-assertive, *i.e.* sa capacité de traduire un contenu irréel, et finit par ne plus indiquer que la valeur de présupposé. En français moderne, cette évolution semble presque accomplie dans les propositions en *bien que*, et dans celles ouvertes par *encore que* la même tendance s'observe, quoique dans une moindre mesure. Compte tenu du déclin progressif de la valeur d'irréel, il paraît très probable que cette valeur disparaîtra dans les siècles à venir. Comme ce changement est essentiellement d'ordre fonctionnel, il peut également être caractérisé comme une désémantisation du subjonctif (voir 12.2.1.2).

Pour ce qui est du deuxième changement, nous avons observé que le subjonctif perd progressivement sa capacité d'alternance avec l'indicatif, de sorte qu'il revêt un caractère de plus en plus obligatoire dans certaines propositions. De cette manière, l'alternance fonctionnelle entre assertion et non-assertion semble en voie de disparition, la valeur de non-assertion se figeant. Dans le cas de *bien que*, cette tendance est indiscutable, mais les propositions en *encore que* constituent un contre-argument. Dans ces propositions en effet, la même tendance s'observe jusqu'au milieu du 20e siècle, mais à partir de cette date, la fréquence des formes à l'indicatif commence à augmenter, de sorte que les deux modes alternent à nouveau. On peut toutefois se demander si nous avons affaire à une véritable alternance entre les deux modes, car l'indicatif s'est fixé au 20e siècle en position postposée et s'est spécialisé dans l'expression d'un acte de langage autonome.

Ces deux changements nous permettent ainsi de considérer l'évolution du subjonctif comme celle d'une obligatorification aux niveaux formel et fonctionnel, conformément à la théorie de Lehmann (*op.cit.*).

12.2.1.1.1 Une forme/un contenu
Outre la tendance à figer le subjonctif comme mode obligatoire, il semble exister également en français un principe qui vise à associer une valeur sémantique unique à une forme. Si l'obligatorification du subjonctif dans les propositions en *bien que* résulte d'un désir de traduire une seule valeur fonctionnelle, le présupposé, la spécialisation de l'indicatif dans les propositions en *même si* pourrait être due au besoin d'associer l'expression du contenu irréel à ce subordonnant. Cependant, le fait que l'indicatif évolue vers l'expression du sens présupposé dans ces propositions, notamment au 20e siècle, constitue un contre-argument à cette hypothèse, mais comme il s'agit d'un changement en cours, cette évolution ne brouille pas la tendance générale à associer une forme à un contenu.

Il faut s'interroger sur l'origine de cette spécialisation. Elle a été fort probablement accélérée par l'introduction de la conjonction *même si* dans la langue (voir 12.2.1.2), qui contient un élément (*si*) favorisant la valeur d'irréel. Néanmoins, les raisons de l'entrée en scène de *même si* à partir du 17e siècle restent mystérieuses, de même que le besoin des locuteurs de recourir à la spécialisation locutionnelle, alors qu'ils s'étaient accommodés jusqu'alors de la variation modale, comme on le constate également dans les propositions en *aunque* de l'espagnol moderne. Il se peut qu'une partie de l'explication doive être trouvée dans le fait que *encore que* et surtout *bien que* annoncent au 16e siècle déjà leur spécialisation, en favorisant l'expression du contenu présupposé au détriment du sens irréel, et dans le fait que cette dernière valeur se spécialise progressivement dans le genre textuel dit *abstrait*. Cette spécialisation a pu créer une ambiguïté pour l'interprétation de la valeur du subjonctif, dans la mesure où l'interlocuteur ne sait si la valeur d'irréel relève de la forme ou du genre textuel, ambiguïté qui pourrait mener à sa disparition. Cette hypothèse sera développée en 12.2.1.3. Les locuteurs ont de ce fait besoin d'une conjonction qui traduise univoquement le sens irréel.

12.2.1.2 Désémantisation et transfert de la valeur d'irréel
Passons maintenant à l'autre paramètre paradigmatique de la grammaticalisation qui semble pertinent pour l'évolution qui nous concerne, à savoir la *désémantisation*, définie dans un sens large comme ayant trait à la réduction grammatico-fonctionnelle, puisque l'évolution en question se met en place à l'intérieur du système grammatical (voir 3.4). Le fait qu'une forme perde une partie de sa valeur serait ainsi symptôme que son paradigme s'est affaibli.

Comme nous l'avons conclu en 12.2.1.1, au fil des siècles, le subjonctif subit une perte de contenu grammatico-fonctionnel, car il perd une partie de sa valeur non-assertive, l'irréel, qui commence à être exprimée par l'indicatif, notamment dans les propositions en *même si* et dans une moindre mesure dans celles en *encore que* (voir 9.4.6).

Il convient de ce fait d'examiner s'il existe une corrélation entre la réduction de la valeur d'irréel du subjonctif dans les propositions en *bien que* et en *encore que* et l'apparition et la propagation de *même si*. Les figures 12.1 et 12.2 présentent la fréquence de la valeur d'irréel dans les concessives en *bien que*, *encore que* et *même si* du 16e au 20e siècle. La figure 12.1 rend compte de cette valeur dans les propositions à l'indicatif et au subjonctif afin de n'omettre aucune occurrence, mais il faudra dans un premier temps prendre en considération les pourcentages mis en caractères gras, repris dans la figure 12.2 sous forme de diagramme, pour exploiter des différences statistiquement significatives. Les chiffres en caractères gras concernent le mode verbal qui traduit le plus souvent la valeur d'irréel dans les propositions concessives individuelles. Il s'agit du subjonctif pour ce qui est de *bien que* et de *encore que* et de l'indicatif pour *même si*. Si les pourcentages reflètent un nombre trop faible d'occurrences (par exemple les 25,0 % de l'indicatif dans les concessives en *encore que* au 19e siècle, qui ne représentent que deux occurrences), ils conduisent à trop de variation interne à travers les siècles, ce qui réduit la fiabilité des résultats empiriques.

Si nous ne prenons en compte que les chiffres mis en caractères gras, les deux figures suggèrent que nous avons affaire à un déclin progressif de la valeur d'irréel dans les concessives en *bien que* et en *encore que*, abstraction faite du taux élevé du sens irréel suivant *encore que* au 19e siècle, taux qui est fort probablement dû – comme nous l'avons vu – à la surreprésentation du genre juridique (voir 9.4.5). Parallèlement, *même si* entre en scène au 17ᵉ siècle (avec six occurrences, dont quatre traduisent un contenu irréel, voir 10.4.1), mais ne devient significatif sur le plan de la fréquence qu'à partir du 19ᵉ siècle. A cette période, la valeur d'irréel a quasiment disparu des concessives en *bien que*, et dans une moindre mesure de celles en *encore que*. Au 20ᵉ siècle, cette tendance est encore plus prononcée. Cependant, la valeur d'irréel diminue légèrement dans les concessives en *même si* entre les 18ᵉ et 20ᵉ siècles, phénomène qui est dû à un nouveau changement en cours, par lequel ce mode élargit son champ d'emploi vers le sens présupposé. Toutefois, l'irréel reste la valeur dominante. Ces figures suggèrent donc que la valeur d'irréel ne se perd pas dans la réorganisation du système concessif, mais se transfère d'une proposition à l'autre, conformément au besoin d'associer une forme à un contenu, voir 12.2.1.1.1 :

	16ᵉ siècle	17ᵉ siècle	18ᵉ siècle	19ᵉ siècle	20ᵉ siècle
Bien que	22,73 / 33,33 % (i)[51] 9,8 / 9,2 % (s)	16,7 % (i) 11,0 % (s)	0,0 / 0,0 % (i) 9,0 / 9,6 % (s)	0,0 % (i) 3,0 % (s)	0,0 % (i) 2,54 % (s)
Encore que	7,143 / 7,1 % (i) 37,6 / 32,3 % (s)	30,0 % (i) 15,8 % (s)	0,0 / 0,0 % (i) 7,5 / 6,8 % (s)	25,0 % (i) 26,6 % (s)	41,7 % (i) 6,82 % (s)
Même si	÷ (i) ÷ (s)	66,7 % (i) 0,0 % (s)	89,3 % (i) 0,0 % (s)	77,1 % (i) 100,0 % (s)[52]	75,1 % (i) 100,0 % (s)

Figure 12.1
Fréquence de la valeur d'irréel dans les propositions concessives
introduites par *bien que*, *encore que* et *même si* du 16ᵉ au 20ᵉ siècle

---

[51] Les deux chiffres dans les cases *16ᵉ siècle* et *18ᵉ siècle* concernent des dépouillements différents : ceux qui comptabilisent les formes douteuses et sûres et ceux qui écartent les formes douteuses. Dans le diagramme en figure 12.2, seules les formes sûres sont comprises.

[52] Les 100 % du subjonctif à valeur d'irréel observés pour les 19ᵉ et 20ᵉ siècles sont fondés sur un nombre très faible d'occurrences. Pour le 19ᵉ, il s'agit de neuf occurrences et pour le 20ᵉ de trois occurrences. Il va de soi qu'il faut tirer de ces chiffres des conclusions relatives.

Réorganisation du système modal ...

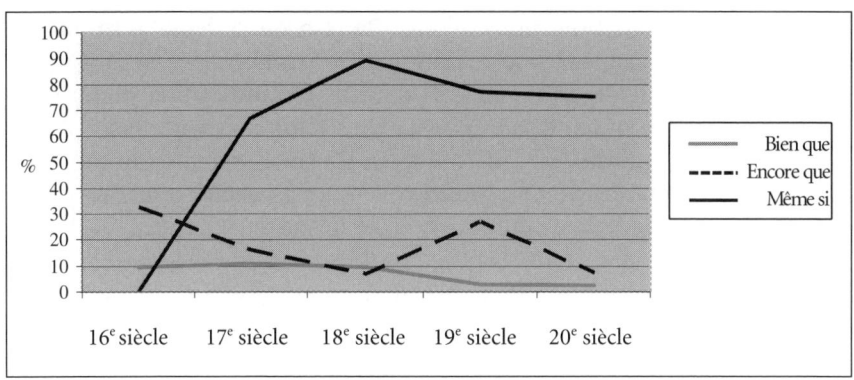

Figure 12.2
Fréquence de la valeur d'irréel dans les propositions concessives introduites par *bien que* + subjonctif, *encore que* + subjonctif et *même si* + indicatif du 16e au 20e siècle (correspondant aux chiffres en caractères gras de la figure 12.1)

Toutefois, il faut se demander si la désémantisation du subjonctif est un phénomène unique observé dans le système concessif ou si elle s'observe aussi dans d'autres parties de la grammaire. Il est vrai que le subjonctif continue à exprimer une valeur d'irréel dans certaines propositions, notamment dans les propositions complétives enchâssées dans un verbe de volition ou de crainte, les propositions de finalité et les propositions conditionnelles (Lindschouw 2002). Cela dit, il semble exister en diachronie une tendance générale à renoncer à la valeur d'irréel à l'intérieur du paradigme du subjonctif. Nous développerons ce point en 12.2.3.

12.2.1.3 Réorganisation du système grammatical accompagnée d'une re-grammaticalisation du subjonctif

Bien que nous ayons affaire à trois cas de figure, traduisant des degrés différents de spécialisation du mode subjonctif, il ressort de la discussion précédente que le système concessif en français a subi une réorganisation aux niveaux formel et fonctionnel dans laquelle le subjonctif a connu une re-grammaticalisation, ayant subi un changement entre sa forme et son contenu (voir 3.2.3) :

Système 1	Système 2
• Subjonctif : présupposé/irréel • Indicatif : assertion • Fréquence : le subjonctif dominant / l'indicatif sous-système	• Subjonctif : présupposé • Indicatif : assertion/irréel/présupposé • Fréquence : le subjonctif égale l'indicatif

Figure 12.3
Réorganisation grammatico-fonctionnelle dans le système concessif du 16e au 20e siècle

Au début de l'évolution, nous avons affaire à un système grammatical ancien (système 1) dans lequel le subjonctif traduit la valeur de non-assertion, à savoir celle de présupposé et d'irréel, et l'indicatif la valeur d'assertion[53]. Dans ce système, la fréquence du subjonctif excède majoritairement celle de l'indicatif, qui, lui, constitue un sous-système. Au cours des siècles, ce système se modifie progressivement à la suite d'une réanalyse (voir ci-dessous), de sorte qu'au 20ᵉ siècle un système grammatical nouveau (système 2) s'est établi. Dans ce système réorganisé, le subjonctif est en train d'achever un processus de re-grammaticalisation par rapport au système 1, qui se traduit par une réduction de son paradigme, s'accompagnant de l'obligatorification de ce mode dans certaines propositions concessives et de son exclusion d'autres, ainsi que d'une désémantisation de sa valeur sémantico-fonctionnelle (voir 12.2.1.1 et 12.2.1.2).

Si le subjonctif a rétréci son paradigme, l'indicatif a ouvert le sien. Comme le suggère la figure 12.3, l'indicatif est passé d'un état où il traduit une seule valeur, l'assertion, à un état où il contient une véritable opposition paradigmatique, car il est parvenu à traduire trois valeurs fonctionnelles (l'assertion, l'irréel et le présupposé). En outre, il égale le subjonctif en fréquence. Il est vrai que dans le cas de l'indicatif nous avons aussi affaire à un changement de la relation entre la forme et le contenu, mais comme ce mode n'a fait qu'élargir progressivement son domaine d'emploi, il n'a pas subi une re-grammaticalisation. En outre, ce mode s'est spécialisé dans une construction plus autonome dans les propositions en *encore que*.

Il convient de se demander si le fait que le subjonctif ait subi une réduction morphologique, notamment pour ce qui est de certaines formes de la première conjugaison, a pu jouer un rôle dans la réorganisation du système modal. Comme nous l'avons fait observer en 5.5.3, ces formes ont été écartées dans la collecte des données, puisqu'elles ne permettent pas de distinguer formellement l'indicatif du subjonctif. Cependant, on pourrait se demander si ces formes contribuent, dans la conscience des interlocuteurs, à la promotion de l'indicatif aux dépens du subjonctif, dans la mesure où les formes ambiguës ont la morphologie de l'indicatif et où elles concernent approximativement la moitié des relevés des corpus consultés. En ne considérant que le système concessif, il est vrai que les propositions en *même si* et celles en *encore que* confirment partiellement cette hypothèse. Dans les premières, l'emploi de l'indicatif s'impose majoritairement

---

[53] Il convient de rappeler que l'indicatif est en mesure dans des états antérieurs de la langue d'exprimer une valeur non-assertive (voir chapitres 8 et 9), mais les occurrences sont si rares qu'elles ne sont pas comprises dans la figure 12.3. Toutefois, ces exemples déviants annoncent l'évolution ultérieure par laquelle l'indicatif s'étend au domaine notionnel du subjonctif.

dès les premières attestations et traduit les valeurs modales que traduisait autrefois le subjonctif. Dans les deuxièmes, l'usage de l'indicatif augmente considérablement dans la dernière moitié du 20ᵉ siècle. Cependant, l'évolution observée dans les propositions en *bien que* infirme cette hypothèse, car dans celles-ci le subjonctif se spécialise comme mode obligatoire au cours des siècles ; en outre, dans les propositions en *encore que*, quoique l'indicatif augmente vers la fin du 20ᵉ siècle, le subjonctif reste le mode dominant. Si nous ne refusons pas l'idée que la promotion de l'indicatif dans le système concessif peut être accélérée par l'ambiguïté formelle entre les deux modes dans certaines formes, il faut néanmoins se garder de tirer des conclusions trop hâtives sur cette base.

Comme nous l'avons avancé en 3.3, toute grammaticalisation est précédée d'une réanalyse, qui doit au premier abord être définie en termes sémantico-pragmatiques. Suivant Heltoft *et al.* (2005 : 26), la réanalyse peut affecter le contenu seul, sans changer la structure morphosyntaxique de l'unité grammaticale. C'est également le cas pour le subjonctif, puisque ce mode ne change pas de forme au cours de la période qui nous concerne, mais seulement de contenu.

Il est traditionnellement reconnu que la réanalyse naît d'une ambiguïté dans la forme source (voir 3.3). Il nous semble que la re-grammaticalisation du subjonctif est liée à deux réanalyses. Premièrement, l'opposition entre l'assertion et le présupposé a été réanalysée parce qu'elle donne lieu à une ambiguïté notionnelle : ces deux valeurs renvoient au même champ notionnel, le réel. Les sujets parlants ont senti que l'une des deux valeurs est superflue, et celle qui est la moins fréquente (en l'occurrence l'indicatif) finit par disparaître. Deuxièmement, l'opposition entre le présupposé et l'irréel a été réanalysée, mais contrairement à la première réanalyse, celle-ci ne naît pas d'une ambiguïté notionnelle, mais extralinguistique. Comme il ressort des chapitres précédents, la valeur d'irréel est dans une certaine mesure spécialisée dans le genre textuel dit *abstrait*, indiquant que le subjonctif fonctionne comme marqueur stylistique dans ce contexte particulier, alors que le présupposé ne présente aucune spécificité de genre. Pour les locuteurs, le subjonctif présente par conséquent une ambiguïté, puisqu'on ne sait si la valeur d'irréel appartient à la forme ou au genre textuel. Comme l'irréel est en même temps marginal par rapport au présupposé, les conditions de son remplacement sont favorables. Ce changement a probablement été accéléré par une autre tendance du système modal, à savoir le besoin de relier un contenu sémantique à une forme. A la suite de l'apparition de *même si* dans la langue (17ᵉ siècle), la valeur de présupposé tend à être liée au subjonctif et la valeur d'irréel à l'indicatif (voir 12.2.1.1.1). Il est intéressant de constater qu'une fois que cette spécialisation s'est mise en place, une nouvelle alternance fonctionnelle débute, puisque dans les propositions en *même si* l'indicatif commence, dès le 19ᵉ siècle, à distinguer le présupposé de l'irréel. Nous sommes en quelque sorte revenus « en arrière ». Cette observation confirme l'idée proposée par von der Gabelentz (1891) et développée notamment par Meillet (1948 [1912] : 140) que les langues subissent des changements en spirale (voir 3.2.1).

12.2.2 Opposition de marquage des modes verbaux

En raison de la réorganisation du système modal, il convient d'évaluer le changement de distribution des modes indicatif et subjonctif en termes de marquage, toutes périodes diachroniques confondues. Dans ce but, nous utilisons la théorie de la concordance de marquage proposée par Andersen (2001a), exposée et discutée en 3.5. Comme nous l'avons avancé, il existe plusieurs paramètres pour évaluer l'opposition de marquage entre deux formes, et l'on distingue ainsi les marquages morphologique, sémantique et textuel (Givón 1990 : 947). Néanmoins, Andersen (2001a : 47-51) considère que le paramètre sémantique, selon lequel la forme marquée est contenue dans la forme non marquée, est le plus fiable, puisqu'il n'est pas sensible aux différences de genres et de registres. Si nous appliquons ce paramètre au système des modes, il s'avère que l'indicatif doit être considéré comme le mode non marqué dès les premières attestations, bien qu'il soit moins fréquent que le subjonctif, alors que ce dernier est le mode marqué au cours des siècles examinés en dépit des changements considérables qui ont lieu à l'intérieur du système concessif. Bien que la figure 12.3 ne l'indique pas, l'indicatif traduit dans le système initial l'assertion et dans une moindre mesure la non-assertion, mais le subjonctif n'exprime que la non-assertion. En d'autres termes, la valeur du subjonctif est comprise dans celle de l'indicatif. Cette tendance se renforce au cours des siècles, où le subjonctif perd une partie de sa valeur grammatico-fonctionnelle, et l'indicatif s'étend au domaine du subjonctif, en ouvrant davantage son champ notionnel à la non-assertion.

Il est vrai que la fréquence textuelle diffère considérablement entre les deux systèmes et que sur cette base on pourrait être amené à croire qu'un changement de marquage s'est produit. De ce point de vue, le subjonctif étant le plus fréquent dans le système 1, il serait le mode non marqué, et l'indicatif serait marqué parce qu'il constitue un sous-système. Ultérieurement la relation de marquage se serait renversée. Toutefois, comme nous l'avons dit, il faut se garder de tirer des conclusions trop hâtives à partir de ce paramètre, puisqu'il peut varier considérablement selon le registre et le genre textuel. Par conséquent, il ne semble pas que nous ayons affaire à un changement d'opposition de marquage entre les deux modes à l'intérieur du système concessif.

Si, en revanche, nous considérons les propositions concessives individuelles, il s'avère que l'opposition de marquage diffère d'une proposition à l'autre. Ainsi, dans les concessives en *bien que*, le subjonctif serait-il nécessairement le mode non marqué, car il a remplacé l'emploi de l'indicatif, et dans celles en *même si* l'indicatif continuerait-il à être le mode non marqué. Cette déviation par rapport aux conclusions générales pourrait s'expliquer par le fait que plus les paramètres sont spécifiques, plus il est difficile d'appliquer le principe de concordance de marquage (voir 3.5 et Schøsler 2001 : 182-183). En outre, ces conclusions sont définies en termes de fréquence textuelle et doivent par conséquent être prises avec une certaine réserve.

12.2.3 Changement des subordonnants concessifs ou du système modal ?
Dans la présente section, il importe de soulever un contre-argument potentiel à l'hypothèse de la re-grammaticalisation du subjonctif, en proposant l'analyse selon laquelle la réorganisation de ce système serait due à une modification du sens des conjonctions plutôt qu'à un changement dans le système des modes, comme Brunot & Bruneau (1933 : 537) et Moignet (1959) le suggèrent (voir 2.3.2.2). Il est incontestable que le sémantisme de chaque conjonction joue un certain rôle dans la sélection des modes verbaux et dans l'évolution du système modal. Cette idée sous-tend notre choix d'avoir présenté les résultats empiriques à partir des conjonctions.

En dépit du rôle exercé par les conjonctions dans l'évolution du système concessif, il semble que le changement observé ne soit pas un cas particulier propre au système concessif mais qu'il s'observe aussi dans d'autres parties du système modal. Il existe de nombreux exemples, non seulement dans le domaine des propositions circonstancielles mais aussi dans les propositions nominales, qui montrent que le domaine du subjonctif s'est rétréci et que l'indicatif exprime à l'état actuel de la langue ce que traduisait autrefois le subjonctif, à savoir l'irréel. Nous passerons en revue, dans cette section, certains des exemples les plus révélateurs de cette évolution.

Commençons par les propositions conditionnelles en *si*. En latin, de même qu'en ancien français, ces propositions étaient suivies du subjonctif pour exprimer une hypothèse potentielle et contrefactuelle (Winters 1989 : 711-712, Hyllested & Østergaard 1992 [1966] : 160, Buridant 2000 : 628), mais l'indicatif commence à s'imposer à partir du 12e siècle et a quasiment remplacé l'emploi du subjonctif au 16e siècle (Grevisse 1986 [1936] : 1687) (voir 10.3.1).

Les complétives enchâssées dans des principales qui contiennent un verbe d'opinion tel que *cuidier* 'croire', *penser* et *croire* en ancien français nous fournissent un autre exemple convaincant. Ces verbes étaient suivis, en proposition affirmative, du subjonctif s'il était question d'une opinion fausse ou douteuse (Buridant 2000 : 339-342). En français moderne, en revanche, ils ne sont suivis que de l'indicatif dans ces mêmes contextes.

Enfin, en ancien français, le subjonctif s'employait également dans les propositions interrogatives indirectes lorsque le locuteur évoquait une éventualité ou une virtualité (*op.cit.* : 345-347). En français moderne, l'indicatif s'emploie nécessairement dans ce type de propositions.

L'étude de Winters (1989) sur l'évolution de la valeur sémantico-fonctionnelle du subjonctif de l'ancien français au français moderne confirme également cette hypothèse, quoique son étude contienne certains points douteux (voir 2.3.2.1.1). Elle montre que le subjonctif en français moderne a perdu une partie importante de la valeur fonctionnelle qu'il avait en ancien français, où il était orienté, selon l'auteur, autour de l'expression d'une *indétermination* (« lack of referential definiteness ») (*op.cit.* : 710), notamment pour marquer le doute du locuteur vis-à-vis du contenu propositionnel. Le subjonctif peut toujours exprimer le doute, mais pendant la période qui va de l'ancien français au français moderne, l'indicatif a remplacé le subjonctif dans certains de ces cas (entre autres ceux que nous avons passés en revue dans les paragraphes précédents) et a ainsi élargi son domaine d'emploi.

Cela dit, en parcourant les grammaires historiques, à titre d'exemple Haase (1898 : 179 ss), la tendance contraire s'observe également ; en effet, il relève un certain nombre de propositions (nominales, relatives et circonstancielles) où l'ancienne langue employait l'indicatif, mais où le subjonctif s'est instauré comme mode « obligatoire » en français moderne. Pensons par exemple à la tendance de plus en plus prononcée à employer le subjonctif dans les propositions temporelles en *après que* en français moderne, quoique, selon un point de vue normatif, l'indicatif soit de règle.

Il semble donc que nous ayons affaire à une tendance générale où le système modal tend à se spécialiser progressivement : d'un côté l'indicatif remplace le subjonctif ; de l'autre côté le subjonctif remplace l'indicatif. Cependant, dans cette réorganisation modale, il ne faut pas ignorer le rôle que joue certainement la valeur sémantique des verbes régisseurs ou des conjonctions ; autrement dit, il semble que la sémantique des connecteurs constitue une condition nécessaire pour que le système modal puisse changer.

12.2.4 *Rapports entre les connecteurs concessifs du français*
En raison du fait que les connecteurs concessifs individuels qui font l'objet de cette étude jouent un certain rôle dans l'évolution des modes verbaux et dans la distribution de leurs valeurs fonctionnelles, il convient de prendre en considération les rapports qu'ils entretiennent entre eux, ces rapports étant définis en termes de marquage (Andersen 2001a). La figure 12.4 présente le rapport de marquage entre *bien que*, *encore que* et *même si* par rapport à trois paramètres, à savoir leur répartition par rapport à la variation diaphasique (*i.e.* en termes de genres textuels), la forme modale (indicatif/subjonctif) et la valeur modale (présupposé, irréel, assertion). Pour chaque paramètre, nous évaluons l'opposition de marquage, en tenant compte de la distribution de chaque siècle. Le signe de soustraction

(÷) indique que le rapport de marquage est impossible à établir, parce que les deux connecteurs semblent avoir le même statut par rapport au paramètre en question :

	Bien que / encore que	*Bien que / même si*	*Encore que / même si*
Genre textuel	(m) / (nm)	(m) / (nm)	÷
Mode verbal	(m) / (nm)	÷	(nm) / (m)
Valeur modale	(m) / (nm)	(m) / (nm)	(nm) / (m)

Figure 12.4
Rapports entre les connecteurs *bien que*, *encore que* et *même si*
en termes de marquage et en fonction de trois paramètres

12.2.4.1 Genre textuel
Pour ce qui est du genre textuel, il apparaît que *bien que* est marqué par rapport aux deux autres connecteurs dans toutes périodes diachroniques confondues. Comme nous l'avons vu dans le chapitre 8, ce connecteur s'introduit dans les genres proches du pôle de la distance (voir 5.3.4.1), à savoir les textes en vers. Quoiqu'il se répande dans d'autres genres textuels, il garde une préférence pour les genres soutenus. En revanche, *encore que* et *même si* ne montrent aucune spécificité générique et apparaissent dans les genres formels aussi bien qu'informels : il n'est donc pas possible d'établir un rapport de marquage entre ces deux connecteurs.

12.2.4.2 Mode verbal
Passons maintenant à l'opposition de marquage considérée du point de vue du mode verbal. Comme nous l'avons affirmé en 9.6, *bien que* est marqué par rapport à *encore que*, dans la mesure où le premier n'est suivi que du subjonctif, alors que *encore que* accepte l'alternance indicatif/subjonctif toutes périodes diachroniques confondues, cette tendance étant très prononcée au 20e siècle. *Encore que* est également non marqué par rapport à *même si*. Quoique ce dernier connecteur se combine majoritairement avec l'indicatif dès ses origines, le subjonctif n'est pas exclu, mais relève d'un usage plutôt stylistique, qui est modeste au niveau de la fréquence dès les premiers textes et finit par disparaître.

En revanche, il ne semble pas possible d'établir un rapport de marquage entre *bien que* et *même si*, puisqu'ils évoluent tous deux vers la spécialisation locutionnelle. Cela dit, ces deux connecteurs permettaient dans un état antérieur du français une certaine alternance des modes verbaux. De ce point de vue, on pourrait considérer *bien que* comme non marqué par rapport à *même si*, puisqu'on peut se demander si cette dernière conjonction permettait une réelle alternance, mais le nombre d'occurrences est trop modeste pour proposer une conclusion définitive.

12.2.4.3 Valeur modale

En ce qui concerne la valeur modale, *encore que* couvre le domaine du non marqué, tous les siècles examinés, par rapport aux deux autres connecteurs, puisqu'il est capable de traduire une valeur assertive, présupposée et irréelle. Il est vrai que *bien que* permettait au départ également cette alternance, mais il a perdu cette capacité au fil des siècles. *Même si*, de son côté, exprime dès ses origines une préférence pour le sens irréel et s'ouvre petit à petit au contenu présupposé, mais il semble incapable de traduire une valeur assertive (voir 10.3).

Quant au rapport entre *bien que* et *même si*, cette dernière conjonction fait figure de forme non marquée, en raison de son alternance entre les valeurs d'irréel et de présupposé. Au cours de la période qui va du 16e au 18e siècle, *bien que* permettait également une alternance des valeurs modales, qui a disparu à partir du 19e siècle.

12.2.4.4 Fréquence des conjonctions

En principe, il est également possible d'évaluer l'opposition de marquage des connecteurs en termes de fréquence, mais les résultats sont très divergents d'un siècle à l'autre et aboutissent même à des résultats contradictoires par rapport aux conclusions obtenues à partir des autres paramètres. Cette divergence confirme l'affirmation d'Andersen (*op.cit.* : 50-51) selon laquelle il faut se garder de surestimer la valeur explicative de ce paramètre. Nous résumerons néanmoins dans ce qui suit les conclusions obtenues à partir du paramètre de la fréquence.

En ce qui concerne le 16e siècle, *encore que* et *bien que* sont également fréquents dans le corpus consulté, puisque nous avons relevé à peu près 230 occurrences pour chacun d'eux, toutes formes comprises. Par conséquent, il n'est pas possible d'établir une opposition de marquage entre ces deux formes dans cet état de langue.

Au 17e siècle, on observe la même situation, car nous avons facilement pu atteindre le nombre souhaité de 200 occurrences pour chacune de ces conjonctions. Au cours de ce siècle, *même si* entre en scène, sa fréquence textuelle étant néanmoins très faible, de sorte qu'il est marqué par rapport à *bien que* et à *encore que*.

Au 18e siècle, un changement se produit, puisque *bien que* et *encore que* connaissent un déclin considérable. Comme nous l'avons indiqué en 8.4.3 et 9.4.4, nous n'avons relevé que 194 occurrences de *bien que* et 97 de *encore que*. *Bien que* constitue donc le domaine du non marqué. Pour ce qui est de *même si*, sa fréquence reste très minoritaire, de sorte qu'il reste marqué par rapport aux deux autres connecteurs. La même opposition de marquage s'observe au 19e siècle pour toutes ces conjonctions, quoique leur fréquence relative augmente.

Au 20e siècle, nous assistons à un nouveau bouleversement dans le rapport de marquage, selon le paramètre de la fréquence, car les trois connecteurs semblent également fréquents. Du moins avons-nous pu atteindre facilement le nombre souhaité de 200 occurrences, ce qui n'exclut nullement l'apparition de certaines divergences si l'on prend en considération toutes les occurrences du corpus consulté.

Puisque le paramètre de la fréquence est moins décisif que les autres et mène à des conclusions contradictoires avec ceux-ci, nous n'en tiendrons pas compte dans la section suivante, qui vise à définir le connecteur concessif non marqué du français.

12.2.4.5 Quel est le connecteur concessif non marqué en français ?
Si l'on fait l'addition des résultats présentés dans la figure 12.4, il est possible d'identifier le connecteur non marqué du système concessif français toutes périodes diachroniques confondues. Selon le principe de concordance de marquage, il semble que *encore que* occupe la place de connecteur non marqué par rapport aux deux autres connecteurs, les domaines de *bien que* et de *même si* étant compris à l'intérieur du sien. *Encore que* est donc non marqué du point de vue du genre textuel, de la forme verbale et de la valeur modale, *bien que* étant marqué à l'inverse selon ces mêmes paramètres. *Même si* se situe entre *encore que* et *bien que*, puisqu'il est marqué par rapport au premier (du moins, du point de vue de la forme des modes et de la valeur modale), mais non marqué par rapport au second (si l'on se réfère au genre textuel et à la valeur modale).

12.2.5 Changement linguistique par en haut et par en bas
Dans cette section, nous proposons de relier le statut de marquage des connecteurs concessifs à leur mode d'introduction dans la langue.

Comme nous l'avons affirmé en 3.5, les innovations linguistiques commencent souvent dans des contextes non marqués (par exemple le discours direct ou la prose narrative) si elles sont motivées de façon interne, c'est-à-dire provoqué par un besoin d'innovation des usagers de la langue en question (voir 3.5). On dit généralement que ce type de changements commence *par en bas* (*op.cit.* : 33-34, 2001b : 238-239). Après examen du mode d'introduction et de l'évolution des trois connecteurs concessifs en question, il semble que *encore que* et *même si* à valeur d'irréel connaissent une innovation de ce type, puisqu'ils ne montrent aucune spécificité de genre dès leurs origines.

Selon Andersen (*loc.cit.*), il existe également un autre type d'innovations linguistiques, celles qui viennent *par en haut*. Comme nous l'avons avancé en 3.5, ces innovations s'introduisent *a priori* dans des contextes marqués (par exemple les genres proches du pôle de la distance, voir 5.3.4.1) et sont souvent motivées de façon externe à la langue. Elles sont par exemple provoquées par l'influence d'un certain groupe de locuteurs, comme les érudits. Ce genre d'innovation s'est également manifesté dans le système concessif du français avec la conjonction *bien que*, dont les premières attestations relèvent à peu près exclusivement des genres en vers, et avec *même si* à valeur de présupposé, qui s'est introduit au 19ᵉ siècle dans le style soutenu de la prose argumentative et de la prose narrative non-littéraire.

Le fait que certains connecteurs concessifs se soient introduits dans un style recherché et qu'ils aient probablement été inventés par les érudits, n'a rien pour surprendre étant donné le caractère hautement argumentatif de la concession (voir 4.2.1). L'introduction dans la langue *par en haut* ou *par en bas* des connecteurs cadre bien avec leur statut de marquage à l'intérieur du système concessif. Que *bien que* se soit introduit *par en haut* est confirmé par son statut marqué dans la langue. Inversement, le fait que *encore que* se soit introduit *par en bas* rejoint parfaitement l'observation qu'il est non marqué. *Même si* occupe une position intermédiaire, ce qui cadre bien avec le fait que ses emplois fonctionnels se sont introduits dans la langue de différents « côtés ».

Cependant, les résultats que nous venons de passer en revue ne confirment que partiellement la théorie d'Andersen (2001a, 2001b). Ils corroborent que les innovations introduites *par en haut* (en l'occurrence *bien que* et *même si* à valeur de présupposé) se répandent petit à petit aux contextes non marqués (voir 3.5). Ces deux connecteurs sont progressivement attestés dans la prose narrative littéraire et le discours direct en prose. Cependant, *bien que*, notamment, reste prédominant dans les genres proches du pôle de la distance. En revanche, l'évolution de *encore que* et de *même si* à valeur d'irréel, connecteurs introduits *par en bas*, ne confirme pas la théorie proposée. Suivant Andersen, il faudrait s'attendre à ce que ces connecteurs s'introduisent d'abord dans des contextes non marqués (notamment dans les genres proches du pôle de l'immédiat, voir 5.3.4.3) pour se répandre ensuite aux contextes marqués. Ils sont cependant dès le départ attestés dans les genres marqués aussi bien que non marqués. Cependant, rien n'exclut que ces deux connecteurs se sont introduits, en fait, dans la langue parlée spontanée pour se répandre ensuite aux genres écrits, mais pour des raisons évidentes, nous ne pouvons tester une telle hypothèse. En dépit des objections soulevées, les relevés confirment largement que le changement linguistique est organisé de façon structurée et ordonnée et qu'il suit généralement une évolution établie selon une hiérarchie de marquage, qu'il s'agisse des modes verbaux (voir 12.2.2) ou des connecteurs concessifs.

12.3 L'espagnol moderne est-il le reflet d'un stade observé à un état plus ancien du français ?

Après avoir passé en revue l'évolution du système concessif en français et avoir présenté différentes questions qui lui sont reliées, il importe d'évaluer la deuxième question que nous nous sommes posée en 3.6, à savoir « L'espagnol moderne peut-il être considéré comme le reflet d'un stade plus ancien du français ? » (Boysen 1966, Delattre 1966 [1946], Harris 1974, Lamiroy 1993, 1994, 1999, 2001, 2003, Loengarov 1999, 2006). Si cette hypothèse se confirme, l'espagnol moderne pourrait servir à vérifier l'évolution observée en français, le changement qui s'est produit en français permettant de prédire les changements ultérieurs de l'espagnol.

Dans le chapitre 11, nous avons conclu que la théorie de l'assertion semble pertinente comme outil descriptif de l'alternance des modes verbaux en espagnol moderne, dans la mesure où l'indicatif traduit *a priori* une valeur d'assertion et le subjonctif une valeur de non-assertion. En français moderne, cette approche théorique est plus difficile à appliquer, puisque le système modal a évolué de telle manière que l'indicatif s'est vu conférer la capacité de traduire une valeur non-assertive, à côté de son emploi assertif. Cependant, en français de la Renaissance (16e siècle), il en est autrement, puisque le domaine du non asserté est à quelques exceptions près exprimé au moyen du subjonctif et le domaine de l'asserté au moyen de l'indicatif. En d'autres termes, comme nous l'avons indiqué en 3.6, il semble à première vue que l'espagnol moderne puisse être considéré comme le reflet d'un stade observé en français de la Renaissance. Il se peut par conséquent qu'au cours des siècles prochains l'espagnol connaisse une évolution semblable à celle du français. Dans cette section, nous allons examiner cette question, en nous basant sur les résultats empiriques observés dans ces deux langues.

Il existe un certain nombre d'arguments en faveur de cette hypothèse. L'argument le plus convaincant réside dans l'alternance des deux modes verbaux après le même connecteur dans ces deux états de langue, alternance qui permet une opposition assertion/non-assertion clairement distribuée. Ainsi l'indicatif traduit-il *a priori* une valeur assertive et le subjonctif une valeur d'irréel ou de présupposé.

Il est vrai cependant qu'en espagnol moderne, l'indicatif peut, dans un nombre limité de cas, prendre une valeur non-assertive, mais cela est également possible en français de la Renaissance. La répartition des deux modes en termes de marquage est ainsi la même dans les deux états de langue, si nous considérons cette répartition selon la théorie de la concordance de marquage proposée par Andersen (2001a). L'indicatif constitue le domaine non marqué en raison de sa capacité à traduire les valeurs d'assertion et de non-assertion, alors que le subjonctif est marqué parce qu'il n'exprime, à très peu d'exceptions près, que la valeur de non-assertion.

Un troisième argument en faveur de cette hypothèse réside dans la position de la proposition concessive à l'indicatif par rapport à la principale. Comme nous l'avons vu en français moderne, le petit nombre d'occurrences de l'indicatif est fixé dans la position postposée et donc spécialisé dans l'expression d'un acte de langage autonome, mais en français de la Renaissance l'indicatif apparaît dans des propositions tantôt antéposées, tantôt postposées à la principale (voir figure 9.10 à la section

9.4.6.1). En espagnol moderne, il en est de même, comme la figure 12.5 le montre :

Aunque : indicatif	*A pesar de que* : indicatif
Occurrences totales : 121	Occurrences totales : 157
Thème : 30 (24,8 %)	Thème : 51 (32,5 %)
Rhème : 91 (75,2 %)	Rhème : 105 (66,9 %)
Inclassable[54] : 0 (0,0 %)	Inclassable : 1 (0,6 %)

Figure 12.5
Les concessives en *aunque* et en *a pesar de que*
et structure informationnelle

Il ressort de cette figure que les deux connecteurs concessifs espagnols peuvent apparaître en position antéposée ou postposée, quoiqu'on relève une tendance plus forte à la postposition. Pour *aunque* la concessive est postposée dans presque 3/4 des cas, et pour *a pesar de que* elle l'est dans 2/3 des cas. Lorsque la concessive apparaît en postposition, elle est supposée traduire un acte de langage autonome, car d'un point de vue syntactico-pragmatique, elle est plus libre par rapport à la principale, pourvu que certaines conditions soient satisfaites. Il faut par exemple que la concessive soit précédée d'un point ou d'une virgule et/ou de la conjonction de coordination *y* 'et', éventuellement suivi d'un pronom neutre *eso* ou *ello* 'cela' comme en (1), où les points de suspension [...] précédant la concessive confirment également l'analyse proposée :

(1) Y mientras tanto persisten [...] la hambruna en el Tercer Mundo, las infecciones curables que, allí, matan a diario sin que nadie lo remedie..., **y eso a pesar de que,** casi sin enterarnos, *entramos* (i) en los albores del siglo XXI. 'Et entre-temps persistent [...] la famine dans le Tiers Monde, les infections guérissables qui, là-bas, tuent tous les jours sans que personne n'y apporte des remèdes..., et cela bien que, presque sans nous en apercevoir, nous entrions au début du XXIe siècle.' (Lucena Marotta : ¿Qué significa estar sano? : 27, Id 389, 2002, cité par CREA)

En dépit de cet exemple clair, l'indicatif n'est aucunement spécialisé en espagnol moderne dans l'expression d'un acte de langage autonome, mais il est possible qu'il suive la même évolution qu'en français et qu'il finisse au cours des siècles par se spécialiser en position postposée.

Le dernier argument qui vient à l'appui de l'hypothèse en question est le fait que dans les concessives en *a pesar de que* le subjonctif est restreint aux genres proches du pôle de la distance, notamment au genre argumentatif,

---

[54] Dans cette figure, l'adjectif *inclassable* réfère à l'impossibilité de déterminer la structure informationnelle de l'énoncé.

et il est quasiment absent des genres proches du pôle de l'immédiat (voir 11.3.4). Nous avons interprété cette spécialisation comme le signe que le subjonctif fonctionne comme marqueur stylistique plutôt que modal dans ce type de propositions, étant ainsi neutralisé par rapport à l'indicatif. Si les deux modes ne traduisent pas à proprement parler une valeur fonctionnelle dans ces contextes, il se peut qu'une spécialisation locutionnelle s'opère dans les siècles à venir, grâce à laquelle l'un des modes l'emportera sur l'autre. En français de la Renaissance, il y avait déjà des signaux qu'une spécialisation s'effectuerait dans les siècles ultérieurs, notamment dans les propositions en *bien que* dont on peut approcher *a pesar de que*. Par ailleurs, *bien que* était également restreint aux genres proches du pôle de la distance[55]. Cependant, cette observation peut aussi être perçue comme un contre-argument (voir ci-dessous).

En dépit des arguments forts soutenant l'hypothèse que l'espagnol est le reflet du français de la Renaissance, on peut lui opposer un certain nombre de contre-arguments.

Le contre-argument le plus convaincant réside dans le fait que le système concessif de l'espagnol moderne est distribué différemment de celui du français de la Renaissance. Dans le système concessif français du 16e siècle, le subjonctif est le mode dominant, alors que l'indicatif constitue un sous-système. En espagnol moderne, c'est presque la distribution opposée qui se manifeste. L'indicatif est le mode majoritaire (représentant entre 60,5 % (*aunque*) et 78,5 % (*a pesar de que*) des relevés). Dire que le subjonctif constitue un sous-système est peut-être trop fort, mais il est beaucoup moins fréquent que l'indicatif (le subjonctif ne correspond qu'à 39,5 % (*aunque*) et à 21,5 % (*a pesar de que*) des cas).

Ensuite, les deux états de langue sont également distribués différemment pour ce qui est de la répartition des valeurs fonctionnelles des modes verbaux, notamment celle du subjonctif. Nous avons vu que pour *bien que* et *encore que* au 16e siècle, le subjonctif favorise nettement la valeur de présupposé. En espagnol moderne, en revanche, le subjonctif ne s'emploie pas préférentiellement avec les deux valeurs non-assertives, qui sont distribuées de façon plus ou moins égale. Il est vrai, cependant, que dans le cas de *a pesar de que*, le subjonctif s'est spécialisé dans la valeur de présupposé à quelques exceptions près, ce qui est dû au sémantisme de ce connecteur (voir 11.3.2). En dépit de cette seule exception, il semble que le système de l'espagnol moderne diffère au niveau formel aussi bien que fonctionnel du système du français de la Renaissance.

---

[55] L'évolution observée dans les propositions en *encore que* permet également de rapprocher l'espagnol moderne d'un état plus ancien du français. Dans celles-ci, le subjonctif à valeur d'irréel se spécialise dans une certaine mesure dans le genre textuel dit *abstrait*, ce qui permet de considérer le subjonctif comme un marqueur stylistique dans ce contexte.

On peut avancer un dernier contre-argument à l'hypothèse proposée. Comme nous l'avons affirmé en 11.2.5, il semble que les systèmes français et espagnol aient le même point de départ, car le subjonctif était le mode absolu dans les deux systèmes, mais qu'ils aient évolué dans des sens opposés, de sorte que le système français s'est dirigé vers la spécialisation du subjonctif et le système espagnol vers la spécialisation de l'indicatif. Le connecteur *a pesar de que*, bien qu'il soit attesté très tard dans l'histoire de l'espagnol (García 1999 : 3835), suit le même chemin. Ce connecteur ressemble à *bien que* en français, puisque, comme ce dernier, il traduit la concession dite *logique* et exprime un contenu fondé sur le réel. Si l'espagnol était un reflet direct du français, il aurait fallu s'attendre à ce que *a pesar de que* opte pour le subjonctif à valeur de présupposé, ce qui n'est aucunement le cas. C'est en réalité dans ces concessives que le taux d'indicatifs est le plus élevé.

En guise de conclusion, bien qu'il soit vrai que l'espagnol moderne est un état de langue qui recourt largement à l'alternance modale dans le système concessif, il faut se garder de le considérer comme correspondant à un état plus ancien du français. L'alternance modale existe dans les concessives du français de la Renaissance, mais elle est beaucoup moins prononcée qu'en espagnol moderne et semble déjà annoncer la spécialisation des modes verbaux, qui s'effectuera assez vite (autour du 19e siècle). Il semble plutôt que nous ayons affaire à deux systèmes individuels ayant évolué dans deux directions différentes. Cependant, il n'est pas exclu que l'espagnol finisse par recourir à la spécialisation locutionnelle ultérieurement, notamment dans les propositions en *a pesar de que*, mais il est très probable que ce sera l'indicatif et non le subjonctif qui se spécialisera comme mode obligatoire. Cette conclusion infirme donc l'hypothèse que l'espagnol permettrait de vérifier l'évolution observée en français et que l'état de langue du français moderne préfigurerait les changements ultérieurs de l'espagnol.

Les données espagnoles montrent donc qu'il faut être prudent, en comparant directement des langues typologiquement apparentées et en particulier les différentes étapes de leur histoire et que l'évolution dans l'une n'est pas nécessairement un indice de l'évolution ultérieure de l'autre. Il faut tout d'abord examiner l'organisation interne des langues ainsi que l'influence des facteurs externes tels que les genres textuels afin d'examiner la relation entre la forme et le contenu des signes linguistiques et leur rapport de marquage avant de comparer les langues entre elles et de postuler qu'une étape diachronique dans une langue correspond à un stade révolu dans l'autre.

12.4 Potentiel explicatif et prédictif de la théorie de l'assertion en synchronie et en diachronie

Après avoir rendu compte de la distribution des modes verbaux et de leurs valeurs fonctionnelles en français et en espagnol, il importe d'évaluer la capacité explicative et prédictive de la théorie de l'assertion en synchronie et en diachronie. Sous le terme *prédictif*, nous entendons une théorie qui soit en mesure de prédire la majorité des emplois d'un phénomène linguistique, une théorie explicative pouvant uniquement rendre compte de certains des emplois de ce phénomène, sans pour autant être capable de préfigurer tous les contextes possibles dans lesquels il peut apparaître.

Comme les remarques conclusives le suggèrent, la théorie de l'assertion semble largement capable d'expliquer la distribution des modes dans le système concessif en français. D'une part, nous avons conclu dans le chapitre 6 que ses catégories analytiques (*i.e.* l'assertion, le présupposé et l'irréel) sont pertinentes, puisqu'elles sont largement corroborées par la présence des marqueurs cotextuels. D'autre part, en français du 16ᵉ siècle, de même qu'en espagnol moderne, son potentiel est maximal, puisque la théorie prédit que le subjonctif traduit une valeur non-assertive et l'indicatif une valeur assertive dans la majorité des cas. En français cependant, sa capacité se réduit progressivement dans les siècles suivants sous l'influence de l'évolution du système modal, dont le transfert de la valeur d'irréel du subjonctif à l'indicatif (voir 12.2.1.2) est le signe le plus révélateur. Ainsi la théorie a-t-elle acquis en français moderne une fonction plutôt explicative, puisqu'elle peut expliquer une série d'emplois, notamment ceux dans lesquels le subjonctif traduit un contenu présupposé et l'indicatif une valeur assertive. Cependant, elle ne fonctionne plus de façon prédictive, parce qu'elle est incapable de préfigurer que l'indicatif exprime une valeur non-assertive dans toutes les subordonnées ouvertes par *même si* et dans certaines propositions introduites par *encore que*.

Globalement, la théorie de l'assertion semble donc largement exploitable pour rendre compte de l'alternance modale dans les langues romanes que nous avons étudiées, mais la conséquence logique de l'évolution du système concessif est qu'elle a perdu une partie de son potentiel. Que la théorie perde de son utilité en fonction de l'évolution diachronique confirme le fait que les locuteurs produisent des variations, dont certaines mènent au changement linguistique. Nous ne considérons cependant pas qu'il faille refuser la théorie de l'assertion comme outil descriptif des valeurs des modes en français moderne. Elle peut toujours rendre compte de l'alternance modale dans une série de propositions, y compris les complétives (voir 2.4.1), ce qui justifie sa pertinence pour l'état actuel de la langue, mais l'évolution a réduit son potentiel. Cela suggère qu'il faut lui apporter les modifications nécessaires pour qu'elle corresponde mieux à la réalité langagière, en précisant que l'indicatif peut dans certains contextes traduire une valeur non-assertive. Cependant, si l'on modifie la théorie pour l'état actuel de la langue, elle perd de son poids pour les états plus anciens du français et pour l'espagnol moderne. Il faut donc accepter ses limites concernant le français moderne et l'employer surtout dans des contextes où son potentiel est maximal.

12.5 Conclusions du chapitre

Dans ce chapitre, nous avons conclu qu'une réorganisation modale a affecté le système concessif depuis les premières attestations (autour du 16e siècle) jusqu'au français moderne. Dans ce système réorganisé, le subjonctif a subi un processus de re-grammaticalisation qui s'est traduit par une réduction de son paradigme incluant une désémantisation de sa valeur grammatico-fonctionnelle. Par suite de cette désémantisation, nous assistons à un transfert de la valeur d'irréel du subjonctif vers l'indicatif, processus qui a fort probablement été accéléré par l'apparition de *même si* au 17e siècle et par sa propagation. Nous avons également montré que l'indicatif est en train d'acquérir la valeur de présupposé dans ces mêmes propositions. Aussi l'indicatif constitue-t-il le domaine du non marqué parce qu'il traduit les valeurs d'assertion aussi bien que de non-assertion, tandis que le subjonctif est le mode marqué, puisqu'il n'exprime à quelques exceptions près qu'une valeur non-assertive. Cette distribution est particulièrement nette en français moderne, mais s'observe également, quoique de façon moins décisive, dans des états antérieurs du français.

Dans ce chapitre, nous avons également mis en doute l'idée que l'espagnol moderne serait le reflet d'un état de langue plus ancien du français, puisque nous avons affaire à deux systèmes de langue organisés de façon distincte. Cela montre la nécessité de tenir compte de l'organisation interne des langues typologiquement apparentées avant de les comparer.

Enfin, nous avons conclu que la théorie de l'assertion semble largement valide pour expliquer la distribution des modes en français et en espagnol, mais que l'évolution du système modal a fait que la théorie ne fonctionne plus de façon prédictive, mais uniquement explicative en français moderne. Mieux vaudrait cependant ne pas écarter cette théorie, mais limiter son utilisation aux contextes et aux langues pour lesquels son potentiel est maximal.

13. Conclusion

Le chapitre précédent a résumé dans les grandes lignes les résultats empiriques, en les reliant aux approches théoriques et a conclu que le système modal dans les propositions concessives s'est réorganisé au cours de la période qui va du français de la Renaissance au français moderne. A l'intérieur de cette réorganisation, le subjonctif a subi un processus de regrammaticalisation, dans la mesure où nous avons affaire à une réduction graduelle de son paradigme, au moyen de laquelle la relation entre la forme et le contenu a changé. Par conséquent, le subjonctif est passé d'un système modal bipartite à un système modal unique. Nous avons également conclu que l'aspect assertif fait partie de ce processus, étant donné que la valeur de *non-assertion* se transfère progressivement des concessives au subjonctif à celles à l'indicatif. Dans le présent chapitre, nous n'avons pas l'intention de redire ce que nous avons déjà dit dans le chapitre précédent mais de récapituler, en précisant la contribution que constitue la présente étude par rapport à la recherche sur les modes verbaux et sur la grammaticalisation en général.

Premièrement, ce travail a confirmé le besoin de préciser et d'élargir la notion de *grammaticalisation*, comme l'ont proposé déjà de nombreux linguistes, y compris Bybee *et al.* (1994), Marchello-Nizia (2001) et Heltoft *et al.* (2005) (voir 3.2.3), dans la mesure où la définition classique se révèle à la fois étroite et peu précise. En considérant que la grammaticalisation concerne non seulement le passage du lexical au grammatical, mais aussi la réorganisation de systèmes grammaticaux, le présent travail a montré que ce concept théorique peut aussi être appliqué à des changements du système modal, changements que l'on ne pouvait décrire autrefois comme des cas de grammaticalisation, et il s'est avéré que certains processus que l'on rencontre sur une échelle classique de grammaticalisation se sont aussi manifestés dans le changement du système modal. Il s'agit notamment de la réanalyse, de l'obligatorification et de la désémantisation, et le changement du subjonctif peut être situé sur une échelle où l'on passe d'un système plutôt libre à un système plus figé et grammaticalisé. Une fois que cette théorie s'est confirmée pour le système modal, il convient de se demander si elle permet d'établir un lien avec d'autres changements linguistiques afin qu'on ait « une grammaticalisation reliée » (Nørgård-Sørensen *et al.* à paraître) (voir 13.1).

Deuxièmement, ce travail a envisagé le problème des modes dans une nouvelle optique. Non seulement il l'a mis en rapport avec la théorie de la grammaticalisation, mais il a aussi comparé de façon systématique l'évolution des modes dans différentes propositions concessives pour examiner l'interdépendance entre l'évolution des propositions individuelles et le changement général, et il a proposé de résoudre les problèmes de la théorie de l'assertion posés par l'état actuel du français, en remontant à des états plus anciens de la langue. Nous avons conclu qu'il ne faudrait pas refuser cette théorie, mais se borner à s'en servir pour les contextes et langues où son potentiel est maximal.

Troisièmement, cette étude a fourni des pistes qui permettent d'expliquer le changement linguistique. Il s'est avéré qu'en particulier les facteurs suivants jouent un rôle important : la réanalyse, la motivation interne ou externe des éléments linguistiques (distinction proposée par Andersen 2001a) et l'influence des genres textuels. Cependant, nous n'avons pas examiné l'interdépendance entre ces facteurs ni proposé une théorie globale qui puisse expliquer le changement linguistique, ce qui aurait été fort intéressant, mais hors de la portée de cette étude.

Quatrièmement, en comparant l'espagnol moderne avec un état plus ancien du français (en l'occurrence le français de la Renaissance), nous avons mis en doute l'affirmation que les langues romanes suivent des changements similaires, mais temporellement décalés par rapport à leur source commune. Pour ce qui est du système concessif, il est vrai que le français de la Renaissance et l'espagnol moderne recourent tous deux à l'alternance des modes, mais celle-ci est beaucoup plus prononcée en espagnol moderne qu'en français de la Renaissance, qui semble déjà annoncer la spécialisation des modes verbaux. Il n'est pas exclu que l'espagnol finisse par recourir à la spécialisation locutionnelle ultérieurement, mais il est très probable que cela sera l'indicatif et non le subjonctif qui se spécialisera comme mode obligatoire. Ces observations suggèrent donc qu'il faut tenir compte des traits individuels des langues typologiquement apparentées et examiner la relation entre la forme et le contenu des signes linguistiques de même que leur rapport de marquage et l'influence des facteurs externes avant de les comparer.

Cinquièmement, le présent travail a montré l'importance d'une approche par coupes synchroniques systématiques qui permettent d'obtenir un fondement solide pour analyser l'évolution de la langue. Sans ce procédé, il n'aurait pas été possible d'étudier le rapport entre la forme linguistique et son contenu pendant les différentes étapes synchroniques, procédé recommandé par le paradigme fonctionnel de la tradition danoise (voir notamment Heltoft *et al.* 2005), dans lequel s'inscrit la présente étude. On n'aurait pas non plus pu voir si un changement de la relation entre la forme et le contenu s'est produit, comme nous l'avons en effet observé.

Un travail diachronique systématique a permis également d'étudier le rapport de marquage relatif aux formes des modes et aux connecteurs subordonnants et de montrer que généralement les structures linguistiques évoluent de façon organisée dans des hiérarchies de marquage. Cette dernière conclusion confirme dans une large mesure la théorie du marquage et de l'actualisation proposée par Andersen (2001a, 2001b), quoique nous ayons observé quelques scénarios qui ne se comportent pas précisément comme le prédit sa théorie (voir 12.2.5).

Enfin, ce travail a souligné la pertinence de grands corpus diversifiés et informatisés pour la recherche en linguistique, non seulement pour des études en diachronie, mais aussi en synchronie. Ce genre de corpus permet de réaliser des travaux d'une grande envergure comme le nôtre, puisqu'il donne accès à un vaste éventail de genres textuels, ce qui permet d'étudier l'extension d'un phénomène linguistique et d'examiner de façon systématique, si le corpus est diachronique, une évolution éventuelle du rapport entre la forme linguistique et son contenu. Cependant, le travail sur différents genres textuels n'est pas sans poser problème, dans la mesure où l'inclusion de certains genres peut influer fortement sur les résultats empiriques ; à titre d'exemple, la poésie peut influer sur le choix du mode et l'interprétation modale en raison des règles de versification, et le genre juridique peut entraîner un taux assez élevé des formes au subjonctif à valeur d'irréel. Il faut par conséquent être conscient de ce problème en analysant les résultats empiriques. Le travail sur corpus oblige aussi le linguiste à formuler des critères de sélection bien précis, ce qui assure une recherche finalisée. Le corpus « idéal » parmi ceux que nous avons consultés est CREA en raison de sa taille large, non seulement en matière de variation diaphasique et diamésique, mais aussi en matière diatopique, parce qu'il comprend des données provenant de nombreux pays hispanophones. Il est vrai que Frantext est un corpus de référence assez représentatif de la réalité langagière, mais il privilégie les genres littéraires, ce qui a posé un certain nombre de problèmes pour la représentativité de notre base de données. Si ce corpus était suppléé avec davantage de données non-littéraires, par exemple journalistiques ou de science sociale et politique ainsi que de données provenant des genres proches du pôle de l'immédiat (voir 5.3.4.3), tels que des brochures, des lettres et des courriers électroniques, etc., nous aurions un fondement empirique encore plus solide pour nous prononcer sur la réorganisation du système modal.

13.1 Pistes pour des études ultérieures
Avant de clore ce travail, il importe de désigner des pistes pour des études ultérieures à réaliser dans le sillage de celui-ci.

Puisque la réorganisation des modes verbaux relevée s'applique à un domaine restreint, il serait intéressant de vérifier si l'évolution observée peut être généralisée à tout le système modal, comme nous l'avons déjà suggéré en 12.2.3. En d'autres termes, le subjonctif a-t-il subi une re-grammaticalisation dans d'autres propositions subordonnées et est-ce une tendance générale que la valeur d'irréel tend à être transférée du domaine notionnel du subjonctif à celui de l'indicatif ?

Il serait également intéressant de voir si la théorie de la grammaticalisation, du moins dans sa version élargie, pourrait être appliquée à d'autres parties du système verbal puisque des changements qui ressemblent à celui du système modal semblent y avoir eu lieu. Nous pensons par exemple au remplacement progressif du passé simple par le passé composé et à celui du futur synthétique par le futur analytique. Si ces changements pouvaient aussi être décrits comme des cas de re-grammaticalisation, nous aurions des arguments supplémentaires pour la thèse élargie de la grammaticalisation, dans la mesure où celle-ci permettrait d'établir un lien entre des types de changements qui ne sont habituellement pas reliés dans les travaux. C'est ce qu'on pourrait nommer « la grammaticalisation reliée » (Nørgård-Sørensen *et al.* à paraître).

Enfin, il serait également pertinent de tester l'hypothèse selon laquelle les langues typologiquement apparentées (en l'occurrence les langues romanes) subissent les mêmes types de changements dans un ordre temporellement décalé sur un corpus plus large comprenant des données non seulement du système modal, mais aussi du système temporel et aspectuel, voire d'autres parties de la grammaire.

Bibliographie

Andersen, H. (1973) : Abductive and deductive change. *Language* 49, 4, 765-793.

Andersen, H. (2001a) : Markedness and the theory of linguistic change, in Andersen, H. (éd.) : *Actualization. Linguistic Change in Progress*. Amsterdam/Philadelphia, John Benjamins Publishing Company, 21-57.

Andersen, H. (2001b) : Actualization and the (uni)directionality of change, in Andersen, H. (éd.) : *Actualization. Linguistic Change in Progress*. Amsterdam/Philadelphia, John Benjamins Publishing Company, 225-248.

Andersen, H. (2006a) : Grammation, regrammation and degrammation: tense loss in Russian. *Diachronica* 23, 2, 231-258.

Andersen, H. (2006b) : Synchrony, diachrony, and evolution, in Thomsen, O. N. (éd.) : *Competing Models of Linguistic Change. Evolution and Beyond*. Amsterdam/Philadelphia, John Benjamins Publishing Company, 59-90.

Bailard, J. (1980) : The subjunctive in Latin and French noun clauses: the role of semantic opacity in syntactic change, in Nuessel, F. H. Jr. (éd.) : *Contemporary Studies in Romance Languages*. Bloomington, Indiana, 1-15.

Bally, C. (1944 [1932]) : *Linguistique générale et linguistique française*. Berne, A. Francke S. A., 2ᵉ édition.

Battaglia, S. (sous la direction de) (1962) : *Grande Dizionario della Lingua Italiana* II. Torino, UTET.

Biber, D. (1991) : *Variation across Speech and Writing*. Cambridge, Cambridge University Press.

Biber, D., S. Conrad & R. Reppen (1998) : *Corpus Linguistics. Investigating Language Structure and Use*. Cambridge, Cambridge University Press.

Blanche-Benveniste, C. (1989) : Constructions verbales « en incise » et rection faible des verbes. *Recherches sur le français parlé* 9, 53-73.

Bloomfield, L. (1962) : *Language*. Chicago/London, The University of Chicago Press.

Boer, C. de (1947) : *Syntaxe du français moderne*. Leiden, Universitaire Pers Leiden.

Bosco, C. & C. Bazzanella (2005) : Corpus linguistics and the modal shift: pragmatic markers and the case of *allora*, in Pusch, C. D., J. Kabatek & W. Raible (éds) : *Romance Corpus Linguistics II. Corpora and Diachronic Linguistics*. Tübingen, Gunter Narr Verlag, 443-453.

Boye, K. (2006) : *Epistemic Meaning – A Cross-Linguistic Study* (thèse de doctorat). København, Københavns Universitet.

Boysen, G. (1966) : L'emploi du subjonctif dans l'histoire des langues romanes. *Bulletin des jeunes romanistes* 13, 19-33.

Boysen, G. (1971) : *Subjonctif et hiérarchie. Étude sur l'emploi du subjonctif dans les propositions complétives objets de verbes en français moderne*. Odense, Odense University Press.

Brown, P. & S. C. Levinson (1987) : *Politeness. Some Universals in Language Usage*. Cambridge, Cambridge University Press.

Brunot, F. (1922) : *La Pensée et la langue*. Paris, Masson et Cⁱᵉ.

Brunot, F. (1966-1979 [1905-1953]) : *Histoire de la langue française. Des origines à nos jours* I-XIII. Paris, Librairie Armand Colin, 2ᵉ édition.

Brunot, F. & C. Bruneau (1933) : *Précis de grammaire historique de la langue française*. Paris, Masson et Cⁱᵉ.

Buridant, C. (2000) : *Grammaire nouvelle de l'ancien français*. Paris, Sedes.

Butt, J. & C. Benjamin (1994 [1988]) : *A New Reference Grammar of Modern Spanish*. London/Sydney/Auckland, Arnold, 2ᵉ édition.

Bybee, J. (2003) : Cognitive processes in grammaticalization, in Tomasello, M. (éd.) : *The New Psychology of Language* II. Mahwah/New Jersey/London, Lawrence Erlbaum Associates, 145-167.

Bybee, J., R. Perkins & W. Pagliuca (1994) : *The Evolution of Grammar. Tense, Aspect, and Modality in the Languages of the World*. Chicago/London, The University of Chicago Press.

Catach, N. (sous la direction de) (1995) : *Dictionnaire historique de l'orthographe française*. Paris, Larousse.

Chafe, W. L. (1976) : Givenness, contrastiveness, definiteness, subjects, topics, and point of view, in Li, C. N. (éd.) : *Subject and Topic*. New York/San Francisco/London, Academic Press, 27-55.

Charpentier, M. & J. Charpentier (1987) : *Littérature. Textes et documents. XVIIIe siècle*. Paris, Éditions Nathan, coll. 'Henri Mitterand'.

Cinque, G. (1999) : *Adverbs and Functional Heads. A Cross-Linguistic Perspective*. New York/Oxford, Oxford University Press.

Clédat, L. (1896) : *Grammaire classique de la langue française*. Paris, Le Soudier.

Clédat, L. (1923) : En marge des grammaires. *Revue de philologie française et de littérature* XXXV, 2, 81-124.

Confais, J.-P. (1995 [1990]) : *Temps, mode, aspect. Les approches des morphèmes verbaux et leurs problèmes à l'exemple du français et de l'allemand*. Toulouse, Presses Universitaires du Mirail, 2ᵉ édition.

Coseriu, E. (1988 [1980]) : „Historische Sprache" und „Dialekt", in Albrecht, J., J. Lüdtke & H. Thun (éds) : *Energeia und Ergon. Sprachliche Variation, Sprachgeschichte, Sprachtypologie. Studia in honorem Eugenio Coseriu* I. Tübingen, Gunter Narr Verlag, 54-61.

Couper-Kuhlen, E. & B. Kortmann (2000) (éds) : *Cause, Condition, Concession, Contrast. Cognitive and Discourse Perspectives*. Berlin/New York, Mouton de Gruyter.

Crevels, M. (1998) : Concession in Spanish, in Hannay, M. & A. M. Bolkestein (éds) : *Functional Grammar and Verbal Interaction*. Amsterdam/Philadelphia, John Benjamins Publishing Company, 129-148.

Crevels, M. (2000) : Concessives on different semantic levels: A typological perspective, in Couper-Kuhlen, E. & B. Kortmann (éds), 313-339.

Croft, W. (2000) : *Explaining Language Change: An Evolutionary Approach*. Harlow, Longman.

Cuervo, R. J. (1954) : *Diccionario de construcción y régimen de la lengua castellana* I. Bogotá, Instituto Caro y Cuervo.

Bibliographie

Daneš, F. (1974) : Functional sentence perspective and the organization of the text, in Daneš, F. (éd.) : *Papers on Functional Sentence Perspective*. The Hague/Paris, Mouton & Co., 106-128.

Dauzat, A. (1954) : *Le génie de la langue française*. Paris, Payot.

Davis, S. (éd.) (1991) : *Pragmatics*. Oxford, Oxford University Press.

Delattre, P. (1966 [1946]) : Stages of Old French phonetic changes observed in Modern Spanish, in Delattre, P. : *Studies in French and Comparative Phonetics. Selected Papers in French and English*. London/The Hague/Paris, Mouton & Co., 175-205.

Detges, U. & R. Waltereit (2002) : Grammaticalization vs. reanalysis: A semantic-pragmatic account of functional change in grammar. *Zeitschrift für Sprachwissenschaft* 21, 2, 151-195.

Diewald, G. (2002) : A model for relevant types of contexts in grammaticalization, in Wischer, I. (éd.), 103-120.

Dik, S. C. (1989) : *The Theory of Functional Grammar. Part 1: The Structure of the Clause*. Dordrecht, Foris.

Dik, S. C., K. Hengeveld, E. Vester & C. Vet (1990) : The hierarchical structure of the clause and the typology of adverbial satellites, in Nuyts, J., A. M. Bolkestein & C. Vet (éds) : *Layers and Levels of Representation in Language Theory*. Amsterdam/Philadelphia, John Benjamins Publishing Company, 25-70.

Ducrot, O. (1991 [1972]) : *Dire et ne pas dire. Principes de sémantique linguistique*. Paris, Hermann, 3ᵉ édition.

Eckardt, R. (2003) : *The Structure of Change. Meaning Change under Reanalysis*. Berlin : Humboldt Universität.

Fleischman S. (1982) : *The Future in Thought and Language: Diachronic Evidence from Romance*. Cambridge, Cambridge University Press.

Fleischman, S. (2000) : Methodologies and Ideologies in Historical Linguistics: On Working with Older Languages, in Herring, S. C., P. van Reenen & L. Schøsler : *Textual Parameters in Older Languages*. Amsterdam/Philadelphia, John Benjamins Publishing Company, 33-58.

Fontanier, P. (1968) : *Les figures du discours*. Paris, Flammarion.

Foulet, L. (1968 [1919]) : *Petite syntaxe de l'ancien français*. Paris, Librairie Honoré Champion, 3ᵉ édition.

Gabelentz, G. von der (1891) : *Die Sprachwissenschaft. Ihre Aufgaben, Methoden, und bisherigen Ergebnisse*. Leipzig, Weigel.

Gadet, F. (2003) : *La variation sociale en français*. Paris, Editions Ophrys.

García, L. F. (1999) : Las construcciones concesivas y adversativas, in Bosque, I. & V. Demonte (éds) : *Gramática descriptiva de la lengua española* III. Real Academia Española. Madrid, Editorial Espasa Calpe, 3805-3878.

Givón, T. (1975) : Serial verbs and syntactic change: Niger-Congo, in Li, C. N. (éd.) : *Word Order and Word Order Change*. Austin, University of Texas Press, 47-112.

Givón, T. (1990) : *Syntax. A Functional-Typological Introduction* II. Amsterdam/Philadelphia, John Benjamins Publishing Company.

Givón, T. (1994) : Irrealis and the subjunctive. *Studies in Languages* 18, 2, 265-337.

Greimas, A. J. (2001 [1979]) : *Dictionnaire de l'ancien français*. Paris, Larousse, 3ᵉ édition.

Grevisse, M. (1986 [1936]) : *Le Bon Usage. Grammaire française*. Paris, Duculot, 12ᵉ édition.

Guillaume, G. (1929) : *Temps et verbe. Théorie des aspects, des modes et des temps*. Paris, Édouard Champion.

Haase, A. (1898) : *Syntaxe française du XVIIe siècle*. Paris, Alphonse Picard et Fils.

Habert, B., A. Nazarenko & A. Salem (1997) : *Les linguistiques de corpus*. Paris, Armand Collin.

Hansen, E. (1970) : To bidrag til beskrivelsen af "non-realis" i dansk. Bidrag A. *Nydanske Studier & Almen Kommunikationsteori* 1, 34-36.

Harris, M. (1974) : The Subjunctive Mood as a Changing Category in Romance, in Anderson, J. M. & C. Jones (éds) : *Historical Linguistics* II. Amsterdam/Oxford, North-Holland Publishing Company, 169-188.

Harris, M. (1988) : Concessive clauses in English and Romance, in Haiman, J. & S. A. Thompson (éds) : *Clause Combining in Grammar and Discourse*. Amsterdam/Philadelphia, John Benjamins Publishing Company, 71-99.

Harris, A. C. & L. Campbell (1995) : *Historical Syntax in Cross-Linguistic Perspective*. Cambridge, Cambridge University Press.

Hastrup, T. & F. Blatt (1969) : *Latinsk Grammatik*. København, Gyldendal.

Haverkate, H. (2002) : *The Syntax, Semantics and Pragmatics of Spanish Mood*. Amsterdam/Philadelphia, John Benjamins Publishing Company.

Heine, B. (2002) : On the role of context in grammaticalization, in Wischer, I. (éd.), 83-101.

Heine, B. (2003) : Grammaticalization, in Joseph, B. D. & R. D. Janda (éds), 575-601.

Heine, B. & M. Reh (1984) : *Grammaticalization and Reanalysis in African Languages*. Hamburg, Helmut Buske.

Heine, B., U. Claudi & F. Hünnemeyer (1991) : *Grammaticalization. A Conceptual Framework*. Chicago/London, The University of Chicago Press.

Heltoft, L. (1996) : Paradigmatic structure, word order and grammaticalization, in Engberg-Pedersen, E., M. Fortescue, P. Harder, L. Heltoft & L. F. Jakobsen (éds) : *Content, Expression and Structure. Studies in Danish Functional Grammar*. Amsterdam/Philadelphia, John Benjamins Publishing Company, 469-494.

Heltoft, L. (2005) : Ledsætning og letled i dansk. OV-rækkefølgens rester, in Heltoft, L., J. Nørgård-Sørensen & L. Schøsler (éds) : *Grammatikalisering og struktur*. København, Museum Tusculanums Forlag, 145-166.

Heltoft, L., J. Nørgård-Sørensen & L. Schøsler (2005) : Grammatikalisering som strukturforandring, in Heltoft, L., J. Nørgård-Sørensen & L. Schøsler (éds) : *Grammatikalisering og struktur*. København, Museum Tusculanums Forlag, 9-30.

Herman, J. (1963) : *La formation du système roman des conjonctions de subordination*. Berlin, Akademie-Verlag.

Herslund, M. & H. Korzen (éds) (1999) : *Det franske sprog. Den komplekse prædikation* 1, VIII. Frederiksberg, Handelshøjskolen i København.

Hooper, J. B. (1975) : On assertive predicates, in Kimball, J. P. (éd.) : *Syntax and Semantics* 4, New York, Academic Press, 91-124.

Hooper, J. & T. Terrell (1974) : A semantically based analysis of mood in Spanish. *Hispania* 57, 3, 484-494.

Hopper, P. J. (1991) : On some principles of grammaticalization, in Traugott, E. C. & B. Heine (éds), 17-35.

Hopper, P. J. & E. C. Traugott (2003 [1993]) : *Grammaticalization*. Cambridge, Cambridge University Press, 2e édition.

Humboldt, W. von (1825) : Über das Entstehen der grammatikalischen Formen und ihren Einfluß auf die Ideenentwicklung. *Abhandlungen der Königlichen Akademie der Wissenschaften zu Berlin*, 401-430.

Hyllested, P. & U. Østergaard (1992 [1966]) : *Latinsk grammatik*. København, Gyldendal, 10e édition.

Imbs, P. (1953) : *Le subjonctif en français moderne*. Strasbourg, Publications de la Faculté des Lettres de l'Université de Strasbourg.

Janda, R. D. & B. D. Joseph (2003) : On language, change, and language change – Or, Of history, linguistics, and historical linguistics, in Joseph, B. D. & R. D. Janda (éds), 3-180.

Jendraschek, G. (2003) : *La modalité épistémique en basque*. Munich, Lincom Europa.

Jensen, F. (1974) : *The Syntax of the Old French Subjunctive*. The Hague/Paris, Mouton & Co.

Joseph, B. D. & R. D. Janda (2003) (éds) : *The Handbook of Historical Linguistics*. Oxford/Malden, Blackwell Publishing Ltd.

Kalepky, T. (1928) : *Neuaufbau der Grammatik als Grundlegung zu einem wissenschaftlichen System der Sprachbeschreibung*. Leipzig/Berlin, B.G. Teubner.

Karttunen, L. (1971) : Some observations on factivity. *Papers in Linguistics* 4, 55-69.

Keller, R. (1994) : *On Language Change. The Invisible Hand in Language*. London/New York, Routledge.

Kiparsky, P. & C. Kiparsky (1971) : Fact, in Steinberg, D. D. & L. A. Jakobovits (éds) : *Semantics*. Cambridge, Cambridge University Press, 345-369.

Klare, J. (1958) : *Entstehung und Entwicklung der konzessiven Konjunktionen im Französischen*. Berlin, Akademie-Verlag.

Koch, P. & W. Oesterreicher (1990) : *Gesprochene Sprache in der Romania: Französisch, Italienisch, Spanisch*. Tübingen, Max Niemeyer Verlag.

Koch, P. & W. Oesterreicher (2001) : Langage parlé et langage écrit, in Holtus, G., M. Metzeltin & C. Schmitt (éds) : *Lexikon der romanistischen Linguistik (LRL)* I, 2. Tübingen, Max Niemeyer Verlag, 584-627.

König, E. (1985a) : On the history of concessive connectives in English. Diachronic and synchronic evidence. *Lingua* 66, 1-19.

König, E. (1985b) : Where do concessives come from? On the development of concessive connectives, in Fisiak, J. (éd.) : *Historical Semantics. Historical Word Formation*. Berlin/New York/Amsterdam, Mouton Publishers, 263-282.

König, E. (1988) : Concessive connectives and concessive sentences: Cross-linguistic regularities and pragmatic principles, in Hawkins, J.A. (éd.) : *Explaining Language Universals*. Oxford/New York, Basil Blackwell, 145-166.

König, E. & P. Siemund (2000) : Causal and concessive clauses: Formal and semantic relations, in Couper-Kuhlen, E. & B. Kortmann (éds), 341-360.

Korzen, H. (1999) : Principper for opstillingen af modus i kompletivsætninger på fransk, in Bache, C., L. Heltoft & M. Herslund (éds) : *Ny forskning i grammatik* 6. Odense, Odense Universitetsforlag, 181-203.

Korzen, H. (2003) : Subjonctif, indicatif et assertion ou : Comment expliquer le mode dans les subordonnées complétives ?, in Birkelund, M., G. Boysen & P. S. Kjærsgaard (éds) : *Aspects de la modalité*. Tübingen, Max Niemeyer Verlag, 113-129.

Korzen, H. (à paraître) : *Det franske sprog. Topologi* IX. Frederiksberg, Handelshøjskolen i København.

Kragh, K. J. (2010) : *Le remplacement de l'imparfait du subjonctif par le présent du subjonctif considéré dans une perspective de grammaticalisation*. Copenhague, Museum Tusculanum Press.

Lamiroy, B. (1993) : La dichotomie *synchronie-diachronie* et la typologie des langues romanes, in Raible, W. & W. Oesterreicher (éds) : *Actes du XXe Congrès International de Linguistique et Philologie Romanes. Tome III, Section IV – Typologie des langues romanes*. Munich, Saur, 211-221.

Lamiroy, B. (1994) : Les syntagmes nominaux et la question de l'auxiliarité. *Langages* 115, 64-75.

Lamiroy, B. (1999) : Auxiliaires, langues romanes et grammaticalisation. *Langages* 135, 33-45.

Lamiroy, B. (2001) : La préposition en français et en espagnol : une question de grammaticalisation ? *Langages* 143, 91-105.

Lamiroy, B. (2003) : Grammaticalisation et comparaison de langues. *Verbum* XXV, 409-429.

Léard, J.-M. (1987) : La syntaxe et la classification des conditionnelles et des concessives. *Le français moderne* 3, 158-173.

Le Bidois, G. & R. Le Bidois (1935) : *Syntaxe du français moderne* I-II. Paris, Éditions Picard.

Le groupe λ-l (1975) : Car, parce que, puisque. *Revue Romane* X, 2, 248-280.

Lehmann, C. (1985) : Grammaticalization: Synchronic variation and diachronic change. *Lingua e Stile* 20, 3, 303-318.

Lehmann, C. (1995 [1982]) : *Thoughts on Grammaticalization*. Munich/Newcastle, Lincom Europa, 2e édition.

Lepetit, X. (2003) : *Une classification des verbes de mouvement basée sur leur combinatoire sémantico-syntaxique* (thèse de doctorat). København, Københavns Universitet.

Levinson, S. C. (1983) : *Pragmatics*. Cambridge, Cambridge University Press.

Lewis, D. (1991 [1979]) : Scorekeeping in a language game, in Davis, S. (éd.), 416-427.

Lindschouw, J. (2002) : *Konjunktiv på fransk og spansk, et spørgsmål om assertion? Undersøgelse af en konjunktivteori appliceret på franske og spanske adverbielle ledsætninger* (mémoire de maîtrise). København, Københavns Universitet.

Lindschouw, J. (2004) : Henk Haverkate: *The Syntax, Semantics and Pragmatics of Spanish Mood* (compte rendu). *Revue Romane* 39, 2, 342-344.

Lindschouw, J. (2006) : Grammaticalization, assertion and concession in French and Spanish, in Eksell, K. & T. Vinther (éds) : *Change in Verbal Systems. Issues on Explanation*. Frankfurt am Main, Peter Lang, 139-160.

Lindschouw, J. (2008) : L'évolution des modes verbaux dans les propositions concessives ouvertes par *bien que* et *encore que* du XVIe siècle au XXe siècle: un cas de grammaticalisation ?, in Fagard, B., S. Prévost, B. Combettes & O. Bertrand (éds) : *Evolutions en français. Etudes de linguistique diachronique*. Bern : Peter Lang, 249-267.

Lindschouw, J. (à paraître a) : Grammaticalization and Language Comparison in the Romance Mood System, in Becker, M. & E.-M. Remberger (éds) : *Modality and Mood in Romance. Modal Interpretation, Mood Selection, and Mood-Alternation*. Tübingen, Max Niemeyer Verlag.

Lindschouw, J. (à paraître b) : Evolution and regrammation in the mood system: Perspectives from Old, Middle, Renaissance and Modern French, in Arteaga, D. (éd.) : *Old French: The State of the Research*. Springer.

Llorach, E. A. (1999 [1994]) : *Gramática de la lengua española*. Madrid, Editorial Espasa Calpe, 2e édition.

Loengarov, A. (1999) : *Passé simple et passé composé: l'évolution des temps du passé du latin aux langues romanes. Etude de grammaire comparée* (mémoire de maîtrise). Leuven, Katholieke Universiteit Leuven.

Loengarov, A. (2006) : *L'alternance indicatif/subjonctif dans les langues romanes. Motivation sémantico-pragmatique et grammaticalisation* (thèse de doctorat). Leuven, Katholieke Universiteit Leuven.

Luquet, G. (1988) : *Systématique historique du mode subjonctif espagnol*. Paris, Klincksieck.

Maingueneau, D. (2005 [1986]) : *Linguistique pour le texte littéraire*. Paris, Armand Colin, 4e édition.

Marchello-Nizia, C. (2001) : Grammaticalisation et évolution des systèmes grammaticaux. *Langue Française* 130, 33-41.

Marchello-Nizia, C. (2005 [1997]) : *La langue française aux XVIe et XVe siècles*. Paris, Armand Colin, 2e édition.

Marchello-Nizia, C. (2006) : *Grammaticalisation et changement linguistique*. Bruxelles, De Boeck & Larcier.

Marchello-Nizia, C. (2007) : Le principe de surprise annoncée : grammaticalisation et paradigmatisation de 'cependant'. *Discours 1*, http://discours.revues.org

Marchello-Nizia, C. (2008) : Le principe de surprise annoncée : grammaticalisation et paradigmaticalisation de *pourtant* concessif (13ᵉ-16ᵉ s.). *L'information grammaticale* 118, 5-10.

Marouzeau, J. (1951) : *Lexique de la terminologie linguistique*. Paris, Paul Geuthner.

Martin, R. (1987) : *Langage et croyance. Les "univers de croyance" dans la théorie sémantique*. Bruxelles, Pierre Mardaga.

Martin, R. (1992 [1983]) : *Pour une logique du sens*. Paris, Presses Universitaires de France, 2ᵉ édition.

Martin, R. & M. Wilmet (1980) : *Manuel du français du moyen âge* II. Bordeaux, Sobodi.

Meillet, A. (1948 [1912]) : L'évolution des formes grammaticales, in Meillet, A. : *Linguistique historique et linguistique générale*. Paris, Édouard Champion, 130-148.

Moignet, G. (1959) : *Essai sur le mode subjonctif en latin postclassique et en ancien français*. Paris, Presses Universitaires de France.

Moignet, G. (1976 [1973]) : *Grammaire de l'ancien français. Morphologie-syntaxe*. Paris, Klincksieck, 2ᵉ édition.

Molen, W. van der (1923) : *Le subjonctif, sa valeur psychologique et son emploi dans la langue parlée*. Amsterdam, Zaltbommel.

Molho, M. (1975) : *Sistemática del verbo español* I-II. Madrid, Gredos.

Morel, M.-A. (1983) : Caractères syntaxiques distinctifs de deux types de concession en français contemporain, in Valentin, P. (éd.) : *L'expression de la concession. Actes du colloque tenu les 3 et 4 décembre 1982 par le département de linguistique de l'Université de Paris-Sorbonne*. Paris, Linguistica Palatina, 41-57.

Morel, M.-A. (1996) : *La concession en français*. Paris, Editions Ophrys.

Morin, Y.-C. (2001) : La troncation des radicaux verbaux en français depuis le moyen âge. *Recherches linguistiques de Vincennes* 30, 63-85.

Morin, Y.-C. (2006) : On the phonetics of rhymes in classical and pre-classical French. A sociolinguistic perspective, in Gess, R. S. & D. Arteaga (éds) : *Historical Romance Linguistics. Retrospectives and Perspectives*. Amsterdam/Philadelphia, John Benjamins Publishing Company, 131-162.

Nordahl, H. (1969) : *Les systèmes du subjonctif corrélatif. Etude sur l'emploi des modes dans la subordonnée complétive en français moderne*. Oslo/Bergen/Tromsö, Universitetsforlaget.

Nørgård-Sørensen, J., L. Heltoft & L. Schøsler (à paraître) : *Connecting Grammaticalisation. The Role of Paradigmatic Structure*. Amsterdam/Philadelphia, John Benjamins Publishing Company.

Nyrop, K. (1899-1930) : *Grammaire historique de la langue française* I-VI. København, Nordisk forlag.

Pedersen, J., E. Spang-Hanssen & C. Vikner (1994 [1980]) : *Fransk grammatik*. København, Akademisk Forlag, 6ᵉ édition.

Petersen, N. R. (2005 [1996]) : *Elementær statistik*. København, Institut for Nordiske Studier og Sprogvidenskab, 3ᵉ édition.

Poplack, S. (1990) : Prescription, intuition et usage : Le subjonctif français et la variabilité inhérente. *Langage et société* 54, 5-33.

Pottier, B. (1970) : *Lingüística moderna y filología hispánica*. Madrid, Editorial Gredos, S. A.

Prebensen, H. (2002) : Modus, modalitet og modeller. Om den franske konjunktivs betydning, in Baron, I., M. Herslund & H. H. Müller : *Lingvistiske essays til minde om Finn Sørensen*. København, Samfundslitteratur, 97-107.

Rasmussen, J. & L. Stage (1993 [1981]) : *Moderne fransk grammatik*. København, Det Schønbergske Forlag, 4ᵉ édition.

Rivarola, J. L. (1976) : *Las conjunciones concesivas en español medieval y clásico*. Tübingen, Max Niemeyer Verlag.

Saldanya, M. P. (1999) : El modo en las subordinadas relativas y adverbiales, in Bosque, I. & V. Demonte (éds) : *Gramática descriptiva de la lengua española* II. Real Academia Española. Madrid, Editorial Espasa Calpe, 3253-3322.

Schøsler, L. (2001) : From Latin to Modern French: Actualization and markedness, in Andersen, H. (éd.) : *Actualization. Linguistic Change in Progress*. Amsterdam/Philadelphia, John Benjamins Publishing Company, 169-185.

Schøsler, L. (2005) : Pierre va/s'en va/vient/s'en vient/est chantant. "Pierre går/sidder/ligger og synger". Fra grammatikalisering til degrammatikalisering i fransk, in Heltoft, L., J. Nørgård-Sørensen & L. Schøsler (2005) (éds) : *Grammatikalisering og struktur*. København, Museum Tusculanums Forlag, 233-259.

Searle, J. R. (1969) : *Speech Acts. An Essay in the Philosophy of Language*. Cambridge, Cambridge University Press.

Seco, R. (1954) : *Manual de gramática española*. Madrid, S. A. de Ediciones.

Sinclair, J. (1991) : *Corpus, Concordance, Collocation*. Oxford, Oxford University Press.

Siversen, A. (à paraître) : Los marcadores de infinitivo en la construcción incoativa con *comenzar* y *cominciare* -¿Un caso de gramaticalización? in *Actes du colloque CILPR 2007*.

Sneyders de Vogel, K. (1927 [1919]) : *Syntaxe historique du français*. Groningue, Librairie J.-B. Wolters-Groningue, 2ᵉ édition.

Söll, L. & F. J. Hausmann (1985 [1974]) : *Gesprochenes und geschriebenes Französisch*. Berlin, Erich Schmidt Verlag, 3ᵉ édition.

Soltmann, H. (1914) : *Syntax der Modi im modernen Französisch*. Halle, Niemeyer.

Soutet, O. (1990) : *La concession en français des origines au XVIᵉ siècle. Problèmes généraux. Les tours prépositionnels*. Genève, Librairie Droz S. A.

Soutet, O. (1992a) : *La concession dans la phrase complexe en français. Des origines au XVIᵉ siècle*. Genève, Librairie Droz S. A.

Soutet, O. (1992b) : *Etudes d'ancien et de moyen français*. Paris, Presses Universitaires de France.

Soutet, O. (2000) : *Le subjonctif en français*. Paris, Editions Ophrys.

Sperber, D. & D. Wilson (1986) : *Relevance. Communication and Cognition.* Oxford, Basil Blackwell.

Squartini, M. & P. M. Bertinetto (2000) : The simple and compound past in Romance languages, in Dahl, Ö (éd.) : *Tense and Aspect in the Languages of Europe.* Berlin : Mouton de Gruyter, 403-439.

Stalnaker, R. C. (1991 [1974]) : Pragmatic presuppositions, in Davis, S. (éd.), 471-481.

Svartvik, J. (éd.) (1992) : *Directions in Corpus Linguistics.* Berlin, Mouton de Gruyter.

Sweetser, E. (1990) : *From Etymology to Pragmatics. Metaphorical and Cultural Aspects of Semantic Structure.* Cambridge, Cambridge University Press.

Tanase, E. (1943) : *Essai sur la valeur et les emplois du subjonctif en français.* Montpellier, Imprimerie A. & F. Rouvière.

Tesnière, L. (1959) : *Éléments de syntaxe structurale.* Paris, Klincksieck.

Thompson, S. A. & R. E. Longacre (1985) : Adverbial clauses, in Shopen, T. (éd.) : *Language Typology and Syntactic Description* 2, Cambridge, Cambridge University Press, 171-234.

Thompson, S. A. & W. C. Mann (1987) : A discourse view of concession in written English, in DeLancey, S. & R. S. Tomlin (éds) : *Proceedings of the Second Annual Meeting of the Pacific Linguistics Conference.* Oregon, University of Oregon, 435-447.

Timberlake, A. (1977) : Reanalysis and actualization in syntactic change, in Li, C. N. (éd.) : *Mechanisms of Syntactic Change.* Austin, University of Texas Press, 141-180.

Togeby, K. (1974) : *Précis historique de grammaire française.* Copenhague, Akademisk Forlag.

Togeby, K. (1982) : *Grammaire française II. Les formes personnelles du verbe.* Copenhague, Akademisk Forlag.

Touratier, C. (1996) : *Le système verbal français.* Paris, Armand Colin.

Traugott, E. C. (1982) : From propositional to textual and expressive meanings: Some semantic-pragmatic aspects of grammaticalization, in Lehmann, W. P. & Y. Malkiel (éds) : *Perspectives on Historical Linguistics.* Amsterdam/Philadelphia, John Benjamins Publishing Company, 245-271.

Traugott, E. C. (2003) : From subjectification to intersubjectification, in Hickey, R. (éd.) : *Motives for Language Change.* Cambridge, Cambridge University Press, 124-139.

Traugott, E. C. & E. König (1991) : The semantics-pragmatics of grammaticalization revisited, in Traugott, E. C. & B. Heine (éds), 189-218.

Traugott, E. C. & B. Heine (1991) (éds) : *Approaches to Grammaticalization* I. Amsterdam/Philadelphia, John Benjamins Publishing Company.

Weinrich, H. (1989) : *Grammaire textuelle du français.* Paris, Les Éditions Didier.

Winter, E. D. (1982) : *Towards a Contextual Grammar of English. The Clause and its Place in the Definition of Sentence.* London, George Allen & Unwin.

Winters, M. E. (1989) : Diachronic prototype theory: on the evolution of the French subjunctive. *Linguistics* 27, 703-730.

Wischer, I. (éd.) (2002) : *New Reflections on Grammaticalization*. Philadelphia, John Benjamins Publishing Company.

Sources des textes dépouillés

Base de Français Médiéval (BFM) : http://bfm.ens-lsh.fr
Corpus de Referencia del Español Actual (CREA) : http://rae.es
Dictionnaire du Moyen Français (DMF) : http://www.atilf.fr/dmf
Frantext : http://www.frantext.fr
Molina, A. M. (1989) : *Beltenebros*. Barcelona, Plaza & Janés Editores.